游戏的价值

教育游戏的设计与应用研究

尚俊杰 等著

图书在版编目(CIP)数据

游戏的价值：教育游戏的设计与应用研究 / 尚俊杰等著. — 北京：北京大学出版社，2022.11
ISBN 978-7-301-33614-4

Ⅰ.①游⋯ Ⅱ.①尚⋯ Ⅲ.①教育研究 Ⅳ.①G40-03

中国版本图书馆CIP数据核字（2022）第221494号

书　　　名	游戏的价值：教育游戏的设计与应用研究 YOUXI DE JIAZHI: JIAOYU YOUXI DE SHEJI YU YINGYONG YANJIU
著作责任者	尚俊杰 等著
责 任 编 辑	李淑方
标 准 书 号	ISBN 978-7-301-33614-4
出 版 发 行	北京大学出版社
地　　　址	北京市海淀区成府路205号　100871
网　　　址	http://www.pup.cn　新浪微博：@北京大学出版社
微信公众号	通识书苑（微信号：sartspku）
电 子 信 箱	zyl@pup.pku.edu.cn
电　　　话	邮购部 010-62752015　发行部 010-62750672　编辑部 010-62767857
印 刷 者	大厂回族自治县彩虹印刷有限公司
经 销 者	新华书店
	889毫米×1092毫米　16开本　27.25印张　570千字 2022年11月第1版　2022年11月第1次印刷
定　　　价	89.00元

未经许可，不得以任何方式复制或抄袭本书之部分或全部内容。
版权所有，侵权必究
举报电话：010-62752024　电子信箱：fd@pup.pku.edu.cn
图书如有印装质量问题，请与出版部联系，电话：010-62756370

前　言

我们仔细看一看不同年级的学生，就会发现，每个小孩子去上小学一年级的时候，基本上都是高高兴兴跑着去的，但是慢慢地有一部分孩子就不那么高兴了，到底是什么让他们逐渐失去了学习动机呢？与此同时，我们可以看到他们在玩游戏这件事上似乎从来没有丢失动机，那么这就促使我们去思考：尽管游戏有一定的负面影响，但是游戏已经成为青少年日常生活的一部分，而且，游戏在传播中国传统文化方面也有不可替代的价值。在这样的背景下，我们是否可以将游戏的优势发挥出来，利用游戏让学习更有趣，从而激发学习动机，促进核心素养的培养，让青少年更多地从游戏中受益而不是受害。

事实上，教育游戏（或游戏化学习）自20世纪90年代起，已经成为教育技术的研究热点。在新媒体联盟发布的比较知名的《地平线报告》（*The Horizon Report*）中经常把教育游戏、游戏化学习列为未来的发展趋势，加拿大学者巴格利（Baggaley）曾经分析了新媒体联盟于2004年到2012年期间发布的《地平线报告》，他说其中先后提出37项新技术，但是只有7项被后期的4份《地平线报告》证实，其中排第1项的就是基于游戏的学习。2013年，教育部也面向社会征集优质数字教育资源，其中教育游戏也被列为基础教育6种资源类型之一。2017年，国务院发布的《新一代人工智能发展规划》也鼓励社会力量参与寓教于乐的编程教学软件、游戏的开发和推广。2021年，国务院颁发的《全民科学素质行动规划纲要（2021—2035年）》也要求大力开发动漫、短视频、游戏等多种形式科普作品。在社会各界的推动下，过去二十多年内，世界各地的教育技术、教育心理、信息技术、脑科学等多个学科的学者都从不同的角度做了大量的研究，也产生了一批优秀的成果。

我们北京大学教育学院学习科学实验室的教育游戏研究团队，自2004年起，就开始开展教育游戏研究，在将近20年的时间内，我们承担了近10项国家自科基金应急项目、国家社科基金教育学一般课题和青年课题、教育部人文社科一般项目、北京市教育科学规划等国家级、省部级课题和10余项横向课题，在教育游戏的理论、设计、开发、应用、评估等方面开展了大量的研究，在国内外期刊及重要会议上发表了100余篇文章，出版了数本教育游戏的专著和教材，也先后提出了"轻游戏""教育游戏的三层核心价值""游戏化探究学习模式""基于学习体验视角的游戏化学习理论""新快乐教育"等理念，为广大教师及学习者开发了"游戏化教学法"MOOC（https://www.icourse163.org/course/icourse-1001554013），并发布了4款基于学习科学视角的教育游戏（见 http://www.mamagame.net），还培养了 30 余位博士、硕士研究生，并牵头成立了中国教育技术协会教育游戏专委会，在教育游戏研究领域产生了比较大的影响力。

为了更好地推动教育游戏研究事业发展，我们团队对 10 多年来的研究成果进行了全新的梳理，凝练成了本书。希望能够帮助到对教育游戏研究感兴趣的研究者、一线教师和企业人员。全书共分 4 编、11 章，系统地探讨了教育游戏的思想渊源、发展脉络、研究现状、核心价值、设计案例、困难障碍和未来趋势。

其中第一编包括第一、二章内容，主要探讨教育游戏的思想渊源、发展脉络、研究现状和核心价值。目的是通过梳理教育游戏的历史和现状，让读者能够对教育游戏的来龙去脉了解得更清楚，从而更深刻地认识到教育游戏的价值。其中第一章中基于**马克思的"三大社会形态"理论**，分析了三个不同社会发展阶段对教育的内在发展要求，然后分析了教育游戏思想在社会发展不同阶段的不同表现特点及原因，最后在此基础上，梳理归纳出教育游戏思想的整体发展脉络，并指出教育游戏的最终目的——**回归教育本质**；在第二章，我们在梳理研究现状的基础上进一步探讨了之前提出的"**教育游戏的三层核心价值**"，也即游戏动机、游戏思维和游戏精神。

第二编包括第三、四、五章内容，主要探讨教育游戏促进问题解决能力、探究能力、创造力的价值，目的是帮助研究者去设计能够促进高阶能力的学习环境和基于游戏的课程。其中第三章利用游戏化建构主义学习环境理论创设近似真实的问题情境，并利用"Replay"（重播）功能分析了学生在其中的问题解决行为和策略。这实际上用的就是现在流行的"**隐性评估**"（Stealth Assessment）方法，分析结果对于了解传统课堂中的学习也有意义；第四章则提出了一种**游戏化探究学习模式**，并设计了相应的游戏化探究学习课程及其网络版，借此培养科学探究能力；第五章则力图开发一门基于游戏的**创造力培养**校本课程，其中让学生通过玩游戏、设计游戏来培养发散思维、收敛思维等思维能力。可以看出这三章主要是基于游戏设计一套比较完整的课程，用于培养学生的某种或某几种高阶能力。这种研究思路我们觉得对于促进教学实践发展具有重要意义。

第三编共包括第六、七、八、九章内容，主要探讨如何基于学习科学的视角进行教育游戏的设计与应用研究，目的是将脑科学、心理学、人工智能、大数据等基础科学的研究成果应用到教育游戏的设计、开发、应用与评估中，从而让学习能够更科学、更快乐、更有效。学习科学（Learning Sciences）是过去 30 多年来发展特别快的一个学科，旨在研究**人是如何学习的，如何促进有效地学习**，本书将学习科学和游戏化学习整合起来，在第六章提出了学习科学视角下的教育游戏设计模型"**LG 五角模型**"，然后在后面三章进行了三款数学游戏的设计与应用研究，以便进一步探索教育游戏的设计原则和策略。其中第七章主要结合脑与数学认知的研究成果"三重编码模型"和游戏的"内在动机理论"开发了一款 20 以内的加减法游戏；第八章基于**游戏化学习体**

验理论框架，并结合认知理论开发了一款分数游戏；第九章则基于认知、动机和调节三个维度建构了**教育游戏设计理论**框架，并据此研发了一款立方体展开折叠游戏。当然，之前我们开发的主要是数学游戏，未来可能会拓展到语文、科学等其他学科。我们觉得对于教育技术或学习科学硕士研究生来说，如果能基于设计研究方法，整合脑科学、心理学、教育学、信息技术、游戏理论设计一款科学、有趣、有效的教育游戏，应该是很好的学术训练，未来不管是继续深造，还是去相关企业工作，都会受益终身。

最后第四编包括第十、十一章内容，主要探讨了教育游戏面临的困难和障碍，以及未来的发展趋势。其中第十章首先探讨了教育游戏和在线教育，这是因为考虑到未来在线教育（包括混合学习）一定是很重要的学习方式，而在线教育对学生的学习动机要求更高，所以要利用**游戏化**（Gamification）策略激励学生更多地投入。在这一章我们主要介绍了首届国家精品在线开放课程"游戏化教学法"中使用的游戏化策略，基于情境故事实现了游戏化与MOOC视频的整合；第十一章作为最后一章，首先探讨教育游戏发展过程中面临的"**三层困难和障碍**"，提出了克服困难和障碍的解决措施，也即应用学习科学、发展轻游戏、应用游戏化。然后从**技术演进、应用创新、理念升级**三方面探讨了教育游戏的未来发展趋势。最后本书探讨了我们近年来提出的新理念——"**新快乐教育：学习科学和游戏化视野下的未来教育**"。在本书的最后，我还写了一个长长的后记，结合我自己的研究项目、研究心得、经验教训，全景描写了我的教育游戏研究之路，我觉得如果大家认真读一下的话，会有特别的收获和启示。

以上就是本书的主要内容，总的来说，我们相信：在学习科学的支持下，教育游戏或许真的可以结合人工智能、大数据、移动学习、VR/AR、学习分析、MOOC、微课、翻转课堂等，重塑学习方式，回归教育本质，让每个儿童、青少年乃至成人、老人都能像鱼一样自由自在地遨游在知识的海洋之中，高高兴兴地沐浴在学习的快乐之中，尽情享受终身学习的幸福生活。所以，我们希望各位研究者能够认真体会本书中的内容，未来大家能够设计与开发更多的教育游戏、游戏化学习课程，能够真地帮助到千千万万的孩子们，让他们学习得**更科学**、**更快乐**、**更有效**。

为了能够帮助到大家的研究，首先，本书很重视**学术性**，我们在书中仔细探讨了理论基础、研究设计、数据分析、设计原则、设计策略等，另外，我们还利用脚注等方式给大家提供了更多研究案例，这些都是我们团队调研过的案例，相信对大家有帮助。其次，本书作为教育游戏的研究专著，在注重学术性的前提下，也非常注重**趣味性和可读性**，所以，我们特别注重遣词造句、表格插图等内容设计，力求能够让大家津津有味地读下去。其实，这也是我几十年来在教学、讲演和写作中所一直坚持的理念："**有理有据有观点，有趣有用有意义**"，期望让大家既能看得开心，还能有收获，仔细想想还很有意义。本书还有一个特别重要的考虑，就是要融合思想政治教育到内容中，我衷心觉得非常重要，所以仔细斟酌了每一章内容，尤其在后记中特别注意将思政教育和教学研究融合到一起。

另外，需要特别说明的是本书实际上是我们北大教育学院学习科学实验室教育游戏研究团队集体智慧的结晶，这10多年来，我的研究生、科研助理、访问学者等其他合作者都付出了大量的心血和努力。其中**第一章**的研究主要由裴蕾丝具体实施，部分内容曾在《全球教育展望》2019年第8期发表；**第二章**的研究主要由尚俊杰、张鹏具体实施，赵玥颖、石祝提供了协助。部分内容曾在《远程教育杂志》2009年第1期、《中国电化教育》2015年第5期发表；**第三章**依托香港特别行政区大学研究资助局基金资助项目（编号：CUHK4200/02H）完成，我的导师香港中文大学李芳乐和李浩文教授是项目负责人，尚俊杰和庄绍勇作为骨干成员和技术人员一起完成了研究。本书中则进一步探讨问题解决能力的培养，由尚俊杰、周均奕具体实施。部分内容曾在《中国电化教育》2008年第2期发表；**第四章**主要依托国家社科基金2008年度教育学青年课题（CCA080229）完成，主要由蒋宇、张喆具体实施，庄绍勇提供了指导，苏丹丹和张鹏提供了协助。部分内容曾在《中国电化教育》2011年第5期、《远程教育杂志》2012年第8期发表；**第五章**主要依托2013年度教育部人文社会科学研究一般项目（13YJA880061）完成，主要由肖海明、周萌宣具体实施，孙文文、裴蕾丝、余萧桓提供了协助。部分内容曾在《创新人才教育》2015年第3期发表；**第六到第九章**主要是基于国家社科基金2017年度教育学一般课题（BCA170072）和北京教育科学规划重点课题（CAHA16052）完成，其中**第六章**的研究主要由尚俊杰、裴蕾丝、张露、曾嘉灵等具体实施，周均奕提供了协助；**第七章**的研究主要由裴蕾丝具体实施，部分内容曾在《中国电化教育》2019年第1期发表；**第八章**的研究由张露具体实施，胡若楠、曾嘉灵协助开发了游戏。部分内容曾在《电化教育研究》2018年第5期和2021年第10期、《中国远程教育》2022年第3期发表；**第九章**的研究由曾嘉灵具体实施，胡若楠等人协助了实验研究，周均奕协助了撰写初稿，部分内容曾在《电化教育研究》2022年第7期发表；**第十章**的研究依托首届国家精品在线开放课程"游戏化教学法"MOOC完成，由曲茜美、朱云（访问学者、上海戏剧学院副教授）、蒋宇、裴蕾丝、曾嘉灵、孙文文、张阳、肖海明、聂欢、孙金钢等人具体实施，部分内容曾发表于《远程教育杂志》2017年第6期、《中国远程教育》2019年第12期。**第十一章**的研究主要由尚俊杰、石祝具体实施，周均奕提供了协助。部分内容曾在《电化教育研究》2011年第5期发表。

在本书的编写过程中，尚俊杰对以上所有章节内容重新进行了全面的策划和梳理、提炼和升华，上述相关研究具体实施人也提供了协助，另外，在这次编写过程中，夏琪、石祝、王钰茹、赵玥颖、周均奕、张鹏作为骨干人员协助我进行了大量的整理、文献校对等工作，也对文章的编写提出了很好的建议。此外，高理想、胡若楠、黄文丹、谭淑方、杨利忠、尚品言、何奕霖、李卓、苏晗宇、沈科杰也提出了很多的建议，或协助进行了校对，或提供了部分资料，或绘制了部分插图。

这本著作能够出版，我要感谢以上的老师和学生，也要感谢多年来支持我们的研究的基金、期刊、媒体、企业，感谢各位专家领导，当然，要特别感谢本书的编辑李淑方老师，没有她的支持、帮助，我们看不到本书。

最后还要感谢各位读者，谢谢你们对本书的支持和厚爱！如果大家对本书有任何意见和建议，敬请在微信公众号"俊杰在线"指出，或者来信指正（jjshang@263.net）。

北京大学基础教育研究中心副主任
中国教育技术协会教育游戏专委会理事长
北京大学教育学院学习科学实验室执行主任
中国人工智能学会智能教育技术专委会副理事长
中国高等教育学会学习科学研究分会常务副理事长兼秘书长

2022 年 5 月 4 日于北大燕园

目 录

第一编 教育游戏的历史与现状 / 1

第一章 教育游戏的思想渊源与发展脉络 / 2
  第一节 萌芽：自然经济社会中游戏对教育出现的孕育 / 3
    一、教育分化之前 / 4
    二、教育分化之后 / 6
  第二节 冲突：商品经济社会中游戏对教育异化的转变 / 12
    一、以生产为特征的教育 / 13
    二、以消费为特征的教育 / 21
  第三节 融合：时间经济社会中游戏对教育回归的召唤 / 27
    一、时间经济社会对教育的影响 / 28
    二、回归教育本质 / 28
  第四节 结论和启示 / 30
    一、研究结论 / 30
    二、研究启示 / 31

第二章 教育游戏的研究现状与核心价值 / 33
  第一节 教育游戏的概念 / 34
    一、游戏的概念与特征 / 34
    二、教育游戏的概念和特征 / 37
  第二节 教育游戏的研究与应用现状 / 40
    一、教育游戏的研究现状 / 40
    二、教育游戏的应用现状 / 46

第三节　教育游戏的三层核心价值 / 51
　　一、游戏动机 / 51
　　二、游戏思维 / 57
　　三、游戏精神 / 60
第四节　利用教育游戏重塑学习方式 / 62

第二编　教育游戏与高阶能力 / 67

第三章　教育游戏与问题解决能力 / 68
　第一节　问题解决能力 / 69
　　一、问题的含义及类型 / 69
　　二、问题解决的含义及模式 / 70
　　三、信息技术支持下的问题解决能力培养 / 72
　第二节　游戏支持下的问题解决能力培养 / 74
　　一、游戏在问题解决能力培养方面的价值 / 74
　　二、利用游戏创建近似真实的问题情境 / 75
　第三节　游戏化建构主义学习环境 / 77
　　一、建构主义学习环境的含义及特征 / 77
　　二、建构主义学习环境的设计模型与设计策略 / 78
　　三、游戏化建构主义学习环境的设计原则和策略 / 81
　第四节　VISOLE 的设计与实现 / 84
　　一、VISOLE：虚拟互动学生为本学习环境 / 84
　　二、《农场狂想曲》游戏的总体设计 / 85
　　三、《农场狂想曲》游戏的具体设计 / 86
　　四、配套资料及支持工具设计 / 88
　　五、学与教的活动设计 / 89
　第五节　VISOLE 的应用与评估 / 91
　　一、研究设计 / 91
　　二、总体结果分析 / 93

三、个案结果分析 / 99
　　四、实验结果小结 / 102
第六节　结论与讨论 / 106
　　一、研究结论 / 106
　　二、研究启示 / 106
　　三、研究不足 / 107

第四章　教育游戏与探究能力 / 109
第一节　探究能力 / 110
　　一、探究能力的概念界定 / 110
　　二、探究能力的培养方式 / 111
第二节　游戏支持下的探究能力培养 / 115
　　一、游戏化探究学习的核心价值 / 116
　　二、游戏化探究学习的经典案例 / 117
　　三、游戏化探究学习的发展问题 / 120
第三节　游戏化探究学习课程的理论基础 / 121
　　一、体验和合作学习理论 / 121
　　二、游戏化探究学习课程的设计理论 / 123
第四节　游戏化探究学习课程的设计研究 / 125
　　一、课程学习内容 / 125
　　二、课程学习环境 / 126
　　三、课程学习网站 / 127
第五节　游戏化探究学习课程的实验研究 / 128
　　一、研究方法与过程 / 129
　　二、研究数据与分析 / 129
第六节　游戏化网络课程的设计与应用研究 / 136
　　一、游戏化网络课程 / 136
　　二、游戏化网络课程的设计研究 / 139
　　三、游戏化网络课程的实验研究 / 142

第七节　研究结论与讨论 /145
　　一、研究结论 /145
　　二、研究启示 /146
　　三、研究不足 /150

第五章　教育游戏与创造力 /151
　第一节　创造力 /152
　　一、创造力的概念界定 /152
　　二、创造力的测量方法 /154
　　三、创造力的培养模式 /156
　第二节　游戏支持下的创造力培养 /157
　　一、游戏化创造力培养的价值 /157
　　二、游戏化创造力培养的模式 /158
　　三、游戏化创造力培养的问题 /160
　第三节　游戏化创造力培养课程的理论基础 /160
　　一、创造力理论 /160
　　二、创造力培养理论 /161
　　三、游戏化创造力培养课程的设计理论 /162
　第四节　游戏化创造力培养课程的设计研究 /165
　　一、课程教学目标 /165
　　二、课程组织模式 /166
　　三、课程教学内容 /166
　第五节　游戏化创造力培养课程的实验研究 /168
　　一、研究方法与过程 /168
　　二、研究数据与分析 /169
　第六节　研究结论与讨论 /176
　　一、研究结论 /176
　　二、研究启示：游戏化创造力培养课程的设计原则 /177
　　三、研究不足 /180

本章附录：《走进创造力——五彩蜡笔画出缤纷世界》/ 181
  一、简介 / 181
  二、活动说明 / 181
  三、教学实施参考 / 182

第三编 教育游戏与学习科学 / 187

第六章 基于学习科学视角的教育游戏研究 / 188
 第一节 学习科学 / 189
  一、学习科学的含义和历史发展 / 189
  二、学习科学的主要研究内容和研究方向 / 191
  三、学习科学：推动教育的深层变革 / 198
 第二节 认知与教育神经科学 / 199
  一、认知科学的起源与发展 / 199
  二、认知和教育神经科学的起源与发展 / 202
  三、教育神经科学的主要研究内容和发现 / 204
  四、教育神经科学与学习科学的关系 / 208
 第三节 学习科学视角下教育游戏的设计依据 / 209
  一、以教育神经科学的研究成果为理论依据 / 209
  二、以学习分析的研究成果为技术支撑 / 216
 第四节 学习科学视角下教育游戏的特性及设计模型 / 220
  一、学习科学视角下教育游戏的特性 / 220
  二、学习科学视角下教育游戏的设计模型 / 221
  三、学习科学视角下教育游戏的注意事项 / 223

第七章 算术游戏设计与应用研究 / 225
 第一节 小学数学学习 / 226
  一、数学认知研究 / 226
  二、"20以内数的认识和加减法"研究 / 231

第二节　游戏支持下的小学数学学习 / 233
　　一、小学数学类教育游戏案例分析 / 233
　　二、基于学习科学视角的游戏设计 / 236
第三节　游戏化设计原则 / 237
　　一、挑战 / 237
　　二、幻想 / 238
　　三、好奇 / 238
第四节　算术游戏的设计与实现 / 239
　　一、整体设计 / 239
　　二、教育性设计 / 241
　　三、游戏性设计 / 243
　　四、技术实现 / 244
第五节　算术游戏的应用与评估 / 245
　　一、研究设计 / 245
　　二、结果分析 / 247
第六节　讨论与总结 / 250
　　一、研究结论 / 250
　　二、研究启示 / 250
　　三、研究不足 / 252

第八章　分数游戏设计与应用研究 / 254
　第一节　分数学习 / 255
　　一、分数学习的重要性及困难 / 255
　　二、分数知识的类型 / 256
　第二节　游戏支持下的分数学习 / 258
　　一、游戏在分数学习中的应用及案例 / 258
　　二、游戏在分数学习中的价值 / 260
　第三节　游戏化学习体验理论框架 / 261
　　一、基于情境的认知体验 / 261

二、基于协作的社会性体验 /262
三、基于动机的主体性体验 /262

第四节 分数游戏的设计与实现 /263
一、整体设计框架 /263
二、认知内容设计 /263
三、游戏元素和机制设计 /268
四、技术实现 /271

第五节 分数游戏的应用与评估 /271
一、研究设计 /271
二、结果分析 /273
三、实验研究小结 /274

第六节 结论与讨论 /275
一、研究结论 /275
二、研究启示 /275
三、研究不足 /277

第九章 空间游戏设计与应用研究 /278
第一节 折叠与展开学习 /280
一、教育学视角 /280
二、心理学视角 /281
三、认知神经科学视角 /283

第二节 游戏支持下的折叠与展开学习 /283
一、游戏支持下的空间能力学习 /284
二、折叠与展开教育游戏案例分析 /285

第三节 教育游戏设计理论框架 /289
一、认知设计 /290
二、动机设计 /291
三、调节设计 /292

第四节　空间游戏的设计与实现 /292
　　　　一、游戏内容设计 /293
　　　　二、游戏整体设计 /295
　　第五节　空间游戏的应用与评估 /298
　　　　一、研究设计 /298
　　　　二、结果分析 /299
　　第六节　结论与讨论 /302
　　　　一、研究结论 /302
　　　　二、研究启示 /302
　　　　三、研究不足 /303

第四编　教育游戏的未来发展 /305

第十章　教育游戏与在线教育 /306
　　第一节　在线教育 /307
　　　　一、在线教育的历史发展 /307
　　　　二、在线教育的学习成效 /309
　　　　三、在线教育面临的问题 /311
　　第二节　游戏化与在线教育 /312
　　　　一、游戏化的历史发展与案例 /313
　　　　二、游戏化的本质和内涵 /314
　　　　三、游戏化设计策略和框架 /315
　　　　四、游戏化在在线教育中的应用 /318
　　第三节　游戏化设计模型及框架 /320
　　　　一、基于情境故事的 MOOC 游戏化模型设计 /320
　　　　二、游戏化与 MOOC 视频的整合 /321
　　第四节　游戏化 MOOC 的设计与实现 /324
　　　　一、叙事框架 /325
　　　　二、情节反馈 /325

三、形式反馈 / 327

四、其他设计 / 328

第五节 游戏化 MOOC 的应用与评估 / 328

一、研究设计 / 328

二、结果分析 / 329

第六节 结论与讨论 / 334

一、研究结论 / 334

二、研究启示：游戏化与 MOOC 视频整合原则 / 334

二、研究不足 / 335

第十一章 教育游戏面临的困难及未来发展趋势 / 336

第一节 教育游戏面临的三层困难和障碍 / 337

一、表层困难和障碍 / 339

二、深层困难和障碍 / 341

三、本质困难和障碍 / 344

第二节 克服困难和障碍的应对措施 / 345

一、注重应用学习科学 / 345

二、发展轻游戏 / 349

三、应用游戏化 / 352

第三节 教育游戏的未来发展趋势 / 355

一、教育游戏的技术演进 / 355

二、教育游戏的应用创新 / 361

三、教育游戏的理念升级 / 366

第四节 新快乐教育：未来教育的发展方向 / 370

一、快乐教育的历史渊源 / 370

二、新快乐教育的含义与目标 / 371

三、新快乐教育的核心理念 / 373

四、新快乐教育的实施途径 / 376

后记：我的教育游戏研究之路（2004—2022）／381

致　谢／411

第一编

教育游戏的历史与现状

　　本编共包括两章内容，主要探讨教育游戏的思想渊源、发展脉络、研究现状和核心价值。目的是通过梳理教育游戏的历史和现状，让读者能够对教育游戏的来龙去脉了解得更清楚，从而更深刻地认识到教育游戏的价值。

第一章　教育游戏的思想渊源与发展脉络

本章导言

说起游戏，其存在的时间甚至比人类的历史还要长远。从生物进化的角度来看，早在人类出现之前，游戏就已经出现在一些高等动物的日常活动之中，①如小猫玩绒球、小鸡之间非攻击性的搏斗等，都是游戏最原始的雏形。对于人类而言，无论是原始社会中广泛存在的狩猎模拟游戏，还是农业社会中涌现的利用各种益智玩具进行的游戏（如七巧板、华容道等），抑或是近现代社会中兴起的电子游戏（如街机游戏、网络游戏、VR/AR 游戏等），都是十分重要的社会活动。而且，随着社会的不断发展，人类对游戏的需求程度也呈现出惊人的增长——根据《2017年中国游戏产业报告》，②2017 年中国游戏市场实际销售收入达到 2036.1 亿元，相比于 2008 年的 185.6 亿元，10 年间就有近 10 倍的增长；与此同时，自 2016 年 9 月中国教育部职业教育与成人教育司在《关于做好 2017 年高等职业学校拟招生专业申报工作的通知》中，明确将电竞专业（即电子竞技运动与管理专业，专业代码：670411）定为增补专业以来，③以中国传媒大学为代表的几所国内著名高校，也从 2017 年开始正式开设"电子竞技"相关专业，宣称要为电子竞技行业培养一批高端的人才队伍。从某种程度上讲，我们已经跨入了游戏时代，以游戏或泛游戏为基础的生活方式正在形成。

然而，与游戏行业蓬勃发展形成鲜明对比的是，长久以来，游戏在教育领域一直备受争议，遭到社会各界的口诛笔伐——家长和老师更是谈游戏色变，游戏与学习相对立的观念更是深入人心。虽然，学界不断有研究结果表明一些游戏确实可以激发学生的学习动机，并提高其知识技能等方面的学业成绩，④但这些零散的科学研究成果仍无法从根本上消除人们对游戏固有的怀疑与抵触观念。事实上，游戏思想在教育中的渗透，从人类社会形成开始就已经产生，并且，伴随着社会发展和

---

① 华爱华.幼儿游戏理论[M].上海：上海教育出版社，1998：2—3.
② 中国音数协游戏工委（GPC），CNG 中新游戏研究（伽马数据），国际数据公司（IDC）.2017 年中国游戏产业报告：摘要版[M].北京：中国书籍出版社，2017：6.
③ 教育部职业教育与成人教育司.关于做好 2017 年高等职业学校拟招生专业申报工作的通知[EB/OL].(2016-09-07)[2017-12-10].http://www.moe.edu.cn/s78/A07/A07_gggs/A07_sjhj/201609/t20160907_277984.html.
④ 尚俊杰，裴蕾丝.重塑学习方式：游戏的核心教育价值及应用前景[J].中国电化教育，2015(05)：41—49.

人自身对教育的不同要求，①教育游戏思想的表现虽有不同，但却贯穿始终。②在不同的人类社会发展过程中，教育作为联系人类与社会的重要纽带，其与社会、游戏的关系究竟是怎样的呢？其蕴含的游戏思想究竟经历了一个怎样的发展过程？

为了回答以上问题，本章首先基于马克思对人类社会的研究，将人类社会发展过程分为三个阶段，③分别是以"人的依赖关系"为形态的自然经济社会、以"物的依赖关系"为形态的商品经济社会和以"人的全面自由发展"为形态的时间经济社会；接着，回归教育本质，结合特定阶段人与社会发展的内在需要，分析教育在主体、内容、形式上的主要特征与表现；④最后，分析游戏思想在不同阶段教育中的外在表现形式和内在驱动原因，并最终归纳出教育游戏思想的整体发展脉络。⑤

需要说明的是，在汉语中"游戏"一词既包括自由自在、没有具体规则局限的嬉笑玩耍，也包括结构、规则分明的具体活动；前者相对于英语中的"Play"一词，而后者则与英语中的"Game"一词更相近，被认为是比"Play"更高级的一种游戏行为。由于本章希望从社会整体发展的视角来审视和理解游戏，因此采用汉语中更具包容性的"游戏"一词更为合适，这也更能体现游戏内在的发展与变迁。

第一节 萌芽：自然经济社会中游戏对教育出现的孕育

人与人之间的相互依赖，是人类自然发展过程中形成的最原始的社会形态，⑥原始社会、奴隶社会和封建社会的绝大部分时间，都处于这一社会形态。在以"人的依赖关系"为形态的社会中，由于科学技术十分匮乏，社会生产力水平十分低下，个人的能力十分有限。为了解决生存问题，人与人之间被迫形成一种原始的共同体关系，以联合的方式进行劳动生产。⑦与此同时，受限于生产力水平和社会分工，该阶段的社会生产主要是为了直接满足生产者个人的生产生活需要，并不是为了进行交换。也就是说，第一个社会发展阶段的主要表现具有两个特征：①个体是缺乏独立性的，其生存和发展都必须依赖于社会共同体；②经济形式主要以自然经济为主，地理上呈现分散的特点，生产和消费也是直接统一的。最早的游戏思想就是在此社会环境中开始在人类最原始的教育活动中渐渐萌芽的。下面分两个阶段探讨。

---

① 夏德清.论教育与社会的关系[J].华中师范大学学报（人文社会科学版），1986(5):116—122.
② 吴航.游戏与教育——兼论教育的游戏性[D].武汉：华中师范大学，2001.
③ 刘佑成.马克思的社会发展三形态理论[J].哲学研究，1988(12):3—12.
④ 杨文圣.《1844年经济学哲学手稿》中的人的发展三形态[J].求索，2018(01):181—185.
⑤ 裴蕾丝，尚俊杰.回归教育本质：教育游戏思想的萌芽与发展脉络[J].全球教育展望，2019,48(08):37—52.
⑥ 宋卫琴，岑乾明.马克思人的发展"三形态"理论渊源、演进及本质[J].甘肃社会科学，2011(06):88—91.
⑦ 罗明东.教育发展阶段新论[J].学术探索，2011(03):129—134.

一、教育分化之前

在社会生产力水平还比较低下的时代,教育和生活是紧密结合的。

(一)教育和生活彼此依存

在社会生产力尚未充分发展、社会阶级尚未出现之前,教育并不具有规范的结构体系,它存在的唯一目的就是传授人们与生存活动密切相关的常识和技能,保证氏族成员的生命不受自然灾害和野兽攻击的威胁。因此,"在原始社会,一个人是通过共同生活的过程来'教育'自己的,而不是'被别人所教育的',家庭生活或氏族生活、工作或游戏、仪式或典礼等都是'每天'遇到的学习机会"①(见图1-1)。可以说,尚未分化的"教育"和社会生活是彼此依存的,教育就在社会生活之中,社会生活的过程就是接受教育的过程。由于没有专门的教育场所和专门从事教育的职业教师,原始社会的教育同其所依赖的自然经济形式一样,也是以氏族或群落为单位分散进行的,而且由于缺乏媒介传播的工具,群落之间的教育活动也很难产生碰撞或交流,因此基本以独立发展的形式存在着。在这种相对封闭的外部环境下,氏族或群落内部虽然没有出现奴役关系,但却需要依靠紧密的共同合作维持整体的生存。浸润在这种人对人依赖的社会生活中,人们接受的"教育"内容也主要以生存技能和传统习俗为主,用以维系共同体的生存和内部人与人之间的亲缘关系,②从而保障分散的原始氏族群落能够通过自身内部的凝聚作用,在相对封闭的外部环境里得以长久延续。

图1-1 原始人生活示意图③

---

① Faure E. Learning to Be: The World of Education Today and Tomorrow[M]. Paris: UNESCO, 1972:3-8.
② 罗明东. 教育发展阶段新论[J]. 学术探索, 2011(03):129—134.
③ 历史文化记. 哪个时代的古人上班时间最短,原始人为何最幸福[EB/OL]. (2021-06-02) [2022-04-10]. https://www.163.com/dy/article/GBFO05O70543IAG1.html.

（二）游戏和教育密不可分

如前所述，在尚未出现社会分工的原始社会中，人们通过共同生活实现"教育"的过程，而这种具有教育功能的"共同生活"主要就源于劳动和游戏，并且对于尚未发育成熟的儿童和青少年，游戏就是他们为成年生活做准备的重要教育方式。据资料记载，[1]生活在我国大兴安岭北部以狩猎为生的鄂温克族人，在中华人民共和国成立前一直保留着原始社会生活的习惯。他们在培养下一代学习狩猎技能时，就是通过狩猎模拟游戏进行的。当儿童长到五六岁时，族中的成年人便会教给儿童一些传统性的和具有狩猎意义的游戏，比如打熊、打狞等；待到儿童长大一些后，便开始学习撑竿跳、滑雪等更有难度的游戏活动。这些以模仿为主的游戏活动是儿童成长发展必经的教育阶段和教育形式，而且模仿游戏为儿童提供了一个安全地模仿成人生活的情境，儿童在反复游戏的同时，也反复练习着成人世界的生存法则，为适应成人活动做准备。除了传授必要的生存技能，以游戏的形式强化氏族生活中的传统习俗也同样十分重要，一些带有宗教色彩的祭祀和舞蹈活动也因此成为人们劳动之外十分重要的娱乐活动（见图1-2）。比如，人们为了祈祷来年获得好收成，而围着石头跳起祷雨舞；在战争开始之前，跳起战争舞，让战士们获得必胜的信心以祈求战胜的最终胜利等。[2]这些具有游戏特色的娱乐形式，无不渗透着共同体生活中的集体意识的传承，氏族中的每个人都广泛且深入地参与到这种泛化的共同"教育"之中，这一特性也更加巩固了这种原始氏族生活的传承与发展。

图1-2　鄂温克族萨满舞[3]

---

[1] 李子彪. 鄂温克族人是怎样培养猎手的——原始社会的自然形态教育[J]. 教育与进修, 1983(05):36—37.
[2] 华爱华. 幼儿游戏理论[M]. 上海：上海教育出版社, 1998:5—6.
[3] 百度百科. 鄂温克族萨满舞[EB/OL]. (2022-03-11) [2022-04-20]. https://baike.baidu.com/item/鄂温克族萨满舞/7588249.

德国哲学家康拉德·朗格（Konrad Lange）认为，每一种游戏都有与之对应的艺术形式，比如音乐与听觉游戏、装饰与视觉游戏、舞蹈与运动游戏、戏剧与模仿游戏、建筑与构造游戏等。[①] 荷兰著名历史学家和文化学家、游戏研究先驱胡伊青加（Huizinga）也从文化的角度对游戏这一社会现象进行过详细深入的研究。在他的游戏研究著作《人：游戏者》一书中，采用文化史学的研究思路和方法，得出了"人是游戏者，人类文明是在游戏中并作为游戏而产生和发展起来的"这一结论。[②] 确实，原始的游戏不仅成为承载教育的雏形，而且这些丰富多彩的游戏形式也逐渐成为现代艺术和体育的核心原型，[③] 现代体育的很多形式也能从原始游戏中找到痕迹，[④] 比如旧石器时代被广泛应用于打猎的石球。石球最先是原始社会典型的生产工具，随着儿童教育的需要，人们将打猎用的大型石球变小，改造成为儿童游戏的玩具。这种小型石球不仅帮助儿童通过游戏的方式学习狩猎技能，为成年生活做准备，同时也逐渐从劳动中分离出来，发展为一项专门的娱乐活动，成为现在投掷类和球类运动的前身；[⑤] 甚至现在体系完善的商业和法律也与早期游戏有着密不可分的关系。[⑥]

教育游戏思想就这样在原始自然的社会生活中渐渐萌发了：一方面，游戏在教育之前就已经出现，成为当时社会教育功能的主要承载形式；另一方面，游戏的产生也同时催生了人类社会多种多样的文化，这些"游戏的高级形式"也为未来正式教育的出现提供了丰富的内容保障。可以说，游戏为教育提供了形式和内容上的准备。

二、教育分化之后

随着社会生产力水平的不断提高，教育开始分化，标志就是职业教师的出现。

（一）职业教师的出现

随着社会生产力水平的不断提高，社会产品开始出现剩余，共同生产、平均分配的原始社会形态逐渐瓦解，社会不同阶级的划分开始形成。这种社会形态的进化，使一部分人摆脱了繁重的体力劳动，开始从事人类知识的生产与传递，为专门以教育活动为职业的教师的出现、教育机构的产生以及教育体系的形成创造了可能的条件。[⑦] 教育也因此逐渐从人们的日常社会生活中分离出来，学校教育和职业教师开始成为那些有钱有权的有闲阶级所独享的特权。

---

① 陈鸿，王葵.论傩舞的游戏性[J].东华理工大学学报（社会科学版），2005, 24(3):256—259.
② 董虫草.胡伊青加的游戏理论[J].浙江大学学报（人文社会科学版），2005, 35(3):48—56.
③ 刘久胜.苏联学者谈儿童游戏[J].外国中小学教育，1986(05):13—14.
④ 王俊奇.论早期人类活动与原始体育文化[J].南昌航空大学学报（社会科学版），2008, 10(1):107—112.
⑤ 袁合.论石球由狩猎工具到游戏器具的嬗变[J].体育文史，1993(02):25—27.
⑥ 薛小都.游戏与法律[J].西南民族学院学报（哲学社会科学版），2002(04):137—140.
⑦ 刘应竹.古代希腊教师问题研究[D].武汉：华中师范大学，2007.

中国和古希腊作为东西方文明的发源地，是历史上最早出现教育分化和职业教师的地方。早在公元前6世纪，孔子就成为中国历史上第一位职业教师（见图1-3），他一生周游列国14年，相传有门下弟子3000人，贤弟子72人，不仅是中国历史上创办私学的先行者，同时也是"有教无类""因材施教"等很多中国经典教育教学思想的提出者，这些思想深深地影响了中国后来2000多年的教育历程。到了公元前5世纪，古希腊才出现了真正意义上的职业教师——智者（Sophist），代表人物有普洛塔哥拉（Protagoras）、高尔吉亚（Gorgias）、普罗狄科（Prodicus）、希庇亚（Hippias）和安提丰（Antiphon）等。他们以雅典为活动中心，活跃在城邦里的大型聚会场所，发表自己对于伦理、政治、价值等一系列问题的见解。与此同时，他们也收费授徒，传授一些实用的辩论、诉讼、修辞、演说的技巧以及有关城邦治理和家政管理的知识。①

图1-3 孔子讲学图②

职业教师的出现使教育成为一项专门的劳动种类，而不再是社会生活的附属产品，并且对教育活动产生了两个重要影响。其一，职业教师有了更多的时间和精力投入对教育和知识本质的思考上，众多影响深远的教育思想从此产生。其二，在人才培养的方式和途径上，职业教师有了更多的探索和感悟，很多方法至今仍有借鉴意义。

不过，需要说明的是，这一时期的社会生产力虽然得到了进一步提升，但人类社会依然没有摆脱以"人的依赖关系"为形态的自然经济社会，因此，此时的教育，在教育主体上仍然呈现出群体性的分散——学校教育主要服务于阶级统治者，而被统治阶级的教育仍然依靠的是社会生活经验；在教育的内容上，伦理和道德等保障阶级社会正常运行的思想意识形态成为整个社会的教育核心，当然传统劳动技能学习仍是教育的重要内容，但接受者主要为处于社会底层的被统治阶级，以确保社会生产的正常

---

① 刘应竹. 古代希腊教师问题研究[D]. 武汉：华中师范大学, 2007.
② 亦乐读书.《论语》的第一句为什么是它[EB/OL]. (2020-10-22) [2022-11-10]. https://baijiahao.baidu.com/s?id=1681206828647656892.

进行；在教学形式上，个别化教学是最主要的教学组织形式，即使是学校教育也并不具备现代学校的严密组织条件（见图 1-4）。虽然职业教师的出现使教育成为一项专门的劳动种类，而不再是社会生活的附属产品，但由此形成的学校教育与游戏的关系并没有从此打破。相反，在当时东西方最具影响力的教育思想中，饱含着对教育与游戏的进一步思考，游戏开始突破其教育承载形式的束缚，逐渐转变为学校教育的重要内容。

图 1-4 清朝时期的私塾[①]

（二）儒家教育的游戏思想

我国历史上很早就有关于学校的记载，早期儒家经典上就有成均、明堂、庠、序、塾等十多种与学校相关的称谓，而且这些称谓都与游戏有着或多或少的渊源：其中，成均是学习"乐"的场所，相关内容不仅涉及诗歌、音乐、舞蹈、绘画等艺术，还涉及仪仗、田猎等运动；明堂是古时祭祀的场所，有时也会对民众施行社会教育，一般以礼仪和乐舞为主要形式；庠是最早的养老场所，也是休闲娱乐场所，它为没有劳动能力的老人和儿童提供了嬉戏玩耍的场所，承担了一定的儿童道德教育的任务。[②]在该时期，我国伟大的教育学家孔子的"乐教乐学"教育思想也印证了这种关系的存在，集中体现在以下 3 个方面：

首先，教育应该和游戏一样令人快乐、投入。"学而时习之，不亦说乎？"孔子认为学习是一件快乐的事情，并且认为"知之者不如好之者，好之者不如乐之者"，即学习的最高境界应该是达到"乐"的境界。这种"乐"不是简单的物质满足，而是精神的愉悦和满足，即达到一种"发愤忘食，乐以忘忧，不知老之将至"的状态。这种快

[①] 文史丽影. 晚清老照片，带您一览老北京的市井百态，原来老北京是这样的 [EB/OL]. (2019-11-21) [2022-11-10]. https://baijiahao.baidu.com/s?id=1650820513643014223.
[②] 李屏. 教育视野中的传统游戏研究 [D]. 上海：华东师范大学，2005.

乐、投入的情感状态与人们游戏时的情感体验有着高度的相似性。从这一点看来，孔子心中的理想教育并不是一个枯燥死板的过程体验，相反，它应该和游戏一样有趣。为了达到"乐"的境界，教育就必须如游戏一样从一种外在需要转变为内在需要，即让学生不仅感知学习的有用性，还要激发他们的内在动机，从而实现在"心流"的状态下完成学习过程的目标。

其次，学校和生活中应该平衡知识与游戏的比例。孔子在教学的内容上继承了西周贵族"礼、乐、射、御、书、数"的"六艺"教育传统，并在此基础上整理编辑《诗》《书》《礼》《易》《乐》《春秋》作为教材。由此可以看出，孔子不仅重视学生在治国之道方面的培养，还强调从诗歌、音乐、歌舞等游戏娱乐方面对学生加以熏陶和培养。"兴于诗，立于礼，成于乐"，孔子认为学生在游戏娱乐上的学习，不仅能增加学习的乐趣，还可以引起学生在思想情感上的共鸣和思考，进而启发和激励学生在知识上的深入学习。在生活的闲暇时间，培养适宜的游戏爱好对人的成长发展也是大有裨益的，孔子在《论语·阳货》篇中就提到"饱食终日，无所用心，难矣哉！不有博弈者乎？为之，犹贤乎已"。就是在说，闲来无事不知做什么，还不如下棋。

最后，游戏是教育教学的重要方式。在正式的传道授业解惑时，孔子非常注重以对话的形式启发学生形成对问题的认识，其间不但对话形式非常灵活，可以是个人的、集体的，也可以是相互的，而且轻松愉悦的对话氛围、循循善诱的启发方法，常能将学生带入兴趣盎然、欲罢不能的忘我境界。在闲暇时间，孔子要求学生积极参加各种有益身心的游艺活动，比如游山登高，从大自然的山水之间陶冶性情，感悟自然和人生真谛，再如钓鱼、田猎等活动，从而获得强健的体魄等。无论是在正式还是在非正式教育里，孔子在其教学方法中都渗透了游戏的精神和形式，这样的结合并没有使学生"玩物丧志"、前途尽毁，相反，在这种教学方式下天赋各异的学生大部分都成为国家的栋梁之材，进一步说明了游戏在教育中的重要性。

以上可以看出，孔子非常强调游戏在教育中的重要性，认为只有让学生达到乐学好学的境界，才能真正促进学生的全面和谐发展，才能为国家和社会建设培养出真正的人才。在这里，游戏不仅是传道授业解惑的方法，同时还是一种促使人积极向上的选择。

（三）古希腊教育的游戏思想

作为西方文明的发源地，同时期的希腊诞生了苏格拉底（Socrates）、柏拉图（Plato）和亚里士多德（Aristotle）三位在世界教育史上都享有盛名的哲学家和教育家，史称"古希腊三杰"。他们不仅是古希腊哲学和教育学思想的集大成者，同时也是公元前5世纪至4世纪在古希腊雅典时期活跃的最伟大的三位智者。①

在古希腊语中,有两个表示教育的词:一是 Agoge,指的是指导、约束、管教,相当于斯巴达式的严格训练;另一个是 Paideia,源自词根 Pais 和 Paidia,其中 Pais 意为儿童,Paidia 意为儿童运动或游戏。② 在"三杰"教育思想的影响下,雅典时期的古希腊教育就是一种倾向于 Paideia 的教育,它并不是一种教师强迫儿童的教育活动,而是一种既强调儿童游戏和活动,又注意教师指导和监督的教育形式,旨在让儿童的身心在教育中得到自然和谐的发展。"三杰"认为,教育的根本目标是陶冶人民的美德,训练人民的理性,以适应国家政治统治的需要,从而建立一个充满"正义和智慧"的"理想国"。为了实现这个目标,"三杰"提出了以**理性教育**与**和谐发展**为核心的教育思想体系,并围绕该体系逐步建立了基本的课程体系以及常用的教学方法。

理性教育,就是一种注重训练心灵和启发智慧的教育。苏格拉底认为,教育的根本目标就是把人培养成为一个知识广博、品德高尚的有理性的人,具体而言就是使人的心灵中具有节制、正义、勇敢、敏悟、强记、豪爽等优良品质。苏格拉底提出了著名的"美德即知识"的思想,他认为只有知识才能使人变得有智慧,因此他把"学习"看成人生的首要大事。除了知识广博、品德高尚,苏格拉底还强调了锻炼身体的重要性,"人们所做的一切事情都是需要用身体的","保持好的状态"是成就人生的保障。③

柏拉图在苏格拉底的基础上进一步发展了理性教育,认为教育的根本任务在于训练人的心灵和培养人的理性,也因此将其划分为两大阶段,即以品格训练为主的和谐发展教育阶段,和以启发智慧、培养理性为目标的理性教育阶段。其中,前者主要包括音乐教育(以读、写、算为主要内容的智育)和体育,后者主要以辩证法的学习为主。柏拉图认为阅读富有感染力的史诗、神话、传说等文学作品可以影响儿童的性格,从而起到训练心灵智慧的作用;体育不仅能磨砺儿童勇敢的意志,而且健康的身体对学习知识还能起到促进作用;辩证法是理性教育的终极目标,是唯一科学的研究方法,没有其他任何学习科目凌驾于辩证法之上,只有掌握了辩证法才能使人至善至美、富于理性。

到了亚里士多德时期,他也主张教育应该以培养"理性"为主,但他也指出要想使青少年的身心得到和谐发展,就必须防止学习科目的狭义性和实用性,应注重品德陶冶和理智训练,因此提出了"自由教育"(Liberal Education)的主张。在亚里士多德看来,自由教育应该包括阅读书写、体育锻炼、音乐以及绘画这四类科目,这些科目

---

① 黑格尔.哲学史讲演录(第二卷)[M].贺麟,王太庆,译.北京:商务印书馆,1983:4—6.
② 徐媛媛.古典时代雅典的教育及其影响[D].沈阳:辽宁大学,2007.
③ 吴芳.论古希腊教育思想[J].教育理论与实践,2002(S1):26—27.

不仅能让青少年把工作做好，还能帮助他们更好地利用闲暇。

概而言之，上面三杰的观点可归纳为以下两个方面：①

首先，实施和谐发展的教育理念，注重人性的培养。理性教育的核心在于训练心灵、启发智慧，但是"三杰"在阐述该教育理念时并没有只强调智育的重要性，相反，他们都用了大量的篇幅论证体育、音乐等其他教育内容对人性培养的重要意义。这种和谐发展的教育理念，正是教育与生活、游戏之间紧密相连的体现。古希腊的雅典时期非常重视游戏在儿童教育中的地位，为了能促进儿童进行有组织的运动游戏，城邦还专门为儿童提供游戏场所，帮助儿童锻炼身体，同时在游戏中培养儿童的尚武精神。即便是进入了正式的学校，儿童依然能够接受到与生活、游戏息息相关的体育、音乐等形式的教育，在体育中他们组织各类赛跑、跳跃、角力、掷标枪等形式的竞技游戏，在音乐的学习中，他们学唱诗歌、弹奏乐器、开展歌舞表演……此外，在学校中开展体育、音乐学习等非智育学习，还能帮助儿童更好地安排自己的闲暇时间，促使他们选择积极健康的游戏娱乐方式，避免沾染不良的娱乐习惯。从一定层面上讲，非智育学习是促进儿童和谐发展的必要条件，它帮助儿童改造心灵、培养人性中的美德，最终实现人性的完善。

其次，从生活和游戏中借鉴教学方法。即便是在智育中，"三杰"也强调了应该根据儿童不同的天性和特点，从生活实践和游戏中借鉴经验，将智慧传授给儿童。苏格拉底从产婆接生这一生活实践中悟出了启发式教学方法（或称"产婆术"），对后世产生了深远的影响，他强调在轻松愉悦的氛围下以谈话的方式，通过与学生不断反诘和归纳，引导学生独立思考问题，让学生自己得出问题的正确答案（见图1-5）。此外，在智育中，教师结合儿童喜欢嬉戏玩耍的天性，将游戏与知识传授结合起来，也取得了很好的教学效果。柏拉图在谈到儿童教育时明确指出："请不要强迫孩子们学习，要用做游戏的方法，你可以在游戏中更好地了解到他们每个人的天性"，因为"被迫进行的学习是不能在心灵上生根的"。亚里士多德也指出"儿童们能够进行的所有运动对他们都有益处"，"各种各样的嬉戏玩耍应当是他们日后将热心投入的人生事业的仿照"。因此，古希腊的学校教育中很早就出现了用游戏传授知识的例子，比如用猜谜语的方式教儿童学习希腊字母、举行诗歌比赛帮助儿童背诵诗歌、采用字母演唱法教儿童读和写等。② 这些从生活和游戏中借鉴而来的教学方法，对当前的教育教学依然有很强的借鉴意义。

---

① 张法琨. 古希腊教育论著选 [M]. 北京：人民教育出版社，2007：1—30.
② 徐媛媛. 古典时代雅典的教育及其影响 [D]. 沈阳：辽宁大学，2007.

图 1-5 苏格拉底的启发式教学[1]

综合以上分析，职业教师的出现使教育分化成为一项独立的社会劳动，但是分析中外教育思想体系，可以看出教育的分化并没有割裂其与生活、游戏之间的内在联系，相反教育游戏思想在这时期得到了进一步的发展：一方面，以游戏为原型的艺术和体育成为学校教育的重要教学内容，用来培养人的美德与技能；另一方面，游戏带给人的兴趣与快乐开始受到关注。可以说，游戏是教育内容的源泉，同时，游戏自身趣味性所带给人的独特精神体验也受到了一定程度的关注。

第二节　冲突：商品经济社会中游戏对教育异化的转变

随着科技的日益发展，人对自然的控制和改造能力得到了大幅提升，社会分工也不断扩大和完善，这不仅推动了社会生产力水平的快速提高，同时也促成了以商品交换为核心的新经济形式的出现。在此阶段里，人类社会的物质得到了极大充盈，人们开始获得一定的身体自由与解放——他们不再需要依靠社会共同体的力量实现生存，而是通过物质交换的形式，获得自己所需的生活资料。至此，人与人之间的直接依赖关系转变为以物为中介的依赖关系，以金钱为纽带的物化社会逐渐形成。也就是说，第二个社会发展阶段主要表现有两个特征：[2]①个体在一定程度上摆脱了对社会共同体的直接依赖，获得了形式上的相对自由，但由于仍无法控制社会生产过程，物化的社会关系使得个体最终被物质所摆布；②经济形式主要以商品经济为主，各地域从以往的分散孤立开始走向相互联系，生产生活经验的逐渐积累也驱使人类对自然和社会有

---

[1] 松风阁书法日讲. 苏格拉底与波拉克西特列斯：古希腊艺术的自觉意识和规矩意识 [EB/OL]. (2019-06-10) [2022-11-10]. https://baike.baidu.com/tashuo/browse/content?id=60005a46c132736713e12ec3.

[2] 罗明东. 人类社会教育发展三形态论 [J]. 云南师范大学学报（哲学社会科学版），2005, 37(1):1—8.

了更加理性的认识，物质世界的进一步充盈也使得人类的需求逐渐丰富多彩。在此影响下，人类的教育活动也发生了翻天覆地的变化，相应地，教育游戏思想也有了不一样的表现。

一、以生产为特征的教育

工业革命以来，随着技术的进步和发展，人类社会在很大程度上摆脱了物资匮乏限制，开始步入现代社会。然而，我们不能忽视的是，现代社会的前期仍然是一个生产力水平较低的时代，社会发展以生产为核心目的，虽然商品交换极大地促进了消费行为的产生，但此时消费的主要目的还停留在物品的使用价值上。[①] 在机器社会大生产的背景下，仅依靠生产生活经验的传统劳动者已经不能为这个时代所用，掌握先进系统的科学文化知识成为这个时代必不可少的技能，因为只有这样，才能更好地利用技术满足社会生产的需求。因此，整个社会开始从以往对人与人内在关系的关注转变为对人知识获得的崇拜，可以说，在这个物化的社会里，科学知识开始取代人成为维系社会运转的核心，完整意义上的人也因此被简化为"人手"，成为机器大生产时代推动社会分工进程的参与要素。[②]

（一）班级授课制度的流行及存在问题

社会的异化也导致传统的教育体系受到了前所未有的挑战。夸美纽斯（J. A. Comenius）从理论上系统阐述的班级授课制度（见图1-6）及相关的学年制成为基础学校制度，标志着教育的第二次分化。在该阶段中，以现代化教育体系为基础建立的学校制度开始在全国范围内兴起并迅速得到普及。"教育是生活的准备"，"不但有钱有势的人的子女应该进学校，而且一切城镇乡村的男女儿童，不分富贵贫贱，同样都应该进入学校"，使得"一切青年都能受到教育"，把"一切事物教给一切人"。[③] 在夸美纽斯描绘的以"泛智"思想为基础的现代学校制度里，学校不仅是"造就人的工厂"，要依据学生的年龄特征和学习能力，指定他们接受不同人生阶段的教育，[④] 还是"一定能产生结果"的教育场所，他认为几乎没有教不好的学生，并把教不会学生的问题归结为教师采用了不恰当的教学方法。夸美纽斯提出了"每一事物的教学必须通过感觉"的原则，认为感觉是人们认识的基础和起点，应该在此基础上进行推理和判断，进而使知识确立，因此他详尽而系统地论证了教学的直观性原则、学生学习的主动性和自觉性原则、系统性与循序渐进原则、巩固性原则，以及教学必须适应儿童年龄、心理特点和接受能力的原则，同时还专门阐述了语文、艺术、科学等具体学科的教学

[①] 张天勇. 从生产社会到消费社会的转变：符号拜物教的现实根基 [J]. 学术论坛, 2007(03): 16—19.
[②] 刘云杉. 教育失败者究竟遭遇了什么？[J]. 清华大学教育研究, 2014, 35(04): 7—15+26.
[③] [捷] 夸美纽斯. 大教学论 [M]. 傅任敢, 译. 北京：教育科学出版社, 2014.
[④] 高杰. 夸美纽斯教育思想研究 [D]. 长春：吉林大学, 2008.

方法。①

图 1-6 18 世纪欧洲的小学课堂②

夸美纽斯的班级授课制度给教育带来了三重改变：①教育群体扩大到各个阶级，以满足社会生产对"人手"的渴求；②自然科学知识开始从原有的经验中分离出来，成为专门的科学体系，并超越原有的教学内容成为核心，从而实现了生产对技术和效率的不断追求；③现实社会在实践夸美纽斯提出的现代学校教育制度时，只停留在对学校外在制度体系的模仿和构建上，却忽视了对同样重要的教学原则和教学方法的借鉴和应用。在世俗和功利思想的影响下，学校沦落成为"教师照本宣科，学生死记硬背"、传授过时死知识以及"生产标准化学生的工业流水线"，因此，受到来自社会的广泛批评。

在此背景下，一些教育研究者开始寻找可能的解决方法，涌现了许多有影响力的教育新思想和新实践，令人眼前一亮。与此同时，科学心理学研究范式的建立，尤其是认知心理学派的出现，促成了现代游戏理论的形成与建立。

（二）兴趣说的流行

在此背景下，"兴趣说"（Interest Doctrine）开始在西方教育中大量涌现，一大批教育学家从不同方面都对兴趣在教育中的重要作用进行了论述。③比如，前面提到的夸美纽斯，虽然由他提出的班级授课制在现实执行中受到了人们的批评，但其实他在《大教学论》中曾指出，希望这一制度下的学校教育"能够使教员和学生全都得到最大的快乐"④；洛克（Rock）在《教育片论》中就明确指出"我们要仔细地观察

---

① 褚洪启. 论夸美纽斯教育理论的历史价值 [J]. 北京师范大学学报（社会科学版），1995(03): 87—93.
② 看教育. 关于智慧教育的三种学习趋势 [EB/OL]. (2020-12-10) [2022-11-10]. https://www.027art.com/yikao/gzh69/9329023.html.
③ 郭戈. 西方兴趣教育思想之演进史 [J]. 中国教育科学，2013(01):124—155+211.
④ ［捷］夸美纽斯. 大教学论 [M]. 傅任敢，译. 北京：教育科学出版社，2014: 1.

幼童性情的变化，尤其注意把握他们喜好和兴趣上的有利时机……因为他兴致好的时候，就乐于花上三倍的时间来学习"[①]，提倡游戏教育和教学的娱乐游戏化，让儿童快乐地学习；卢梭（J. J. Rousseau）更是将"兴趣说"推上了教育思想的巅峰，他主张从儿童的个人爱好和兴趣出发进行教育，主要论述了兴趣的动力机制对于学习的积极作用，强调兴趣培养在教育中的重要性，并同样认为教学方法应与兴趣相结合。[②]

（三）游戏在教育中的实践

在兴趣学思潮下，杜威（John Dewey）、福禄培尔（Fröbel）、蒙台梭利（Montessori）等人基于"兴趣"提出了一系列教育实践方法，成为当时教育改革的典范。

1. 杜威的教育与游戏思想

杜威是美国一位颇具影响力的教育家，他提出的实用主义教育学说，在教育史上具有里程碑式的意义。经验论是杜威教育哲学的核心，他在《我们怎样思维：经验与教育》中提到，教育是经验持续不断的改造或改组，教育是"属于经验、由于经验和为着经验"[③]的。杜威认为，一切真正的教育都是从经验中产生的，经验不仅具有连续性，而且还是有机体与环境相互作用的结果，具体到教育上就是指，学生不仅能被动地适应环境，更重要的是能主动地改变环境，在这个交互过程中不断取得经验和完善已有经验。

在此哲学基础上，杜威进一步提出了著名的"教育即生活"和"学校即社会"的教育观点。在他看来，"生活就是发展，而不断生活、不断生长，就是生活"，"教育就是提供保证生长或充分生活条件的事业"，如果"要继续生长，就要不断改造经验"。由此，杜威凝练出了实用主义教育思想的核心，即教育即生活、教育即生长、教育即经验的改造。这一观点的得出，与当时美国社会奉行的"知识灌输"式教育直接相关，杜威批判传统的学校教育无法适应社会现实的需要，认为教育应该适应社会的发展，而不是传授过时的死知识。因此，他提出"学校即社会"的观点，认为学校"把现实生活简化起来"[④]，儿童在简化的社会中获取和改造经验，从而获得进入真正社会的能力。

那么，如何将学校改造成为适合学生学习的"小社会"呢？那就是，从经验中学习，即"从做中学"（见图1-7）。杜威认为，传统教育脱离了学生的生活实际，无法引起学生的学习兴趣，教学法最好从学生的经验与能力出发；因此学校也在工作与游

---

① ［英］洛克. 教育片论[M]. 熊春文, 译. 上海：上海三联书店, 2014: 147—149.
② 郭戈. 西方兴趣教育思想之演进史[J]. 中国教育科学, 2013(01): 124—155+211.
③ ［美］约翰·杜威. 我们怎样思维：经验与教育[M]. 姜文闵, 译. 北京：人民教育出版社, 2005: 250.
④ ［美］约翰·杜威. 杜威教育论著选[M]. 赵祥麟, 王承绪, 编译. 上海：上海人民出版社, 1981: 4.

戏里面，采用一种活动，与青年在校外所从事的相类似。①"从做中学"体现了杜威游戏化教学的思想观点，具体实践可以从以下两个方面着手。

图1-7 芝加哥大学实验学校的教室②

一方面，游戏应纳入学校课程体系作为其中的一部分。传统教育中使用游戏，仅是让游戏"使得'照例的'学校功课不致从前那样可厌与勉强"，即从外在感官上让学生觉得学习"死知识"还有些趣味的，但杜威认为这并没有真正发挥游戏在教育中的潜力，在他看来游戏应该成为学校课程体系的一部分。"学校所以采用游戏和主动作业，并在课程中占有一明确的位置，是理智方面和社会方面的原因，并非临时的权宜之计和片刻的愉快惬意。"③与此同时，杜威也明确指出了学校游戏课程与校外游戏的差别：在校外环境中，教育的结果是游戏的副产品，具有偶然性，可能产生好的结果，也可能是坏的结果；但当游戏成为学校课程的一部分时，这种教育结果的偶然性就可以得到有效的控制和指导，在教师的引导下，教育更易产生好的结果。④

另一方面，在教学中应该把游戏作为课程作业的形式之一。杜威认为，学生所做的作业与其日常生活的经验越接近，从作业中获得的知识就越"真实"。⑤然而，传统教育中的书面作业割裂了知识与日常生活经验的内在联系，不仅不利于学生对知识的理解，还妨碍了学生对知识的学以致用。游戏则不同，它来源于日常生活，为学生创造了一个过程体验与方法尝试的活动环境，学生在动手操作各类游戏材料的过程中建立知识与经验的关联。杜威列举了很多可以作为游戏的形式和主题，比如折叠、制作模型、园艺、烹饪、画画、唱歌等，但也同时强调这些游戏作业不能以技能练习为目

---

① [美]约翰·杜威.民主主义与教育[M].王承绪，译.北京：人民教育出版社，2001: 207.
② 清帆科技 EduBrain. 从沙盒到AI[EB/OL]. (2020-04-09) [2022-11-10]. https://baijiahao.baidu.com/s?id=1663460978646848577.
③ [美]约翰·杜威.民主主义与教育[M].王承绪，译.北京：人民教育出版社，2001: 207—208.
④ 同上，209.
⑤ [美]约翰·杜威.学校与社会·明日之学校[M].赵祥麟，任钟印，吴志宏，译.北京：人民教育出版社，2005.

的，而应该与社会生活的目的相结合。

以"从做中学"为核心的实用主义教育思想，是杜威游戏化教学理论和实践的根本出发点和落脚点。以上两条教学实践，已经随着学校劳技课、实验课等实践性课程的开展，对世界范围内的学校教育改革产生了巨大的影响。

2. 福禄培尔的教育与游戏思想

福禄培尔是近代西方幼儿教育理论的奠基人，在"**让我们与儿童一起生活**"的理念下，他创办了世界上第一个幼儿园，被世人誉为"幼儿园之父"。福禄培尔一生出版了多部幼儿教育专著，不仅是第一个将幼儿教育理论化、系统化的学者，同时也是第一个系统探讨游戏的教育价值、分析游戏与教学之间关系的实践者。福禄培尔在幼儿教育理论和实践上的杰出贡献，直接促进了游戏化教学的建立和发展，具体体现在以下三个方面。

其一，游戏是顺应幼儿自然发展的需要。福禄培尔认为"在一切事物中存在着一条永恒的法则"，教育也不例外，也要"适应自然，从儿童诞生起，就不能违反其天性而把成人的形式和使命强加给儿童"。[①] 他把人的发展视为一个连续且不断前进的整体，教育只有追随人不同发展阶段的特点，才能真正促进人的成长。游戏是儿童发展重要的生活要素，是"儿童发展内在本质的自发表现，是内在本质处于其本身的必要性和需要的向外表现"，它不仅能"给人以欢乐、自由、满足"，还具有高度的"严肃性和深刻的意义"，是儿童"未来生活的胚芽"，是儿童诸多潜能开发的起点，因此幼儿教育要与游戏结合，福禄培尔也由衷地赞美"全神贯注地沉醉于游戏中的儿童"，认为那是"儿童生活最美好的表现"。[②]

其二，游戏是幼儿教育最重要的形式。福禄培尔在其《幼儿园教育学》(*Pedagogics of the Kindergarten*)一书中详细阐述了他对于游戏和玩具的认识。他明确指出游戏是幼儿创造本能和活动本能得以发展的手段，是理解自然与人类活动的桥梁，游戏不仅可以发展幼儿的身体和语言能力，还能培养其想象力和创造力，并为未来生活积累宝贵的经验。因此，福禄培尔建议将游戏纳入幼儿园教育的常规体系中，在教学中通过游戏来引导幼儿的自我活动，使幼儿通过游戏、作业等各种创造性的活动来认识自己的本性，最终实现内在与外在的统一。[③]

其三，幼儿需要精心设计的游戏。游戏对幼儿教育的重要性毋庸置疑，但并非所有的游戏都能够满足幼儿自然发展的需要，所以福禄培尔在深入研究了幼儿发展规律和特点后，专门为幼儿设计制作了一套游戏活动玩具——"恩物"(Boxes)，并详细

---

① 单中惠，朱镜人. 外国教育经典解读[M]. 上海：上海教育出版社，2004: 169.
② [德] 福禄培尔. 人的教育[M]. 孙祖复，译. 北京：人民教育出版社，1991: 39.
③ 冯季林. 教学的游戏性研究[D]. 长沙：湖南师范大学，2008.

阐述了"恩物"的使用方法，随后逐渐发展成为幼儿园的教学用具和材料。"恩物"分为游戏与作业两个部分，前10种是游戏玩具，后10种是作业用具，一共20种。"游戏的过程和活动的手段将从最简单的和儿童周围的东西开始，因为只有那些始于最简单的、最小的和周围的东西才能发展出多样的、巨大的和远离的东西"，"恩物"由易到难、由具象到抽象、由简单到复杂的排列顺序，为幼儿创造了一个井然有序且前后连贯的游戏化学习过程，可促进幼儿观察能力、分析能力以及创造能力的发展。在幼儿园之外，福禄培尔还基于自己开设幼儿园的实践经验，为母亲们献上了《母亲：游戏与儿歌》（Mother: Play and Nursery Songs）一书。书中不仅精选了很多有益于幼儿发展的经典游戏，还为家长们附上了贴心详细的游戏指导。这本书不仅使游戏化教学的思想得到了更多家长的认可，还提供了简单实用的操作指南，即便是缺乏幼儿教育经验的家长，也能在游戏指南的帮助下更好地教育自己的孩子。

福禄培尔对游戏与教育关系的论证、对游戏化教学形式的初步研究和实践，都对后世幼儿教育产生了深远的影响，同时也为游戏进入更高层次的学校教育奠定了基础。

3. 蒙台梭利的教育与游戏思想

蒙台梭利是现代西方幼儿教育理论的奠基人，她从"让我们的儿童自己生活"的观点出发，创立了"儿童之家"，并由此开始了系统的教育实验，设计了一套教材和教具，提出了一系列方法，最终建立了闻名于世界的蒙台梭利教育体系。1909年，蒙台梭利出版了《儿童之家的科学教育方法》一书，她在书中详细阐述了自己多年来的教育实践经验和成果。随着这本书在世界范围内的流行，蒙台梭利幼儿教育理论和方法渐渐广为人知，并产生了巨大的影响，她也因此被世人誉为"幼儿园改革家"，成为自福禄培尔以来最具影响力的幼儿教育家。

蒙台梭利从幼儿发展的视角解读教育和游戏，认为教育不是传授知识的主要途径，对幼儿来说教育有双重目的：一是"在于帮助幼儿的智力、精神和体格得到自然发展"，使幼儿形成完满的人格；二是培养个体适应环境，并强调不仅是"人去适应环境"，更是"人创造一个环境适应自己"。[①] 蒙台梭利把儿童看作一个"精神的胚胎"，需要从身处的环境中获取精神营养才能得以成长，其中获取的方式就是"工作"。当然这里的"工作"并不是成人的工作，而是指儿童的"工作"，从她描述儿童"工作"所用的"有趣""自由""吸引"等词语可以看出，这里的"工作"实质上就是一种游戏。蒙台梭利是幼儿游戏化教学的大力支持者，无论是她的著作，还是由她专门设计的蒙氏教具，都体现了这一观点。

首先，游戏是幼儿自然发展的过渡形式。蒙台梭利认为，幼儿从开始运动时就能从身处的环境中接受刺激来积累外部经验了，而这种经验的积累借助的就是游戏。蒙

---

① 鲍亚.蒙台梭利儿童课程研究[D].南京：南京师范大学，2007.

台梭利提到"如果你观察一个 3 岁儿童,你会看到他总在玩弄着什么",①其实这就是幼儿早期游戏行为的一种表现。幼儿在游戏中借助身体与外部环境的互动,逐步形成和建立自己完整的意识世界,而且随着幼儿发展的不同阶段,游戏的属性和形式也会逐渐从低级的本能运动向高级的有秩序运动演变,最终达到可以像成人一样工作。由此可见,蒙台梭利把游戏视为幼儿发展的必经阶段,再结合她的教育要顺应幼儿自然发展需要的观点,就不难理解她为何如此大力地支持游戏化教学了。

其次,游戏是构成幼儿课程体系的重要部件。不仅"儿童之家"的作息时间表专门安排了游戏时间,比如中午 12:00～13:00 为自由游戏时间、13:00～14:00 为有指导的游戏时间等,而且她还把幼儿使用教具进行感觉、阅读等特定能力训练的过程,称为"游戏"。②在《蒙台梭利幼儿教育科学方法》一书中,蒙台梭利描述了幼儿如何在游戏中完成各项感觉、阅读、数学、体育训练的过程,比如"在颜色感觉练习中,幼儿能调配出我们常用的深浅不同等级的 8 种颜色……在这关游戏中,他几乎能把一张小桌涂满颜色,像是盖上一块颜色层次极其鲜明的桌布一样";"通过游戏轻松学会读字,大量的各种玩具摆在一张大桌子上,每一件玩具都有张卡片,上面写着它的名字";儿童在体操和自由游戏(铁环、皮球等)中强健身体机能等(见图 1-8)。由此可以看出,蒙台梭利幼儿教育观下的课程体系,不仅把游戏上升成为与能力训练同等重要的专门课程,还在能力训练这本该"严肃"的课程中大量使用游戏化教学的形式,蒙台梭利也因此为幼儿设计了大量实用的教具,这两点充分说明蒙台梭利肯定了游戏在幼儿教育中的重要地位。

图 1-8 蒙台梭利幼儿园中的儿童在玩游戏③

---

① [意]蒙台梭利. 蒙台梭利幼儿教育科学方法 [M]. 任代文,译. 北京: 人民教育出版社, 2001: 358.
② 段锦丝. 蒙台梭利游戏思想研究——基于对《蒙台梭利幼儿教育科学方法》的文本解读, [D]. 重庆: 西南大学, 2010.
③ 人文旅行 A. 世界著名的 2 种教育孩子的方法 值得每个家长学习 [EB/OL]. (2020-04-24) [2022-11-10]. https://baijiahao.baidu.com/s?id=1664859979961154754.

最后，并不是所有的游戏都适合幼儿发展。蒙台梭利明确指出，那些不为事实所支撑的幻想游戏，并不利于幼儿的发展，不能培养幼儿的创造能力，只有那些为事实所支撑的游戏才能培养幼儿的创造力，这里她批判的主要是假想游戏。[①]一方面，她认为成人不应对幼儿的假想游戏产生干扰，即直接告诉幼儿可以把某物假想成某物，这种做法只会徒增幼儿的困惑，对其想象力的培养毫无意义；另一方面，她还指出，长期的假想游戏会让幼儿把幻想的东西当成真实的存在，容易让幼儿形成逃避现实的消极心理，不利于其健康成长。

蒙台梭利在总结大量教育实践经验的基础上，提出幼儿发展离不开游戏、幼儿教育要与游戏结合等对当前教育仍有借鉴意义的思想。虽然，现在的心理学已经证明了假想游戏对培养儿童符号运算能力很有帮助，但蒙台梭利提出的最后一条也确实警醒我们，并非所有的游戏都能用在教育之中，在使用之前需要谨慎研究和判断，这样才能切实保障游戏化教学的效果。

4. 其他学者的教育与游戏思想

20世纪60年代，认知主义逐渐占据心理学研究的主流。认知主义从人类学习的内部机制出发，让人们对学习的认识有了质的变化。在此背景下，瑞士心理学家让·皮亚杰（Jean Piaget）、美国心理学家杰罗姆·布鲁纳（Jerome Seymour Bruner）、苏联心理学家列夫·维果茨基（Lev Semenovich Vygotsky）等学者，尝试用新理论解读游戏在认知发展方面的作用机制。

皮亚杰开创了从儿童认知发展[②]的角度研究游戏的新视角，论证了游戏不仅是儿童同化新学知识技能的有效方法，还是儿童认知发展水平的显著标志，论证了游戏与学习的关系是相辅相成的，并不是相互对立的。虽然，皮亚杰仅承认了游戏在同化过程中对认知发展的促进作用，但他的游戏理论在当代引起了以认知为核心的游戏研究潮流，而且为后来游戏作为教学策略优化学与教的过程提供了理论依据。**布鲁纳**对游戏的分析[③]与其认知—发现学习理论有着紧密的联系。他认为游戏恰好同时满足了"真正学习"的三个条件，即主动性、学习的三阶段以及内部动机。因此，布鲁纳也建议在儿童教学中加入游戏，从而提高儿童学习的效果和效率。**维果茨基**从文化发展观的角度出发，批判了游戏本能论的观点，把游戏归结为一种社会实践活动，使人们对游戏的认识更加客观和科学。[④]同时，由游戏观提出的"最近发展区"思想，不仅为当前幼儿园课程设计提供了理论指引，还极大推动了游戏活动在教育中的实践发展。从皮

---

① ［意］蒙台梭利. 教育中的自发活动 [M]. 江雪，译. 天津：天津人民出版社，2003.
② ［瑞士］皮亚杰. 发生认识论原理 [M]. 王宪钿，等译. 北京：商务印书馆，1981.
③ Bruner J. Play, Thought and Language[J]. Prospects, 1986, 16(1):77—83.
④ 姜勇. 国外学前教育学基本文献讲读 [M]. 北京：北京大学出版社，2013: 299—314.

亚杰的学习图式，到布鲁纳的学习过程，再到维果茨基的文化活动观，这些研究不仅极大推动了认知主义学习理论在教学实践中的普及，同时也成为现代游戏理论形成的重要依据。

总而言之，步入生产时代，社会对人和教育提出了截然不同的要求，以知识为中心的大众教育虽然让更多的人获得了受教育的机会，但这种方式也在一定程度上磨灭了人自身在社会生活中的巨大作用，同时知识自身的完备体系也割裂了教育与社会生活的关系，因此游戏成为弥补这道裂痕的希望。无论是幼儿教育还是普通学校教育，人们都意识到了游戏对于教育中知识学习的重要性，教育游戏思想的内涵从此得到了更深一步的挖掘：一方面，继续肯定游戏对人类自身发展的重要性，借助与社会生活的密切联系，游戏的外在形式和内在内容顺应着人的自然发展；另一方面，游戏的趣味性为变革教学方式提供了新的思路，并开始付诸教育实践之中，然而实践的结果却并不遂人愿——正如杜威所言，人们在实践中更多只意识到了游戏的外在趣味性，对于游戏内在对于学习真正兴趣的激发还关注不足，使得游戏真正的教育价值因流于形式而饱受诟病。可以说，在继游戏成为教育形式和内容之后，游戏又开始成为一种专门化的教学方式，但在具体落实环节还需要持续反思与改进。

二、以消费为特征的教育

科学技术的飞跃，尤其是以信息技术为代表的新一轮技术革命的崛起，带动了社会生产力的大幅度提高，再一次撬动了社会再生产各环节的相互关系，[1]人类社会开始从生产时代转向消费时代。在消费时代里，社会物化交换的关系实质并没有发生太大改变，但社会的发展模式却发生了本质性的变化，主要体现在两个方面：一是，生产不再决定消费，在社会物质生产逐渐丰盈甚至出现过剩的前提下，社会生产力的增长并不能继续刺激社会经济实现高速增长，相反，消费成为拉动社会生产的新动力，培养消费者成为社会发展的关键，通过不断创造消费、引导消费，提升个体的消费能力与品位进而促进经济的增长；[2]二是，从物的消费到符号消费，在生产时代，社会的消费模式主要以物品使用价值为基础进行，物品功能的确定性实际上限制了物品被人们消费的潜力——为了实现消费的扩大化，在消费时代，物品不再与具体的功能绑定，相反，它们通过抽象的符号化过程，可以实现与任何意义的连接，比如"钻石—唯一、永恒"等。[3]也就是说，在消费时代，人们消费的不再是表面上或形式上的物品本身，而是基于该物品构建起的一种符号意义。这一相对自由的符号化编码过程，一方面使

---

[1] 姜纯. 从物的消费到符号消费[D]. 武汉：湖北大学，2016.
[2] 刘云杉. "核心素养"的局限：兼论教育目标的古今之变[J]. 全球教育展望，2017, 46(01):35—46.
[3] 张天勇. 从生产社会到消费社会的转变：符号拜物教的现实根基[J]. 学术论坛，2007(03):16—19.

物品在一定程度上摆脱了其本身功能的限制，并被赋予了更多可能的象征意义，另一方面也对人们内在价值观和思维等精神层面的构建提出了新的挑战。更令人担心的是，随着大众电子媒介的崛起和信息传播的便捷化，物质富裕与精神匮乏的矛盾日渐凸显并迅速扩大化。[①] 大量的"虚假需求"被刻意制造出来并通过大众媒介迅速在社会泛滥开来，这些过量的、不断更新的且带有明显价值导向的信息，不仅让毫无准备的个体丧失理性判断的能力，控制了人自身个性化发展的自由，同时也消解了原有的道德体系。[②]

（一）消费社会对教育的影响

可以说，在以消费为核心的商品经济时代，随着个体在社会中主要的角色定位从生产者转变为消费者，通过教育仅获得系统的科学知识已经远不能满足社会发展的需要——知识灌输模式下培养出的"人手"具有高度同一性，由于内在精神世界的发展长时间处于缺失状态，这些"人手"在思维灵活性、情感丰富性等方面存在局限性，使他们既无法为新时代创造新的有意义的消费价值，也无法使他们自身在物欲横流中成为一名合格的理性消费者。于是，在以追求自我满足和实现消费欲望的时代，学校教育在知识传授外，开始重视学生包括思维、情感、态度、价值观等在内的精神世界构建；同时，大众媒介的出现从外部打破了学校教育固有的局限，教育不再被束缚在学校这个单一封闭的场所内，各种非正式情境下的教育开始生长，各式各样的教育教学资源日趋丰富，教育开始从以知识为中心转向以学生为中心，教师的绝对权威被动摇，并开始以服务者的姿态为学生的个性化发展提供智力上的解决方案；此外，电子媒介的出现与普及进一步加剧了教育矛盾，在新媒体中出生与成长的新一代"数字原住民（Digital Native）"和"数字移民（Digital Immigrant）"，[③] 对可以真正激发他们动机的教育提出了更高的期待和要求。可以看到，在这个发展阶段，教育逐渐演变成为一种可被大众消费的服务商品，这就导致教育除了满足其"固有功能"的同时，还需要在一定程度上迎合学生这一特殊消费群体的某些心理特点和需求，如图1-9就是荷兰未来学校的学生在上课。

[①] 刘林. 消费社会成因及其批判 [D]. 上海：上海大学，2012.
[②] 李桂艳. 消费社会背景下人的精神世界建构 [D]. 济南：山东师范大学，2011.
[③] 曹培杰，余胜泉. 数字原住民的提出、研究现状及未来发展 [J]. 电化教育研究，2012, 33(04):21—27.

图 1-9 荷兰未来学校的学生在上课

（二）电子类教育游戏的蓬勃发展

以电视为代表的电子媒介的出现，为传统游戏的发展注入了新的活力，也使人们可以在虚拟的数字世界中体验丰富多彩的生活。基于电子媒介的游戏一般被称为电子游戏，根据游戏运行的设备和平台的不同，又可以分为电脑游戏、电视游戏、掌上游戏（主要以各类掌上游戏机为运行平台）和街机游戏。电子游戏最早出现在 1952 年，是一个井字棋游戏。1958 年，美国人威利·希金博萨姆（William Higinbotham）利用电器工程学装置示波器，制作出了世界上第一台电子游戏机和第一款电子游戏《双人网球》。[①]之后，随着电子技术的不断发展，电视游戏机、掌上游戏机、街头营业用游戏机和个人电脑相继出现，不仅极大丰富了电子游戏的题材和内容，同时也极大拓展了游戏开展的地点和环境。

面对这一巨变，美国著名教育作家普林斯基（M. Prensky）认为，社会已经到了必须改变教师传统教学方式来改革当前 K-12 教育的时候，[②]我们不应该抵制新技术和新设备，相反，应该把这些先进的技术工具以一种合理的方式教给现在的学生，比如让学生通过玩电子游戏的方式来学习知识和技能，[③]这样不仅能激发学生的学习动机，还能让学生真正享受学习的乐趣。不得不承认，电子游戏自出现以来，[④]便实现了爆发式增长，成为最受大众追捧的娱乐方式之一，也成为大众娱乐性消费的重要途径，如果教育能与电子游戏实现融合，或许真的可以满足消费时代人们对教育的内在心理需求。

在此影响下，越来越多的学者开始研究电子游戏的教育价值，并尝试探索基于电

---

① 尚俊杰,蒋宇,庄绍勇. 游戏的力量——教育游戏与研究性学习 [M]. 北京：北京大学出版社，2012: 47—52.

② Prensky M. Computer Games and Learning: Digital Game-based Learning[C]// Goldstein J, Raessens J. Handbook of Computer Game Studies. Boston: MIT Press, 2005: 97-122.

③ Prensky M. Don't Bother Me Mom, I'm Learning! How Computer and Video Games are Preparing Your Kids for 21st Century Success and How You Can Help[M]. MN: Paragon House, 2006: 4.

④ 尚俊杰,蒋宇,庄绍勇. 游戏的力量——教育游戏与研究性学习 [M]. 北京：北京大学出版社，2012:48.

子游戏开展学校教育的可能方法。对于电子游戏的教育价值，美国罗切斯特大学脑认知科学系教授达夫妮·巴韦利埃（Daphne Bavelier）研究证明，动作类电子游戏可能不仅不会给玩家带来很多负面的影响，反而可以提高大脑的认知能力，[①]如视觉的多物体追踪能力。[②]斯坦福大学凯斯勒（Kesler）教授通过研究证明，游戏化学习能够显著提升特纳综合征患者数学能力（计算能力、数字常识、计算速度、认知灵活性、视觉空间处理能力），并且脑活动模式也会发生较大改变。[③]对于电子游戏与学校教育的结合，亚利桑那州立大学教师学院的萨沙·巴拉（Sasha Barab）教授提出，构建融入游戏的学习环境（Game-infused Learning Environment）帮助学生实现有效学习，由他设计开发的 Quest Atlantis（见图1-10）就是基于游戏实现学科学习整合的典型案例，该网络游戏以"探索（Quest）"为活动形式展开，将课程知识与游戏故事情节和问题解决挑战相结合，让学生在游戏中实现科学、语言、艺术及社会等科目的学习，研究表明，学生的学业成绩和学习兴趣得到了显著提升；[④]此外，还有哈佛大学的 River City 项目、麻省理工学院的 Game-to-Teach 项目、香港中文大学的 EduVenture 项目等用实践证明了基于电子游戏开展学科教学的可行性；[⑤]在本书后几章，也介绍了北京大学学习科学实验室开展的基于学习科学视角的教育游戏研究。

图 1-10 Quest Atlantis 的主界面

[①] Bavelier D, Green C S. The Brain Boosting Power of Video Games[J].Scientific American, 2016, 315(1):26-31.

[②] Green C S, Bavelier D. Action Video Game Training for Cognitive Enhancement[J]. Current Opinion in Behavioral Science, 2015(4):103-108.

[③] Kesler S R, Sheau K, Koovakkattu D, Reiss A L. Changes in Frontal-parietal Activation and Math Skills Performance Following Adaptive Number Sense Training: Preliminary Results from a Pilot Study[J]. Neuropsychological rehabilitation, 2011, 21(4): 433-454.

[④] 马红亮. 教育网络游戏设计的方法和原理：以 Quest Atlantis 为例 [J]. 远程教育杂志, 2010, 28(01):94—99.

[⑤] 尚俊杰, 裴蕾丝. 重塑学习方式：游戏的核心教育价值及应用前景 [J]. 中国电化教育, 2015(05):41—49.

（三）游戏化的广泛应用

以电子游戏为依托实现教育与游戏"重结合"的方式固然很好，但其设计开发投入之大却极大地增加了教育消费的成本，在这种情况下，"游戏化"这一"轻结合"方式开始逐渐走热。游戏化一词最早可以追溯到20世纪80年代，埃塞克斯大学教授、多人在线游戏的先驱巴特尔（R. Bartle）率先提出了"游戏化（Gamifying）"的概念；第一次明确使用游戏化（Gamification）则是在2003年，英国的游戏开发人员尼克·佩林（Nick Pelling）开始为电子设备设计游戏化界面，意思是"把不是游戏的东西（或者工作）变成游戏"；之后，随着游戏化研究的深入，其定义才逐渐固定为将游戏或游戏的元素、机制或理念应用到一些非游戏情境中，[①] 比如使用点数（Points）、徽章（Badges）和排行榜（Levels）等游戏化元素重新设计产品以提升用户体验。[②]

目前，游戏化已经在多个领域得到了广泛而深远的应用，比如可以发放随机金额的红包，并且可以让许多朋友来抢几个红包。这样一下子就将传统的发红包变成了一场抢红包的游戏。再如华盛顿大学的戴维·贝克（David Baker）曾利用游戏化思维想出了一个特殊的方法来解决蛋白质研究的科学问题，他设计了一款《叠叠乐》（*Foldit*）游戏，发动全世界的玩家通过玩游戏来探索蛋白质的结构，竟然真地解决了很多科学问题，该项目的成果和方法也多次发表在国际重要期刊上，引起广泛关注。不论是微信红包在商业领域掀起的春节狂欢，还是《叠叠乐》在科研领域突破科学难题，都证明了游戏化的确在积极地改变着世界。

着眼于教育领域，游戏化也正在释放着巨大潜能，越来越多的教育产品开始使用这种"轻结合"的方式进行着内部革命。在高等教育领域，越来越多的MOOC平台开始基于游戏化的思想重新打造在线学习体验，比如置入可视化的个人学习进度展示、[③] 对课程视频包含的教育过程进行叙事化重组、[④] 添加竞争元素对同伴评分系统进行再设计[⑤] 等；在基础教育领域，越来越多的教育类APP产品都将游戏化设计考虑在内，比如使用积分、徽章和排行榜等游戏化元素，虽然不是纯粹的游戏，但是也极大地激发了学生的挑战、好奇和竞争动机。

国内外有些学校甚至将游戏化融入整个学校的课程设计中，比如美国纽约的Quest to Learn 学校、我国北京顺义西辛小学（见图1-11）和杨镇中心小学等，在实践中同

---

① ［美］凯文·韦巴赫，丹·亨特. 游戏化思维：改变未来商业的新力量 [M]. 周逵, 王晓丹, 译. 杭州：浙江人民出版社, 2014:14.
② 同上书：79—86.
③ 石晋阳, 陈刚. 教育游戏化的动力结构与设计策略 [J]. 现代教育技术, 2016, 26(06):27—33.
④ 朱云, 裴蕾丝, 尚俊杰. 游戏化与MOOC课程视频的整合途径研究——以《游戏化教学法》MOOC为例 [J]. 远程教育杂志, 2017, 35(06):95—103.
⑤ Tenrio T, Isotani S, Isotani S, et al. A Gamified Peer Assessment Model for On-line Learning Environments in a Competitive Context[J]. Computers in Human Behavior, 2016, 64(C): 247-263.

样取得了很好的效果。[①] 在非正式学习环境中，游戏化的趣味性大大增强了学生参与学习的主动性，比如在博物馆教育中，游戏化的知识学习就是其最主要的场馆设计项目之一。[②] 再如 2017 年由央视联手国内九大国家级重点博物馆共同打造的《国家宝藏》这档文博探索类节目，将索然无味的文博知识与妙趣横生的叙事化情境演绎结合起来，创造机会让观众与尘封千年的文物发生情感共鸣，引发了一场空前的传统文化热潮。由此可见，游戏化这种"轻结合"的方式，虽然褪去了游戏沉重的外壳，但其仍然具有强大的威力，对于重塑消费时代的教育有着十分重大的意义。

图 1-11 北京顺义西辛小学的学生在上课

总而言之，消费时代的来临，无疑是对社会和教育生态的一次巨大考验。物质的丰盈为人们关注自己提供了前提和保障，但财富的快速增长也为人们合理应对新生活带来了新的挑战——内在精神的匮乏与外在物质的欲望交织在一起，使得教育的实施正在经历前所未有的艰难。必须承认，原有教育体系的知识技能价值观培养仍然重要，但在消费时代下如何让学生愿意主动"消费"并心满意足地"接受"教育可能正变得更为重要。值得欣喜的是，游戏和游戏化为开启以学生为中心的教育新时代大门提供了一个可行的思路和方案。从一定层面上讲，游戏的趣味性为适应消费时代的教育提供了天然的温床，教育游戏思想冲破了外在趣味性的限制后，无论是"重结合"的电子游戏还是"轻结合"的游戏化，都开始着眼于学生内在动机的激发，以及如何更好地用游戏促进学生学习的真正发生：一方面，游戏自身的新奇与奖励属性，可以激发学生的外在动机，让学生一开始就愿意主动去尝试，这也是之前游戏外在趣味性的体现。另一方面，游戏内在的竞争、合作、挑战、叙事等属性，经过科学有效的设计可以用来激发学生的内在动机，让学生体验知识从产生到应用的美妙，实现学生对学习过程本身的更多投入。可以说，游戏作为一种教学方式已经受到了更多的认可，而且随着科研力量的不断推进，其在教育中的实践方式也开始更加聚焦核心，逐渐从外在

[①] 朱秋庭. 游戏化学习：学习也可以"上瘾"[J]. 北京教育（普教版），2017(06):82.
[②] 张剑平，夏文菁，余燕芳. 信息时代的博物馆学习及其研究论纲[J]. 开放教育研究，2017, 23(01):102—109.

形式向内在精神转变。

第三节 融合：时间经济社会中游戏对教育回归的召唤

根据马克思三大社会形态理论，人类社会在经历商品经济的极度繁荣后将步入以时间经济为基础的、以自由人联合体为形态①的社会发展阶段。在此阶段，社会生产力的高度发展，不仅让生产流程实现高度科学化和自动化，同时也对原有的社会形态产生了颠覆式影响：首先，生产的高度发达，将带来社会物质产品的极大丰富，这种丰富甚至可以完全满足所有人的需要，人们不必为物质产品的匮乏而整天忧心忡忡，因此也就不必抢占或大量囤积超过实际需要的物品，这使得"按需分配"成为可能；②其次，"随着机器自然力逐步取代人力……最后必然要导致生产过程的自动化、科学化，使人类的生产能力由体力为主转向智力为主"，"人力基本退出直接生产的过程"，这一方面意味着，以往高度束缚人的劳动分工现象将会被机器替代或被消灭，人们从此将获得前所未有的大量空闲时间，并可以自由支配空闲时间以实现自身能力的全面发展，同时，人参与劳动的性质将向更具创造性的脑力劳动转变，使得人人可以"各尽其能"；③再次，"随着生产过程的科学化和劳动者主体分工的消灭，劳动性质由谋生手段变为人的生活目的"，④人们可以根据自己的真实意愿选择自己喜欢的工作，个性化地满足自身需要，到那时，无功利性的劳动本身便成为令人快乐的事情；⑤最后，影响整个社会新形态的矛盾重点将从物质利益层面转向精神层面，人们开始转向追求人与自然、人与人之间的和谐关系，转向对未知知识领域的无限探索，以及对一切美好情感和生命的追寻与向往之中，从而真正实现人向人本质的复归。⑥可以说，在未来社会里，人们不仅摆脱了对人的依赖关系，而且也从物化的社会关系中解脱出来，从而真正获得对自己的完全占有。⑦

可以预见的是，在这个以人的自由全面发展为根本目的的社会阶段里，人的自身需求将在此得到最大限度的发展与满足，并成为继续推动人类社会向前发展的动力之一。⑧当然，人们追求的已经不再主要是物质的需要了，而是转向对高层次精神的需要，

---

① 郑流云. 马克思三大社会形态理论视域中的社会平等思想及启示 [J]. 学术探索, 2010(04): 30—34.
② 刘建军. 论共产主义社会"按需分配"实现的历史必然性 [J]. 马克思主义研究, 2008(01): 71—75.
③ 刘佑成. 马克思的社会发展三形态理论 [J]. 哲学研究, 1988(12): 3—12.
④ 同上。
⑤ 刘芳. 以人为本的共产主义——对马克思共产主义的新解读 [D]. 济南：山东师范大学, 2010.
⑥ 曹瑞明. 马克思"各尽所能，按需分配"原则的当代解读 [D]. 天津：天津师范大学, 2010.
⑦ 杨文圣.《1844 年经济学哲学手稿》中的人的发展三形态 [J]. 求索, 2018(01): 181—185.
⑧ 陈凯. 从共同体到联合体——马克思共同体思想研究 [D]. 上海：东华大学, 2017.

这也同时意味着，人们在这个阶段的需要已不会是畸形扭曲的贪婪与自私，而会是对于自身积极健康发展的正常需要。①虽然，就目前而言，世界尚未有国家到达这一社会阶段，然而一些发达国家的社会现象则隐含着这一社会发展趋势，比如日本就正逐步进入后消费时代，具体表现为人们对物质的需求变弱，对人际关系的相对充实感的需求却持续加强——物质从被"炫耀式"的消费转变成为创造人际关系的手段，人们通过创造物质、共享物质以追求和获取人生的意义。②

一、时间经济社会对教育的影响

在自由精神的影响下，科学（Scientific）、快乐（Happy）、美好（Eudaemonia）将会逐渐成为人类对未来教育的期许，并会对商品经济时代形成的"工业化"教育模式带来破坏式冲击：首先，科学是该阶段社会得以良性运转的根本，只有保障了大机器集群的科学有序运作，人才能从烦琐的分工劳动中解脱出来，并获得空闲时间实现自我的自由全面发展，而这种自我的发展也同样需要以科学为基础，这不仅体现在人要对外在的物质世界有着科学客观的认识，同样也要对自己内在的身心有着科学全面的认识，这样才能落实全面发展的要求；其次，快乐是该阶段社会持续发展的内在精神力量，在这里，快乐的意义不是单纯地吸引人眼球，而是一种外在世界与内在世界的和谐，不是简单地对人情绪的操纵，而是一种对于洞察万事万物之美的情怀，这样才能让人在追求自由全面发展道路中遇到苦难挫折时，也能泰然处之并继续坚持；最后，美好是该阶段社会意义的关键落脚点，我们需要承认，每个人都有追求自己所想的权利，每个人也都是独一无二的，这也就意味着我们需要摒弃固有观念中"达标"这一概念，承认社会的自由、开放与多元，美好的本身就隐含着这种标准的个体性与多样性，也淡化了对最终结果的功利导向，使得人在自由全面发展的过程中可以充分且持续地挖掘自身潜能。基于此，教育的实践形式也将随之发生巨大变化，不论是更追求个性与美好的教育主体，还是更关注科学与精神的教育内容，抑或更重视灵活与快乐的教育形式，都是对原有异化教育回归本质的一种积极矫正。

二、回归教育本质

当教育的核心从实质上的知识技能变为形式上的自由个性时，以学生为中心的教育才会卸下沉重的外在期待与压力，让学生真实的内在意愿与精神力量主动牵引教育的步伐。游戏精神正是对这一内生力量的精确描述，它刻画的其实就是人的一种生存状态，一种能够挣脱现实束缚和限制、积极追求精神自由的品质。③如前所述，游戏带

---

① 刘建军. 论共产主义社会"按需分配"实现的历史必然性 [J]. 马克思主义研究, 2008(01): 71—75.
② ［日］三浦展. 第4消费时代 [M]. 马奈, 译. 北京: 东方出版社, 2014:161—163, 174—176.
③ 尚俊杰, 裴蕾丝. 重塑学习方式: 游戏的核心教育价值及应用前景 [J]. 中国电化教育, 2015(05):41—49.

给人的兴趣和快乐其实就是游戏精神的一种较为原始的表述，在后面的社会阶段，杜威等人对于兴趣的研究探索，其实从一定程度上讲也是对于游戏精神的回应。关于游戏精神的研究，最早可追溯于古希腊的柏拉图，他认为"每个人都应依此生活，进行最高尚的游戏，达到有别于他们当前的另一种心灵状态……生活应当如同游戏……"[①]他首次将游戏精神从游戏的外在实体中分离出来，探讨游戏对于人生活态度、生活方式的更深层意义，使游戏成为追求精神理性主义的重要途径。在此基础上，康德（Kant）首次对游戏精神的自由内涵进行了肯定，他指出"艺术还有别于手工艺，艺术是自由的，手工艺也可叫作挣报酬的艺术。人们把艺术仿佛看作是一种游戏，这是本身就令人愉快的一种事情，达到了这一点，就算是符合目的的手工艺是一种劳动（工作），这是本身就令人不愉快的（痛苦）的一种事情，只有通过它的效果（例如报酬），它才有吸引力，因为它是被强迫的"。[②]康德把游戏和艺术相提并论，客观上提升了游戏的地位。但在康德看来，游戏虽然具有自由之精神，但其仍然是一种较低级的艺术形式，登不得大雅之堂，直到后来席勒（Schiller）提出"借助审美教育以发展人的游戏冲动，获得自由，从而恢复人性的完整和性格的高尚化"[③]，游戏精神的核心才被人们所意识。因此，席勒才得出了"只有当人是完全意义上的人，他才游戏；只有当人游戏时，他才完全是人"这一著名论断，也就是说，在游戏状态中的人，才会得到自由，这是成为一个完整的人的必要前提。游戏的结果虽然是"假"的，但是真正的游戏者对待过程的态度却是严肃认真的[④]——在追求自由个性的过程中完成对人生意义的探索与升华，这正是时间经济时代受教育的人该有的精神面貌和追求。从这点看来，未来教育的发展之路，如果只着眼于改造外部环境，而忽视学生内在精神的养成，必然将无法撬动教育变革的实质，[⑤]因为对于未来社会，除了知道知识是什么（以知识为中心）、知道自己需要什么（以学生为中心）外，更重要的是知道如何在对未知的自由探索与创造中追求美好。

总而言之，摆脱物质束缚的未来社会，正在以不可见的速度向我们走来，以探求自由精神为核心的社会新形态无疑对教育提出了新的挑战，教育主体、内容和形式都面临着颠覆式改变。在这种呼唤自由个性与人生意义的新时代，游戏精神或许将成为重塑教育环节的有力抓手，让游戏精神包含的自由、愉悦、体验、创造[⑥]贯穿于学校与课程构建的始终，让学生在游戏精神的浸润中实现从自然人向理性人的跨越，让受

---

① ［荷］约翰·赫伊津哈.游戏的人 [M].多人，译.北京：中国美术学院出版社，1998:21.
② 聂振斌，滕守尧，章建刚.艺术化生存 中西审美文化比较.[M].成都：四川人民出版社，1997:67.
③ 王金娜.论教育的游戏精神 [D].南京：南京师范大学，2007.
④ 尚俊杰，裴蕾丝.重塑学习方式：游戏的核心教育价值及应用前景 [J].中国电化教育，2015(05):41—49.
⑤ 曹培杰.未来学校的变革路径——"互联网+教育"的定位与持续发展 [J].教育研究，2016, 37(10): 46—51.
⑥ 韩瑞敏.幼儿教育中游戏精神的缺失与重建 [D].新乡：河南师范大学，2016.

教育本身不再是一种役使，而是一种精神享受。可以说，教育游戏思想发展到这一阶段或将真正促成教育与游戏的深度融合，从而实现寓教于乐的最高境界，教育即游戏，游戏即教育，科学、快乐与美好实现有机统整。

第四节　结论和启示

一、研究结论

在漫长的历史进程中，无论是教育还是游戏都是人类社会生活不可或缺的重要组成部分，在不同的社会发展阶段，伴随着社会对人和教育内在要求的不断变化，教育游戏思想在从萌芽到逐渐发展的过程中，也表现出不同的特点，这些特点或多或少都为解决当时社会的教育矛盾提供了新的思路。需要说明的是，我们虽然从理论上对社会发展进行了三个阶段的划分，但是现实社会的发展往往是十分复杂的，我们其实很难一刀切地将其归为某个特定的发展阶段，还是需要具体问题具体分析。不过，虽然这种划分可能存在一些问题，但对于教育游戏的发展而言，这样划分还是能给我们带来一些有益的启发——我们基本可以从以上的梳理中明确出两条贯穿教育游戏思想发展的线索：一是游戏的外在形式，二是游戏的内在精神。在自然经济社会的萌芽阶段，教育游戏思想主要侧重于游戏的外在形式——先于教育产生的游戏，不但成为教育儿童的天然载体，而且发源于游戏的文化也为教育充实了内容，与此同时，关于游戏的内在精神开始得到关注；到了商品经济社会的冲突阶段，教育游戏思想主要是从外在形式向内在精神转变，人们越来越重视游戏给人类学习带来的积极精神改变，尝试将游戏的这种珍贵特征应用于教育实践，并且游戏开始褪去沉重的"外壳"轻装上阵，游戏化的新方式为适应稍显枯燥的知识教学注入了新的活力；在时间经济社会的融合阶段，教育游戏思想主要体现在对人精神世界的丰富上，以游戏精神的饱满态度活出生命的美好意义（如图1-12所示）。

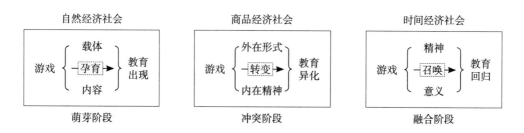

图1-12　教育游戏思想的三个发展阶段

二、研究启示

对于我国当前的社会发展情况而言，教育和游戏的关系可能将长期处于第二个发展阶段，尤其是在消费升级的大环境下，教育和游戏自身都面临着严峻的供给侧结构调整问题。对教育而言，单纯的知识传授已经不适应我国大部分地区的教学实际，更加生动有趣的教学方式以及更能触动学生对生命意义进行思考的教学内容成为新时代美好教育亟待解决的问题；而对于游戏，以往人们只将其视为简单的娱乐工具，只追求游戏中大部分由感官刺激带来的快感，导致游戏发展面临模式单一、内容低俗等种种问题，这对于社会的健康稳定发展来说也是个严重的隐患——2018年起国家加强了游戏版号的审批管制，其目的也是进一步提高游戏质量。在此情况下，将教育和游戏优势互补、协同创新、共同进行质量提升，或许会成为未来几年教育界和产业界着力合作和突破的重点。

因此，我们建议国家当前应该抓紧布局教育游戏领域，具体可从以下几个方面出发：①在政策上要支持。教育游戏作为一种跨界尝试，在发展中肯定会遇到各种各样的问题，一方面我们需要国家为之科学健康地发展创设良好的政策支持环境，比如提供一定的研究经费、支持成立相关研究中心、鼓励产学研跨界协同发展等，另外也要设立严格的监管条例，以防市场期待过高而导致畸形发展。②注重基础科学研究。目前教育游戏研究领域虽然很热，但更多以实践研究为主，因此迫切需要扎实稳健的基础科学研究为长效的实践转化做铺垫，比如利用现代信息技术和脑成像技术，对游戏机制进行深入研究以更好地促进真实情景中的学习。③加大人才培养力度。目前，国家已经大力加强了竞技游戏人才的培养，但是在教育游戏研究的专门人才培养方面还十分匮乏；同时，在师范生培养中，教育游戏（或游戏化学习）的相关内容也没有受到足够的重视，这对于培养面向未来教育的新型教师队伍而言也将会是一个缺失；此外，对于在职教师而言，教育游戏也应该逐渐成为其职业发展中的一个必修内容，这对于现代学校教育模式的转化可能会产生积极的意义。④鼓励教育游戏产业发展。教育游戏不能仅停留在理论研究层面，若要切实配合国家推动教育现代化目标的实现，我们就需要积极推进其实践转化，鼓励学界和产业界的优秀人才全面合作，共同助力优质教育游戏的研发。

本章结语

从人类社会形成到发展至今，教育最初和生活、游戏紧密相关，随着每一次分化进程的推进，教育越来越成为一个独立专业的体系，与生活、游戏的紧密关系发生了松动。然而，一旦当教育以脱离生活和游戏为代价形成自我体系时，可能许多问题和诟病就扑面而来，给社会的健康发展带来很多阻碍。透过本章的分析，我们可以看到，不论是游戏的外在形式还是内在精神，在一定的社会情境下都是具有教育价值的，这也是我们提出游戏三层核心教育价值的基础[①]——从动机到思维到精神，我们希望通过对游戏教育价值的层层提纯和步步研究，最终找到教育游戏思想的奥秘所在。回归教育本质看游戏，透过游戏内涵看教育，我们只有更加理性地认识教育和游戏的关系，才能更科学地让教育拥抱游戏，让游戏更好地发挥作用，以实现新时代对新教育形态的呼唤。

[①] 尚俊杰, 裴蕾丝. 重塑学习方式：游戏的核心教育价值及应用前景[J]. 中国电化教育, 2015(05):41—49.

第二章　教育游戏的研究现状与核心价值

> **本章导言**
>
> 　　第一章我们探讨了教育游戏的思想渊源和发展脉络，分析了游戏在不同社会阶段具备的教育价值，指出了教育游戏必然会在教育中得到越来越广泛的应用。而实际上，进入21世纪以来，教育游戏确实获得越来越多研究者及社会各界更深入的关注。
>
> 　　加拿大学者巴格利曾经分析了新媒体联盟在2004年到2012年期间发布的《地平线报告》，指出新媒体联盟先后提出了37项新技术，但是只有7项被后期的报告证实，其中"基于游戏的学习"排在第1位。[①]而且在最新的《2021年地平线报告（教学版）》中，教育游戏与在线学习、人工智能等多项关键技术结合，提供的36项典型范例中，"游戏"或"游戏化学习"便占据了3/36。[②]在知网中以"教育游戏"为主题进行搜索，2001年只有10篇文章，但是到2022年[③]已经有1279篇学术论文，也有很多博士、硕士将其作为学位论文的主题。在产业界，越来越多的大型企业进入了教育游戏领域，市场上也出现了《悟空识字》《洪恩识字》《蜡笔物理学》《我的世界》（*MineCraft*）、《罗布乐思》（*Roblox*）等优秀作品。在一线学校，越来越多的老师将教育游戏应用到了课堂教学中，也有教师利用一些模板类引擎开发了更多的教育游戏。
>
> 　　为了让大家对教育游戏的研究现状及其核心价值有更多的了解，本章就在第一章的基础上，继续界定教育游戏的概念，分析教育游戏的特征，系统梳理教育游戏的研究与应用现状，深入分析教育游戏的三层核心价值——游戏动机、游戏思维和游戏精神，并尝试利用教育游戏重塑学习方式，分别为重塑体验式学习、重塑协作学习、重塑自主学习和重塑研究性学习。[④][⑤]

[①] ［加］乔恩·巴格利.全球教育地平线：离我们到底有多远[J].北京广播电视大学学报，2012(6):29—34.

[②] 兰国帅，魏家财，张怡，郭倩，张魏方，孔雪柯，王志云.未来高等教育教学：宏观趋势、关键技术实践和未来发展场景——《2021年地平线报告（教学版）》要点与思考[J].开放教育研究，2021, 27(03):15—28.

[③] 截止到2022年4月30日。

[④] 尚俊杰，裴蕾丝.重塑学习方式：游戏的核心教育价值及应用前景[J].中国电化教育，2015(05):41—49.

[⑤] 尚俊杰，庄绍勇.游戏的教育应用价值研究[J].远程教育杂志，2009, 17(01):63—68.

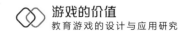

第一节 教育游戏的概念

从上一章可以看出，教育游戏的思想能够追溯到孔子和古希腊时期，并且随着技术的发展愈加受到关注。在 20 世纪 50 年代，商业视频游戏开发与设计的研究兴起，发展到 80 年代，学者开始关注视频游戏的教育价值；再到 90 年代后期，伴随互联网教育的快速发展，教育游戏的研究愈加丰富、内涵也愈加明晰。本节将先从游戏的一般概念谈起，再论及教育游戏。

一、游戏的概念与特征

游戏在人类历史的发展过程中发挥了重要作用，也受到了哲学家、心理学家、文化学家、现象学家等广泛的关注和深入的讨论。不同的视角中"游戏"这一概念有着不同的含义，也呈现出了一些独有的特征。

（一）游戏的概念

在古希腊时代，柏拉图认为游戏是满足儿童跳跃需要的活动。亚里士多德则认为游戏是非目的性的消遣和闲暇活动。此时的游戏主要被看作一种本能的体验，是人类愉悦身心的最简单、最普遍的活动，是享乐主义的娱乐活动。① 到了康德时代，"游戏"开始从现象层面进入理论思维的层面。在康德看来，艺术是自由的、是一种令人愉快的事情，仿佛是一种游戏。此时康德将游戏与艺术联系在了一起，游戏的地位得以提升。②

受康德启发，越来越多的学者开始研究游戏。席勒认为游戏是"人之所以为人"的独特活动。③ 他将游戏分成了两种：一种是人和动物共同具有的、无理性的"自然的游戏"，另一种是兼具感性与理性的人的"审美的游戏"。而且在席勒看来，游戏（尤其是审美游戏）是一种自由与解放的真实体现、感性与理性的和谐统一状态。④ 除了席勒之外，同一时期的斯宾塞（Spencer）认为游戏就是要发泄过剩的精力；拉察鲁斯（Lazarus）认为游戏是一种放松，能够从日常生活的疲倦中重获精力；谷鲁斯（Groos）

---

① 张胤.游戏者—学习者：论电子游戏作为校本课程的价值的发掘及建构[J].教育理论与实践，2002（22）：60—64.

② ［荷］胡伊青加.人：游戏者——对文化中游戏因素的研究[M].成穷，译.贵阳：贵州人民出版社，1998:5.

③ 张胤.游戏者—学习者：论电子游戏作为校本课程的价值的发掘及建构[J].教育理论与实践，2002（22）：60—64.

④ 董虫草.席勒的两种游戏理论及其合理性分析[DB/OL].[2012-3-2]. http://www.be-word-art.com/no22/document3.htm.

认为游戏是一种本能、是练习求生所需技巧的活动；霍尔（Hull）认为游戏是一种经验回溯，反映出人类的文化发展，如特定年龄的儿童会呈现狩猎、野蛮、游牧、农耕和部落等不同阶段的行为。

自 19 世纪 70 年代以来，游戏研究主要朝三个方向发展：①一是心理学与教育学的方向，代表人物有皮亚杰等；二是文化学、人类学的方向，代表人物有胡伊青加等；三是现象学、阐释学的方向，代表人物是伽达默尔（Gadamer）等。其中，颇具影响力的当属胡伊青加的研究。

关于"游戏"，胡伊青加提出了一个颇为流行而且比较全面的描述定义："游戏是一种自愿的活动或消遣，这一活动或消遣是在某一固定的时空内进行的，其规则是游戏者自愿接受的，但是又有绝对的约束力，游戏以自身为目的而又伴有一种紧张、愉快的情感以及对它'不同于日常生活'的意识。"②从这个定义可以看出，胡伊青加更强调游戏是一种社会性的、有规则的群体游戏，而并不包括自发地玩或个体游戏。③图 2-1 能够更清楚地说明游戏（Game）和玩（Play）的关系：玩是一个更为宽泛的范围，分为自发的玩（Spontaneous Play）和有组织的玩（Organized Play）；有组织的玩便是游戏（Game），分为无竞争性的游戏（Noncompetitive Games）和有竞争性的游戏（Competitive Games）；有竞争性的游戏便是比赛，分为智力（Intellectual）比赛和体育比赛。④胡伊青加的"游戏"概念也是本章讨论的主要依托。

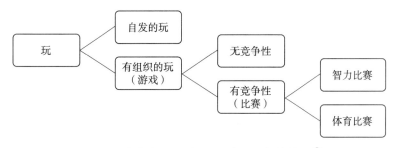

图 2-1 游戏（Game）和玩（Play）的关系⑤

（二）游戏的特征

胡伊青加对游戏的定义已经揭示了游戏的基本特征，比如自愿的、以自身为目的等。在此基础上，本节结合其他学者的游戏理论，将游戏的特征系统归纳如下：

---

① ［荷］胡伊青加. 人：游戏者——对文化中游戏因素的研究 [M]. 成穷, 译. 贵阳：贵州人民出版社, 1998: 5—6.
② 同上，34—35。
③ 董虫草. 胡伊青加的游戏理论 [J]. 浙江大学学报（人文社会科学版），2005, 35(03): 48—56.
④ Encyclopedia Britannica. The Relationship Between Game and Play [EB/OL]. [2006-09-09]. http://www.britannica.com.
⑤ ［荷］胡伊青加. 人：游戏者——对文化中游戏因素的研究 [M]. 成穷, 译. 贵阳：贵州人民出版社, 1998: 36—132.

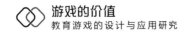

1. 自愿的（Voluntary）和自由的（Freedom）

"自愿的"是指游戏参与者通常是自愿参加而非被强迫。在胡伊青加看来，"一切游戏都是一种自愿的活动，遵照命令的游戏已不再是游戏，它最多是对游戏的强制性模仿……儿童和动物之所以游戏，是因为它们喜欢玩耍；在这种'喜欢'中就有着它们的自愿……对于成年人和富有责任感的人来说，游戏同样是一种他可以不予理会的功能……它绝不是一桩任务"①，因此胡伊青加把游戏的自愿性当作游戏的首要条件。此外，游戏具有"自由的"意识，在游戏中人们不再被外在和社会的日常事务限制，②可以尽情享受游戏世界规则之下的自由。

2. 非实利性（Disinterestedness）

非实利性，也称作无功利性，是指游戏者并非因为外在的奖励才参与游戏，而主要是由内在动机驱动。内在动机源于主体内在的需要与愿望，虽然这种愿望会受到外部刺激、生理因素、社会条件等制约，但其动力却主要来自人们对活动本身的意愿、情感和兴趣。③ 简而言之，游戏本身就是人们参与游戏的目的，而并不是现实生活中的实际利益。当然，人们主观上的非实利性并不意味着游戏没有任何收益。比如儿童通过"无意"的游戏，能够促进身体协调能力的发展与记忆力的提高，帮助他们形成勤奋、勇敢和自我牺牲的品质。④

3. 佯信性（Make-believe）

佯信性是指明知虚拟而又信以为真。游戏是虚拟的，游戏者不需要为游戏结果承担现实责任；但这并不意味着游戏是不严肃的，"游戏者总是以最大的严肃性来从事游戏，即带着一种入迷"，他们对游戏中的活动和结果非常严肃认真。⑤ 比如，玩象棋的人常常为了游戏中的一步棋而争执得不可开交，而不会因为它是虚拟的而随便对待。

4. 规则性（Rule）

规则性是指游戏规则应该具有绝对权威性。因为一旦规则遭到破坏，整个游戏世界便会坍塌。⑥ 当然，强调规则并不意味着以牺牲游戏者的自由为代价，否则游戏在某种程度上就有可能异化为非游戏，变轻松为沉重、变快乐为枯燥。正确的态度应该是在自由与规则之间保持适当的张力（平衡），才使得规则和自由能得到高度的

---

① ［荷］胡伊青加. 人：游戏者——对文化中游戏因素的研究[M]. 成穷, 译. 贵阳：贵州人民出版社, 1998: 9—10.
② 同上.
③ 吴航. 游戏与教育——兼论教育的游戏性[D]. 武汉：华中师范大学, 2001.
④ 同上.
⑤ ［荷］胡伊青加. 人：游戏者——对文化中游戏因素的研究[M]. 成穷 译. 贵阳：贵州人民出版社, 1998: 10—11.
⑥ 同上，13—14。

统一。[1]

5. 封闭性（Closed）

封闭性是指游戏需在一个被限定的时空内进行。游戏之所以区别于"日常的"生活，既因为发生的时间，也因为发生的场所。从时间方面来说，游戏需在某一时刻开始、在某一时刻结束，但是游戏又可以在任何时间被重复；在场所方面，游戏需在物质上或观念上的共同场地中进行。[2]传统游戏一般在一个固定大小的物理空间内进行，而电子游戏可以在一个虚拟空间内进行。

二、教育游戏的概念和特征

游戏具有"自愿的和自由的""非实利性""侔信性""规则性"和"封闭性"等特征，是一种流行的压力缓解方式，但调查却显示部分玩家尤其是青少年会因为失控、过度的游戏行为而造成心理或社会问题，比如精神状态不佳、学业不良等。[3]教育游戏则兼具教育性和游戏性，所以我们应该取游戏之长而尽量规避游戏的不良影响，使得学习者从中受益。

（一）教育游戏的概念

教育游戏（Educational Game）的概念有狭义和广义之分。狭义上的教育游戏是指专门为特定的教育教学目标而开发的电子游戏；广义上的教育游戏是指具有一定教育价值的电子游戏或传统游戏，其中电子游戏包括街机游戏、主机游戏、电脑游戏、手机游戏、VR/AR 游戏等，传统游戏包括棋盘游戏、卡牌游戏、运动游戏、言语游戏等。

研究者基于不同的视角对教育游戏的分类方式不尽相同。新媒体联盟（New Media Consortium）发布的《新地平线》（*The New Horizon*）报告[4]中，依据是否有电子技术及是否协作的角度，指出教育游戏可以分为 3 类：非数字游戏，比如纸牌游戏、组词游戏等；没有合作性质的数字游戏，如单机游戏等；具有合作性质的数字游戏，如双人、多人游戏等。裴蕾丝等依据教育游戏内容和形式不同，将教育游戏分为操练式轻游戏、大型游戏化学习环境、虚拟和现实相结合游戏共 3 类。[5]

---

[1] 吴航. 游戏与教育——兼论教育的游戏性 [D]. 武汉：华中师范大学，2001.
[2] ［荷］胡伊青加. 人：游戏者——对文化中游戏因素的研究 [M]. 成穷，译. 贵阳：贵州人民出版社，1998: 12—13.
[3] 周新雨，文雅童，乔斯玥，李勇辉. 网络游戏成瘾的奖赏加工缺陷及其神经机制 [J]. 生物化学与生物物理进展，2022, 49(10): 1901—1909.
[4] ［加］乔恩·巴格利. 全球教育地平线：离我们到底有多远 [J]. 北京广播电视大学学报，2012 (6):29—34.
[5] 裴蕾丝，尚俊杰，周新林. 基于教育神经科学的数学游戏设计研究 [J]. 中国电化教育，2017(10):60—69.

（二）教育游戏的特征

教育游戏属于游戏，所以它自然也会具备前面所讲的游戏的基本特征。除此之外，可能还会具备一些独特的特性。恽如伟等提出教育游戏具有目标性、规则性、策略性、自由性和娱教性等特征；[①]谭璐等提出教育游戏要具有教育目的，并适应学习者特征。[②]总结发现，教育游戏努力兼顾了**教育性**和**游戏性**，主要呈现出如下特征：

1. 带有教育目的或学习目标

教育游戏不同于纯娱乐的游戏，通常为一定的教育目的或学习目标服务，将知识蕴含到游戏内容与机制之中。

2. 兼有虚拟性和真实性

教育游戏作为一种游戏，虚拟性体现在搭建虚拟的学习情景、学生在游戏中获得的奖励和惩罚；真实性体现在其所蕴含的知识和原理。

3. 规则性

教育游戏中的规则可以是现实中的知识原理，也可以是对游戏操作的描述；学生在游戏中要遵守明确规定的规则，并且通过对规则的学习和掌握，更好地使用教育游戏开展学习。

4. 竞争性与挑战性

竞争和挑战可以激发学习者的内部需要，在玩游戏的过程中促使学生产生学习动机。

5. 娱乐性

教育游戏利用游戏的娱乐性来提高学习兴趣，并使游戏者在游戏过程中达到特定的学习目的。

（三）教育游戏与其他概念的关系

与教育游戏相近或相关的概念有严肃游戏、寓教于乐、轻游戏、游戏化学习等，含义分别如下：

1. 严肃游戏（Serious Games）

严肃游戏是指那些以教授知识技巧、提供专业训练和模拟为主要内容的游戏。这类游戏不以娱乐为主要目的，而是希望让用户在游戏过程中能够学习知识、得到训练或者治疗；严肃游戏通常具有游戏的外观与感觉，是对现实事件或过程的模拟。2017年左右，我国有关部门提出了"**功能游戏**"的概念，基本上等同于严肃游戏，也是指

---

① 恽如伟，李艺. 面向实用的电子教育游戏界定及特征研究 [J]. 远程教育杂志, 2008(05):75—78.
② 谭璐. 教育游戏系统理论分析与设计策略探究 [J]. 远程教育杂志, 2015, 33(06):106—112.

将不同行业的知识和技能融入游戏中,使之兼具娱乐和功能双重属性。①

2. 轻游戏（Light Games）

所谓轻游戏,指的是能够充分发挥主流游戏具有的挑战、好奇、幻想、控制、目标、竞争、合作等内在动机,并深入整合课程内容和学习任务,且符合学校教育的课程模式和一般规则的游戏,主要应用于课堂教学的游戏化学习软件或平台。也可以简单地理解为"轻游戏=教育软件+主流游戏的内在动机"。②这是专门用于教育而不是娱乐的游戏产品或软件,能够更加容易地应用到课堂教学中,满足学校的课堂时长等要求。

3. 游戏化学习（Game-Based Learning）

狭义上的游戏化学习主要是指将传统游戏或电子游戏应用到教与学中；广义上的游戏化学习指的是将传统游戏、电子游戏、桌游、游戏元素或游戏机制用到教与学中。这种学习方式旨在发挥游戏优势,给学习者创设更富吸引力的学习环境,使学习更有趣,并让学习者通过"做中学""玩中学",达到学习知识、提高能力、培养情感态度价值观的目的。③

4. 寓教于乐（Edutainment）

寓教于乐是把教育融于快乐的活动当中。不只是教育游戏,它存在多种形式,比如寓教于旅游观光、寓教于体育运动、寓教于文化生活、寓教于电影电视剧等。寓教于乐的目的是让人们在享受快乐的活动过程的同时,伴有知识学习或情感升华。

以上几个概念比较相似或者相关,我们认为彼此的关系可以用图2-2来表示。

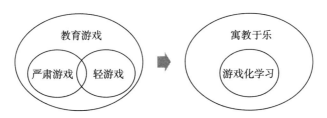

图2-2 教育游戏、严肃游戏和轻游戏的关系

在图2-2中,严肃游戏和教育游戏两者也非常相似,在实际中也经常被混用。要说区别,学术界尤其是教育领域的学者较多使用教育游戏的概念,而产业界则较多使用严肃游戏的概念。另外,严肃游戏从定义上将教育和军事、医学、工业和培训相提并论,此时的教育主要指学校教育,而教育游戏虽然目前更多地被用于学校教育,但是从定义上看这里的教育是广义的,泛指一切具有教育意义的游戏,因此军事、医学、

---

① 李方丽,孙晔. 功能游戏:定义、价值探索和发展建议[J]. 教育传媒研究,2019(01):65—68.
② 尚俊杰,李芳乐,李浩文."轻游戏":教育游戏的希望和未来[J]. 电化教育研究,2005(1):24—26.
③ 本定义是尚俊杰等为《中国大百科全书》（第三版）撰写的词条。

培训等方面的游戏也应该算作教育游戏。

至于轻游戏，从定义上来看，它也是一类广义上的教育游戏，特指与课程内容紧密结合的，主要用于课堂教学的，游戏色彩比较"轻"，以学习为主导的游戏化学习。轻游戏与严肃游戏的概念有一些类似，但是并不完全重合，两者在强调"不以娱乐为主要目的"这一点上是基本一致的，也都把模拟训练等软件包含了进来，但是轻游戏还特别强调与课程紧密结合，并要求在设计之初就要特别考虑课堂教学应用的需求。不过有一点需要指出的是，轻游戏虽然更加看重基础教育、高等教育等正式教育课堂，但是亦包括军事、医学、工业、培训等课堂教学。

游戏化学习和教育游戏是紧密相依的两个不同维度的概念，教育游戏指的是游戏本身，而游戏化学习则指的是使用游戏进行学习的一种学习方式。

寓教于乐和游戏化学习比较相似，但是它的概念更加宽泛，指的是将游戏、电影、电视剧、旅游等应用到教育中，让人在享受快乐的同时进行学习。可以说，前者包含后者。

第二节　教育游戏的研究与应用现状

一款好的教育游戏要能够很好地兼具教育性和游戏性，从设计开发到实践应用，每一步都需要教育游戏研究者和实践者的不懈努力。研究者更多的是在探索教育游戏的价值以及如何更好地发挥教育游戏的价值，实践者更多的是关注教育游戏在教育教学中的实际应用。

一、教育游戏的研究现状

教育游戏的研究者从不同的角度开展了相关研究。尚俊杰等人曾对"第十三届全球华人计算机教育应用大会"中教育游戏相关的研究论文进行深入分析，发现研究者关注高阶能力的培养、学习动机、教育游戏设计、虚拟现实教育应用、游戏与课程整合、游戏化混合式学习、游戏文化对学生的影响等；[①] 曾嘉灵等通过梳理国际 2013 年到 2017 年的 113 篇教育游戏实证研究，发现教育游戏的研究主要从设计与开发、教学应用和教育评估共 3 个方面开展；[②] 还有学者梳理了国内 2017 年及之前的 1525 篇教育游戏研究的相关文章，发现教育游戏的重点研究内容包括设计与开发、理论研究、学

[①] 尚俊杰, 萧显胜. 游戏化学习的现在和将来——从 GCCCE 2009 看游戏化学习的发展趋势 [J]. 远程教育杂志, 2009, 17(05):69—73.

[②] 曾嘉灵, 尚俊杰. 2013 年至 2017 年国际教育游戏实证研究综述：基于 WOS 数据库文献 [J]. 中国远程教育, 2019(05):1—10.

科应用 3 个方面。[①] 可见教育游戏的研究，离不开对设计与开发、教学应用与效果的关注。本书第一章详细介绍了教育游戏的思想，即教育游戏的理论基础，因而在本节不再赘述，将重点介绍教育游戏的设计与开发、教学应用与效果两部分内容。

（一）设计与开发

设计与开发是决定教育游戏质量的关键所在。教育游戏对于学习动机的作用仍是研究者重点关注的内容，研究者们也在积极思考如何增强游戏的沉浸感，并探索自适应个性化学习。[②]

1. 关注学习动机

学习动机的相关研究仍是主流，研究者们围绕如何设计游戏元素和交互机制，更加有效地激发学习动机，从而促进学习效果展开了更深入的研究与讨论。香港教育大学的邹迪等探究了合作、竞争、个人等不同的游戏模式对学生的学习表现、学习动机、自我效能感和心流体验等变量的影响，指出在条件允许的情况下，采用合作或竞争的模式开展游戏会对学习产生更好的作用。[③] 在游戏元素方面，相比于单独讨论某个变量的影响，研究者们开始考虑不同条件之间的相互作用。例如，范德克鲁斯（Vandercruysse）等采用 2×2 多因素实验的设计思路，在英语会话技巧学习游戏中加入游戏元素"竞争"，探究竞争元素、学习动机、学习成效和学习者对环境的看法之间的关系。[④] 杨（Yeo）等开发了一款针对小学生的食物链概念模拟数字游戏，结合定量方法和定性方法，探究了性别和先验知识对学习者表现和动机的影响。[⑤] 由于教育游戏是一个复杂的系统，在实际应用环境中其实存在许许多多交互影响的因素，研究考虑到不同条件之间的交互作用，对复杂的学习过程进行了更为全面的讨论。

在交互机制方面，反馈是学习者与游戏进行交互的重要方式，越来越多的学者开始关注游戏反馈机制的设计。有学者探讨智能导师的情感反馈对学习成效、动机、乐趣等的影响；[⑥] 也有学者研究解释性反馈与教育游戏融合对学习的影响，设计了无解

---

① 凡妙然.国内教育游戏研究现状的可视化分析：热点与趋势[J].现代远距离教育，2018(02):27—34.
② 曾嘉灵，尚俊杰.2013 年至 2017 年国际教育游戏实证研究综述：基于 WOS 数据库文献[J].中国远程教育，2019(05):1—10.
③ Zou D, Zhang R, Xie H, et al. Digital Game-based Learning of Information Literacy: Effects of Gameplay Modes on University Students' Learning Performance, Motivation, Self-efficacy and Flow Experiences[J]. Australasian Journal of Educational Technology, 2021, 37(2): 152−170.
④ Vandercruysse S, Vandewaetere M, Cornillie F, et al. Competition and Students' Perceptions in a Game-based Language Learning Environment[J]. Educational Technology Research and Development, 2013, 61(6): 927−950.
⑤ Yeo J H, Cho I, Hwang G H, et al. Impact of Gender and Prior Knowledge on Learning Performance and Motivation in a Digital Game-based Learning Biology Course[J]. Educational Technology Research and Development, 2022, 70(3): 989−1008.
⑥ Guo Y R, Goh D H L. Evaluation of Affective Embodied Agents in an Information Literacy Game[J]. Computers & Education, 2016, 103: 59−75.

释、自我解释和解释性反馈三种版本的物理教育游戏。①

2. 增强沉浸感

沉浸感与学习情境息息相关。教育游戏能够建构贴近真实的学习情境，情境越真实，学习者越容易进行知识的迁移和运用。为了给学习者提供更真实的交互环境和更好的学习体验，3D 和 VR/AR 等技术逐渐开始被用于沉浸式虚拟游戏环境的搭建。

3D 技术能够模拟与现实环境、真实应用环境的相似的学习环境，解决知识迁移的问题。相比于真实环境，教育游戏为学习者提供了试误的机会，消除了学习者面对失败的恐惧和焦虑。例如，伯恩斯（Berns）等根据电子游戏和虚拟世界的相关理论，设计了"VirUAM"3D 单用户虚拟世界平台，学习者在虚拟空间中接受相关的语言技巧培训；②马拉图（Maratou）等开发了一款 3D 角色扮演游戏，模拟现实生活中公司的情况，促进学习者的协作能力的提升，以及让学习者知道如何应对公司突发事件。③钟（Chung）等开发了一款在线 3D 游戏化问题学习模型，让学生在 18 星期的课程中以团队的形式建造一个理想的房子，从而提高学生在人力资源开发课程中的学习满意度和成绩。④

与 3D 环境相同，AR（Augmented Reality，增强现实）技术能够帮助学习者将他们在现实世界中观察到的事物与相关知识联系起来，从而加深学习者对知识的理解和记忆。福里奥（Furió）等设计并开发了有关水循环学习的教育游戏，融入 AR 的互动模式以增强游戏的沉浸感；⑤黄国祯等开发了一个小学生态学课程教育游戏，以支持学生在现实世界中进行基于 AR 的学习活动。⑥研究者们已经不仅仅从游戏元素的角度考虑教育游戏的设计，而是从提升整体学习体验出发，增强游戏的沉浸感以优化教育游戏环境设计。

---

① Adams D M, Clark D B. Integrating Self-explanation Functionality into a Complex Game Environment: Keeping Gaming in Motion[J]. Computers & Education, 2014, 73: 149-159.

② Berns A, Gonzalez-Pardo A, Camacho D. Game-like Language Learning in 3-D Virtual Environments[J]. Computers & Education, 2013, 60(1): 210-220.

③ Maratou V, Chatzidaki E, Xenos M. Enhance Learning on Software Project Management Through a Role-play Game in a Virtual World[J]. Interactive Learning Environments, 2016, 24(4): 897-915.

④ Chung C H, Lin Y Y. Online 3D Gamification for Teaching a Human Resource Development Course[J]. Journal of Computer Assisted Learning, 2022, 38(3): 692-706.

⑤ Furió D, Juan M C, Seguí I, et al. Mobile Learning vs. Traditional Classroom Lessons: a Comparative Study[J]. Journal of Computer Assisted Learning, 2015, 31(3): 189-201.

⑥ Hwang G J, Wu P H, Chen C C, et al. Effects of an Augmented Reality-based Educational Game on Students' Learning Achievements and Attitudes in Real-world Observations[J]. Interactive Learning Environments, 2016, 24(8): 1895-1906.

3. 探索个性化学习

作为越来越流行的新的学习方式，相关研究者也对教育游戏中学习者的个性化学习体验给予了越来越多的关注。有学者开发了基于学习风格的自适应游戏，该游戏能够根据学习者与其交互情况，动态且持续地调整游戏内容呈现；[1] 克拉克（Clark）等开发了基于玩家表现的自适应游戏，根据学习者水平提供不同抽象程度的引导提示。[2] 两者的研究结果均显示，自适应条件能够有效地使学习者最大化地理解提示和掌握相关知识，减少玩家在游戏中的认知负荷。再如，托兰特（Torrente）等为特殊群体开发了基于玩家群体的半自适应教育游戏，会让用户自选角色配置，包括盲人角色、轮椅角色、具有听力障碍的角色和没有明显残疾的角色。在用户选定角色之后，游戏会适应低视力人群的场景，使用高对比度渲染模式使背景变暗，以突出显示交互元素。[3] 本顿（Benton）等针对阅读新手、阅读障碍儿童和将英语作为外语这三类学习群体设计识字游戏，探究了如何最优化地设计自适应教育游戏中的"挑战"，并提出了在大规模学习游戏中支持不同学习者群体的设计建议。[4]

除上述内容之外，许多新兴技术也不断被纳入教育游戏设计开发中，如 3D、AR 被应用于真实情境搭建，自适应技术与教育游戏的结合。研究者们也在积极探索基于学习科学的教育游戏设计与开发、基于脑科学或教育神经科学的教育游戏设计与开发（本书第六章会详细介绍），致力于平衡好教育游戏的教育性与游戏性。

（二）教学应用与效果

教育游戏应用到教学中的效果如何，是教育研究与实践者广泛关注的问题。段春雨对 2006 年至 2017 年间国际上 48 篇教育游戏的实证研究文章进行分析，发现教育游戏对学生的学业成就有着一定的正向作用；[5] 和文斌等对 2009 年至 2020 年间 41 篇教育游戏的实证研究文章进行分析，发现教育游戏能够在中等程度上促进学生的学习效果，但对不同的学科与知识类型的作用效果不同。[6] 教育游戏的应用效果究竟如何？本

---

[1] Soflano M, Connolly T M, Hainey T. An Application of Adaptive Games-based Learning Based on Learning Style to Teach SQL[J]. Computers & Education, 2015, 86: 192−211.

[2] Clark D B, Virk S S, Barnes J, et al. Self-explanation and Digital Games: Adaptively Increasing Abstraction[J]. Computers & Education, 2016, 103: 28−43.

[3] Torrente J, Freire M, Moreno-Ger P, et al. Evaluation of Semi-automatically Generated Accessible Interfaces for Educational Games[J]. Computers & Education, 2015, 83: 103−117.

[4] Benton L, Mavrikis M, Vasalou A, et al. Designing for "Challenge" in a Large-scale Adaptive Literacy Game for Primary School Children[J]. British Journal of Educational Technology, 2021, 52(5): 1862−1880.

[5] 段春雨.教育游戏对学生学业成就影响研究——基于48项实验与准实验研究的元分析[J].开放教育研究，2017, 23(04):65—75.

[6] 和文斌，董永权.教育游戏对学生学习效果的影响研究——基于41项实验和准实验的元分析[J].现代教育技术，2021, 31(04):44—50.

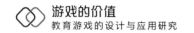

节将从"学习成效""内部认知加工""教育评价"[①]三个方面具体介绍相关研究。

1. 学习成效

教育游戏学习成效的验证性研究源源不断,如史密斯(Smith)等将英语词汇游戏与传统词汇学习进行了对比,实验证明游戏组的学生在相同时间内习得词汇量更大且成绩更好;[②]韦尔纳达基斯(Vernadakis)等则探讨了传统儿童基本运动技能培训与健身游戏的效果;[③]阿纳布(Arnab)等证明了与传统讲授式教学相比,基于混合教学(游戏+讲授)的有效性更强。[④]张露等设计开发了分数游戏《分数跑跑跑》(*Run Fraction*),对比了传统授课和添加游戏干预后学生概念性知识水平和成绩的变化,验证了游戏在分数学习方面的优势。[⑤]

除了最终的学习成效本身,研究者们也开始回归学习过程,探究教育游戏带来的不同学习体验与学习成效的联系。如卡尔沃-费雷尔(Calvo-Ferrer)探讨了学习者在教育游戏学习过程中表现出的学习动机与学习结果的关系;[⑥]姜纳科斯(Giannakos)研究了学习者态度因素对学习成绩的影响,结果发现游戏的趣味性与学习者成绩有着显著相关关系。[⑦]还有学者用教育游戏帮助132名中学生学习生物知识,考察学习经历与学习结果的关系,发现游戏的易用性是对学习成绩有积极影响的变量。[⑧]许(Hsu)等开发了一款教育游戏,证实了该游戏能促进学生的科学学习,同时验证了完全沉浸在游戏情境中的学习者比没有沉浸式体验的学生具有更好的问题解决的效率、更多的启

[①] 曾嘉灵,尚俊杰.2013年至2017年国际教育游戏实证研究综述:基于WOS数据库文献[J].中国远程教育,2019(05):1—10.

[②] Smith G G, Li M, Drobisz J, et al. Play Games or Study? Computer Games in EBooks to Learn English Vocabulary[J]. Computers & Education, 2013, 69: 274-286.

[③] Vernadakis N, Papastergiou M, Zetou E, et al. The Impact of an Exergame-based Intervention on Children's Fundamental Motor Skills[J]. Computers & Education, 2015, 83: 90-102.

[④] Arnab S, Brown K, Clarke S, et al. The Development Approach of a Pedagogically-driven Serious Game to Support Relationship and Sex Education (RSE) Within a Classroom Setting[J]. Computers & Education, 2013, 69: 15-30.

[⑤] 张露,胡若楠,曾嘉灵,孙金钢,尚俊杰.学习科学视角的分数游戏设计与应用研究[J].中国远程教育,2022(03):68—75.

[⑥] Calvo-Ferrer J R. Educational Games as Stand-alone Learning Tools and Their Motivational Effect on L2 Vocabulary Acquisition and Perceived Learning Gains[J]. British Journal of Educational Technology, 2017, 48(2): 264-278.

[⑦] Giannakos M N. Enjoy and Learn with Educational Games: Examining Factors Affecting Learning Performance[J]. Computers & Education, 2013, 68: 429-439.

[⑧] Cheng M T, Su T F, Huang W Y, et al. An Educational Game for Learning Human Immunology: What Do Students Learn and How Do They Perceive?[J]. British Journal of Educational Technology, 2014, 45(5): 820-833.

发式和类比思维策略。①

也有学者用元分析方法进行过比较全面的调研，魏格尔（Vogel）等人对 32 个关于电子游戏和模拟的研究进行分析，结果显示比起传统教学方法，运用交互仿真或游戏方法后，学科认知的效果提高得非常明显，相对于传统的教学方法，仿真和游戏方法能改善学员的学习态度。②柯（Ke）等人对 65 个研究进行了分析，结果显示：52% 已检索的电子游戏的相关研究认为通过游戏学习的效果是正面的；比起对学习事实性和语言性知识的促进，教育游戏似乎更能提升高阶思维能力，如计划和推理能力。③不过也有学者提出过质疑，海斯（Hays）对 105 个研究进行了分析，结果显示：关于教育游戏有效性的实证研究是缺乏的，只有教育游戏的设计满足教学要求，并物尽其用，教育游戏才能大显身手。④

2. 内部认知加工

随着教育游戏实证研究的不断深入，研究者们不仅探索教育游戏对学习者的学习成效的影响，也开始探索教育游戏对学习者内部认知加工的作用。有学者分析了玩家操作教育游戏的认知过程，探究了工作记忆能力和游戏技能对玩家注意力、内容理解的影响；⑤柯（Ke）研究了教师进行基于游戏辅导的整个过程，发现在游戏开始前的内容辅导会有助于学习者专注内容理解，在游戏期间学习者倾向于更独立地解决游戏挑战，较少请求与内容相关的辅导；⑥常（Chang）等提出了一种基于任务同步的合作学习策略，在游戏活动中设置团队任务同步点，通过相互协作促进学习者的认知加工。⑦

3. 教育评价

教育评价是进行科学教学决策的前提，也是教育教学过程中至关重要的一个环节。使用教育游戏能够实现科学、有趣、有效的评估，研究者围绕此开展了不少研究。如阿塔里（Attali）等将积分机制引入已有的数学评估系统，根据学习者回答的准确性和

---

① Hsu M E, Cheng M T. Immersion Experiences and Behavioural Patterns in Game-based Learning[J]. British Journal of Educational Technology, 2021, 52(5): 1981−1999.
② Vogel J J, Vogel D S, Cannon-Bowsers J, Bowers C A, Muse K, Wright M. Computer Gaming and Interactive Simulations for Learning: A Meta-analysis[J]. Journal of Educational Computing Research, 2006, 34(3), 229−243.
③ Ke F. A Qualitative Meta-analysis of Computer Games as Learning Tools[C] // R.E. Ferdig. Effective Electronic Gaming in Education. Hershey, PA: Information Science Reference, 2009: 1−32.
④ Hays R T. The Effectveness of Instructional Games: A Literature Review and Discussion[R]. Naval Air Warfare Center Training Systems Division, 2005, (004).
⑤ Lee Y H, Heeter C. The Effects of Cognitive Capacity and Gaming Expertise on Attention and Comprehension[J]. Journal of Computer Assisted Learning, 2017, 33(5): 473−485.
⑥ Ke F. Computer-game-based Tutoring of Mathematics[J]. Computers & Education, 2013, 60(1): 448−457.
⑦ Chang S C, Hwang G J. Development of an Effective Educational Computer Game Based on a Mission Synchronization-based Peer-assistance Approach[J]. Interactive Learning Environments, 2017, 25(5): 667−681.

速度给予不同的积分奖励;① 马夫里迪斯（Mavridis）等开发了教师可灵活配置的数学评测游戏，教师不需要具备任何编程技巧，可以通过管理者界面直接对游戏的参数进行修改，改变游戏内容以符合课堂教学内容和进度。② 此外，研究者还将学习分析技术应用到游戏化评估之中，根据学习者个性化特征和学习情况更好地改善学习过程、提供学习支持和优化学习体验。如成（Cheng）等搜集了高中生使用遗传学游戏的后台数据，采用分类树等数据挖掘技术，探究游戏中工具使用和游戏选择、任务完成之间的关系;③ 坎尼西（Khenissi）等基于模糊逻辑（Fuzzy Logic）方法和游戏后台数据测量学习者工作记忆能力（Working Memory Capability, WMC），适应性、个性化地为低 WMC 和高 WMC 学习者提供帮助。④ 玛丽安蒂（Marianthi）等将 MaLT2 编程环境与数字游戏相结合，使学习者在有意义的多学科环境中进行模式分解、识别、分析和抽象，采用问题解决的形式进行计算思维的学习和实践，通过新的表征和交流形式对知识学科进行新的意义构建。⑤

二、教育游戏的应用现状

教育游戏的相关研究在一定程度上证明了教育游戏对学生学习的作用和价值，但是在现实中教育游戏依然面临诸多的困难和障碍，⑥ 实际应用时还需要考虑实际落地的影响因素。如赵永乐等调研了我国 6809 名教师对教育游戏的接受和使用情况，发现教育游戏的技术准备和教师的主观印象会影响教育游戏的使用状况，应发挥"轻游戏⑦"的作用以及中青年骨干教师的力量。⑧ 本节便基于实际情况，主要从教育游戏应用领域以及技术形式两方面进行论述。

（一）应用领域

当谈及教育游戏的具体应用时，不同类型的教育游戏适合不同的领域，比如动作

---

① Attali Y, Arieli-Attali M. Gamification in Assessment: Do Points Affect Test Performance?[J]. Computers & Education, 2015, 83: 57−63.
② Mavridis A, Katmada A, Tsiatsos T. Impact of Online Flexible Games on Students' Attitude Towards Mathematics[J]. Educational Technology Research and Development, 2017, 65(6): 1451−1470.
③ Cheng M T, Rosenheck L, Lin C Y, et al. Analyzing Gameplay Data to Inform Feedback Loops in The Radix Endeavor[J]. Computers & Education, 2017, 111: 60−73.
④ Khenissi M A, Essalmi F, Jemni M, et al. Unobtrusive Monitoring of Learners' Interactions With Educational Games for Measuring Their Working Memory Capacity[J]. British Journal of Educational Technology, 2017, 48(2): 224−245.
⑤ Grizioti M, Kynigos C. Code the Mime: A 3D Programmable Charades Game for Computational Thinking in Malt2[J]. British Journal of Educational Technology, 2021, 52(3): 1004−1023.
⑥ 尚俊杰,庄绍勇,蒋宇.教育游戏面临的三层困难和障碍——再论发展轻游戏的必要性[J].电化教育研究，2011 (5):65−71.
⑦ 尚俊杰,李芳乐,李浩文."轻游戏"：教育游戏的希望和未来[J].电化教育研究, 2005, (1): 24—26.
⑧ 赵永乐,蒋宇,何莹.我国教师对教育游戏的接受与使用状况调查[J].开放教育研究, 2022, 28(01):51—61.

类游戏可能对于培养手眼互动能力、空间想象能力等基本能力更有作用,而策略和冒险游戏对于培养解决问题的能力更具成效。[1] 近期游戏应用领域主要有以下几个方面:

1. 传统教学领域

在传统教学领域中操作和练习等相关轻游戏应用较多。[2] 这一类游戏通常没有复杂的故事情节,只是利用漂亮的画面、动听的音乐和可爱的人物形象来激发学习者的学习动机,从而促使他们去主动学习。比如常见的打字练习和选择类游戏,具体实例有斯坦福大学 Locomotive Labs 团队的 *Todo Math Number Matrix* 数字闯关游戏[3]、启点教育的《悟空识字》[4]以及完美世界的《洪恩识字》[5]等。虽然操作练习类的游戏可能被有的学者认为教育价值相对较低,无法培养问题解决能力等高阶能力,但是实际上这类轻游戏最容易被整合到传统讲授式课堂之中,所以是在传统教学领域中最常用的教育游戏。[6]

2. 综合实践活动

综合实践活动是我国教育部自 2005 年全面推广的小初高必修课程,[7] 其内容主要包括研究性学习、信息技术教育、社区服务与社会实践以及劳动与技术教育,强调学生通过实践的方式增强探究和创新意识、掌握学习科学研究的方法、发展综合运用知识的能力、增进学校与社会的密切联系、培养学生的社会责任感。[8] 仔细对比综合实践活动课程的目的、教学方式,可以发现大型网络游戏比较适合在综合实践活动课程中应用,尤其是在研究性学习课程中使用。比如第一章讲到的萨沙·巴拉教授开发了大型教育网络游戏平台《探索亚特兰蒂斯》(*Quest Atlantis*)[9];哈佛大学迪德(Dede)等人开展了 MUVEES(多用户虚拟学习环境)研究项目,推出了一个旨在促进科学教育的《河城》(*River City*)平台(图 2-3),学习者可以在其中进行研究性学习,以解决 19 世纪该城市面临的环境和卫生问题。[10]

---

[1] 尚俊杰,庄绍勇. 游戏的教育应用价值研究 [J]. 远程教育杂志, 2009, 17(01):63—68.
[2] 裴蕾丝,尚俊杰,周新林. 基于教育神经科学的数学游戏设计研究 [J]. 中国电化教育, 2017(10): 60—69.
[3] 游戏网址:https://www.teacherswithapps.com/todo-math-number-matrix/
[4] 悟空识字网址:https://www.gongfubb.com/
[5] 洪恩识字网址:https://www.ihuman.com/shizi/
[6] Squire K. Video Games in Education[J]. International Journal of Intelligent Simulations and Gaming, 2003, 2(1): 49-62.
[7] 中华人民共和国教育部. 教育部预计于何时全面实施《基础教育课程改革纲要》? [EB/OL]. (2009-07-13) [2022-03-02]. http://www.moe.gov.cn/jyb_hygq/hygq_zczx/moe_1346/moe_2870/tnull_49660.html.
[8] 钟启泉. 综合实践活动课程的设计与实施 [J]. 教育发展研究, 2007(03):43—47.
[9] Barab S, Thomas M, Dodge T, et al. Making Learning Fun: Quest Atlantis, a Game Without Guns[J]. Educational Technology Research & Development, 2005, 53(1):86—107.
[10] Ketelhut D J, Nelson B C, Clarke J, et al. A Multi-user Virtual Environment for Building and Assessing Higher Order Inquiry Skills in Science [J]. British Journal of Educational Technology, 2010, 41(1):56-68.

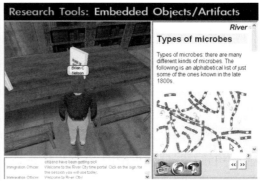

图 2-3 《河城》（*River City*）中的画面

3. 职业教育领域

模拟、仿真类游戏在职业教育领域越来越流行。因为它具备众多优点：[1]可以根据需求添加和去除各种因素；相对于真实世界中的训练需要的资源来说，是成本较低的选择；可以在安全的虚拟环境中进行危险的活动，比如在核工业中可以用模拟试验替代真实的试验；可以超越时空的限制研究问题。例如，浙江旅游职业学院开发了一个运用虚拟现实技术的模拟导游实验室，教师可以根据教学要求设计路线，让学生以游戏的方式进行场景游览、视点切换、训练、模拟考试等，大大方便了旅游实训课的教学。[2] 李雨昕等针对消化内科实习护士临床实践，开发设计了沉浸式饮食护理教育游戏，引导学生利用自身感官和认知进行学习和体验，极大地提升了教学效果。[3]

4. 特殊教育领域

游戏在特殊教育领域也得到了应用，尤其是在自闭症（孤独症）方面。比如徐琴美、丁晓攀等对 21 个自闭症儿童家庭及 5 所自闭症治疗机构调查显示：治疗机构最常用的方法是感觉统合训练，而家庭最常用的方法是游戏疗法，机构中最有效的方法被认为是行为治疗（65%），而家庭训练中最有效的方法是游戏疗法（52.38%）。[4] 华中师范大学赵丽娜探究了游戏对自闭症儿童社会交往能力的影响，包括注意力、共同注意力、听指令、社会道德行为等基本能力的提高，利用计算机科学技术结合认知心理学、儿童发展理论、自闭症儿童特点，设计、实现了自闭症儿童康复训练游戏。[5] 北京大学

---

[1] Squire K. Video Games in Education[J]. International Journal of Intelligent Simulations and Gaming, 2003, (2)1: 49-62.

[2] 浙江旅游职业学院. 浙江旅游教育引入虚拟现实技术 [EB/OL]. (2007-03-28) [2012-04-03]. https://tourzj.edu.cn/a/200742/5042.shtml.

[3] 李雨昕, 刘红, 陈丽丽, 等. 沉浸式护理教育游戏在消化内科临床教学中的应用 [J]. 护理学杂志, 2021, 36(19):84—87.

[4] 徐琴美, 丁晓攀, 傅根跃. 孤独症儿童及其矫治方法的调查研究 [J]. 中国特殊教育, 2005(06):59—64.

[5] 赵丽娜. 面向孤独症儿童的教育游戏设计与实现 [D]. 武汉：华中师范大学, 2014.

余萧桓采用基于设计的研究方法,从自闭症儿童语言学习、数学学习、情绪识别学习、生活技能学习四个方面的需求出发,并使用 Flash 技术开发出看图说话、数数、表情识别、生活技能四个小游戏,总结了针对特殊教育儿童的教育游戏的设计原则。[1]

也有一些机构提供了用于自闭症治疗的更多的游戏、动画等。Teach Town[2] 创建于 2003 年,是一个专门为自闭症儿童学习提供课程和学习帮助的英文网站,由美国企业家丹·费什巴赫(Dan Feshbach)和华盛顿自闭症研究中心博士克里斯蒂娜(Christina)联合开发。虚拟粉红海豚是新加坡南洋理工大学针对自闭症儿童学习的一个项目。匡智沟通易[3]是一款由香港利铭泽黄瑶璧慈善基金赞助的,针对自闭症儿童及智障学员学习语言而开发的应用软件。

(二)技术形式

在应用教育游戏时,人们往往将其与不同形式的技术相结合,以更好地促进学习者的学习。下面主要介绍移动学习技术、VR/AR 技术、脑科学支持的教育游戏应用。

1. 移动学习技术中的教育游戏

移动互联网催生了移动学习的学习方式,笔记本、手机、平板电脑等移动设备纷纷进入并影响课堂以及学生的学习生活。移动学习和教育游戏关系非常密切,目前也有不少应用实例。比如,田元等人基于教育游戏理论和学龄前儿童认知发展理论,结合移动增强现实技术开发了一款游戏 *ARTeddyMath*,构建了一个虚拟结合的环境,从而为儿童的数学学习启蒙。[4] 凌茜等对 41 名非英语专业本科一年级学生开展实验,证实了使用游戏化移动应用软件 *Elevate* 进行英语词汇学习的有效性。[5] 香港中文大学学习科学与技术研究中心推出了移动学习系统 EduVenture[6],支持学生以户外实地游戏的形式进行学习,教师可在后台给学生推送相关的学习资源。在一个研究中有 559 名学生参与了实验,结果表明不论是高、中、低学业水平的学生都得到了积极的提升和反馈。[7]

2. VR/AR 技术中的教育游戏

VR/AR 技术即虚拟现实技术/增强现实技术,可以将虚拟世界和现实世界相结合。

---

[1] 余萧桓. 自闭症儿童教育游戏设计与开发 [D]. 北京:北京大学, 2015.
[2] Teach Town 网址: http://web.teachtown.com
[3] 匡智沟通易网址: https://aac.mhs.edu.hk/
[4] 田元,周幂,夏丹,等. 基于移动增强现实的学龄前儿童教育游戏研究与设计 [J]. 电化教育研究, 2019, 40(04):68—75.
[5] 凌茜,王皓,王志浩. 游戏化移动学习对大学英语学习者词汇学习的有效性研究 [J]. 外语电化教学, 2019 (06):9—15.
[6] EduVenture 网址: https://www.web.ev-cuhk.net/
[7] Jong M S Y, Chan T, Hue M T, et al. Gamifying and Mobilising Social Enquiry-based Learning in Authentic Outdoor Environments[J]. Journal of Educational Technology & Society, 2018, 21(4): 277—292.

麻省理工学院詹金斯（Jenkins）教授等人和微软合作开展了 Games-to-Teach 项目，推出了基于增强现实的游戏。[1]再如陈向东等设计了一款强调角色的增强现实移动教育游戏《快乐寻宝》，该游戏的人物分为生物专家、地理专家和历史专家三个角色，学生通过扮演不同的角色回答相应角色的问题以实现闯关，并通过信息交换找到宝藏位置。[2]在该游戏中，教师可以设置问题内容、关卡长度及游戏地点，使得该教育游戏可以广泛应用到不同知识点甚至更多学科的教学中。针对学生在 VR 教育游戏中的学习动机的影响因素，何聚厚等设计开发了一款全沉浸式 VR 英语学习游戏，招募了 46 名四年级学生参加实验，学生在其中扮演灰姑娘角色，通过游戏完成学习、练习、应用等任务。[3]

3. 脑科学支持的教育游戏

脑科学应用到教育游戏中会有很多益处。Lumosity 网站[4]已经发布了很多游戏，结合认知原理等脑科学的知识来设计游戏，并通过实证研究证明这些游戏能够提高大脑的注意力、判断能力、记忆力等。如图 2-4 所示，这是该网站中的 *Playing Koi* 注意力游戏[5]，游戏者必须喂养很多条游来游去的鱼，以游戏的方式锻炼玩家注意力的广度以及响应多项任务的能力。再如，斯坦福大学凯斯勒教授使用游戏提升特纳综合征患者的数学能力，结果显示患者的计算能力、数字常识、计算速度、认知灵活性、视觉空间处理能力有显著提高。[6]

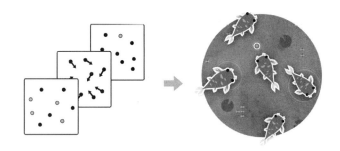

图 2-4 Lumosity 网站的游戏设计 ——*Playing Koi*

---

[1] Squire K, Klopfer E. Augmented Reality Simulations on Handheld Computers[J]. Journal of the Learning Sciences, 2007, 16(3):371-413.

[2] 陈向东, 曹杨璐. 移动增强现实教育游戏的开发——以"快乐寻宝"为例[J]. 现代教育技术, 2015, 25(4):101—107.

[3] 何聚厚, 黄秀莉, 韩广新, 梁玉帅, 何秀青. VR 教育游戏学习动机影响因素实证研究[J]. 电化教育研究, 2019, 40(08):70—77.

[4] Lumosity 网址: http://www.lumosity.com。

[5] Playing koi 网址: https://www.lumosity.com/en/brain-games/playing-koi/。

[6] Kesler S R, Sheau K, Koovakkattu D, et al. Changes in Frontal-parietal Activation and Math Skills Performance Following Adaptive Number Sense Training: Preliminary Results From a Pilot Study[J]. Neuropsychological rehabilitation, 2011, 21(4): 433-454.

第三节 教育游戏的三层核心价值

教育游戏在设计与开发、实证与效果等方面的研究获得了一定的进展，在不同领域和技术形式上都获得了不同程度的应用和发展。但教育游戏到底具有什么价值？普通的教学软件似乎也可以用来学习知识、提高能力、培养情感态度与价值观，为什么一定要用游戏？如图2-5所示，我们通过概括总结游戏的核心教育价值——游戏动机、游戏思维和游戏精神，[1] 来尝试回答上述问题。

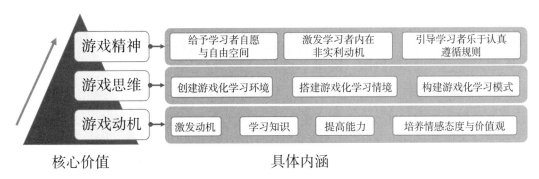

图 2-5 教育游戏的三层核心价值及具体内涵

一、游戏动机

游戏动机是教育游戏最基础也最具操作性的价值。它强调将游戏应用到学习过程之中，培养核心素养，具体包括激发学习者动机、学习知识、提高能力以及培养情感态度与价值观等。

（一）激发动机

当人们看到青少年痴迷于电子游戏的时候，自然就会想到研究人们为什么会如此喜欢游戏？能不能用游戏来激发学习者的动机？

人们喜欢游戏的原因主要有需要层次理论、心流理论、内在动机理论等解释。著名心理学家马斯洛（Maslow）曾经提出"人类的动机需要层次理论"[2]，许多学者借此来分析玩家参与网络游戏的动机，认为游戏中的PK、组队、练功、升级、聊天等活动可以同时满足不同层次的需要，所以更加吸引人。[3] 美国芝加哥大学契克森米哈伊（Csikszentmihalyi）提出心流是全神贯注于一项活动时所产生的心理状态；[4] 电子游戏充满挑战，具有明确且具体的目标、即时的反馈，并且消除了不必要

---

[1] 尚俊杰, 裴蕾丝. 重塑学习方式：游戏的核心教育价值及应用前景 [J]. 中国电化教育, 2015(05): 41—49.

[2] Maslow A H. Motivation and Personality[M]. New York: Harper, 1954.

[3] 陈怡安. 线上游戏的魅力 [J]. 台湾资讯社会研究, 2002, (3): 207.

[4] Csikszentmihalyi M. Beyond Boredom and Anxiety[M]. San Francisco : Jossey-Bass Publishers, 1975: 36.

的信息，这些有助于产生"心流"。① 马隆（Malone）和莱珀（Lepper）的内在动机（Intrinsic Motivations）理论② 认为正是因为内在动机才使得人们对游戏乐此不疲，其中内在动机包括个人动机和集体动机两类，个人动机包括挑战（Challenge）、好奇（Curiosity）、控制（Control）和幻想（Fantasy），集体动机包括合作（Cooperation）、竞争（Competition）和自尊（Recognition，也译为认同）。

事实上，许多实验研究也表明使用教育游戏的学习方法确实比传统的学习方法更能调动学习者的积极性。③④⑤ 比如庄绍勇等人进行了基于《唐伯虎点秋香》教育游戏的课堂实验，实验组学生使用游戏学习概率知识，而对照组学生使用传统的网上学习材料学习概率知识。⑥ 从现场观察看来，实验组的学生学习得津津有味，而对照组学生显得非常烦躁；从问卷调查结果看，实验组 77.3% 的学生都喜欢本次的教育游戏，而对照组只有 41.2% 的学生表示喜欢本次的网上学习材料。

（二）学习知识

张胤曾指出："电子游戏的真义在于它是生活世界的虚拟化，从本质上说电子游戏反映了某个特定时期的现实生活以及由这种生活环境所营造的经验与活动，并以富有趣味的途径将其表达出来。同时它也是文化蕴藏的体现以及人类知识情趣化的表征与新的、变异的传递方式。"⑦

教育游戏实则蕴藏了丰富的社会文化生活知识和专业知识。如《帝国时代》（*Ages of Empire*）和《三国志》等历史相关的游戏，都是以特定的历史时期和历史事件为背景进行的，可以让游戏者学习到一定的历史文化知识；《模拟城市》（*SimCity*）就包含了大量的规划、建筑、交通、消防、税务等方面的相关知识；《模拟蚂蚁》（*SimAnts*），

---

① Bowman R F. A "Pac-Man" Theory of Motivation: Tactical Implications for Classroom Instruction[J]. Educational Technology, 1982, 22(9): 14−16.

② Malone T W, Lepper M R. Making Learning Fun: A Taxonomy of Intrinsic Motivations for Learning[C]//Snow R E, Farr M J. Aptitude, Learning, and Instruction, Ⅲ: Cognitive and Affective Process Analysis. New Jersey: Lawrence Erlbaum Associates, 1987: 223−253.

③ Becta. Computer Games in Education Project Report[EB/OL]. (2001-01-02) [2007-10-2]. http://www.becta.org.uk/research/research.cfm?section = 1&id = 2835.

④ Ketelhut D J, Nelson B C, Clarke J, et al. A Multi-user Virtual Environment for Building and Assessing Higher Order Inquiry Skills in Science [J]. British Journal of Educational Technology, 2010, 41(1):56−68.

⑤ Vogel J J, Vogel D S, Cannon-Bowsers J, Bowers C A, Muse K, Wright M. Computer Gaming and Interactive Simulations for Learning: A Meta-analysis[J]. Journal of Educational Computing Research, 2006, 34(3), 229−243.

⑥ Jong M, Shang J J, Lee F L, Lee J M H, Law H Y. Learning Online: A Comparative Study of a Situated Game-Based Apppproach and a Traditional Web-based Approach[C] //Proceedings of Edutainment 2006: International Conference of E-Learning and Games, 2006.

⑦ 张胤. 游戏者——学习者：论电子游戏作为校本课程的价值的发掘及建构 [J]. 教育理论与实践, 2002, 22(5), 60—64.

是将一部关于蚂蚁的小型百科全书融入了游戏中。《铁路大亨》(*Railroad Tycoon*)游戏几乎就是一部世界火车的发展史,其中很多火车图片就是19世纪火车的真实造型(图2-6左)。《大航海时代》(*Great Ages of Voyage*)则包含了很多世界地理知识(图2-6右)。①

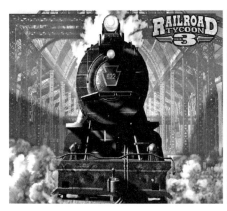

图2-6 《铁路大亨》(左)和《大航海时代》的截图(右)

以上提到的游戏并不是专门为教育开发的游戏,对于一些专门为教育开发的游戏自然更能让学生学到更多的知识。李芳乐和李浩文等人曾对基于教育游戏的学习方法与传统讲授式教学法、基于问题的教学法等进行了比较研究,结果显示在事后的测验中,基于教育游戏的学习方法比其他三种学习方法效果要好,这显示了游戏可以让学习者高高兴兴地学习到更多的知识;②也有学者曾使用《我的数学学院》自适应教育游戏帮助幼儿园和一年级共计986名学生学习数学知识,结果发现相对于没有使用教育游戏的儿童,实验组学生显著学到了更多的数学知识。③当然,要想通过游戏让学习者更快地学习到更多的知识,还需要仔细设计知识的融入方式,让知识和游戏的内容能够有机高效地结合。④

(三)提高能力

与知识相比,教育游戏对能力的提升是人们更为关注的。格林菲尔德(Greenfield)

---

① 尚俊杰,庄绍勇.游戏的教育应用价值研究[J].远程教育杂志,2009,17(01):63—68.

② Lee H M J, Lee F L, Lau T S. Folklore-based Learning on the Web——Pedagogy, Case Study and Evaluation[J]. Journal of Educational Computing Research, 2006, 34(1), 1-27.

③ Bang H J, Li L, Flynn K. Efficacy of an Adaptive Game-Based Math Learning App to Support Personalized Learning and Improve Early Elementary School Students' Learning[J]. Early Childhood Education Journal, 2022: 1-16.

④ Hays R T. The Effectveness of Instructional Games: A Literature Review and Discussion: 2005-004[R]. Orlando: Naval Air Warfare Center Training Systems Division, 2005.

通过对一系列电子游戏的研究，提出游戏可以培养学习者的手眼互动等基本能力。[①] 以《俄罗斯方块》为例，人们为了获得更高的分数，就必须在尽可能短的时间内将不同形状的方块摆放到恰当的位置，锻炼了游戏者的空间想象能力和手眼互动能力。在教育中也经常使用类似的游戏，比如用打字游戏练习文字输入的同时，可以培养学生的手眼互动能力。

除了手眼互动等基本能力之外，学者们认为教育游戏能够培养学生的问题解决能力、协作学习能力、创新能力等高阶能力。[②③] 例如，怀特布雷德（Whitebread）通过研究 Crystal Rain Forest、Lemmings、Granny's Garden 等游戏指出，优秀的冒险游戏有助于提高玩家解决问题的能力，[④] 但也有学者指出目前还没有明显证据能证明玩家可以将游戏中解决问题的能力顺利迁移到其他方面。[⑤] 再如，在大型多用户角色扮演游戏 MMORPG（《奇迹》）[⑥] 游戏中，玩家需要与其他人聊天、组队打怪、参加行会（游戏中的团体），而在游戏外玩家可以通过游戏论坛和其他人交流经验。游戏已经不再是一个简单的游戏，而是成为一个虚拟社区，玩家不仅学到游戏的玩法，还学习了与人协作的能力。此外，有学者认为游戏可以用来培养学习者的创造能力。[⑦] 伍建学曾结合网络游戏和创造思考教学策略，研究其对于小学生在科技创造能力方面的提升情况，结果表明网络游戏教学策略对小学生的科技创造力有一定程度的正面影响。[⑧] 杨（Yang）等设计开发了一款旨在提高年轻人信息素养能力的教育游戏，结果表明，和玩没有游戏元素的测验以及不玩游戏的参与者对比，玩在线游戏的参与者在媒体和信息素养的认知能力方面都有极大提高。[⑨]

《哈佛商业评论》2008年5月曾经发表过拜伦·里夫斯（Byron Reeves）、托马

[①] Greenfield P M. Mind and Media: The Effects of Television, Computers and Video Games[M]. London: Fontana, 1984.

[②] Bruckman A. Community Support for Constructionist Learning[J]. Computer Supported Cooperative Work, 1998, 7, 47–86.

[③] 王竹茭, 萧显胜, 游光昭. 自律式网络游戏教学策略对提升创造力之领域相关技能研究 [C] // 第十届全球华人计算机教育应用会议论文集, 2006.

[④] Whitebread D. Developing Children's Problem-solving: the Educational Uses of Adventure Games[C] // McFarlane, A. Information Technology and Authentic Learning. London: Routledge, 1997: 13–37.

[⑤] Kirriemuir J, McFarlane A. Literature Review in Games and Learning[EB/OL]. [2005-03-02] A Report of NESTA Futurelab. http://www.nestafuturelab.org/research/reviews/ 08_01.htm.

[⑥] 游戏网址: http://www.muchina.com

[⑦] 王竹茭, 萧显胜, 游光昭. 自律式网络游戏教学策略对提升创造力之领域相关技能研究 [C] // 第十届全球华人计算机教育应用会议论文集, 2006.

[⑧] 伍建学. 网络游戏教学策略对国小学生科技创造力影响之研究 [D]. 台北: 台湾师范大学, 1992.

[⑨] Yang S, Lee J W, Kim H J, et al. Can an Online Educational Game Contribute to Developing Information Literate Citizens?[J]. Computers & Education, 2021, 161: 104057.

斯·马隆（Thomas W. Malone）、托尼·奥德里斯科尔（Tony O'Driscoll）的一篇文章，[①]其中讲到网络游戏可以成为领导力的实验室，因为未来的跨国企业越来越像今天的网络游戏，在游戏中玩得好的孩子在未来跨国企业中领导力就会比较强。那么游戏到底能否培养领导力呢？北京大学孙也程曾经以商业大型多人在线角色扮演游戏为例，采用质性分析方法，研究了游戏在领导力培养方面的价值。研究发现游戏中的领导力，呈现出组织领导力模糊了个人领导力的趋势，并且与现实中的领导力相比，有着更加松散和去权力化的区别。[②]

（四）培养情感态度与价值观

教育不仅包括知识的传递与能力的提高，还包括了情感态度与价值观的培养。在某种程度上，培养一个人的社会责任感、为人处世的正确态度以及健康向上的人生观，比培养知识与能力更加重要，但也更加困难。在这一目标上，教育游戏确实展现出了得天独厚的优势和巨大的潜力。

一方面，游戏可以帮助个体实现情感的宣泄。在张文兰看来，个体在社会中面对各种复杂关系，容易产生情感压力并阻碍其健康人格的形成。[③]而游戏可以创设虚拟的场景，把个体从当前的现实情境中暂时解脱出来，以虚拟方式宣泄真实情感，使个体获得情感上的平衡。吴鹏森在对"偷菜"游戏风靡全国的研究过程中也发现，"全民偷菜"实质上是人们面临现实生存处境所选择的一种的情绪释放的手段。[④]随着现代化的推进，人们特别是中产阶级承受着巨大的心理焦虑，在这种情况下，游戏为人们提供了一个虚拟的、精神上的自在空间，帮助人们轻松便捷、低成本、无危害地释放内心情绪。

另一方面，游戏还可以潜移默化地改变人的态度，树立起健康向上的价值观念。第三章会讲到的《农场狂想曲》游戏允许学生在其中创建一个农场，通过对农场的经营和管理来了解与学习地理、农业、环境等学科知识。实验显示，通过该游戏87%的学生对于环境保护和农业生产，特别是对"谁知盘中餐，粒粒皆辛苦"有了更深刻的认识。[⑤]相似的，联合国世界粮食计划署曾提供了一个《粮食的力量》游戏，希望让玩家能够通过玩游戏体会到粮食的重要性，并愿意救助他人。[⑥]还有彭（Peng）等围绕

[①] 拜伦·里夫斯，托马斯·马隆，托尼·奥德里斯科尔.网络游戏：领导力的实验室[J].中国计算机用户，2008(18):36—37.

[②] 孙也程.游戏虚拟组织中的领导力研究——以商业大型多人在线角色扮演游戏为例[D].北京：北京大学，2013.

[③] 张文兰，刘俊生.教育游戏的本质与价值审思——从游戏视角看教育与游戏的结合[J].开放教育研究，2007,13(5):64—68.

[④] 吴鹏森，邓俊.网络"开心农场"现象的社会学分析[J].甘肃社会科学，2011(2):75—77.

[⑤] 尚俊杰，庄绍勇，李芳乐，等.教育游戏的动机，成效及若干问题之探讨[J].电化教育研究，2008(6):64—68.

[⑥] 新浪游戏.粮食力量[EB/OL].(2005-04-21)[2022-04-05].http://games.sina.com.cn/j/n/2005-04-21/98303.shtml.

《救救达尔富尔》（*Darfur is Dying*）游戏（见图 2-7）设计了一组实验，玩家需要从流离失所的难民的角度出发与威胁难民营的各种力量进行交涉。实验分为三组：一组被试会亲身体验这款游戏，另一组被试观看他人玩这款游戏，最后一组被试则是阅读传递相同信息的文字材料。结果显示，《救救达尔富尔》可以使人萌发出强烈的意愿去帮助达尔富尔人，而且玩游戏比观看游戏或阅读材料更能激发出责任担当的意识和施以援手的意愿。①

图 2-7《救救达尔富尔》画面②

再如，陈（chen）等以一款角色扮演游戏 *FORmosaHope* 为研究环境进行了一项为期 6 星期的对照实验。研究结果发现，学生在游戏中面临更多的认知冲突，在自我协商的过程中逐渐建立了全面的身份认同，同时也培养了他们的平等政治意识。③尚俊杰和蒋宇等人曾对玩日本游戏的中国青少年进行访谈和问卷调查，结果发现：日本游戏中所呈现的民族服饰、生活方式、建筑风格、行为方式、故事情节等文化元素对中国青少年了解日本文化具有一定的积极作用。④

---

① Peng W, Lee M, Heeter C. The Effects of a Serious Game on Role-taking and Willingness to Help[J]. Journal of Communication, 2010, 60(4): 723−742.

② Gamelook. 娱乐之外的电子游戏：映照现实的镜子和改变世界的火种 [EB/OL].(2017-10-24)[2022-04-10]. http://www.gamelook.com.cn/2017/10/307512.

③ Chen H P, Lien C J, Annetta L, et al. The Influence of an Educational Computer Game on Children's Cultural Identities[J]. Educational Technology & Society, 2010, 13(1): 94−105.

④ 尚俊杰，蒋宇，李素丽，张弦．电子游戏对青少年认识他国文化的作用和影响 [J]．现代远程教育研究，2011(06):31—36+60.

二、游戏思维

在游戏动机之上便是游戏思维,也称游戏化思维。第一章讲过游戏化,指的是将游戏或游戏元素、游戏机制和游戏理念应用到一些非游戏情境中。这里讲的游戏思维实际上指的是游戏化,与第一层次"游戏动机"强调将游戏应用到学习中相比,本层次的"游戏思维"更强调将游戏思维也就是游戏的元素、机制和理念应用到学习中。比如教师在课堂上进行分组竞赛,或者给学生发一个小红花,或者在班级中贴出"阅读图书数量排行榜",或者在普通教学软件中增加"积分、徽章、排行榜"等因素,也都属于游戏思维的应用。事实上,杜威谈的游戏很大程度上也是指和真实生活相结合的学习活动。

关于这一层次的价值,已有诸多学者指出教育游戏蕴含了丰富的学习性因素,[1] 能够通过创建游戏化学习环境、搭建游戏化学习情境以及构建游戏化学习模式等方式促进教育教学。[2]

(一)创建游戏化学习环境

早在 20 世纪,就已经有诸多学者认为游戏能够通过学习环境的创建,促进教育教学。行为主义学者提出游戏能够为儿童创建安全试误的学习环境,游戏自身的趣味性和体验性等则提高了学习的准备率、练习率和效果率。[3] 班杜拉(Albert Bandura)提出的社会学习理论同样指出游戏能够为游戏者创造一个安全的实践情境,使观察学习容易发生。布鲁纳认为游戏能够促使儿童自发地进行探索,调动儿童的主动性;降低儿童对结果的期望和对失败的畏惧,使儿童沉浸在游戏的过程中,激发内部动机;游戏为儿童提供了在各种条件下大量尝试的机会,可激活儿童的思维,使游戏中知识的获得、转化以及评价过程得以实现。[4]

教育游戏可以相对摆脱现实的物理束缚与干扰,创设快速、低成本、不受限制的试错环境,并减轻学习者面对某些特定内容的心理恐惧。如前面提及过,伯恩斯等根据电子游戏和虚拟世界的相关理论,设计了一个名为 *VirUAM* 的 3D 单用户虚拟世界平台,学习者通过在虚拟空间中探索来接受相关的语言技巧培训。[5] 研究显示,实时的反馈有助于玩家在不同的游戏活动中取得成功,身临其境的游戏环境及词汇在游戏情境中的相互联系,使其更易于理解和学习。访谈发现,许多学习者认为游戏如同

---

[1] 陶侃. 电脑游戏中的"学习性因素"的价值及对网络教育的启示 [J]. 电化教育研究, 2006, (9): 44—47.
[2] Whitebread D. Developing Children's Problem-Solving: the Educational Uses of Adventure Games[C] // McFarlane A. Information Technology and Authentic Learning. London: Routledge, 1997: 13–37.
[3] 林崇德. 发展心理学 [M]. 第 2 版. 北京:人民教育出版社, 2009: 191.
[4] Bruner J. Play, Thought, and Language[J]. Peabody Journal of Education, 1983, 60(3):60–69.
[5] Berns A, Gonzalez-Pardo A, Camacho D. Game-like Language Learning in 3-d Virtual Environments[J]. Computers & Education, 2013, 60(1): 210–220.

面对面教学一样，提供了许多互动的机会，但与面对面教学不同，游戏化的环境使学习者能够克服面对失败的恐惧。此外，学习者还可以在不增加成本的情况下，重复体验虚拟场景、多次进行学习探究，弥补实地培训实验或活动学习成本较高的不足。罗森塔尔（Rosenthal）等设计了"医学外科手术学习系统"这一虚拟现实教育游戏，通过游戏任务促使学习者学习和训练精细操作技能。结果发现教育游戏不但能够提升教学的趣味性，还可以让学习者反复练习程序性技能，提高实验工具的可重复实用性。[1]

（二）搭建游戏化学习情境

除了创建游戏化学习环境以外，游戏最为重要的价值就在于"做中学"，即把游戏或游戏元素、游戏机制和游戏理念应用到学习情境的搭建之中，使其与真实生活情境产生联系。教育游戏能够建构真实的学习情境，在学习者与游戏交互的过程中，实现有意义学习。同时游戏有助于学习者产生情景式记忆，回忆起游戏中的元素、背景和问题解决经历。当学习者在实际生活中遇到相关的问题情境，情景式记忆就能使他们回忆起相关的知识和信息。因此，学习情境与真实环境联系越紧密，学习者越容易进行知识的迁移和运用。

结合多媒体技术、虚拟现实技术与互动叙事方式等，教育游戏能够便捷地搭建起各种现实生活情境与问题情境，甚至可使学习者突破自身生活环境的限制，获得更加全面、真实的学习体验。有学者开发并应用了一款基于头戴设备的虚拟现实教育游戏，学习者通过模仿虚拟教师的动作来进行舞蹈动作的练习，虚拟教师通过动作捕捉技术为学习者提供及时的动作反馈与更正。该系统的游戏化设计思维体现在时间限制、虚拟人物的及时反馈、身体部位动作得分的排行榜等。研究发现，相比于观看普通舞蹈教学视频，该系统的及时反馈和游戏化元素能使学习者更加关注自身的动作、保持较高的学习动机，从而取得更好的学习效果。[2]

（三）构建游戏化学习模式

教育游戏为学习者创建了一个安全试错环境，搭建了真实的问题情境，并且学习者在探索游戏、与游戏交互的过程中，最终实现学习内容的建构和知识的内化与迁移。已有研究者应用游戏化思维构建了利于知识建构的教育游戏学习模式，如加利斯（Garris）提出一个游戏化学习模式，整合学习内容和游戏特性设计出一个游戏化学习循环，在其中学习者需面对问题并判断、执行，然后得到系统的反馈，循环往

---

[1] Rosenthal R, Geuss S, Dell-Kuster S, et al. Video Gaming in Children Improves Performance on a Virtual Reality Trainer But Does not Yet Make a Laparoscopic Surgeon[J]. Surgical Innovation, 2011, 18(2):160-170.

[2] Chan J C P, Leung H, Tang J K T, et al. A Virtual Reality Dance Training System Using Motion Capture Technology[J]. IEEE Transactions on Learning Technologies, 2011, 4(2):187-195.

复。①该循环是有趣的，能够让学习者愿意持续花时间在这个循环中，最终达到学习目的。本书第三章会谈到李芳乐和李浩文等人在深入研究游戏的特性和建构主义、情境学习等理论的基础上，提出了 VISOLE（Virtual Interactive Student-Oriented Learning Environment：虚拟互动、以学生为本的学习环境）的学习模式。②第三章也会谈到蒋宇等人综合游戏化学习、体验学习、合作学习理论提出的游戏化探究学习模式。③

仔细分析游戏化的核心，实际上还是发挥了游戏有助于激发动机的作用，只不过这里激发的不是表面上的休闲娱乐、逃避、发泄等动机，更多的是马隆和莱珀提到的挑战、好奇、竞争、控制等深层动机。④前面提到尚俊杰等人提出的"轻游戏"的概念，可以简单地定义为"轻游戏 = 教育软件 + 主流游戏的内在动机"。⑤与此类似，游戏思维的核心就是不一定要拘泥于游戏的外在形式，更重要的是激发学习者深层内在动机，在学习环境以及教学、管理的各个环节的活动中有机地融入游戏元素或游戏设计或游戏理念即可。

有很多学者曾经验证过游戏化学习的成效，香港大学黄（Huang）和邱（Hew）曾经基于心流、目标设定、自我决定、社会比较、行为强化等相关理论提出了游戏化学习模式——GAFCC（Goal，Access，Challenges，Collaboration，Feedback），并采用点数、徽章、排行榜等游戏化元素设计了两门大学生课程，结果发现，遵循 GAFCC 模式的游戏化设计对学习者的参与有积极的影响。⑥北京大学姚媛尝试提出了一套面向课程的学习投入游戏化干预设计模型，并针对大学本科课程"电视摄像"进行了具体的游戏化学习设计，选择了包括点数、徽章、等级在内的成就体系和挑战等设计元素来促进知识和技能的学习，选择了个人竞赛、团队任务等设计元素来促进创新、合作等职业素养的获得，最后通过准实验研究验证了游戏化学习干预模型及设计在促进学习

---

① Garris R, Ahlers R, Driskell J. Games, Motivation, and Learning: A Research and Practice Model[J]. Simulation & Gaming, 2002, 33(4): 441-467.

② Lee J H M. Lee F L. Virtual Interactive Student-Oriented Learning Environment (VISOLE): Extending the frontier of web-based learning [R]. The Scholarship of Teaching and Learning Organized by University Grant Council, Hong Kong, 2001.

③ 蒋宇. 游戏化探究学习模式的设计与应用研究——以农场狂想曲科学探究学习单元为例 [D]. 北京：北京大学, 2011.

④ Malone T W, Lepper M R. Making Learning Fun: A Taxonomy of Intrinsic Motivations for Learning[C]//Snow R E, Farr M J. Aptitude, Learning, and Instruction, Ⅲ: Cognitive and Affective Process Analysis. New Jersey: Lawrence Erlbaum Associates, 1987: 223-253.

⑤ 尚俊杰，李芳乐，李浩文. "轻游戏"：教育游戏的希望和未来 [J]. 电化教育研究, 2005, (1): 24—26.

⑥ Huang B. Hew K F. Implementing A Theory-driven Gamification Model in Higher Education Flipped Courses: Effects on Out-of-class Activity Completion and Quality of Artifacts [J]. Computers & Education, 2018, (125): 254-272.

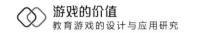

投入方面的有效性。① 当然也不是只要使用游戏化效果就一定好。汉努斯（Hanus）等人也曾在课程中采用了游戏化设计，主要是提供了包含 22 个徽章和排行榜的系统，学习者通过玩游戏、写评论、做作业就能获得各种徽章，并可以排行比较。结果显示实验班学生动机、满意度、学习自主性随着时间的延长比非游戏化班显著减弱，实验班学生的期末考试成绩和内在动机水平比非游戏化班级显著差。②

三、游戏精神

教育游戏的最高层次和最有意义的价值应该是游戏精神。所谓游戏精神，指的是人的一种生存状态，表示人能够挣脱现实的束缚和限制，积极地追求本质上的自由，是人追求精神自由的境界之一。③ 简单地说，游戏精神就是在法律法规允许的前提下，自由地追求本质和精神上的自由。

正如福禄培尔所言：游戏是儿童发展的最高阶段，人的最纯洁的本质和最内在的思想就是在游戏中得到发展和表现的。④ 其实对于青少年乃至成人亦是如此，在胡伊青加看来，人类社会的很多行为都是可以和游戏联系起来的，人本质上就是游戏者。⑤ 而席勒更是认为"只有当人游戏的时候，他才完全是人"，该观点从某种角度上也阐明了游戏精神的价值。那么，究竟应该怎么体现游戏的精神呢？

（一）给予学习者自愿与自由空间

我们知道游戏最首要的特性就是自由性和自愿性，⑥ 所以教育游戏应该能够允许学习者自愿且自由地选择想学的内容。比如对于大学生而言，虽然不能完全自由选择，但是应该允许他们尽量根据自己的兴趣选择自己的专业。对于中小学生来说，或许可以结合 MOOC、翻转课堂等形式给予学习者选择想学的课程、想用的方式和想学的时间的自由。这也算是从宏观的角度激发马隆所说的控制动机。⑦

---

① 姚媛. 学习投入的游戏化干预模型、设计与应用 [D]. 北京：北京大学, 2021.
② Hanus M D, Fox J. Assessing the Effects of Gamification in the Classroom: A Longitudinal Study on Intrinsic Motivation, Social Comparison, Satisfaction, Effort, and Academic Performance[J]. Computers & Education, 2015, 80: 152−161.
③ 尚俊杰, 裴蕾丝. 重塑学习方式：游戏的核心教育价值及应用前景 [J]. 中国电化教育, 2015(05):41—49.
④ 单中惠. 福禄培尔幼儿教育著作精选 [M]. 上海：华东师范大学出版社, 2009: 33.
⑤ ［荷］胡伊青加. 人：游戏者——对文化中游戏因素的研究 [M]. 成穷, 译. 贵阳：贵州人民出版社, 1998:（序）1—3.
⑥ 同上书, 9—11.
⑦ Malone T W, Lepper M R. Making Learning Fun: A Taxonomy of Intrinsic Motivations for Learning[C]//Snow R E, Farr M J. Aptitude, Learning, and Instruction, Ⅲ: Cognitive and Affective Process Analysis. New Jersey: Lawrence Erlbaum Associates, 1987: 223−253.

（二）激发学习者内在非实利动机

游戏是非实利性的，玩家一般并非有外在的奖励才会参与游戏，而是主要由内在动机驱动的，[①]所以通常并不是特别看重结果，而是重在过程。按照这一点，我们也要设法让学习者重在学习过程，而不是特别看重最后的考试成绩等。当然，要实现这一点，宏观上来说就需要社会实现从重文凭向重能力的转换，教育需要根据每一个学习者的天赋和兴趣，将他们培养成热爱祖国、热爱社会、热爱生活的有用人才就可以了，并不一定需要把每个人都培养为博士和科学家。从微观上来说，就需要充分激发学习者对游戏的挑战、好奇、控制、幻想等深层内在动机，让学习者即使是为了考学而学习，但是在学习的过程中几乎忘了考学的目标，只是为了战胜挑战或者为了好奇而乐此不疲。

（三）引导学习者乐于认真遵循规则

当然，大家可能会担心，如果不注重结果，学习者会不会随便对待过程呢？按照"真正"的游戏精神，游戏结果虽然是"假"的，但是真正的游戏者对待过程的态度却是严肃认真的，身处教育游戏中的学习者会乐于且认真地遵循教育游戏的规则和制度。[②]

还有人担心，学习毕竟和游戏有很大不同，游戏是可以"想玩就玩，想停就停"的，而学习显然不是。另外，很多学习内容和过程确实是比较枯燥的，无论怎么设计，似乎也很难让学习者自由自愿地、充满愉悦地、不计升学和就业压力全身心地投入学习。

就此而言，有人针对商业领域提出游戏化管理有三种层次：下策是生硬地应用游戏；中策是将工作设计成游戏；上策是将工作本身变成对工作的奖赏。[③]简单地说，就是让人充满兴趣地去工作。那么，在教育领域，学习是否可以变成对学习的奖赏呢？苏联教育家索洛维契克（Solovicik）就相信人是可以学会满怀兴趣地去学习的，他认为人不要只做有兴趣的事情，而要有兴趣地去做一切必须做的事情。[④]事实上，总是有一些学生能够满怀兴趣地去学习解析几何、数学分析等看起来很难、很枯燥的内容。我们所要做的，就是通过弘扬真正的游戏精神使更多的学习者变成这样的学生。

但值得注意的是，虽然教育游戏具有重要的价值，但是在教学中也不能滥用游戏，必须根据教学需要选用。要根据教学目标、学生特征、客观条件等因素恰当选择游戏，不一定要局限于电子游戏，也可以使用传统游戏。此外，还要注重游戏内涵，不一定要应用"纯粹"的游戏，也可以将游戏思维和游戏精神应用到教学中。

[①] ［荷］胡伊青加. 人：游戏者——对文化中游戏因素的研究 [M]. 成穷，译. 贵阳：贵州人民出版社，1998：11.
[②] 同上，13—14.
[③] 王孟瑶. 游戏化管理的"三策" [J]. 现代企业文化（上旬），2014（12）：43—45.
[④] 郭戈. 西方兴趣教育思想之演进史 [J]. 中国教育科学，2013（1）：124—155+211.

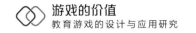

第四节　利用教育游戏重塑学习方式

从 20 世纪 90 年代开始，伴随着信息技术和建构主义学习理论的快速发展，世界各国各地区纷纷开始反思教育，进一步关注学生的学习，希望实现从以教师为主的教学模式向以学生为主的教学模式的转变。[①] 与此同时，学习科学——这一个涉及教育学、脑科学、心理学、信息科学等多学科的跨学科研究领域近年来发展迅速，它希望在脑、心智和真实情境的教学之间架起桥梁，研究清楚："人究竟是怎么学习的，怎样才能促进有效地学习？"[②]

基于学习科学视角的理解，在信息技术塑造的各种各样的学习方式，包括 MOOC、微课和翻转课堂背后，实际上都隐含着一个前提——它们比过去的传统教学模式更加强调学生学习的积极主动性。如果学生没有较强的内在学习动机，再好的课程也没有用，学习亦无法发生。[③] 对比学习的需求和游戏的核心教育价值，考虑到时代的变革和当代青少年的特点，显然教育游戏就具备了无比广阔的想象空间。[④] 事实上，许多学者都曾经比较分析过游戏过程和学习过程，认为游戏过程很多时候就是问题解决过程，是探究过程，是协作过程，因此，游戏有助于促进并重塑体验式学习、协作学习、自主学习、研究性学习等。[⑤][⑥][⑦]

（一）重塑体验式学习

体验式学习，是指一种以学习者为中心的、通过实践与反思相结合而获得知识、技能和态度的学习方式。[⑧] 简单地说，体验式学习包括四个阶段：从具体体验开始，到观察和反思，进而形成抽象的概念和普遍的原理，最后将形成的理论应用到新情境的实践当中。体验式学习重视情境与经验，而教育游戏能够搭建近似真实的情境。在教育游戏的帮助下，体验式学习可以摆脱实际情境的限制，任意去除或添加因素、替代很多危险场景，非常适用于医学手术操作、职业复杂问题处理、化学危险实验等的学

[①] 何克抗. 现代教育技术与创新人才培养 (上)[J]. 电化教育研究, 2000 (6):3—7.

[②] 任友群，胡航. 论学习科学的本质及其学科基础 [J]. 中国电化教育, 2007 (5):1—5.

[③] 庞维国. 自主学习：学与教的原理和策略 [M]. 上海：华东师范大学出版社, 2003.

[④] 陶侃. 从游戏感到学习感：泛在游戏视域中的游戏化学习 [J]. 中国电化教育, 2013, (9): 22—27.

[⑤] Prensky M. Digital Game-based Learning[M]. New York: McGraw Hill, 2001.

[⑥] Squire K. Replaying History: Learning World History Through Playing Civilization Ⅲ [D]. Indiana: Indiana University, 2004.

[⑦] Gee J P. What Video Games Have to Teach us About Learning and Literacy[M]. New York: Palgrave Macmillan, 2003.

[⑧] Kolb D A. Experiential Learning: Experience as the Source of Learning and Development[M]. Englewood Cliffs, New Jersey: Prentice-Hall, 1984.

习。除了搭建情境外，教育游戏还可以使体验式学习更有趣[1]和富有吸引力，让学习者更积极地投身到学习中。因此许多学者都认为可以利用教育游戏促进体验式学习。[2][3]龚鑫等曾构建了一个基于编程游戏 Lightbot 的体验式学习模型，让学习者经历和体验情境、反思观察、建立模型、行动调试、交流互动等过程，从而达到提升计算思维能力的目的。[4]

（二）重塑协作学习

协作学习是一种在小组或团队内进行的学习，学习者之间通过对话、辩论、商讨等方式对目标问题进行充分论证、分享和探究，以期达成共识并达到学习目标。在教育游戏的团队或同伴活动中，各种游戏元素促进学习者们朝着共同的目标努力，相互交流、共同分享和协作互助，有助于培养学习者的协作学习能力，促进协作学习。库苏诺基（Kusunoki）等曾用一个虚拟世界的游戏帮助学生学习城市规划和环境保护的知识，研究结果显示游戏确实有利于促进协作学习。[5]学者们还探讨了在教育游戏中的协作活动设计策略，如金（Kim）提出了一种基于任务同步的合作学习策略，在游戏活动中设置团队任务同步点，只有当全部玩家获得代码并组合成通关密码，小组才能进入下一个游戏阶段。这样的任务同步机制能够鼓励已经拿到密码的玩家帮助自己的组员，促进团队合作和相互帮助。[6]

（三）重塑自主学习

自主学习是以学习者为主体，学习者通过主动分析、探索、实践等以实现学习目标的学习方式。相比传统的教学模式，自主学习更加强调学生学习的积极主动性。要促进自主学习，首要条件就是激发学习者的学习动机，而这一点恰恰是游戏最主要的优势。[7][8]王竹荧等结合自主学习策略和游戏策略，提出了自主式网络游戏教学策略以

---

[1] Malone T W. What Makes Things Fun to Learn? A Study of Intrinsically Motivating Computer Games[J]. Palo Alto: Xerox, 1980.

[2] Kiili K. Digital Game-based Learning: Towards an Experiential Gaming Model[J]. Internet and Higher Education, 2005 (8): 13–24.

[3] 孙茈文，邓鹏，祝智庭. 基于娱教技术的体验学习环境构建[J]. 中国电化教育，2005 (7): 24—27.

[4] 龚鑫，乔爱玲. 基于游戏的体验式学习对计算思维的影响[J]. 现代教育技术，2021, 31(11): 119—126.

[5] Kusunoki F, Sugimoto M, Hashizume H. Discovering How Other Pupils Think by Collaborative Learning in a Classroom[C]//Paper Presented to the Fourth International Conference on Knowledge-based Intelligent Engineering Systems and Allied Technologies, 2000.

[6] Chang S C, Hwang G J. Development of an Effective Educational Computer Game Based on a Mission Synchronization-based Peer-assistance Approach[J]. Interactive Learning Environments, 2016, 25:1–15.

[7] Malone T W. What Makes Things Fun to Learn? A Study of Intrinsically Motivating Computer Games[J]. Palo Alto: Xerox, 1980.

[8] Prensky M. Digital Game-Based Learning[M]. New York: McGraw Hill, 2001.

提升学习者的学习动机。[①]此外，学者们也不断探索新的教育游戏应用方式，尝试将教育游戏变成促进学生创造性学习的支持工具和自主探索空间。如巴塔克（Baytak）等让五年级的学生根据科学课程的内容自主设计游戏，[②]通过观察发现，设计游戏有效促进了学生隐性知识的显性化。再如，柯等设计了一个整合计算机编程、数学和游戏制作的跨学科课程，学习者根据已有的数学知识设计游戏，研究结果表明这种经验驱动的游戏设计过程有助于激发学习者对日常数学经验的反思，提升数学思维。[③]

（四）重塑研究性学习

研究性学习也称为专题式学习，是一种以学习者为中心、允许学生围绕一个专题进行深入调查和研究的学习方式，[④]强调以问题或项目为导向，以主动探究为特征。要促进研究性学习，就要创设真实或近似真实的情境，让学习者围绕问题去探究。事实上，几乎所有的游戏都是一种"以学习者"为中心的自由探索学习环境，游戏者一旦进入游戏，就要运用自己的经验和不断的尝试来学习在这样的环境中生存并取得胜利。[⑤]在这个过程中他需要去发现规则、总结规则、发现问题、搜集信息、分析问题并解决问题，自然也就促进了研究性学习。本书前面提到的《探索亚特兰蒂斯》和《河城》，以及本书第三章、第四章讲解的研究，本质上也都属于研究性学习。

不过重塑学习方式还不能称之为教育游戏的最终目的，正如第一章所讨论的，最终目的应该是回归教育的本质。"教育是一种培养人的活动，并通过育人活动，实现自然人与社会人的统一"。中国教育学会原会长顾明远曾讲到：必须回到教育原点培养人。学校教育要以学生为主体，以教师为主导，充分发挥学生的主动性。教育要让学生有时间思考，有时间学习自己喜欢的东西。教育要真正让学生活泼地学习，真正让学生在课堂上、在课外、在学校里享受教育的幸福。[⑥]扈中平也认为教育的目的和终极价值就是为了促成人的幸福生活。他认为教育与幸福原本是相通的，因为教育意味着求真、求善、求美，而对真善美的追求又意味着知识的增长、能力的发展、心灵的充实、智慧的养成、德性的陶冶、精神的自由、人格的独立、价值的实现和创造性的提升，这

---

① 王竹荧,萧显胜,游光昭.自律式网络游戏教学策略对提升创造力之领域相关技能研究 [C] // 第十届全球华人计算机教育应用会议论文集.2006.

② Baytak A, Land S M. An Investigation of the Artifacts and Process of Constructing Computers Games about Environmental Science in AFifth Grade Classroom[J]. Educational Technology Research and Development,2011, 59(6): 765-782.

③ Ke F. An Implementation of Design-based Learning Through Creating Educational Computer Games: A Case Study on Mathematics Learning During Design and Computing[J]. Computers & Education, 2014, 73(1):26-39.

④ Harris J H, Katz L G. Young investigators: The Project Approach in the Early Years[M]. New York, 2001.

⑤ 刘琳.游戏化网络学习环境设计研究 [D]. 长春：东北师范大学,2004.

⑥ 翟晋玉.顾明远：回到教育原点培养人 [N]. 中国教师报,2014-05-21(01).

些都是人性之所向，都是人的幸福的重要源泉。[①] 对比教育的本质和前面探讨的游戏精神，可以看出教育游戏的最大价值或者说终极目的就是**通过重塑学习方式回归教育本质**，让学生尽可能自由自愿地学习自己喜欢的知识，并且去积极主动地思考，享受学习的快乐和生活的幸福。某种程度上，甚至可以说是回归了人的本质。

本章结语

> 坦诚地讲，十多年前开始研究教育游戏的时候，那时候更多地关注教育游戏本身，包括教育游戏的设计与开发、应用与效果验证，总是希望游戏能够让所有的孩子高高兴兴地学习。不过，在实践中确实碰到一些挫折，让我们对游戏的价值产生了一些困惑，于是我们开始尝试着厘清、提炼教育游戏的三层核心价值——游戏动机、游戏思维、游戏精神。随着对这三层核心价值的认识，也随着对"学习"主旋律的体会，再加上移动、VR/AR、脑科学等技术对游戏的支撑，又看到了游戏在传统教学领域、职业教育等很多领域的应用，确实越来越认识到游戏具有无比广阔的应用前景。相信未来教育游戏真的可以和移动学习、翻转课堂等新技术一起，重塑体验式学习、协作学习、自主学习、研究性学习等学习方式，回归教育本质。

[①] 扈中平. 教育何以能关涉人的幸福[J]. 教育研究, 2008 (11):30—37.

第二编

教育游戏与高阶能力

　　本编共包括三章内容，主要探讨教育游戏促进问题解决能力、探究能力、创造力的价值，目的是帮助研究者去设计能够促进高阶能力的学习环境和基于游戏的课程。

第三章　教育游戏与问题解决能力

本章导言

我们在日常学习、工作和生活中，几乎每时每刻都在解决各种各样的问题。相对于学习知识（指狭义上的知识）而言，提升问题解决能力可能更为重要。问题解决能力也不是孤立的，它和创造力、协作能力等高阶能力都是相关的，所以培养学生的问题解决能力一直是世界各国各地区都很重视的教育问题。我国教育部发布的《义务教育课程方案和课程标准（2022年版）》中明确写道：要注重"做中学"，引导学生参与学科探究活动，经历发现问题、解决问题、建构知识、运用知识的过程，体会学科思想方法。加强知识学习与学生经验、现实生活、社会实践之间的联系，注重真实情境的创设，增强学生认识真实世界、解决真实问题的能力。

由以上文件可以看出，培养学生的在真实情境中的问题解决能力非常重要，那么究竟该怎么培养呢？通常而言，我们认为问题解决能力包括发现问题、分析问题和解决问题的能力，所以，在实际教学中就要注意给学生创设问题情境。随着以多媒体网络技术为主的信息技术的快速发展，人们发现可以利用信息技术创设真实或近似真实的问题情境，让学习者在其中发现问题、分析问题和解决问题。在国务院2010年颁布的《国家中长期教育改革和发展规划纲要（2010—2020年）》中也提到：鼓励学生利用信息手段主动学习、自主学习，增强运用信息技术分析解决问题能力。在教育部2012年3月颁布的《教育信息化十年发展规划（2011—2020年）》中也提到：鼓励学生利用信息手段主动学习、自主学习、合作学习……增强学生在网络环境下提出问题、分析问题和解决问题的能力。

游戏作为一种特殊的信息技术形式，往往充满了挑战，不论是练功、打怪还是寻宝，都需要游戏者综合各种资讯，千方百计解决问题。换言之，游戏本身就是一个问题情境。因此，许多专家认为游戏可以提高玩家的逻辑性思维和问题解决能力，[1][2][3]世界各地的学者也进行了大量的探索。我国香港中文大学的李芳乐和李浩

---

[1] Delcos V R, Harrington C. Effects of Strategy Monitoring and Proactive Instruction on Children's Problem-solving Performance[J]. Journal of Educational Psychology. 1991, 83(1): 35–42.

[2] Squire K D. Replaying History: Learning World History Through Playing Civilization Ⅲ [D]. Indiana: Indiana University, 2004.

[3] Whitebread D. Developing Children's Problem-solving: the Educational Uses of Adventure Games[C] // McFarlane A. Information Technology and Authentic Learning. London: Routledge, 1997:13–37.

> 文教授提出了虚拟互动、以学生为本的学习环境（VISOLE）的学习模式[1]，这就是一种让学习者在游戏化建构主义学习环境中学习的模式。
>
> 本章在广泛参考学习理论、游戏及教育游戏的相关文献的基础上，进一步发展和完善 VISOLE 学习模式，并以此为指导框架，设计与开发《农场狂想曲》[2]教育游戏，并提供相应配套材料和支持工具，然后进行应用研究，并重点分析 VISOLE 在问题解决能力培养方面的成效和价值。[3][4]

第一节 问题解决能力

一、问题的含义及类型

（一）问题的含义

问题解决能力的定义来源于心理学对"问题"概念的描述。所谓问题（Problem），就是指当个体想做某件事，但是不知道做这件事情需要采取的一系列行动步骤时的情境。每个问题都包含初始状态、目标状态和障碍三种成分。其中初始状态表示问题情境初始状态的一系列描述信息，目标状态指有关问题结果状态的描述信息，而障碍表示从初始状态到结果状态需要解决的各种困难因素。比如"求平行四边形的面积"的问题，初始状态就是已知平行四边形的一个边和对应的高，结果状态就是需要求出面积，障碍就是需要知道平行四边形的面积公式，并会正确应用该公式。[5]而信息加工心理学家则将问题的三大要素概括为已知状态（初始状态）、目标状态和一套算子（解决方法），并将问题解决主体由人和动物的有机体扩展到包括机器的问题解决者。[6]

---

[1] Lee J H M, Lee F L. Virtual Interactive Student-oriented Learning Environment (VISOLE): Extending the Frontier of Web-based Learning[R]. The Scholarship of Teaching and Learning Organized by University Grant Council, Hong Kong, 2001.

[2] Cheung K F, Jong M S Y, Lee F L, Lee J H M, Luk E T H, Shang J J, Wong K H. FARMTASIA: an Online Game-based Learning Environment Based on the VISOLE Pedagogy[J]. Virtual Reality, 2008, 12: 17−25.

[3] 尚俊杰，庄绍勇，李芳乐，李浩文. 虚拟互动学生为本学习环境的设计与应用研究[M] // 汪琼，尚俊杰，吴峰. 迈向知识社会——学习技术教育变革，北京：北京大学出版社，2013.

[4] 尚俊杰，庄绍勇，李芳乐，李浩文. 虚拟互动学生为本学习环境中的问题解决过程与策略[C] // 第十三届全球华人计算机教育应用大会论文集，2009: 150—158.

[5] 尚俊杰. 学习科学导论[M]. 北京：北京大学出版社，2022: 188—189.

[6] 高文. 一般的问题解决模式[J]. 外国教育资料，1999(06): 19—24.

（二）问题的类型

问题有各种各样的类型，根据问题的组织程度，可以将问题分为结构良好的问题（Well-structured Problem）和结构不良（Ill-structured Problem）的问题。

结构良好问题通常具有明确定义的初始状态、目标状态和障碍（或者说解决方法）。结构良好问题的特点是：呈现问题的所有元素；作为一个定义良好的问题呈现给学习者，并有一种比较可能的解法；应用有限数量的规则和原理，而这些规则和原理是以可预测的、可说明的方式组织起来，并有定义良好、受约束的参数；拥有正确的、收敛的答案。教科书章节后的练习题通常都是结构良好的问题，比如根据公式计算三角形的面积。**结构不良问题**通常是处于具体情境中的问题，问题情境的一个或多个方面没有得到很好的说明，问题描述不清晰或者没有被很好地定义，或是在问题陈述中没有包含解决问题所需的信息。结构不良问题是在日常实践中遇到的问题，解决结构不良问题可能需要整合多个领域的知识和信息，也许会有许多可能的解决方案，学习者需要定义问题并决定使用哪些信息和技能去解决问题。教学设计问题就是典型的结构不良问题，需要思考究竟如何才能让学生理解一些很难的概念。[①]

综上所述，结构良好问题和结构不良问题在所掌握的信息、使用的知识和技能、解决流程和策略以及问题解决效果的评价上都有很大的不同。研究显示，解决结构良好问题的经验很难迁移到解决结构不良问题的过程中，两种问题的解决效果相互独立。因此在教学设计上也要对这两种不同的问题类型加以区分，分别培养对应的问题解决能力。

二、问题解决的含义及模式

（一）问题解决的含义

所谓问题解决（Problem Solving），是指在初始状态和目标状态之间，构建问题空间的思维表征、寻找满足约束条件的解决路径，并对其进行操作和测试，从而找到解决办法的高阶认知过程。如邓克尔（K. Duncker）将问题解决视为"一个人不能简单通过行动从一个既定的情景进入所求的情景时，就不得不进行思考。并设想出某些能成为现有情景与所求情景之间的中介的行动"[②]。乔纳森（Jonassen）则将问题解决视为一种由两个关键部分组成的认知过程，首先，问题解决需要对问题进行思维表征，即建构问题空间、问题图式或者构建心智模型。其次，为找到问题解决途径，需要对问题模型进行一些操作和测试，提出问题空间假设并对其进行检验，从而找出问题解决办法。[③]

---

① Jonassen D H. Instructional Design Models for Well-structured and Ⅲ-structured Problem-solving Learning Outcomes[J]. Educational Technology Research and Development, 1997, 45(1):65-94.
② 高文. 一般的问题解决模式 [J]. 外国教育资料，1999(06): 19—24
③ ［美］戴维·H. 乔纳森. 学会解决问题：支持问题解决的学习环境设计手册 [M]. 刘名卓，董金慧，陈维超，译. 上海：华东师范大学出版社，2015: 4.

从问题解决的定义中我们可以发现，所谓问题解决能力指的就是在问题解决过程中体现的高阶认知能力。由经济合作与发展组织（OECD）实施的国际学生评估项目（PISA）将学生问题解决能力定义为"个人运用认知过程面对并解决一个真实的、跨学科情境中问题的能力"①。从中体现了问题解决能力的真实情境性、跨学科性。

问题解决能力非常重要，所以被研究者们纳入高阶能力的范畴，加涅（Robert Gagne）在其学习目标分类中，也将问题解决能力列为最高水平的智力技能。②

（二）问题解决的模式与影响因素

关于问题解决的模式，桑代克（Edward Thorndike）通过一系列实验提出试误说（Trial and Error Theory）；苛勒（Wolfgang Kohler）通过实验提出了顿悟说（Insight Theory）；杜威曾经就问题解决提出了五阶段理论：首先意识到难题的存在，其次确定出问题，再次搜集材料，提出假设，然后验证假设，最后形成和评价结论。③基克（M. L. Gick）等人也提出了如图3-1所示的4阶段问题解决模式：④

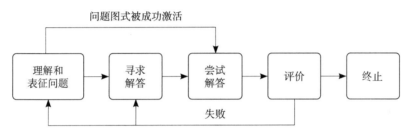

图 3-1 基克提出的问题解决模式

当然，在具体解决问题的时候，不同的问题需要使用不同的解决模式。一些心理学家认为，有效的问题解决策略是具有领域特定性的，而另一些心理学家认为除了针对特殊领域的问题解决策略以外，还存在某些对许多领域都有用的通用问题解决策略。通用问题解决策略通常包含明确问题、设定目标、寻找可能的解决办法、行动和评估结果等五个阶段⑤，通用问题解决策略假设所有的问题的解决基本遵循相似的路线，但低估了专业知识和模式识别在问题解决过程中发挥的作用。

此外，学者们在研究时发现，新手和专家身份的不同也会影响问题解决过程。专

---

① OECD. The PISA 2003 Assessment Framework-Mathematics, Reading, Science and Problem Solving Knowledge and Skills [DB/OL]. [2022-04-07]. http://www.oecd.org/edu/preschoolandschool/programmeforinternationalstudentassessmentpisa/33694881.pdf .
② 冯忠良，伍新春，姚梅林，王健敏. 教育心理学 [M]. 第3版. 北京：人民教育出版社，2015: 201.
③ ［美］约翰·杜威. 我们怎样思维·经验与教育 [M]. 姜文闵，译. 北京：人民教育出版社，2015: 201.
④ Gick M L. Problem-Solving Strategies[J]. Educational Psychologist, 1986, 21(1-2):99-120.
⑤ ［美］安妮塔·伍尔福克. 伍尔福克教育心理学 [M]. 伍新春，赖丹凤，季娇，等译. 北京：中国人民大学出版社，2012: 305.

家在解决问题时，会将知识按照问题的模式组织起来，调用问题模式正向操作，用已知解决未知；而新手在解决问题时，往往孤立地对待理论知识和实践知识，尝试使用逆向工程，从问题的未知部分做起，尝试用试错或不完备的方法来解决问题。如西蒙（Simon）和蔡斯（Chase）曾研究了国际象棋选手，他们发现专家和新手的差异并不是专家能计划接下来的十几步棋，而新手只能计划两三步；而是专家和新手都只看接下来的两三步棋，不同的是，专家会从众多优势行动中进行快速选择和判断。其原因在于，专家在看棋盘时，他们看到的是熟悉的棋子模式、阵型、结构、体系，而新手看到的只是棋子。[1]

三、信息技术支持下的问题解决能力培养

从前面论述中可以看出，如果要培养问题解决能力，最好能够创设近似真实的问题情境，让学习者在其中发现问题、分析问题和解决问题。事实上，建构主义学习理论、情境学习理论、体验学习理论等都强调创建真实或近似真实的学习情境。[2][3][4]

为什么要如此强调真实的或近似真实的学习情境呢？这是因为在传统教学中，经常需要对知识做一定的简单化处理，比如突出事物重要的、关键的特征，反映事物的典型情况，排除无关的或不重要的资讯等。这种简单化的处理有助于学生形成对事物的典型的、关键的特征的认识。但是过犹不及，传统教学中表现出许多过于抽象化、简单化和去情境化的倾向。[5][6]这种倾向使得学生获得的大量的知识是怀特海（Whitehead）提到的"惰性知识"（Inert Knowledge），[7]无法在需要的时候灵活应用，也无法很好地迁移到新的或类似的情境中去，[8][9][10]也难以培养学生解决实际问题的能力

---

[1] Chase W G, Simon H A. Perception in Chess[J]. Cognitive Psychology, 1973, (4): 55–81.

[2] Brown J S, Collins A, Duguid P. Situated Cognition and the Culture of Learning[J]. Educational Researcher, 1989, 18(1): 32–42.

[3] 何克抗.建构主义——革新传统教学的理论基础[J].中学语文教学，2002,(8):58—60.

[4] Lave J, Wenger E. Situated Learning: Legitimate Peripheral Participation[M]. N.Y.: Cambridge University Press, 1991.

[5] Jonassen D H. Thinking Technology: Context is Everything[J]. Educational Technology, 1991, 31(6): 35–37.

[6] 张建伟.从传统教学观到建构性教学观——兼论现代教育技术的使命[J].教育理论与实践，2001(9):32—36.

[7] Whitehead A N. The Aims of Education[M]. Cambridge: Cambridge University Press, 1929.

[8] Bransford J D, Franks J J, Vye N J, Sherwood R D. New Approaches to Instruction: Because Wisdom Can't be Told[C] // Vosniadou S, Ortony A. Similarity and Analogical Reasoning. New York: Cambridge University Press, 1989:470–497.

[9] Duffy T M, Jonassen D H. Constructivism: New Implications for Instructional Technology[J]. Educational Technology, 1991, 31(5), 7–12.

[10] 张振新，吴庆麟.情境学习理论研究综述[J].心理科学，2005, 28(1):125—127.

等高阶思维能力。[1]

基于以上需求，考虑到信息技术的特点，许多学者在研究如何利用信息技术创设近似真实的学习情境，让学生在真实的问题情境中去解决问题，从而培养问题解决能力。以数学学习为例，范德比尔特（Vanderbilt）大学学习技术中心（CTGV）于20世纪80年代推出了风靡美国的基于建构主义的教学范例——Jasper（贾斯珀）系列。[2][3]该系列共包括以录像为依据的12个历险故事（包括录像片段、附加材料和教学插图等资料），这些历险故事以解决数学问题为核心，并包括了文化、历史、科学和社会学等相关内容。每一个历险故事首先会播放一部好像侦探小说的历险录像，然后会提出各种各样的挑战性问题。学生需要自己去定义问题和分析问题，并借助录像中的数据和资料，以及其他数学工具最终解决问题。该系列推出后，CTGV进行了一系列研究[4][5][6]，研究结果表示，这种基于像真情境的教学方法确实激发了学生的学习兴趣，能够帮助他们更好地记忆所学知识，培养了他们的问题解决能力，并有助于他们将所学知识迁移到新的情境中去。

随着移动技术、模拟仿真、VR/AR、教育游戏等的快速发展，也给问题解决能力培养带来了新的方法。例如，金（Kim）等人在开源的VR平台OpenSimulator上设计了一系列基于游戏的学习活动，学生需要在VR学习环境中解决数学的问题，而这些问题往往融入了故事情节、即时奖励与游戏玩法等游戏元素。研究结果表明，这种将游戏与VR相结合的教学方式能够显著提升小学生的数学成绩。[7]再如吴（Wu）等人在小学科学课堂中使用了基于球形视频的虚拟现实技术（Spherical Video-based Virtual Reality，SVVR）探究"小孔成像"这一科学知识。SVVR包含丰富的学习内容，如当前知识点的可视化图像表示、难以观察的物理过程、相应原理在生活中的具体现象和应用等。研究结果表明，将SVVR融入探索性科学实践能够显著提升学生的问题解决

---

[1] 袁维新. 从授受到建构——论知识观的转变与科学教学范式的重建[J]. 全球教育展望, 2005 (2):18—23.

[2] CTGV. The Jasper Project: Lessons in Curriculum, Instruction, Assessment, and Professional Development[M]. Mahwah, N.J.: L. Erlbaum Associates, 1997.

[3] CTGV.美国课程与教学案例透视——贾斯珀系列[M].王文静，乔连全 等译.上海：华东师范大学出版社，2003.

[4] CTGV. Anchored Instruction and Its Relationship to Situated Cognition [J]. Educational Researcher, 1990, 19(6): 2-10.

[5] CTGV. Technology and the Design of Generative Learning Environments [J]. Educational Technology, 1991, 31(5):34-40.

[6] CTGV. Anchored Instruction and Situated Cognition Revisited [J]. Educational Technology, 1993, 33(3): 52-70.

[7] Kim H, Ke F. Effects of Game-based Learning in an Open Sim-supported Virtual Environment on Mathematical Performance[J]. Interactive Learning Environments, 2017:1-15.

能力以及学业成就。[1]

第二节　游戏支持下的问题解决能力培养

一、游戏在问题解决能力培养方面的价值

怀特布雷德认为解决问题是一个复杂的智力过程，它包括如下一系列能力：①理解和描述问题的能力（包括找出相关信息的能力）；②搜集和组织相关信息的能力；③制订和管理行动计划或策略的能力；④问题推断和决断能力；⑤使用各种解决问题的工具的能力。他通过研究 *Crystal Rain Forest*、*Number 62*、*Honeypot Lane*、*Lemmings*、*Granny's Garden* 等游戏指出，优秀的冒险游戏有助于提高游戏者的这几种能力。[2] 无独有偶，侯（Hou）等人也开发了一款基于问题解决的教育冒险游戏 *Boom Room*，如图 3-2 所示。这款密室逃脱冒险游戏给学生创造了一个解决问题的环境，旨在帮助学生学习组装个人电脑的知识。学生需要通过探索房间来搜集计算机硬件，并通过操纵组装一台电脑来防止炸弹爆炸，并在 10 分钟内逃离房间。实验结果表明，该游戏有助于学生习得电脑组装的知识，学生对该游戏的接受度很好。[3]

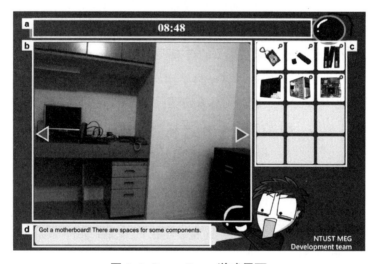

图 3-2 *Boom Room* 游戏界面

---

[1] Wu J, Guo R, Wang Z, et al. Integrating Spherical Video-based Virtual Reality into Elementary School Students' Scientific Inquiry Instruction: Effects on Their Problem-solving Performance[J]. Interactive Learning Environments, 2021, 29(3): 496-509.

[2] Whitebread D. Developing Children's Problem-solving: the Educational Uses of Adventure Games[C] // McFarlane A. Information Technology and Authentic Learning. London: Routledge, 1997:13-37.

[3] Hou H T, Li M C. Evaluating Multiple Aspects of a Digital Educational Problem-solving-based Adventure Game[J]. Computers In Human Behavior, 2014, 30: 29-38.

当然，不仅仅是冒险游戏，其实很多游戏都可以培养问题解决能力。以《蜡笔物理学》（Crayon Physics）游戏为例，游戏的背景是羊皮纸风格的蜡笔画，玩家可以用手中的画笔画出任何物体，这些物体会被赋予质量和重量。玩家需要借助画的这些物体，让图中的小球砸住星星，这一关就可以过去了。图3-3就是其中一关的常规解法以及某玩家的创新解法，从图中可以看出，玩家需要想方设法去解决问题，这就给玩家提供了很多培养问题解决能力的机会，而且可以让其学会创造性地解决问题。①

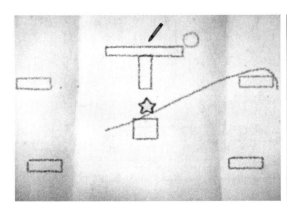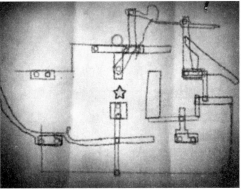

图3-3 《蜡笔物理学》的其中一关的常规解法（左）及玩家的创新解法（右）

也有学者以即时战略类3D游戏《消防游戏》（Fire-Fighting）为例，以108名初高中三年级学生为研究对象，来比较传统CAI课件和游戏在问题解决能力培养等方面的价值的差异。实验结果表明，使用游戏的学生的问题解决能力、批判性思考能力得到了显著提高。②

二、利用游戏创建近似真实的问题情境

前面讲过，可以利用技术创建近似真实的问题情境，而利用游戏尤其是一些情境类游戏则可以创建更富吸引力的、有趣的、近似真实的问题情境。世界各地的学者据此开展了许多研究项目，有学者利用已有的游戏展开研究，比如原威斯康星大学麦迪逊分校的斯奎尔（Squire）曾利用《文明Ⅲ》（Civilization Ⅲ）游戏面向4年级和9年级学生开展过旨在提高学生问题解决能力和团队协作能力的实验研究。结果表明，学生不仅从游戏中学到了地理和历史方面的学科知识，还锻炼了问题解决能力；同时，通过有目的的集体探究活动，形成了自主学习、合作探究的学习共同体。③

---

① 蒋宇，蒋静，陈晔．《蜡笔物理学》游戏的教育应用价值解析[J]．中小学信息技术教育，2012(02):59—62．
② Chuang T Y, Chen W F. Effect of Computer-Based Video Games on Children: An Experimental Study[J]. Educational Technology & Society, 2009, 12(2):1-10.
③ Squire K D. Replaying History: Learning World History Through Playing Civilization Ⅲ [D], Indiana: Indiana University, 2004.

也有研究者开发专门的教育游戏（或称游戏化学习环境）以创建近似真实的问题情境，比如哈佛大学迪德等人开展的 MUVEES 研究项目。该项目会让学习者进入一个虚拟的 19 世纪的城市，并通过观察水质、进行实验、与角色交谈（见图 3-4）等解决这个城市面临的环境和健康问题，最后提出解决问题的方案。他们的研究结果指出，这种学习方式确实激发了学生的学习动机，并且相对于传统方式取得了更好的学习成绩。[1] 印第安纳大学的巴拉布等人开发了"Quest Atlantis（探索亚特兰蒂斯）"项目。[2] 该项目将学科知识的学习融入了游戏化虚拟学习环境中，形成了多个学习单元，比如 Taiga Fishkill 就是一个水生栖息地（Taiga 国家公园）内的探索单元，该栖息地存在严重的生态问题而导致鱼类数量显著下降，学习者作为环境科学家，需要去调查鱼类数量下降现象并提出解决问题的方法。[3] 威斯康星大学麦迪逊分校的沙弗（Shaffer）等人提出了"认知游戏（Epistemic Games）"的概念[4]，并推出了一系列游戏。这类游戏一般会提供一个线上线下相结合的仿真环境，以帮助学生学习工程、城市规划、新闻报道、法律等其他专业知识。[5] 刘（Liu）等人则开发了一个模拟铁路建设系统的游戏 *Train: Build and Program it*，如图 3-5 所示。在该游戏中，学生需要使用直线轨道、弯曲轨道、分支轨道和桥梁等的多个积木来构建轨道系统，并设计火车在轨道上的运输行为。该游戏的物理引擎可以模拟重力、速度、加速度和摩擦力等物理现象，以模拟现实世界中铁路系统的真实行为，以培养学生在真实学习环境下的问题解决能力。[6]

图 3-4 *River City* 中城市中景（左）与 NPC 人物交谈（右）

---

[1] Ketelhut D J, Nelson B C, Clarke J, et al. A Multi-user Virtual Environment for Building and Assessing Higher Order Inquiry Skills in Science [J]. British Journal of Educational Technology, 2010, 41(1):56-68.

[2] Barab S, Thomas M, Dodge T, et al. Making Learning Fun: Quest Atlantis, a Game Without Guns[J]. Educational Technology Research & Development, 2005, 53(1):86-107.

[3] 马红亮. 教育网络游戏设计的方法和原理：以 Quest Atlantis 为例 [J]. 远程教育杂志, 2010, 28(01): 94—99.

[4] 网址：http://epistemicgames.org

[5] Shaffer D W. Epistemic Frames for Epistemic Games[J]. Computers & Education, 2006, 46(3): 223-234.

[6] Liu C C, Cheng Y B, Huang C W. The Effect of Simulation Games on the Learning of Computational Problem Solving[J]. Computers & Education, 2011, 57(3):1907-1918.

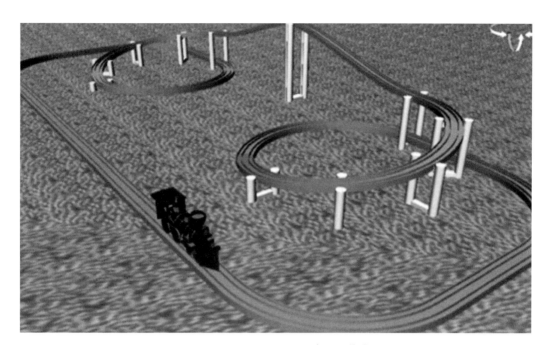

图 3-5 *Train: Build and Program it* 游戏界面

第三节 游戏化建构主义学习环境

基于以上探讨，本书希望利用游戏来构建学习环境，在其中给学习者创设近似真实的问题情境，让他们能够自己去发现问题、分析问题和解决问题。当然，要想取得学习成效，就一定要依据科学的学习理论，本节就主要依据建构主义学习理论，创建游戏化建构主义学习环境。

一、建构主义学习环境的含义及特征

（一）建构主义学习环境的含义

建构主义强调学习的建构性、社会性和情境性，认为知识不是通过教师传授得到，而是学习者在一定的情境即社会文化背景下，借助其他人（包括教师和学习伙伴）的帮助，利用必要的学习资料，通过意义建构的方式而获得的。[①]

所谓学习环境，就是指一个包含了各种学习资源、认知工具和人际关系，并支持学习者相互合作和协作，旨在促进学习者学习的物理或虚拟的学习场所或活动空间。[②]要说明的是，学习环境并不是建构主义学习理论特有的，只不过最近三十年，谈到学习环境通常指的是基于建构主义学习理论而创设的学习环境，所以这里我们用了建构

---

① 何克抗. 建构主义——革新传统教学的理论基础 [J]. 中学语文教学，2002, (8):58—60.
② 尚俊杰. 学习科学导论 [M]. 北京：北京大学出版社，2022: 311.

主义学习环境的概念。

（二）建构主义学习环境的特征

对于建构主义学习环境，乔纳森认为建构主义学习环境应该具备图 3-6 所示的八个基本特征[①]：所谓**积极**，指的是学习者必须积极地参与学习活动、管理学习目标；**建构**指的是学习者通过他人的帮助，并经过不断的反思，然后达到建构知识的目的；**协作**指的是学习者要和其他学习者、教师和专家进行紧密合作；**目标**指的是学习者要能够随时监控和管理自己的学习行为和目标；**复杂**指的是建构主义学习环境中的问题必须是复杂的，一般应该是一些结构性不良的问题或争议性的问题或者两难问题；**情境**指的是应该尽可能创设真实或近似真实的任务情境；**交流**指的是学习者要通过互相分享对同一事物的不同理解，从而可以建构起更全面的知识；**反思**指的是学习者需要不断地反思，以便寻找最佳的解决问题的方法。

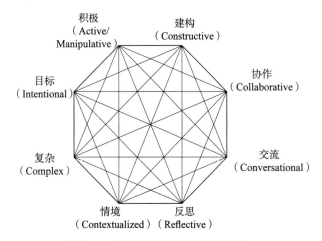

图 3-6 建构主义环境的基本特征

二、建构主义学习环境的设计模型与设计策略

（一）建构主义学习环境的设计模型

乔纳森曾提出了一个建构主义学习环境设计模型（Constructivist Learning Environment, CLE）[②]，该模型认为建构主义学习环境包括设计问题/项目空间（Problem/Project Space）、相关实例（Related Cases）、信息资源（Information Resources）、认知工具（Cognitive Tools）、交流与协作工具（Conversation and Collaboration Tools）和社

[①] Jonassen D H. Designing Constructivist Learning Environments [EB/OL]. [2005-09-06]. http://www.coe.missouri.edu/~jonassen/courses/CLE.

[②] Jonassen D H. Designing Constructivist Learning Environments[C] // Reigeluth C M. Instructional-design Theories and Models (2nd ed.). Mahwah, NJ: Lawrence Erlbaum Associates, 1999: 215-240.

会背景支援（Activity System）6个方面。

其中问题/项目空间包含问题情境、问题描述和操作空间，这是学习环境的中心，引导学习者去解决问题或完成项目；相关实例就是给学习者提供一些相关案例；信息资源指的是建构主义学习环境就要注意提供大量的、相关的、有助于理解和实践的信息（包括文本、图形、声音、视频和动画等）；认知工具指的是可以帮助和促进认知的工具，比如电子表格软件、模拟软件、专家系统、知识库、知识建构工具软件等；交流和协作工具指的是Email、BBS、即时通信、共用空间等工具，可以使学习者之间相互交流、讨论、协商，共同建构问题的意义；社会背景支援指的是在设计建构主义学习环境时要考虑社会文化背景、客观条件等方面对于当前问题解决所能提供的支援。

除了以上6个方面以外，该模型还提供了建模（Modeling）、教练（Instructing）和支架（Scaffolding）策略以促进建构式学习的进行。

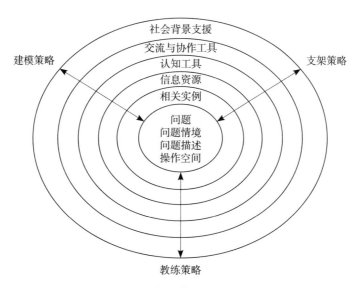

图3-7 建构主义学习环境设计模型

（二）建构主义学习环境设计原则和策略

基于以上讨论，结合以往研究成果，要想使知识建构过程更为顺利，需要在设计学习环境的时候考虑如下设计原则和策略：

（1）要提供真实或仿真的学习情境和真实的学习任务，最好是有争议的或两难的等结构不良的问题，[①]这样可以促使学习者积极主动地学习。

---

① CTGV. Technology and the Design of Generative Learning Environments[J]. Educational Technology, 1991, 31(5), 34-40.

（2）要提供大量的与问题有一定情境脉络联系的相关案例和资源，并且要能够加强思维和有助于脚手架的搭建。[1]

（3）尽可能综合使用文字、图片、动画、录影等多媒体形式提供知识的多种外部表征，[2]利用知识的多种表征帮助学生建构更全面的意义，支持不同学习风格的学生的个性化学习。

（4）提供丰富的认知、交流、协作和评估工具，比如用一些模拟工具建立系统，并亲自去测试。

（5）要支持建模、教练和支架等建构主义教学策略，[3]其中建模策略更多的是关注专家的行为，希望能够将专家的推理和思考步骤呈现给学习者；教练策略更多的则是关注学习者的行为，在学习环境中提供这样的功能模块，可使教师可以指导、监控学习者的行为；支架策略则希望从更系统化的方面促进学习，能够根据学习者的学习进程不断地给予帮助，促使他们沿着脚手架一步步攀升，从而达到最终解决问题的目的。

（6）要能促进协作学习、个别化学习[4]和自主学习等学习方式，在设计教学环境的时候，应该采取个别化学习和协作学习相结合的原则，既给每个学生独立学习和解决问题的机会，又提供学生间协作讨论的机会。

（7）要提供以学习者自我监控为主、教师监控和计算机监控为辅的多种监控手段，[5]由于建构主义认为学生的学习不是被动接受的过程，而是主动建构的过程，学生的学是内因，教师的教是外因，因此学习者自我监控或学习小组自我监控就成了最主要的教学控制策略。[6]

（8）要注重高阶思维能力的培养，许多研究者都认为建构主义适合培养学习者的高阶思维，[7][8]其中真实的任务情境为培养思维的深刻性提供了途径，而问题和项目则

---

[1] Jonassen D H. Designing Constructivist Learning Environments[C] //Reigeluth C M. Instructional-design Theories and Models (2nd ed.). Mahwah, NJ: Lawrence Erlbaum Associates, 1999: 215−240.

[2] 陈琦, 张建伟. 基于多媒体的建构性学习环境设计[J]. 北京师范大学学报（社会科学版）, 1999, (6):47—52.

[3] Jonassen D H. Revisiting Activity Theory as a Framework for Designing Student-centered Learning Environments[C] // Jonassen D H, Land S M. Theoretical Foundations of Learning Environment . Mahwah, N J: L. Erlbaum Associates, 2000: 89−121.

[4] 杨开城. 建构主义学习环境的设计原则[J]. 中国电化教育, 2000 (4): 14—18.

[5] Young J D. The Effects of Self-regulated Learning Strategies on Performance in Learner Controlled Computer-based Instruction[J]. Educational Technology Research and Development, 1996, 44(2), 17−27.

[6] 杨开城. 建构主义学习环境的设计原则[J]. 中国电化教育, 2000(04):14—18.

[7] Barab S A, Duffy T. From Practice Fields to Communities of Practice[C] // Jonassen D, Land S M. Theoretical Foundations of Learning Environments. Mahwah, NJ: Lawrence Erlbaum, 2000:25−26.

[8] Torff B. Developmental Changes in Teachers' Use of Higher Order Thinking and Content Knowledge[J]. Journal of Educational Psychology, 2003, 95(3), 563−569.

是培养高阶思维能力的核心。[1]当然，强调高阶能力并不意味着不注重知识的获取，其实，知识是任何高阶思维的基础，高层次的思维技能也需要低层次的思维技能作为基础，所以在建构主义学习环境中要坚持高阶思维能力和知识获取相结合的原则。[2]

三、游戏化建构主义学习环境的设计原则和策略

（一）建构主义学习环境与游戏

如果仔细对比建构主义学习环境和游戏的特点，就可以看出游戏所具备的特征比较符合建构主义学习环境的特征和要求：[3]

（1）建构主义学习环境最重要的要素就是**问题**，而目前流行的游戏几乎都是有一个问题或任务要游戏者去回答或解决，所以电脑游戏其实也是以问题为中心的。[4]

（2）建构主义学习环境强调真实或近似真实的**学习情境**，而目前的游戏大部分都会利用 2D 或 3D 技术构造出一个尽可能真实的游戏情境。

（3）建构主义学习环境强调以"学生为中心"，而所有的游戏几乎从来都是以游戏者为中心的自主游戏（学习），因此，游戏为实现范式转变提供了可能和希望。

（4）建构主义学习环境强调要学生积极主动地去建构知识，而游戏最重要的一个特性就是自由自愿的，所以玩家通常都是积极主动的，并能够通过一系列方法持续激发游戏者的参与动机。[5]

（5）建构主义学习环境强调协作和交流，现在流行的许多游戏大都提供了各种各样的互动、交流和协作方式。[6][7]

（6）建构主义学习环境强调支持支架等各种学习策略，有学者通过分析《模拟城市》游戏，发现游戏的设计者似乎比教育软件的设计者更懂得建构主义的支架理论，也知道如何以支架来引导玩家学习、吸引玩家的注意力。[8]

考虑到以上讨论，我们可以利用游戏来构建游戏化建构主义学习环境。

---

[1] 钟志贤. 促进学习者高阶思维发展的教学设计假设 [J]. 电化教育研究, 2004(12):21—28.

[2] 杨开城. 建构主义学习环境的设计原则 [J]. 中国电化教育, 2000, (4): 14—18.

[3] 游光昭, 萧显胜, 蔡福兴. 网络游戏化的建构式学习环境模式之设计 [C] // 第十届全球华人计算机教育应用会议（GCCCE2006）论文集, 北京, 2006.

[4] 同上。

[5] Oblinger D G. The Next Generation of Educational Engagement[J]. Journal of Interactive Media in Education, 2004 (8): 1-18.

[6] Bruckman A. Community Support for Constructionist Learning[J]. Computer Supported Cooperative Work.1998, 7, 47-86.

[7] 陈俞霖. 网路同伴形塑及对青少年社会化影响之探讨 [J]. 台湾资讯社会研究, 2002 (3):149—181.

[8] Bos N. What Do Game Designers Know About Scaffolding? Borrowing SimCity Design Principles for Education[EB/OL]. [2006-07-10]. http://www-personal.si.umich.edu/~serp/work/SimCity.pdf.

(二)游戏化建构主义学习环境的设计模型

加里斯等人曾整合有关教育游戏的文献提出一个游戏化学习模式,该模式首先整合学习内容和游戏特性设计出一个游戏化学习环境,然后会引发一个学习循环,该循环是一个让学习者面对问题并判断、执行,然后得到系统的反馈的循环过程,该循环是有趣的,能够让学习者愿意持续花时间在这个循环中,最终达到学习目的。①

游光昭和萧显胜等人则融合了加里斯等人的电脑游戏学习模式与乔纳森提出的建构主义学习环境设计模型(见图3-7)②,提出了如图3-8所示的网络游戏化的建构式学习环境模式③,该模式首先是整合网络学习的内容、游戏的特性与建构式学习环境的特点,进而设计出一个网络游戏。而这个网络游戏是**以问题为中心**,能让学习者不断面对游戏的问题或挑战,而学习者可通过学习的资源、认知的工具、合作对话等工具进行网络学习并进一步解决问题,且解决完问题后借由游戏系统来给予游戏式的奖励或回馈,进而再次引发另一个问题与学习循环,最终达成特定的学习目标。

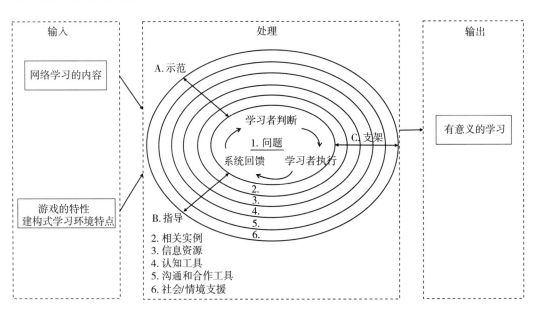

图3-8 网络游戏化的建构式学习环境模式

---

① Garris R, Ahlers R, Driskell J. Games, Motivation, and Learning: A Research and Practice Model[J]. Simulation & Gaming, 2003, 33(4): 441-467.

② Jonassen D H. Designing Constructivist Learning Environments[C]//Reigeluth C M. Instructional-design Theories and Models (2nd ed.). Mahwah, NJ: Lawrence Erlbaum Associates, 1999: 215-240.

③ 游光昭,萧显胜,蔡福兴. 网络游戏化的建构式学习环境模式之设计[C] // 第十届全球华人计算机教育应用会议(GCCCE2006)论文集,北京,2006.

（三）游戏化建构主义学习环境的设计策略

根据以上讨论，并考虑到游戏的特点，可以归纳出游戏化建构主义学习环境的设计策略：

（1）利用游戏技术创设真实的或近似真实的任务情境，并且尽量是真实的任务。尽管这些任务情境是虚拟的，但是借助现代多媒体网络技术使得学习者可以有一种身临其境的感觉。他们可以扮演故事中的角色参与到这个虚拟环境中，通过和成员的交流、互动和合作，解决游戏中碰到的问题，从而达到知识建构的目的。[①] 比如，本章第二节提到的 Quest Atlantis 等项目就是这样的。

（2）利用游戏中的帮助、NPC 人物、游戏手册或辅助学习网站提供大量的相关案例和信息资源，这样可以弥补学生经验的缺乏，并帮助他们理解和实践。

（3）应该广泛利用文字、图片、动画、录像等多媒体网络技术提供知识的多种外部表征。这样符合认知灵活性原理[②]和认知加工原理，更有利于知识的获取和应用。

（4）尽可能提供丰富的认知工具，如模拟工具、建模工具等。比如在一些决策模拟类游戏中利用 Excel 等工具进行模拟和比较研究。

（5）在游戏内提供如即时交流、短信息、聊天室、分组等交流和协作工具，在游戏外还可以利用 Email、BBS 讨论区等工具甚至是面对面进行交流和协商。

（6）提供恰当的评估工具，如利用游戏中的成绩、游戏中的行为、撰写的反思日记或学习报告等进行评估。

（7）尽可能设计相应的工具和模块，如充分利用不断增加难度的任务、NPC 角色、教学演示功能、讨论区等支持建模、教练和支架这几种教学策略的顺利开展。

（8）既要促进协作学习，又要支持个别化学习。在游戏中，可以将学习者分成小组，让他们分工合作，或者展开分组竞争；游戏中要有适当的工具，允许小组内成员讨论学习任务、共同制定决策、一起解决问题。另外，游戏可以允许学习者根据自己的喜好修改音乐、声效、色彩、图案，可以根据自己的水平选择合适的游戏级别，以便促进个别化学习。

（9）充分发挥学习者的自主性，让学习者自己选择学习内容和方法，从而促进自主学习。比如，可以在教育游戏中提供"个人状态""个人资料"等功能模块，允许学

---

① Lee J H M, Lee F L. Virtual Interactive Student-oriented Learning Environment (VISOLE): Extending the Frontier of Web-Based Learning[R]. The Scholarship of Teaching and Learning Organized by University Grant Council, Hong Kong, 2001.

② Spiro R J, Feltovich P J, Jacobson M J, Coulson R L. Cognitive Flexibility, Constructivism, and Hypertext: Random Access Instruction for Advanced Knowledge Acquisition in Ill-structured Domains[J]. Educational Technology, 1995, 35(5): 24−33.

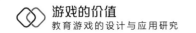

习者查看自己的学习进程和安排自己的学习活动。①

10. 要提供以学习者自我监控为主的多种监控手段，如学习记录、学习历史等工具模块。让学习者能够时刻了解自己的学习进度、学习状况和存在的问题，同时也可以让教师能够监控学生的学习行为，在适当的时候给学生以适当的提示。

（11）要更加注重高阶思维能力的培养。在设计过程中应该注意发挥游戏的特点，创造各种提升能力的机会。比如，应该提供一些结构不良的问题，可以让学习者尝试使用更多的解决问题的策略。②

（12）当然，作为游戏，还应该特别注意增强游戏特性，让游戏能够更有趣。在设计教育游戏的时候，就需要提供明确的学习目标，并提供一系列不同难度的与学习者能力相适应的挑战，和即时、积极的反馈信息，能够激发学习者的好奇心和幻想，能够让他们体会到强烈的成就感。③④

总而言之，要想创设一个既吸引学习者，又能促进学习的游戏化建构主义学习环境，就需要参考上面的设计模型和设计策略精心设计教育游戏，同时设计配套的学习材料、交流评估协作等游戏外的支持工具，并精心设计教学和学习活动。

第四节　VISOLE 的设计与实现

在本章导言中讲过 VISOLE 学习模式，它既是一种学习模式，其实也属于游戏化建构主义学习环境。所以本节就依据上一节归纳的设计原则和策略来设计 VISOLE，主要内容包括《农场狂想曲》(*Farmtasia*) 游戏和配套的学习材料及支持工具的介绍。

一、VISOLE：虚拟互动学生为本学习环境

考虑到信息技术教育应用存在的问题以及游戏潜在的教育应用价值，为了充分发挥网络的深层功能，并最终真正转变学习范式，香港中文大学资讯科技教育促进中心（现名学习科学与科技中心）李芳乐和李浩文提出了虚拟互动学生为本学习环境

---

① 蔡福兴，游光昭，洪国勋. 引发学习动机的多人线上游戏式学习系统 [C] // 第八届全球华人计算机教育应用会议论文集，2004: 489—496.

② Kiili K. Digital Game-based Learning: Towards an Experiential Gaming Model[J]. Internet and Higher Education, 2005, 8(1): 13–24.

③ Malone T W. What Makes Things Fun to Learn? A Study of Intrinsically Motivating Computer Games[R]. Palo Alto: Xerox, 1980.

④ 尚俊杰，庄绍勇，李芳乐，李浩文. 网路游戏玩家参与动机之实证研究 [J]. 全球华人计算机教育应用学报，2006, 4(1-2): 65—84.

（VISOLE）的学习模式。① 这种学习模式一般会利用多媒体网络技术创设一个近似真实的游戏化虚拟世界，然后让学生通过扮演故事中的角色加入这个虚拟世界中。在虚拟互动学习情境中，学生会遇到一系列并没有标准答案的问题，这就需要他们自己去定义问题、分析问题、查找资源、制定决策、最终解决问题，在游戏过程中通过充分的互动和交流，学习相关的跨学科知识，培养问题解决能力等高阶能力。

VISOLE学习模式是一种以学生为中心的学习模式，大致分为如图3-9所示的三个阶段：② ①**支架式学习阶段**（Scaffolding Learning），学生在教师帮助和引导下学习高层次的相关知识；②**游戏化学习阶段**（Game-based Learning），学生通过扮演故事中的角色进入利用游戏创设的、像真的虚拟世界中进行游戏化学习；③**反思和总结阶段**（Reflection and Debriefing），学生在游戏中和游戏后在教师的引导下进行反思和总结。需要说明的是，后两个阶段实际上是交错进行的。

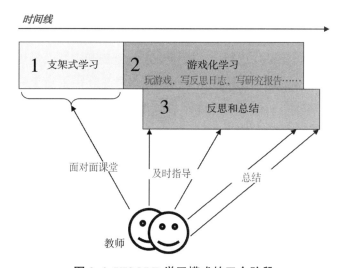

图3-9 VISOLE学习模式的三个阶段

二、《农场狂想曲》游戏的总体设计

在VISOLE学习模式的指导下，本书将设计《农场狂想曲》教育游戏（虚拟世界），旨在让学生通过对农场的经营和管理，来综合学习地理、农业、环境、经济、政

---

① Lee J H M, Lee F L. Virtual Interactive Student-oriented Learning Environment (VISOLE): Extending the Frontier of Web-based Learning[R]. The Scholarship of Teaching and Learning Organized by University Grant Council, Hong Kong, 2001.

② Jong M S Y, Shang J J, Lee F L, Lee J H M. VISOLE-A Constructivist Pedagogical Approach to Game-Based Learning[M]//Yang H, Yuen S. Collective Intelligence and E-learning 2.0: Implications of Web-based Communities and Networking. New York: Information Science Reference, 2010: 185-206.

府、社会等跨学科知识，并培养其问题解决、协作学习等其他高阶能力。[①]

考虑到教学时间等要素，本游戏主要采用了以策略为主，集策略、模拟和角色扮演为一体的混合游戏。策略类游戏一般有回合制和即时制两种，由于考虑到最多可以让学生每天或每两天玩大约一个小时，所以采用了回合制的方式，每天或每两天为一个回合，学生在每一个回合中可以玩大约1小时。每个回合可以模拟现实中的半年时间，一般进行8个回合，就可以模拟现实中的4年时间。

基于前述 VISOLE 学习模式，本游戏的进行方式大致按如下步骤进行：

（1）学习相关知识。在开始游戏之前大约一星期（或两星期），教师需要引导学生利用本游戏提供的配套知识手册学习农业、地理、经济、技术、生物、环境等相关知识，同时要鼓励大家尽量使用网络、图书馆等其他学习资源。

（2）进行游戏化学习。开始游戏后，每名学生（或每组学生）管理一个农场。整个游戏进程一般为8个回合（大约需要8天或16天），每个回合大约需要进行1小时，每个回合模拟现实中的6个月，全部8个回合将模拟4年的经营活动。

（3）反思和总结。在游戏进行中，教师会进行监控和点评，学生在每个回合之后要撰写反思日志，进行反思。在游戏结束后，每名学生还需要递交一份对整个学习过程的总结报告。教师需要组织点评，还需要根据游戏的结果、学生递交的报告以及学生在游戏中的表现评定学生的成绩。

三、《农场狂想曲》游戏的具体设计

（一）系统模型

本游戏希望创设一个尽可能真实的虚拟农场，使学生可产生一种管理真实农场的感觉。要实现这个目标，显然就需要一个科学的系统模型来模拟农场的风、气温、降水等气候和农作物、牲畜的生长情况。考虑到教育游戏必须保证知识的正确性，不能像普通商业游戏一样随意设置其中的参数，因此，游戏设计者仔细参考了世界北半球中纬度的气候和作物资料（以美国为主），建立了比较精确的模拟模型，这个模型主要分为地理、生物和经济子模型。如图3-10所示游戏中一年的风速（Wind Speed）、气温（Air Temperature）和降水量（Rainfall）情况。

[①] Cheung K F, Jong M S Y, Lee F L, Lee J H M, Luk E T H, Shang J J, Wong K H. FARMTASIA: an Online Game-based Learning Environment Based on the VISOLE Pedagogy[J]. Virtual Reality, 2008, 12: 17–25.

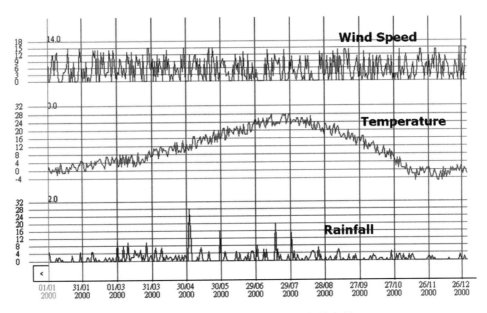

图 3-10 游戏中风速、气温和降水量资料

(二) 界面及人物设计

在综合考虑教育软件的设计原则，并广泛参考各类游戏的前提下，研究团队考虑 VISOLE 的目的以及技术等限制条件，利用 2D 技术精心设计了《农场狂想曲》的界面，如图 3-11 所示游戏主界面：

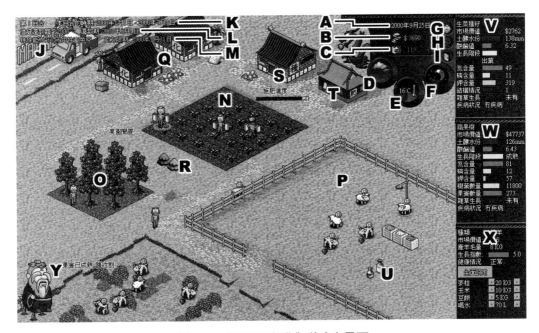

图 3-11 《农场狂想曲》游戏主界面

从图 3-11 中可以看出，整个农场大致分为农田（N）、果园（O）和牧场（P）三个部分，所有的种植、养殖工作主要在这里完成。而工人、牛羊可以在其中走来走去，再配上相应的背景音效（如牛羊叫声），希望使人产生一种身临其境的感觉。图中左下角（Y）是一位智慧老人，用来给出提示和帮助信息，在游戏中他扮演了支架教学导师的角色，一步步引导学生管理好农场。图中左上角（J）是一个市场，双击该图标就可以打开一个对话框，在其中可以购买农场需要的机械、种子、化肥等各种物品。图中中间上方（Q、M、S、T）是几座仓库，分别用来存放化学品、肥料、种子、农药等物品。选定工人，右键单击仓库中的物品，工人就会走到仓库里取出物品。图中右上方是一些提示信息，分别为游戏日期（A）、金钱（B）、声望（C）、天气（D）、气温（E）、日夜变化（F）信息。另外，双击 H 处的按钮就可以打开"查看市场和其他人信息"的对话方块。图中右方还有三个表格（V、W、X），依次显示农场中农田、果园和牧场的详细信息，比如在 V 区会显示农场中的酸碱度、氮磷钾含量等信息。图中右上方还有特别按钮（G、I），其中 G 按钮用来雇用工人，单击一下即可在农场中出现一名工人；I 按钮用来退出游戏，用户单击该按钮就会保存进程并退出游戏。

从界面中可以看到，游戏中有很多"人物"，这里说的人物泛指游戏中的工人、牲畜、农作物、果树、机械、种子等农场中的各种角色和物品。在本游戏中，人物设计采用了卡通化的设计手法。

（三）自然灾害和突发事件

为了更逼真地模拟现实社会，也为了增强游戏的挑战性，培养学习者的应变能力，因此在《农场狂想曲》中也设计了海啸、台风和蝗灾等自然灾害，教师或游戏管理员可以在适当的时间降下自然灾害，就可以考验学生的应变能力。

和自然灾害一样，现实生活中也经常会发生一些突发事件，如工人罢工、政府宏观调控、环境污染事件等，这些事件对于农业也可能造成一定的影响。在游戏中，也设计了如下三类突发事件：农场事件，如工人罢工等；市场事件，如小麦涨价等；集体决策事件，如联合治理污染等。

当玩家碰到这些意外事件，就需要综合各种因素，调动各种资源去解决问题。

四、配套资料及支持工具设计

为了实现 VISOLE 学习模式的教学目的，研究团队精心设计了大量的配套资料和支援系统，包括"游戏手册""知识手册""学习手册""教学手册"、博客（BLOG）和讨论区（BBS）等。

其中"游戏手册"介绍了软硬件配置、界面说明、游戏教学等内容，可以帮助学生掌握基本的管理农场的方法。需要说明的是，该手册分学生版和教师版，教师版手册中既包含了游戏的基本操作，也包含了教师的特殊管理功能介绍。"知识手册"（同时提供了网络版）中介绍自然环境、生物、农业与政府、经济、科技、生产系统、自然灾害和环境问题八个部分的相关内容，用来帮助学生学习跨学科知识。"学习手册"介绍了学习安排、学习技巧等内容，主要用来引导和帮助学生学习。"教学手册"介绍了教学策略、教学方法等内容，主要用来帮助教师教学。博客（BLOG）是为了帮助学生进行反思和总结，学生登录官方网站即可撰写反思日志或者浏览其他学生的反思日志。讨论区（BBS）是为了更好地促进学生协作学习，其中包括对技术和游戏策略等内容的讨论。

五、学与教的活动设计

（一）学习活动设计

在利用《农场狂想曲》游戏学习的过程中，学生主要需要进行基本事务操作、制定决策、玩家互动、自主学习知识、反思总结等活动。其中①**基本事务操作**指的是农田中的翻土、播种，果园中的疏果、剪枝，牧场中的清洁、放牧等基本的事务性操作。②**制定决策**指的是农场中需要进行大量的高级管理和决策工作，解决农场中出现的问题。比如，种植什么农作物？养殖什么牲畜？雇用工人还是购买机械工具等问题。③**玩家互动**指的是在游戏内可以针对资源和市场的竞争进行"隐性互动"，在游戏外还可以利用 BBS、BLOG、Email 或面对面等方式进行互动。④**自主学习知识**指的是在"支架式学习阶段"和"游戏化学习阶段"，学生需要在教师的帮助和指导下利用"知识手册"或网络等资源学习相关知识。⑤**反思总结**指的是在游戏进行中和结束后要进行反思和总结。许多学者都认为，当把游戏用到学习中时，反思和总结对于提升学习成效非常重要，否则就真的成了玩。[1][2]因此本章的研究制订了详细的计划来促使学生进行反思和总结。[3]在每个回合结束后，学生需要撰写反思日志，游戏全部结束后，要撰写总结报告。为了协助学生更好地进行反思和总结，游戏提供了相应的反思（见表3-1）和总结模板。

---

[1] Crookall D. Editorial: Debriefing[J]. Simulation & Gaming, 1992, 23(6): 141-142.

[2] Thiagarajan S. The Myths and Realities of Simulations in Performance Technology[J]. Educational Technology, 1998, 38(5), 35-41.

[3] Jong M S Y, Shang J J, Lee F L, Lee J H M. Two Critical Teacher Facilitating Tasks in VISOLE: Scaffolding and Debriefing[C]// The 10th Global Chinese Conference of Computers in Education. Beijing, 2006.

表 3-1 反思日志格式

游戏用户名：_____ 回合：_____ 日期：_____ .
1. 上回合的基本情况及存在的问题（第一个回合不用填写该项）： （这里首先可以谈谈上回合的基本情况，然后请分析你的农场在上一个回合的得和失，是否达到了你的预期目标？如果达到了，请分析你的农场的优点，如果没有达到，也请你分析原因？）
2. 本回合的计划、应对措施和成果： （这里请主要填写本回合自己的计划、应对措施和成果。比如考虑到上一个回合种植的农作物有什么问题，本回合自己种植了什么作物？怎样去照顾作物？最后作物的收成如何？）
3. 本回合在学习方面的主要收获 （这里请填写你在知识、能力等各方面的收获。比如本回合你学到了什么知识？在解决问题的能力和信息科技应用能力等方面是否有提高？另外，在对环境保护等各方面有什么心得体会？）
4. 备注 （请随意发表你的任何心得体会。比如，你在本回合中有什么发现？总结了什么技巧？欢迎与大家分享。另外，你对游戏有什么意见和建议？你认为应该怎么改进？）

（二）教学活动设计

虽然建构主义学习理论的一个重要主张是要以学生为中心，但是并不否认教师的主导作用，[①]因此，我们在 VISOLE 中也非常重视教师的作用，教师主要需要引导和帮助学生学习相关知识、促进学生学习、引导和帮助学生进行反思和总结、评定学生的成绩。

首先，教师需要作为知识的建构者去帮助和指导学生通过自主学习建构知识，而不是作为知识的灌输者直接向学生讲述课本中的知识；其次，教师在整个学习过程中要作为学习的促进者去鼓励学生学习，教师要注意激发学生的竞争和合作动机，积极参与资源竞争、市场竞争等竞争和合作活动，鼓励学生和其他组的同学、老师以及其他专家交流；再次，教师需要引导和帮助学生进行反思和总结，撰写反思日志和总结报告；最后，教师在学习结束后要综合以下方面来评定每个人的成绩：各农场在游戏中的总排名；各农场在每一天的学习活动中提交的反思日志；学习结束后每个人提交的个人总结报告；其他表现，如在游戏论坛中的讨论情况、考勤情况等。

---

① 何克抗，李克东，谢幼如，王本中．"主导—主体"教学模式的理论基础 [J]. 电化教育研究，2000, (2)：3—9.

第五节 VISOLE 的应用与评估

一、研究设计

游戏开发完毕以后，研究团队在我国香港面向中四（八年级）学生进行了比较大规模的准实验研究，旨在全面检验 VISOLE 学习模式的学习成效和了解师生对 VISOLE 的观感。实验采用了混合式的研究方法，使用的研究工具包括知识测试、共通能力测试、观感问卷等，搜集了学生的测试、问卷、反思日志、总结报告等数据，并结合访谈、观察等进行全面分析。不过，本章重点关注 VISOLE 是否真的有助于培养问题解决能力。

（一）研究目的

本研究的目的主要是为了检验 VISOLE 在问题解决能力培养方面的成效。包括：①是否提供了培养问题解决能力的机会？②学习者在游戏中究竟是怎么解决问题的？③学习者在解决问题的过程中采用了什么策略？④基于使用的问题解决策略，学生呈现出了哪几种类型？

（二）研究方法

本实验是一个准实验研究，基于搜集的问卷、测试、访谈、报告等数据，采用了混合式的研究方法。

需要说明的是，本游戏设计了一个特殊的"重播功能"（Replay Function）[1]，该功能就像"录像机"一样，它可以将学生在游戏中的绝大部分操作完整地记录下来，然后可以随时重播其中任意的片段。图 3-12 所示就是其中一个学生的游戏操作，教师登录以后就可以查看他的所有操作。在图 3-13 中单击右侧的"重播游戏片断"，就可以从选定时间开始播放该学生的实际操作过程，在其中单击左上角的按钮还可以进行快进、快退等操作。

---

[1] Shang J J, Jong M SY, Lee F L, Lee J H M, Wong M K H, Luk E T H, Cheung K K F. Using the "Record-Replay" Function for Elaboration of Knowledge in Educational Games[C] // Mizoguchi R, Dillenbourg P, Zhu Z, Learning by Effective Utilization of Technologies: Facilitating Intercultural. Netherlands: IOS Press, 2006: 503–506.

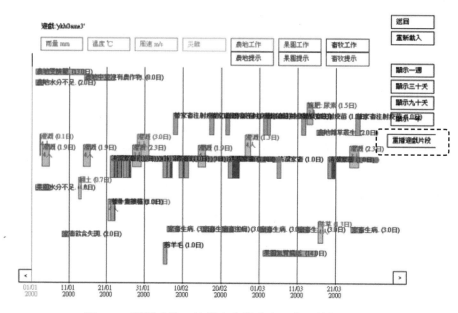

图 3-12 重播功能：某学生在游戏中三个月的操作记录

图 3-13 重播功能：某学生在游戏中三个月的操作画面

该功能看似简单，但是具有如下重要价值：①可以作为学生反思和总结的工具；②可以作为教师进行过程评估的工具；③可以作为很好的研究工具，研究者借此可以全面掌握学生的游戏操作过程。借助重播功能，再结合学生撰写的反思日志、总结报告等资料，基本上可以掌握学生的所作所为所思所想了，之后我们会采用个案研究方法对部分学生进行深入分析。①

---

① 尚俊杰，庄绍勇，李芳乐，李浩文. 个案研究方法在教育游戏研究中的应用 [J]. 现代教育技术，2008(06)：20—23.

（三）研究对象

本实验实际上进行了两次，第一次采取了立意抽样的原则，在香港选取了一个中等偏上的中学，在该学校中选取了 2 名地理科教师和 16 名八年级学生参加。第二次评价实验样本选择则比较复杂，这次研究是依托一个大型比赛进行的，本次大赛邀请全港中学自愿参加，最后从报名学校中按照报名顺序、学校声望、学生社会经济地位等选择了 16 所中学，每所中学包括大约 2 名教师和 16 名八年级学生（其中一所学校为 14 名学生），共 28 名教师（男教师 16 名，女教师 12 名）和 254 名八年级学生（男生 151 名，女生 103 名）。

在两次实验中，本章的研究选取若干学生进行个案研究。这个选取过程是动态进行的，研究者根据课堂观察、在游戏中的表现（利用"重播"功能了解）、提交的反思日志和总结报告、平时成绩和表现、教师评价、访谈记录等逐渐确定了最终的个案，本章重点报告 5 名典型学生，其中第一次实验选取了 2 名，第二次选取了 3 名学生。

（四）研究过程

在实验开始之前，进行了大约 20 分钟的知识测试。然后开始支架式学习阶段，该阶段为期大约 5 天，其中大约进行 5 次学习活动，每次历时 1 小时左右。然后是游戏化学习阶段，为期大约 16 天，大约每两天进行一个回合的游戏比赛，每个回合大约需要 1 小时，学生可以在两天之内的任何时间登录进行比赛。每个回合比赛结束后，学生需要在官方网站提供的博客（BLOG）中撰写一篇反思日志，对本回合的操作进行反思。教师也会组织 2 到 3 次反思总结学习活动，在其中教师会根据学生的操作以及递交的游戏日志引导他们进行反思和总结。然后是反思和总结阶段，为期大约 4 天，教师会组织 2 次反思和总结学习活动，学生需要撰写整个学习活动的总结报告。之后是后测，包括知识测试、问卷调查等，大约需要 1 小时，一般分 2 次进行。此外，还对部分师生进行了访谈。

二、总体结果分析

（一）对 VISOLE 的整体意见

本节以第二次实验的数据为依据，分析了师生对 VISOLE 的观感和 VISOLE 在问题解决能力方面的成效。在观感问卷中，我们了解了学生对 VISOLE 学习模式的总体意见，结果显示：共有 72.8% 的学生表示满意或非常满意，只有 3.7% 的学生持反对意见。在调查问卷中也专门设计了一个问题来了解他们是否喜欢本游戏，结果显示，有 54.5% 的学生表示喜欢或者非常喜欢这个游戏，而只有 14.6% 的学生持反对意见（见图 3-14）。

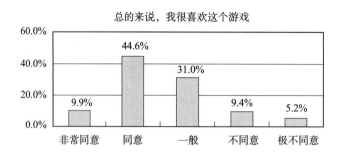

图 3-14 对是否喜欢本游戏的分析

为了了解 VISOLE 在问题解决能力方面的成效,研究者在调查问卷中设计了若干题目,以便了解它是否能够激发学习兴趣、增强学习信心、掌握学习内容、培养高阶能力和提高学习成绩,表 3-2 列出了部分调查结果:

表 3-2 对 VISOLE 学习模式的具体意见

	非常同意	同意	一般	不同意	极不同意
A 这种学习方法能够增加我的学习兴趣	16.4%	53.5%	25.4%	2.3%	2.3%
B 这种学习方法使学习更具挑战性	17.4%	46.9%	30.5%	2.8%	2.3%
C 这种学习方法使我对学习更有信心	14.1%	39.0%	34.7%	11.7%	0.5%
D 这种学习方法使我更有成就感	12.7%	35.7%	40.8%	9.9%	0.9%
E 这种学习方法能够让我学习到相关的知识	19.7%	53.1%	23.9%	2.8%	0.5%
F 这种学习方法能够提高我的高阶能力(如解决问题的能力、反思能力等)	15.6%	43.9%	36.3%	2.4%	1.9%
G 这种学习方法能够提高我的学习成绩	8.9%	27.7%	40.8%	15.0%	7.5%
H 相对于教科书,这种学习方法更贴近生活,有助于我将所学内容和现实生活联系起来	16.9%	48.8%	28.2%	2.8%	3.3%

由以上结果看来,VISOLE 学习模式基本上得到了学生的认可,其实,这一点也可以从访谈、反思日志、总结报告和课堂观察中得到印证,大部分学生对 VISOLE 这种寓学习于娱乐中的学习模式还是比较认可的,认为它不仅可以使学习变得更有趣,更重要的还能够培养高阶能力。比如有学生在反思日志和总结报告中写道:

这次的活动让我学到了一些关于农场经营的知识,更学到了一些地理和经济的知识,而且我感觉自己的解决问题等能力提高了很多。(Sch7_S_R[①])

这个学习活动可以让我了解到了,不单单只是学习而已,活动中会不时出现灾难,

[①] 本节资料编号说明:Sch7 表示第 7 所学校;S 表示学生,T 表示教师;R 表示总结报告,B 表示反思日志(BLOG)。

这让我学会要懂得如何随机应变，如何去解决问题。（Sch15_S_R）

（二）VISOLE 是否提供了问题解决能力培养的机会

一般而言，问题解决能力可以细分为发现问题、分析问题和解决问题的能力。在传统课堂中，由于学生缺少机会亲自去体验、去探究，因此较少发现问题的机会，而在 VISOLE 中，由于学生必须亲自管理一个农场，在管理的过程中，他们自然会碰到很多问题，比如农作物病虫害、牲畜生病、果树缺水等问题，因此，就会给他们很多在近似真实的情境中发现问题的机会：

我在本回合的资金有所上升，当有本钱后，我的另一个问题出现了：到底我的农场引不引入机械？（Sch12_S_B）

这次的果树不知怎么了，结果结了好久，但还是没成熟，难道两个回合后才能成熟一次吗？（Sch5_S_B）

当发现问题以后，学生必须认真分析问题，并制订解决方案，最终解决问题，才能使得自己的农场经营下去，也才能在比赛中获胜。那么，他们是怎么来分析问题的呢？

如果要养牛的话，要花很大金钱来养，可能会蚀本的，因为一出生的小牛也是一千元一头，如果要养大他们的话，是十分浪费金钱，所以本人认为一出生卖掉较好。（Sch16_S_B）

玩了多个会合，才知道上几回合一些农作物和牲畜无故死去和不见的原因，是因为我没玩完整个小时，所以才会出现这些情况。（Sch8_S_B）

将问题分析清楚以后，还要制订正确的解决方案，并立即予以执行，确保最终解决问题，请看学生是如何来解决问题的：

现在看价格和时间，再查一查书，发现现在最适合种洋葱，立刻去市场入货，在田里种植洋葱，等待收成。（Sch15_S_B）

而我搜集资料分析后，发现原来牛奶只值小小钱，所以牛不用要太多，所以，我便把两头牛卖掉。（Sch15_S_B）

而研究者感觉到最为重要的是，VISOLE 利用游戏创设了一个复杂的、近似真实的虚拟世界，可以让学习者在其中提出假设并去验证假设，比如有学生在反思日志中写道：

我本来打算 10 月中的时候种植小麦的，但一不小心按成了洋葱，等到它出了苗，我才发现我种错了，但又不想铲走它，就赌一赌，看它能不能存活下来，答案是——不能。（伤心）（Sch5_S_B）

因上回不懂养牧畜，所以在这次不求多，养了一只，逐渐累积经验，来改善饮食失调问题。（Sch11_S_B）

（三）VISOLE 中的具体问题解决过程

学生在游戏中会碰到许多问题，其中有显性的，也有隐性的，有结构良好的问题，

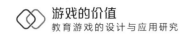

也有结构不良的问题。本节就对若干具有代表性的问题进行分析,借此了解学生的问题解决过程。

1. 应对困难

在《农场狂想曲》游戏中,很多时候会碰到灾难、资金困难、作物死亡和虫害疫病等重大困难,学生必须想方设法来应对这些困难。

(1)灾难

从重播中,可以发现一名学生在前四个回合经营得比较好,居于领先地位。但在第五回合由于游戏系统出了问题,他不能进入游戏,因此损失惨重。更不幸的是进入第八回合后发生了火灾,这对他的打击非常大。就在他想放弃的时候,他注意到苹果涨价了,于是将希望寄托在了苹果树上。而从重播中也可以看到,此回合他对果园的管理明显加强,以灌溉为例,第八回合共灌溉15次,而第六回合则只有8次。这些数据也从侧面反映出他对果树的关注。非常幸运的是,他重点发展果树的策略也获得了巨大的成功,并一举获得小组第一名。

(2)资金困难

每个农场初始时有3万元资金,然后需要通过经营来赚取资金,如果经营不善,可能会出现资金困难甚至是赤字的情况。从重播中,可以发现某学生开始经营不善,导致资金不断下滑,一度只剩下800多元;随后他注意到梨大涨价了,于是制订了重点发展果园的计划。他随后在第四回合加大了对果园的管理力度,并靠出售梨赚取了12万多元的收入,从而一举扭转资金困难局面。事实上,从重播中还可以看到许多类似的情节,总结这些学生应付资金困难的策略,基本上都是采用了"开源节流"的策略:至于"开源",表示通过重点发展某方面来赚取资金,或者通过出售牲畜来换取资金;至于"节流",则通过裁减工人节省工资、出售牲畜节省饲料、减少购买物品等策略来实现。

(3)作物死亡

从重播中,我们确实也可以看到许多作物死亡的例子,其中比较具有代表性的是某学生5次种植萝卜的例子。该学生在第四、五和六回合连续3次种植萝卜均失败了,究其原因,主要是因为播种季节不正确和虫害的原因。但是,从重播中可以注意到,她在第七回合5月份的时候再次开始种植萝卜,由于本次播种季节比较正确,并且虫害发生也比较少,再加上该学生的精心管理,在第八回合7月底的时候终于成功收割成熟了的萝卜。这显然让她很高兴,并立即在8月初的时候再次播种了萝卜,在成功应付3次虫害之后,于10月份再次成功收割成熟了的萝卜。

(4)虫害疫病

当出现虫害疫病时,绝大部分学生都是迅速努力救治,当然,可能由于对药物不太熟悉或者行动不够迅速,起初经常出现救治失败的情况,而随着游戏的进展,救治成功率则逐渐上升,这也表明学生对付虫害疫病的能力在逐渐增强。此外,在解决该问题的过程中,也有少数学生提出了一些非常新颖和独特的想法,有一名学生在发生虫害时立即提前收割,希望尽量减少损失;而另一名学生则会比较作物价值和药物疫病价格,然后决定是否医治;还有的学生发生虫害疫病立即翻土重新播种。虽然这些策略不一定正确,但是不可否认这确实是一些富有创造性的想法。

2. 选择作物

在农场中,选择什么作物是容易发现的问题,但是它却是一个结构不良的问题,因为要综合考虑物价、季节、生长周期、轮作、突发事件等因素来决定。

首先是物价,从重播看,许多学生往往主要根据物价决定是否种植农作物。其中某学生堪称代表,他居然因为番茄物价比较高而连续6次种植番茄,但由于季节等其他因素导致数次失败。其次是季节,尽管价格是很重要和容易考虑的因素,但是如果不考虑播种季节,农作物就很容易死掉或收成很少,因此大部分学生很快意识到需要考虑播种季节,比如有学生在 BLOG 中说道:

今天最后悔的是我被那市场价格吸引了,因此种了玉米,最后只得 \$381……(后来才知道是天气问题)(Sch4_S_B)

随着时间的推移,大部分学生都逐渐会考虑越来越多的因素,如价格、季节、生长周期、轮作等因素。事实上,研究者也结合重播和 BLOG 分析了 61 个播种情节,在这些操作中,有 25 次考虑到两种以上的因素,占总数的 41.0%,其中只有 4 次是随意种植的,仅占总数的 6.6%。这些数据从一个侧面说明大部分学生都会考虑到某种或多种因素来决策。而且,通过一轮轮的反复种植,学生对各种因素考虑得也越来越全面。

在选择农作物方面,有一个学生的案例比较有意义。之前他已经多次反思了播种季节的重要性,但是在第六回合 10 月初居然又种植了不适宜的洋葱。此举让研究者非常纳闷,为什么在多次反思后还会犯同样的错误呢?不过,很快从他的反思日志中找到了答案:

我本来打算 10 月中的时候种植小麦的,但一不小心按成了洋葱,等到它出了苗,我才发现我种错了,但又不想铲走它,就赌一赌,看它能不能存活下来,答案是——不能。(伤心)(Sch5_S_B)

这让研究者意识到 VISOLE 不仅给学生提供了一个发现问题、分析问题和解决问题的环境,还提供了一个让学生提出假设并验证假设的探究式学习环境。

3. 买卖牲畜

在本游戏中有牛和羊两种牲畜,学生可以在其中选择购买一种或两种,但是总数量不能超过 10 只。从重播看,最初大部分学生采取的是平均和保守的策略,然后随着对游戏的逐渐熟悉，才逐渐扩大经营规模、调整经营种类。这方面某学生比较具有代表性。从重播中可以看到，这名学生最初采取了保守策略，在第一回合初只购买了 2 头牛和 2 只羊。不过，随着对农场养殖的熟悉，她很快就增加了饲养牲畜的数量，加强了对牧场的管理。由此可见，随着对游戏的熟悉，该学生一边加大对牧场的管理，一边也增加牲畜数目、调整牲畜种类。从其他学生的数据也可以发现，大部分学生确实在努力钻研管理牧场的技巧，并且，逐渐调整了经营种类、扩大了牧场经营规模。

不过，在买卖牲畜方面，我们也看到了一些有意义或有趣的事情。比如有学生在配种完毕后，立即将公牛卖掉，等需要时再买回来，他认为这样可以节约资金。尽管这一点在现实生活中不太可行，但是确实是很新颖很独特的想法。此外，还有一些学生对农场中的小牛表示出了喜爱之情，甚至在出售时也抱着依依不舍的心情。由此也可以看出，VISOLE 让学生有了更深刻的情绪体验，让学生在解决问题的过程中考虑到了"感情"的因素。

4. 果叶比例

在管理果树过程中，需要进行"剪枝"和"疏果"的操作，以便保持适当的果叶比例。

从重播中看，在第一回合学生比较少执行剪枝和疏果操作，或者是随意地进行剪枝和疏果操作，而随着游戏的进展，大部分学生逐渐知道了保持适当的果叶比例的重要性，并增大了剪枝和疏果的力度。但是，可能他们太关注果叶比例了，而忽视了按需要进行剪枝和疏果，因此导致出现虽然果叶比例比较适当，但是果实数量却比较少的情况。比如某学生在第二年度（包括第三、第四回合）总共剪枝 27 次，疏果 20 次，虽然果叶比例和标准的一模一样，但是收获时果实数量只有 4，树叶数量只有 160，结果只有很少的收入。

由于过度剪枝和疏果会导致收入减少，所以随着游戏的进展，大部分学生开始能以比较理性的态度进行剪枝和疏果，不仅考虑到果叶比例，也考虑到按需进行。

我们对随机选择的 30 名种植苹果树的学生的游戏操作进行了分析，仔细统计了每个年度（包括两个回合）收获苹果时的果实数量、树叶数量和果叶比例，结果显示，在 4 个年度中，第二个年度虽然果叶比例最为接近标准值，但是果实数量和树叶数量却都是最少的。而第四年度虽然果叶比例仅位居第二，但是果实数量和果叶数量却位居第一。虽然这些数据不一定完全客观，但是可以从一个侧面说明大部分学生逐渐能够综合考虑多方面因素，从而比较有效地应付果叶比例问题。

5. 对待 BUG

所谓 BUG，通常指的是软件程序中存在的缺陷和错误。本游戏的 BUG 一定程度上确实影响了学生的积极性，不过，从重播和 BLOG 中，我们也可以发现某些学生在应对某些 BUG 的时候却有出人意料的做法：

（1）关于炒牛

所谓炒牛，是指某些虚拟世界在特殊时候牛的卖价要高于买价，因此有少数学生就利用这个 BUG 大量买进和卖出牛羊来赚取金钱，该现象被学生和教师称为"炒牛"。虽然"炒牛"是不被鼓励的，但是研究者确实很佩服那些发现该 BUG 的学生的探究能力和创新能力。

（2）关于保存进度

本游戏在设计的时候考虑到游戏速度的问题，学生的操作实际上暂时记录在本地计算机上，但是每隔 20 分钟系统会自动保存一次，将学生的操作保存到服务器上。不过如果保存之前突然发生死机，这 20 分钟进度就丢失了，学生就必须重新开始。

这当然是本游戏技术方面的一个缺陷，事实上这一点也让一些学生非常生气。不过，我们发现有学生竟然巧妙利用了该 BUG，实现了时间倒流。他在小麦死掉后立即关闭窗口，然后重新开始，这样经过反复测试，从而希望找到最好的种植方案。当然，这样做对其他学生实际上是不公平的，不过我们不得不佩服这名学生善于思考，并能够"变坏事为好事"的能力。

三、个案结果分析

除了上面的整体情况外，本章的研究还重点分析了几个比较典型的学生，希望对 VISOLE 中的问题解决过程有更深刻的了解。[①]

（一）A 学生：从差生到优胜者

A 学生是一个非常聪明的学生，但是平时学习动机不强，因此成绩比较差。而 VISOLE 学习情境的"真实性"和游戏的竞争性、挑战性等特性激发了他的学习动机，使他积极认真地参与了整个学习活动，并在游戏中取得了优异的成绩，从而在 VISOLE 中实现了"从差生到优胜者"的转变。

结合他的游戏操作和反思日志等资料，可以看出他具有如下特点：①既勤奋又认真。A 学生是非常勤奋的，比如，当他在第一回合意识到羊毛收入很高后，在以后回合中几乎在不停地进行清洁和放牧操作。而且他是以一种非常严肃认真的态度来对待游戏。②既有计划又能随机应变。从重播看，有一些学生最初的操作是随意的。而 A 学生在第一回合买羊和牛时，就已经有清楚的计划："羊是用来剪羊毛挣钱的，而公牛是在资

---

① 尚俊杰,庄绍勇,李芳乐,李浩文.游戏化学习行为特征之个案研究及其对教育游戏设计的启示[J].中国电化教育,2008(02):65—71.

金不足时用来帮助翻土的。(StuA_R)[①] 而且，该学生不仅能够应付农场中的灾难和突发事件，比如小麦死亡和海啸，而且能够灵活应付游戏中的 BUG。③认真查看资料。在本实验中，许多学生不太愿意阅读用户手册，而更喜欢在游戏中学习规则，但是 A 学生相对来说更注意阅读有关资料。④不断反思。从重播和反思日志中可以看出，他非常善于反思和总结，并努力将上一回合的经验应用到下一回合中。⑤努力钻研和勇于创新。到第六、七回合的时候，他已经不再单纯为了赢利，而是在好奇心的驱动下，"希望去尝试不同的事物，希望在实际中探索"（StuA_I）。比如，在 8 月份收获白菜后不再像以往一样继续种植生菜，而是刻意改种之前没有种植过的胡萝卜。另外，他在果园管理方面也锐意创新，对其施加了大量的肥料，比如第七回合总共进行了 14 次施肥，这远远大于前两个回合的 9 次和 8 次。在访谈的时候，他表示，仅仅是希望了解施加大量肥料究竟会产生什么样的后果？

　　从 A 学生的分析可以看出，VISOLE 确实给他提供了学习的机会，让他能够完成一个"生疏、熟练到探索"的不断攀升的过程。而且，从他最后两个回合的测试可以看出，游戏可以给学生创设提出假设、验证假设的虚拟学习环境。

（二）B 学生：永远都是优胜者

　　B 学生是深受老师、家长喜欢的传统的优秀学生，聪明、好学、认真和努力。在 VISOLE 中也一样，她认真积极地参与了整个学习活动，并且也取得了优异的成绩，堪称"永远都是优胜者"的典范。

　　从重播和其他数据看，她具有如下的特点：①和 A 学生一样，她也具有勤奋认真、努力钻研、认真阅读资料的特点。这一点她做得的比 A 学生还好，比如在第一回合不仅考虑到天气决定在 4 月份播种，还能够根据成本和精力来决定购买牲畜种类和数量，而在农田和果园中几乎从来没有出现水分不足或肥料缺乏的情况。②反思深刻。这一点在种植小麦方面最为明显，在游戏开始前，她就知道小麦的生长特点与种植方法，不过在第二回合因为玉米收割时间推迟，导致小麦未能如期播种，最后小麦被冻死。面对这样的情况，她迅速分析出是因为虫害等原因导致农作物收成和播种的日期推迟，令小麦被冻死。因此在随后的第四回合就提前收割未完全成熟的白菜以便准时播种小麦，并且施加了多次覆盖物，终于使得第五回合成功收割小麦。③计划、应变和决策能力极强。该学生的计划性比 A 学生更强，她不仅计划下一回合的管理，甚至计划到下下回合的管理。不过，她很快也意识到"很多时候事情的发生会出乎意料之外的，并不能像预定计划中发展得一样顺利"（StuB_B），所以要做到随机应变。而她在应变过程中表现出来的决策能力也让研究者大吃一惊。比如，她在分析出小麦被冻死

[①] 本节资料编号说明：StuA-I 表示 A 学生的访谈资料；StuA-B 表示游戏日志；StuA-R 表示总结报告；StuA-O 表示其他资料。其他学生依此类推。另外，T_I 表示教师访谈资料。

的原因之后，为了准时种植小麦而毅然将仅生长一个月的白菜提前收割，她认为"这样就不会浪费了冬天的时间"（StuB_B）。④创新精神略显不足。相对于 A 学生来说，她在创新方面则有所不足，比如，她在几个回合中种植的基本都是自己比较熟悉的、生长期最短的白菜、生菜和黄瓜，这一点和 A 学生后期锐意尝试各种不同的作物显然不太一样。

从 B 学生的分析可以看出，VISOLE 确实给该学生提供了发现问题、分析问题和解决问题的机会。接连几次农作物的死亡，让她意识到之所以不能按计划行事，是因为病虫害、杂草等意外事件而影响作物成熟，从而导致被冻死或减产，因此就决定尽量按时间种植，并且选择生长期较短的农作物。

（三）C 学生：努力过就不后悔

C 学生是一名比较内向的学生，他的平时成绩比较差，而他在 VISOLE 中尽管也很努力，但是成绩仍然比较差，不过他却能够以坦然的心态面对失败，或许可以称为"努力过就不后悔"。

从重播和其他资料看，他的成绩之所以远远低于其他学生，主要是如下原因：①没有一定的计划性。从反思日志中可以看出他也很希望赚取更多金钱，但是并没有一定的计划性。比如他的牧场一直只有 1～3 只牛羊，基本上在亏损，但是他几乎没有注意到该情况。②更多采用"**试误**"的策略而不是认真分析问题、解决问题。从他在农田中一系列错误的播种、施肥和收割等操作来看，他并没有认真阅读"游戏手册"，而只是在随意地尝试。过多"试误"的结果就是让他对事物的理解不够全面，并且对问题的解决也显得过于缓慢，这或许就是他从第六回合才逐渐盈利的原因。③不善于反思。从反思日志中可以看出，他确实也在不断地反思和总结，只是不能很好地将其应用到下一个回合中，致使经常重复犯错误。④不善于协作学习。他比较内向，平时主要依靠自己学习。而在 VISOLE 中也如此，尽管他也访问别人的 BLOG，但是只是想知道别人做了什么，很少从中得到启发。

从 C 学生的分析可以看出，由于该学生不注重参考资料和与人协作，而主要靠自己在游戏中"试误"，因此管理技巧提升得非常缓慢，解决问题的效率也非常低。这或许使我们谨慎地推断，日常学习中一些学生成绩不太好的一个可能原因就是过多使用"试误"策略，而不是结合各种资源工具来分析问题、制订合理的解决方案。

（四）D 学生：就差一点点

D 学生是一位深受老师和同学喜欢的模范学生，平时学习成绩也比较好，在游戏中成绩也比较好。

对于 D 学生，首先要肯定他的积极行为：他非常勤奋，也善于听取别人的意见，也在不断地反思，也逐渐能区分任务的重要性，比如考虑赚钱多少就逐渐调整牛羊数目，他管理农场的水平也在逐渐提高。

那为什么他的成绩不是最好呢？从重播和其他资料看，可能有如下原因：①勤奋但是不够理智。他确实很勤奋，比如，他在果园中前 2 个月共进行了 11 次操作，而同期 A 学生只进行了 1 次，B 学生进行了 3 次，C 学生进行了 6 次，并且牧场和农地也有类似的情况。此外，从第一回合末他就形成了一个特殊的管理策略，那就是在农地和果园分别安排两个人一刻不停地灌溉和施肥，尽管这确实使得他的农场几乎没有缺少过肥料或者水分，但是既浪费了金钱，效果还可能适得其反。②反思但不够深入。从他不断调整牛羊数目和种植农作物的历程看，他也在不断地反思，但是却不够深入和全面。比如，他在第三回合想到牛奶相对于羊毛来说很便宜，于是就将所有的牛卖掉了，但是并没有仔细计算牛奶是可以每天有利润的，而羊毛一年只有几次。③协作但不够有效。在访谈和反思日志中，他都表示自己面对问题时经常会问其他学生。但是从分析看，他只是简单地咨询其他学生问题，而得到的是支离破碎的答案，而非通过讨论协作彻底解决问题。比如在种植小麦的过程中，他也多次咨询其他学生，也知道需要在冬季种植，并且要施加覆盖物，但是两次小麦还是都死亡了。

分析 D 学生的结果可以看出，由于该学生积极勤奋，所以成绩也不错。但是可能由于存在"反思不够深入、协作不够有效"的问题，所以成绩不是最好的。这或许提醒我们，对于那些在日常学习中一些成绩"较好而不是最好"的学生，这可能是一个重要原因。

四、实验结果小结

（一）VISOLE 中的问题解决策略

通过以上的分析，可以看到 VISOLE 确实提供了大量的让学生发现问题、分析问题和解决问题的机会，而概括而言，学生在其中使用的问题解决策略大致有如下十种：①

1. 试误策略

所谓试误策略，指的是"盲目尝试并不断减少错误"的渐进过程的问题解决策略。虽然"试误学习"有机械化和简单化的倾向，但是在日常学习中确实也是比较常见的一种学习方式。在本实验中也是如此，学生在选择农作物、应对虫害疫病等问题时也经常采用试误策略，比如 C 学生主要依靠自己在游戏中不断地"试误"摸索管理技巧。

2. 随意策略

所谓随意策略，指的是在进行某些操作的时候没有任何目的性，而是随意进行操

---

① 尚俊杰，庄绍勇，李芳乐，李浩文．虚拟互动学生为本学习环境中的问题解决过程与策略 [C] // 第十三届全球华人计算机教育应用大会论文集．2009：150—158．

作。比如在本游戏中随意买卖牛羊、随意选择果树、随意选择农作物，都体现了学生随意操作的特征。

3. 目的策略

从广义上来说，除了随意策略之外，所有的策略都是有目的性的，只不过这里的目的策略是从狭义上来定义的，表示在进行某些操作的时候是有一定目的的。比如选择苹果是因为苹果好吃，再如某些学生在冬季选择种植小麦是考虑到小麦是唯一能过冬的农作物。

4. 从简单入手策略

当人们面对一个复杂的问题的时候，一般会从简单的地方入手，由简单到复杂，一点一点解决问题，这就是从简单入手策略。比如对于农场，学生尽管在课本中也学习过相关知识，但是毕竟不是非常全面，因此面对这样一个几乎完全生疏的事情，自然容易采用从简单入手策略。这一点在牧场的管理上尤其常见，比如担心照顾不了10只牲畜，而开始只购买2～3只，从简单入手逐渐积累经验。

5. 冒险策略

所谓冒险策略，指的是学生并没有太大把握，而是冒着失败的风险去尝试。虽然大部分学生都会采取从简单入手策略，不过也有少数学生会采取冒险策略。比如有学生在第一回合初一下子就购买了10只牲畜，而此时他实际上并没有完善的考虑。

6. 全面策略

所谓全面策略，指的是各方面一起发展。比如同时大力发展农地、果园和牧场。因为农场分成了三部分，所以自然有轻重缓急之分，从以前的分析中，我们也可以看到许多学生因为希望获取最多的利益，因此采用了全面发展的策略，比如D学生在农地和果园分别安排两个工人，一刻不停地灌溉和施肥，同时，他也频繁地对牲畜进行清洁和游牧操作。

7. 重点策略

重点策略是针对全面策略而言的，表示根据任务的轻重缓急给予不同的关注。当农场碰到重大困难的时候，学生往往容易采用该策略，比如上一节提到某学生由于火灾而重点管理果园，从而一举扭转落后局面。事实上，从重播中我们也注意到很多学生在最开始一般都采用全面发展的策略，但是随着游戏的进行，会根据各种信息以及自己的管理能力调整管理重点，甚至有学生将牧场完全放弃，而重点管理农地和果园。

8. 指数策略

所谓指数策略，指的是游戏中通常用数字来表示农作物、果树和牲畜的生长，而一些学生就单纯靠调整这些数字来管理农场。

对于游戏设计来说，由于要完全形象地表示作物的生长是比较困难的，因此通常用数字来表示它们的生长状态，这种设计就称为**指数式设计**，而这种指数式设计就导致一些学生单纯靠观察这些指数来管理农场。比如某学生大量进行疏果和剪枝，最后虽然果叶比例和标准的一模一样，但是果实只有4，叶只有160，收入只有几百元。

9. BUG策略

BUG策略指的是一些学生在游戏中千方百计地寻找游戏的BUG，从而寻找赚钱的诀窍，如上节提到的"炒牛"。对于游戏设计来说，自然应该尽力减少BUG，不过对于持这种策略的学生，却应该给予一定的肯定，他们能够积极探索游戏的每一部分，并对有关问题给出具有创造性的解决方法，自然有助于培养探究能力和创新能力。因此这就提示我们可以在游戏中人为设置一些"**可控制的BUG**"，来引导和促进学生进行探究和创新。

10. 娱乐策略

所谓娱乐策略，指的是在进行操作时只是追求好玩，并没有其他特别的目的。这一策略尤其在对牧场的管理中出现比较多，比如某学生仅仅为了好玩就买了一只没有任何利润的牛，再如一些学生因为觉得小牛很可爱而不出售。

（二）VISOLE中的问题解决行为特征类型

基于在VISOLE中的问题解决行为特征，学生可以分为以下六种类型：[①]

1. 创新型

创新型的代表人物是A学生。这一类学生通常并不是非常在意游戏的输赢，而是勇于尝试各种新鲜事物，并锐意探索游戏中的每一部分。在他们的游戏过程中，经常会出现一些"新颖"和"独特"的想法。当然，这些"新颖"和"独特"的想法并不一定能够将农场管理得更好，有的可能还会管理得更差，但是这些"新颖"和"独特"的想法对于培养学生的创造能力自然会有一定的作用，所以这类学生是值得肯定的。

2. 钻研型

钻研型的代表人物是B学生。这一类学生通常会比较认真地阅读相关手册，并能够比较全面地分析问题，认真钻研管理农场的技巧，力求取得更好的成绩。这一类学生在钻研方面有时候与创新型的学生并没有明显的差异，不过，相对来说，他们可能不会冒太大的风险去尝试新鲜的事物，而通常会采取相对稳妥和保险的做法。比如B

[①] 尚俊杰，庄绍勇，李芳乐，李浩文. 游戏化学习行为特征之个案研究及其对教育游戏设计的启示 [J]. 中国电化教育，2008(02):65—71.

学生在后期不像 A 学生一样去尝试各种没有种植过的作物，而是继续反复种植自己很有把握的作物。

3. 试误型

试误型的代表人物是 C 学生。这一类学生虽然不是完全盲目地试误，但是一般没有较强的计划性，也不能很好地参考各种信息，而只是通过随意的尝试来摸索管理经验。这一类学生的学习效率比较低，对知识的掌握比较缓慢，因此这一类学生的成绩都相对比较差。

4. 咨询型

咨询型的代表人物是 D 学生。这一类学生善于向别人请教问题，但是并不能进行有效的互动和交流，得到的常常是一些"支离破碎"的答案，因此很难迅速对事物有全面的理解。这一类学生如果希望有质的提高，就需要在"反思要深入、协作要有效"方面下功夫。

5 协作型

协作型的代表人物是某学校的两名学生，他们每次都一起制订计划，然后再实施游戏计划。这一类学生通常会比较好地进行协作学习，通过有效的互动和交流，从而对事物有更加全面的认识，也能够取得比较好的成绩。建构主义特别强调交流和协作，认为只有这样才能达到对问题更完整更全面的认识[①]，从这个意义上看，"协作型"学生也是非常值得肯定的。

6. 娱乐型

这一类学生将本实验纯粹当作了游戏，只是在其中追求游戏的娱乐性，并不太考虑学习，简单地说，就是"真的当作了游戏"。尽管这些学生真的当作了游戏，但是不表示他们一直在胡乱玩，他们也在努力玩得更好。而且，通过对学生的访谈可以看出，随着游戏的进行，有些"娱乐型"的学生在其他学生的影响下，也开始认真对待游戏。

以上大体上分了六种类型，不过学习行为是非常复杂的，以上只是主要的几种类型，并不能包括全部学生；而且，有的学生可能同时具备多种类型的特征，很难严格划分；此外，因为时间和精力所限，研究者也并没有将每个学生都进行归类。

---

① 陈琦, 张建伟. 建构主义学习观要义评析 [J]. 华东师范大学学报（教育科学版）. 1998 (1): 61—68.

第六节 结论与讨论

一、研究结论

通过以上分析,可以看出 VISOLE 学习模式确实有比较显著的成效。首先,这种学习方式确实有助于激发学习动机,原因主要有两个:其一是强调发挥游戏的趣味性等特性,[①] 从而能够激发学生的学习动机[②],让他们更加积极主动地去学习;其二是强调创设真实或近似真实的学习情境。因为在真实或近似真实的学习情境中,学生能够将所学知识和真实情境联系起来,明白所学知识的意义和用处,所以就可能具有强烈的学习积极性。[③] 从实际效果看,VISOLE 也确实激发了大部分学生的学习动机。在将近一个月的时间中,大多数学生都能利用课余时间认真参与活动,积极地上课、玩游戏,并有部分学生撰写了反思日志和总结报告。

其次,由于目前尚缺乏简单有效的权威的测量工具,我们确实无法断言 VISOLE 能够提高学生的问题解决能力等高阶能力,但是借助对游戏操作、反思日志、总结报告等资料的分析,我们可以看到,VISOLE 确实给学习者提供了培养问题解决能力等高阶能力的机会。近似真实的学习情境可以让学生在其中发现问题、分析问题和解决问题,亦能够让他们提出假设,并去实际验证假设,比如 A 学生在后期施加大量肥料只是想知道究竟会产生什么样的后果。这样能够让学生掌握可以灵活应用的知识,而不是怀特海提到的无法应用的"惰性知识"。[④]

二、研究启示

限于篇幅,本书没有报告太多关于游戏及配套材料等设计方面的研究结果,但事实上本章的研究还仔细调研了师生对《农场狂想曲》游戏、配套材料、教学活动设计等方面的意见,下面简要讨论几点设计游戏化建构主义学习环境的启示:

(一)一定要强调"真实的情境,真实的任务"

之前常有教育游戏将学科知识比较生硬地融到游戏中,比如在打怪的时候需要解决数学问题,其实这就不是真实的任务。而 VISOLE 在设计过程中强调模型真实、界

[①] Malone T W. What Makes Things Fun to Learn? A Study of Intrinsically Motivating Computer Games[R]. Palo Alto: Xerox, 1980.

[②] 尚俊杰,庄绍勇,李芳乐,李浩文. VISOLE 的动机策略及其成效研究 [J]. 全球华人计算机教育应用学报,2007, 5(1-2): 72—84.

[③] CTGV. The Jasper Project: Lessons in Curriculum, Instruction, Assessment, and Professional Development[M]. Mahwah, N J: L. Erlbaum Associates, 1997.

[④] Whitehead A N. The Aims of Education[M]. Cambridge: Cambridge University Press, 1929.

面真实和任务真实，收到了比较好的效果。

（二）问题解决是核心

一定要通过游戏中的任务创设问题情境，并提供适当的问题解决操作空间，[1]让学习者能够去发现问题、分析问题和解决问题。而且，要尽可能支持学习者创造性地解决问题。

（三）尽可能提供智能支架

在 VISOLE 中教师利用"重播"功能可以观看学生的操作，并给予点评，但是因为时间精力所限，教师不可能对每个学生的所有操作进行仔细分析。这些就提示我们，应该提供"智能支架"，系统通过自动分析学习者的操作，给予提示和帮助。

（四）反思和总结非常重要

虽然本书没有针对"反思和总结"进行比较实验，但是根据有关文献，在游戏中和游戏后进行反思和总结非常重要（如[2][3]）。关于这一点，所有访谈到的老师也都表示非常认可。比如有老师表示"这是游戏中最重要的一部分"（Sch16_T_I）。有鉴于此，在教育游戏的设计与应用中一定要强调反思，并尽可能提供反思工具。

（五）教育游戏中提供"重播"功能非常重要

从课堂观察看，很多教师都使用了重播功能，一般他们会从玩的好或差的学生、有问题的学生中挑选若干人的游戏片段予以点评，这不仅受到了学生的欢迎，被访谈到的教师也都表示该功能确实有助于帮助学生进行反思和总结。另外需要说明的是，"重播+反思日志等资料"能够使得研究者基本上全面把握学习者的所作所为所思所想，对于开展教育游戏研究非常有意义。[4]

三、研究不足

尽管研究取得了一定的成效，不过因为各种限制因素，还存在如下不足：

首先从游戏及配套资料的设计来说，因为人力、物力和技术等原因，很多设计没有办法实现。比如，到底是什么因素影响了问题解决能力，如何设计游戏可以让更多的学生从"高高兴兴地玩"转变为"高高兴兴地学"，理论上说可以开发多个版本进行

---

[1] Jonassen D H. Designing Constructivist Learning Environments[C] //Reigeluth C M. Instructional-design Theories and Models (2nd ed.). Mahwah, NJ: Lawrence Erlbaum Associates, 1999: 215−240.

[2] Crookall D. Editorial: Debriefing[J]. Simulation & Gaming, 1992, 23(6), 141−142.

[3] Thiagarajan S. The Myths and Realities of Simulations in Performance Technology[J]. Educational Technology, 1998, 38(5), 35−41.

[4] 尚俊杰，庄绍勇，李芳乐，李浩文. 个案研究方法在教育游戏研究中的应用[J]. 现代教育技术，2008(06):20—23.

比较，但是实现起来比较困难。

其次从研究设计来说，本实验是当作学校的课外活动进行的，学生也是自愿参加的，因此对于学习成效自然有一定影响。另外，因为种种限制，研究中没有设置控制组，这样自然会影响学习成效相关的结论。

再次从研究方法来说，本书提出的"重播+反思日志等资料"的研究方法确实非常有效，但是因为技术限制，无法使用大数据技术对所有学生的游戏操作进行全面的自动分析，因此只能靠研究者人工分析学生的游戏操作，这样自然无法对更多的个案进行分析。

本章结语

> 问题解决能力是教育领域非常关注的问题，深受世界各国各地区的重视。本章以此为研究问题，依据游戏化建构主义学习环境的设计模型、原则和策略，在VISOLE学习模式的指导下，设计了《农场狂想曲》游戏及配套材料、支持工具，并进行了实验研究，重点关注了VISOLE在问题解决能力培养方面的成效。研究结果显示，尽管还存在一些问题，但是VISOLE确实有助于培养学习者的问题解决能力。同时，本书对于问题解决过程的分析，或许有助于我们对传统学习过程产生更深刻的理解。

第四章 教育游戏与探究能力

本章导言

培养学生的探究能力是国内外课堂中非常重要的一个目标，探究学习是教育领域非常重视的一种学习方式。信息技术一直在探究学习中发挥着巨大的作用，除了提供专门支持学习的特有工具软件外，还借助网络平台构建探究学习环境。有研究指出，不管是传统教学中的实验教学，还是技术支持下的探究学习，都存在多种弊端，比如过于注重知识传授、学生参与性不强、个性化不足、探究精神得不到培养，过于形式化等。[1]学生参与性不强说明学生缺乏学习动机，学生不参与也就无法体验探究过程的喜怒哀乐，探究精神培养不足就无法形成科学探究的态度。

提到动机和参与，让人不得不联想到"游戏"。当人们在玩游戏时，总是不知不觉地进入"魔法圈"，沉浸其中、忘却时间甚至废寝忘食。因此有许多学者认为可以利用游戏创设富有吸引力并且近似真实的学习情境，从而使得学生可以在游戏化虚拟环境中进行体验和探究学习。[2]相对于其他信息媒体，游戏更能够支撑探究学习等复杂学习行为，从而培养和提升学生的探究能力。一项针对我国南方某发达地区的校长调查结果显示，82.5%的校长认为教育游戏在综合实践活动课程（如探究学习）中可能会具有更大的应用价值和潜力。[3]

本章就旨在研究游戏用于探究学习的方法与成效，将在文献调研的基础上梳理游戏化探究学习的理论基础，设计开发游戏化探究学习课程——"农场狂想曲科学探究课程"，将游戏化探究学习课程与网络探究学习的教学成效进行对比，并分析师生对这两者的看法和意见，以期为培养学生的探究能力提供参考。[4][5]在此基础上，

---

[1] 王利利. 移动技术支持下的探究学习活动设计与应用研究 [D]. 金华：浙江师范大学, 2015.
[2] Lee J H M, Lee F L. Virtual Interactive Student-oriented Learning Environment (VISOLE): Extending the Frontier of Web-based Learning [R]. Hong Kong: The scholarship of teaching and learning organized by University Grant Council, 2001.
[3] 尚俊杰, 蒋宇. 发达地区中小学校长教育游戏应用意见调查 [J]. 电化教育研究, 2010(8):82—83.
[4] 蒋宇. 游戏化探究学习模式的设计与应用研究——以农场狂想曲科学探究学习单元为例 [D]. 北京：北京大学, 2011.
[5] 蒋宇, 尚俊杰, 庄绍勇. 游戏化探究学习模式的设计与应用研究 [J]. 中国电化教育, 2011(05):84—91.

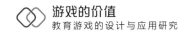

> 又进一步结合网络课程（在线教育）设计了游戏化科学探究网络课程——"农场狂想曲科学探究课程（网络版）"，并通过实验研究分析了其成效。[1][2]

第一节 探究能力

探究能力（Inquiry Abilities）是学生发展、适应社会变化的重要能力之一，众多研究者围绕着探究能力开展了研究。本节将从探究能力的概念界定入手，梳理探究能力的培养方式——探究学习、信息技术支持下的探究学习等内容。

一、探究能力的概念界定

"探究"，在1996年颁布的《美国国家科学教育标准》中被定义为多层面的活动："观察；提出问题；通过浏览书籍和其他信息资源发现什么是已经知道的结论，制订调查研究计划；根据实验证据对已有的结论做出评价；用工具搜集、分析、解释数据；提出解答、解释和预测以及交流结果。"在此基础之上，有学者认为探究有广义与狭义之分，广义上的探究是指一切发现认识并独立解决问题的活动，狭义上的探究是指围绕明确的问题、通过使用探索方法、经历探索过程后解决问题的活动。[3]简而言之，探究要求学习者确定假设、批判地和逻辑地思考、考虑其他可以替代的解释。这也意味着对于学习者而言探究是一种积极的学习过程——"学生去做的事，而不是为他们做好的事"。[4]

"能力"在心理学意义上是指人们顺利地完成某种活动所必须具备的个性的心理特征[5]，可以通过实践活动逐渐培养[6]。能力有一般能力和特殊能力之分，前者是指大多数活动所共同需要的能力，后者是指为完成某项专门活动必不可少的能力。而探究能力则属于特殊能力，即人们顺利完成探究活动所必需的个性心理特征。在此基础上，由于探究活动的复杂性，人们对"探究能力"有了更深入且侧重点不同的观点

---

[1] 尚俊杰, 张喆, 庄绍勇, 蒋宇. 游戏化网络课程的设计与应用研究 [J]. 远程教育杂志, 2012, 30(04):66—72.

[2] 张喆. 游戏化学习网络课程的设计与应用研究——以农场狂想曲科学探究网络课程为例 [D]. 北京：北京大学, 2012.

[3] 杜秀芳. 中小学生的科学探究及影响因素 [D]. 济南：山东师范大学, 2009.

[4] National Research Council. The National Science Education Standards[M]. Washington DC: National Academy Press.1996.

[5] 杨开城, 陈洁, 张慧慧. 能力建模：课程能力目标表征的新方法 [J]. 现代远程教育研究, 2022, 34(02):57—63+84.

[6] 林崇德, 杨治良, 黄希庭. 心理学大辞典 [M]. 上海：上海教育出版社, 2003:863.

和讨论。比如，奥斯特伦（Ostlund）认为不同的探究之中存在共同的过程要素，完成探究所需要一系列的要素能力便是探究能力。[1] 还有不少研究者强调探究能力具有缄默性，如乌尔诺夫（Woolnough）等认为探究能力与探究者自身息息相关，研究者的直觉、兴趣、动机都会影响其探究能力的强弱。[2] 而霍德森（Hodson）则认为探究是非良构、依赖情境的且复杂综合的，探究能力也是一种综合的能力，难以拆分并言述。[3] 因而，探究能力并不能通过很明确的言语教学，只能让学习者在真实情境中体验而内化。罗忠在此基础上，认为探究能力既有解析性的一面，但也有缄默性的一面，承认了探究能力培养的复杂性，需要让学习者在问题情境中自行体验。两者需要结合看待，这在一定程度上也为探究能力的培养指明了方向、奠定了基础。[4]

二、探究能力的培养方式

探究能力的解析性与缄默性，都需要学习者主动参与到探究过程之中，学习探究方法的同时，不断体验、体悟，在过程之中提升自己的探究能力。对于教育者而言，要做的便是给学生营造能够激发学习者探究积极性、适宜探究的学习情境与学习过程，"探究学习"的探究能力培养方式便应运而生。而且随着技术的发展，互联网技术、移动技术等也为学习者探究能力的培养提供了有力的支持。因而，这一部分将着重从"探究学习""信息技术支持下的探究学习"两部分内容探讨探究能力的培养方式。

（一）探究学习

"探究学习（Inquiry Learning）"是由著名教育家施瓦布（Schwab）和奥苏贝尔（Ausubel）在1961年首次提出的，与布鲁纳的"发现学习"有些类似，都强调学习者通过主动地参与科学探究的过程，掌握基本概念和探究方法、形成科学态度，强调探究能力培养的必要性与可能性。[5] 基于探究学习，施瓦布等还对实验教学和教材编排提出建议，和杜威等人倡导的"做中学"理论一同对20世纪美国基础教育的课程教材、教育教学模式产生了重大的影响。比如，在21世纪初我国开展的基础教育课程改革中增加了探究学习这一课程形态，《国家中长期教育改革和发展规划纲要（2011—2020）》中提倡"自主、合作、探究学习"的学习方式，倡导从知识讲授式教学转向启发式、

---

[1] ［美］奥斯特伦. 科学探究过程技能评价手册 [M]. 王春华，主译. 北京：高等教育出版社, 2004: i.

[2] Woolnough B E, Toh K A. Alternative Approaches to Assessment of Practical Work in Science[J]. School science review, 1990, 71(256): 127–131.

[3] Hodson D. Re-thinking Old Ways: Towards a More Critical Approach to Practical Work in School Science[J]. 1993, 22:85–142.

[4] 罗国忠. 初中生科学探究能力评价方式的比较研究 [D]. 重庆：西南大学, 2007.

[5] 钟启泉. 课程的逻辑 [M]. 上海：华东师范大学出版社, 2008: 115—126.

参与式教学，进一步明确了探究学习在基础教育中的地位和作用。

两者相比，传统教学往往离开了对自然事物、现象的探究，仅仅热衷于灌输现成的结论性知识，而"探究学习"则以真实的问题和任务为驱动，[1]强调学习者通过主动地参与科学探究的过程，掌握科学概念和科学探究方法、形成科学态度，从而获得科学素养、提高审辩能力。[2][3]具体到如何开展探究学习，施瓦布提出了科学探究方法，并将其分为形成问题、搜集可能有助于问题解决的数据、再形成问题、决定问题解决所必要的数据、设计旨在获得数据的实验、通过实验获得数据、解释数据共七个步骤。

那如何在传统理科与社科中开展探究学习呢？对于理科而言，实验教学是一种实现形式。比如"科学"教育中让学生开展"探究光对植物生长的影响"的实验，遵循如下的实验教学步骤：①提出假设：植物生长不需要光；②设计实验方案；③选取一株长势良好的植物，用不透明的遮光袋罩住一个侧枝；④将整株植物放在适宜的环境中，每天晚上取下遮光袋观察被遮挡的枝叶，并作记录；⑤观察并解释数据：被遮光袋罩住的枝叶逐渐变黄，即假设有误，给予修正；⑥得出结论：植物的生长需要光。在这个教学过程中，学生通过实验，掌握提出假设、设计方案、实施方案、观察并分析数据、得出结论这一科学的实验方法。但在实施过程中，理科实验教学容易出现两大弊端。第一个弊端是过于注重知识的传授，实验探究的客体仍然是客观存在的真理、有明确的答案。这种教学往往会让老师和学生忽视实验的过程，为了教学的方便而将知识简化为一些事实或抽象概念，此时知识的意义将会被减弱。[4]第二个弊端就是在我国中小学，尤其是在一些条件较差的学校，不是每一个学生都有经常做实验的机会，教材上要求的学生动手实验可能被老师当成演示实验。这两个弊端使本身注重培养科学精神、掌握科学方法、体验科学探究过程的探究学习，变成了死记硬背实验结论、旁观获得真理的学习，实际上并不利于学生探究学习能力的真正提高。

至于社会学科，"以问题为中心的学习"是探究学习的重要实践形式，即培养探究能力的重要学习方式。它是一种关注经验的学习，是围绕现实生活中一些结构不明确的问题所展开的调查和寻求解决方法而组织的学习[5]，一般分为如下4个步骤：①确定一个研究问题，制订研究计划和研究目标，并按照计划和目标协商分工；②开展自主

---

[1] 叶德伟，肖龙海. 真实的发生探究学习——中美初中物理教科学"电学"单元探究学习比较研究 [J]. 上海教育科研，2019 (12):54—58.

[2] 徐学福. 探究学习的内涵辨析 [J]. 教育科学，2002, 18(3):33—36.

[3] 惠浩，刘国良. 数学建模在小学科学探究学习中的运用 [J]. 教学与管理，2020 (29):64—66.

[4] Barab S A, Sadler T, Heiselt C, et al. Relating Narrative, Inquiry, and Inscriptions: A Framework for Socio-Scientific Inquiry[J]. Journal of Science Education and Technology, 2007, 16(1): 59–82.

[5] 张人红. "研究性学习"在美国 [J]. 教育发展研究，2001, 21(8):47—48.

学习，为解决问题搜集资料，完成小组任务；③分享学习过程，重新定义问题，统一假设；④在学习阶段过后，总结和整合各自的学习。[1]

（二）信息技术支持下的探究学习

对于探究学习而言，信息技术能够提供学习资源，为学生的学习提供自我探究工具、协作工具和交流共享工具，追踪、记录学生的学习过程并得到实时反馈，为真实的评价提供支持，而且可以相对更有效地激发探究过程中学习者的动机，促进小组协作、自主学习，促进探究学习目标的实现以及学生探究能力的培养。因而，不少学者专门研究信息技术支持下的探究学习，形成了如下三种信息时代的探究学习模式：[2]

1. 基于网络的探究学习

网络为学习提供了较为理想的自主学习环境，为各个学科提供了丰富的学习资源，让学生摆脱教师、书本与课堂这"三个中心"的束缚，[3]借助丰富的信息资源主动获取和应用信息，并在此基础上进行调查和探究。[4]此外，网络中的多种学习软件为学生的独立学习和小组学习提供了大量的协作工具和分析工具，不仅可以帮助学生归档整理数据资料，还可以帮助学生进行高效分析。网络还可以连接专家资源，为探究学习中的方案设计、数据分析等环节提供同步或异步指导。因此，网络既是探究学习的工具，也能为探究学习创设环境。

美国圣地亚哥州立大学伯尼·道奇（Bernie Dodge）于1995年提出了网络探究（WebQuest）教学模式，该模式为教师提供了有固定结构的教学设计流程模板和一系列的指导信息，是一种便于掌握、运用教学设计新理念的脚手架。确切地说，WebQuest是一种以探究为取向、利用网络资源的课程单元教学活动。[5]在该活动中，呈现给学生特定的假想情景或者任务（通常是一个需要解决的问题或者一个需要完成的项目），并给学生提供少许信息资源，要求学生通过对信息的分析与综合来得出创造性的解决方案。一般说来，WebQuest构成要素为：①引言，又称为"情境"，主要提供主题背景信息、动机因素和学习目标等；②任务，主要阐明学生在完成对主题的学习时，要达到什么样的任务结果或解决什么样的问题，且任务是可行的和有趣的；③过程，该部

---

[1] Hung W, Jonassen D H, Liu R. Problem-based Learning[J]. Handbook of Research on Educational Communications and Technology, 2008, 3(1): 485–506.
[2] 李宝敏. 基于探究的网络素养教育：为何、是何与如何 [J]. 教育发展研究, 2014, 33(Z2):47—54.
[3] 胡俊. 网络环境下学生自主探究学习及其教学模式研究 [J]. 电化教育研究, 2005(1):76—80.
[4] 王润兰, 程志娜, 刘纪平. 基于Blackboard平台的网络探究学习实验研究 [J]. 现代教育技术, 2014, 24(01):101—106.
[5] 刘惠敏. Webquest教学模式——历史教学的新走向 [J]. 继续教育研究, 2011 (04):125—126.

分描述学习者完成任务所需要经历的步骤，教师通过过程设计引导学生经历高水平的思维过程，以培养学生的高级思维能力；④资源，是指学生完成任务所需要的资源，它们一般都是经过教师精心挑选的，作为学生上网查找资源的定位点，以避免学生在网上漫无目的地冲浪；⑤评价，在每一个WebQuest单元学习中有一套评价标准对学生的学习过程和结果进行评价，评价标准必须是适合特定任务的、清晰的、一致的和公正的；⑥总结，是指学生进行反思、教师进行总结的阶段，教师可在该阶段设置反思问题，对活动过程和结果进行总结。

2. 基于专用平台的探究学习

利用开放的网络开展探究学习，学生可能会"沉浸在数据的海洋，却面临知识的饥渴"。因此，有研究者专门为探究学习建立了网站平台，开发特定的探究学习课程支持系统，将学生的整个探究学习过程中涉及的知识、方法和工具整合于一个平台中。专题学习网站也是特有的探究学习平台，它是指在网络环境下围绕某一项专题或多项专题设计开发的学习型网站，可以让学习者利用专题学习资源和协作学习交流工具，自己选择并确定研究的课题，自己获取、分析信息资料进行专题学习。① 一般来说，专题学习网站的内容主要包括五部分：结构化专题知识库、扩展性专题资源库、自我评价系统、专题协作讨论空间和网站服务支持系统。② 基于专用平台的探究学习的好处在于专门为研究性学习创设，提供了大量的学习资源、探究工具、合作工具和评价工具，缺点是开发成本较高，且局限于一个主题，不方便推广使用。

WebQuest和基于专题学习网站学习模式的共同点都是利用互联网的开放性、便捷性和互动性，可促进学习者之间的交流、协作和共享，帮助学生实现探究学习的过程。从普及应用的角度看，WebQuest为教师提供了固定的设计模板和有关的规则及指导，教师不需要从头学习设计，相对而言操作性强、容易实施。③ 另外，加州大学伯克利分校玛西娅·林（Marcia C. Linn）教授团队开发了"基于网络的科学探究环境"（Web-based Inquiry Science Environment，WISE），是当前比较优秀的科学探究教学平台之一。④ 在我国，教育技术学科前辈李克东教授等许多人曾进行基于网络的专题研究性学习研究和实践。⑤

---

① 周静，冯秀琪. 专题学习网站的特点及功能设计分析[J]. 远程教育杂志，2003(6):43—45.
② 高洁，杨改学. 专题学习网站的教学模式探讨[J]. 教育信息技术，2008, (10):17—22.
③ 何克抗，曹晓明. 信息技术与课程整合的教学模式研究之五——"WebQuest"教学模式[J]. 现代教育技术，2008, 18(11):5—12.
④ ［加］斯洛塔，林. 课堂环境中基于网络探究的科学教育[M]. 赵建华，译. 上海：华东师范大学出版社，2014.
⑤ 黄娟，李克东. 开发专题学习网站及进行相关研究性学习的思路及方法[J]. 中国电化教育，2003(05):25—28.

3. 基于移动技术的探究学习

近年来，移动终端迅速普及，移动互联网络快速发展，移动技术具有流动性强、终端携带方便等优势，加上其本身具有的社交性和互动性等特征，能够为真实环境的探究学习带来更多可能性。[①]与传统教室中利用移动设备及时反馈辅助课堂教学不同，移动探究学习是一种有组织的专业人士开发和设计的学习方式，较一般的"泛在学习"更加系统化，具有正式学习的特征。美国斯坦福大学的 SMILE 移动探究学习项目[②]、我国香港中文大学开展的 EduVenture 项目[③]等，都是属于移动技术支持下的探究学习——学生学习终端是移动端，老师用于设计、组织、管理教学活动的平台部署在 PC 端，学生在真实环境中学习时，通过 GPS 定位或者二维码将真实的场景与移动学习资源推送链接起来，学生在终端里完成测试、答题或自主命题，与其他同学进行分享。

有研究者认为常见的网络探究很难让学生保持较高兴趣的学习，因为有些平台的操作和结构过于复杂，以至于自制力不强的学生注意力很容易转移，[④]而且学生之间彼此参照、很少提出自己独立的见解，探究能力并没有得到很好的培养。[⑤]

第二节 游戏支持下的探究能力培养

很多专家认为游戏有利于学习者探究能力的培养，因为游戏本身能够为学习者提供有关物体的基本信息、创设问题情境，游戏天然的试验性和灵活性能够激励学习者主动积极地学习，促进学习者从具体思维到抽象思维的发展。而且对比游戏和探究学习，可以发现两者有着共通之处。譬如，游戏与探究都是源于"疑"，目标是解决问题或完成任务，它们解决疑惑的过程是寻找一条最为便利的道路、一种最为恰当的方法。不过游戏支持下的探究能力培养（以下简称游戏化探究学习）能够发挥教育游戏的核心价值，为学习者探究能力的培养带来新的可能性。

---

① 蒋志辉，赵呈领，李红霞. 基于微信的"多终端互动探究"学习模式构建与实证研究 [J]. 远程教育杂志，2016, 34(06):46—54.
② 冯锐，缪茜惠. 探究性高效学习的意义、方法和实施途径——对话美国斯坦福大学 Linda Darling-Hammond 教授 [J]. 全球教育展望，2009(10):5.
③ 项目网址：https://www.web.ev-cuhk.net/。
④ 何弦. 基于网络的探究式学习活动设计 [D]. 桂林：广西师范大学，2005.
⑤ 黎加厚. 教育信息化环境中的学生高级思维能力培养 [J]. 中国电化教育，2003，(9):59—63.

一、游戏化探究学习的核心价值

在第二章我们讲过教育游戏的三层核心价值：即游戏动机、游戏思维和游戏精神。[1] 其中，游戏动机指的是将游戏应用到教学中，激发学生学习动机，让他们学习知识、培养能力和情感态度与价值观；游戏思维指的是随着年龄提高，未必要用纯粹的游戏，但是可以将游戏的元素设计和理念应用到教学中；游戏精神指的是用对待游戏的态度来对待学习。

游戏化探究学习可以说是同时发挥了这三层核心价值。

首先，游戏化探究学习能够利用游戏激发学生学习动机。布鲁纳等认为，学习是由学生的内部动机驱动的积极主动的建构过程，因此激发学生的动机在学习中尤其重要。有研究表明，利用游戏给学生创造"心流体验"，学生更容易产生沉浸式学习，从而达到深层参与的目的。[2] 将游戏作为探究学习的主要环境，发挥了游戏能够提高学习者学习兴趣的特点，使探究的问题更加具体、实验的反馈更加及时有效，能够促进学生保持较高的学习动机，更加主动地参与到知识学习和探究学习之中。

其次，游戏思维能更好地整合探究学习与体验学习，有助于学生形成科学探究的态度。许多学者认为在教育游戏中游戏特性和教育特性的有机融合是一个非常困难的问题，比如基里穆尔（Kirriemuir）曾提到现有的教育游戏要么是有教育价值但是不好玩的教育软件，要么是好玩但是缺乏教育意义的游戏。[3] 许多学者都致力于追求游戏特性和教育特性的平衡，然而在实际操作中似乎有一个隐喻"教育游戏首先要好玩"，所以许多研究者首先会追求让学生玩得高兴，然后再利用反思总结等措施来保障学习成效。但对于游戏化探究学习而言，探究学习是主体，教育游戏首要任务是服务于探究学习过程而不是确保好玩性。

最后，游戏化探究学习可以让游戏精神引导学生的学习，促成学习者之间的合作。在很多网络游戏中，由于要解决的问题都是比较复杂的问题，单靠个人的力量几乎无法完成，合作就成为一种必需，而不是一种选择。[4] 而且游戏化探究更能够激发学生的反思行为，学生会更多地撰写反思博客、更深层次地参与探究学习活动。[5] 此外，游戏

---

[1] 尚俊杰，裴蕾丝．重塑学习方式：游戏的核心教育价值及应用前景 [J]. 中国电化教育，2015, (05):41—49.

[2] Ketelhut D J , Nelson B C , Clarke J , et al. A Multi-user Virtual Environment for Building and Assessing Higher Order Inquiry Skills in Science [J]. British Journal of Educational Technology, 2010, 41(1):56–68.

[3] Kirriemuir J, McFarlane A. Literature Review in Games and Learning [EB/OL]. [2005-09-06]. http://www.nestafuturelab.org/research/reviews/08_01.htm.

[4] Hamalainen R. Designing and Evaluating Collaboration in a Virtual Game Environment for Vocational Learning[J]. Computers & Education, 2005, 50(1): 98–109.

[5] 尚俊杰，庄绍勇，李芳乐，李浩文．游戏化学习行为特征之个案研究及其对教育游戏设计的启示 [J]. 中国电化教育，2008(02):65—71.

本身具有"严肃性"和"规则性",学生在游戏中不得不合作完成游戏任务、遵守游戏规则,而且游戏结果的严肃性使得学习者在游戏外也会开展学习,通过自学和讨论主动学习与游戏有关的知识。

二、游戏化探究学习的经典案例

游戏化探究学习中普遍得到认可和应用的是基于网络游戏的探究学习。正如韩庆年认为网络游戏是一个基于问题情境的、以学习者为中心的探究式学习环境,游戏的故事背景、角色系统、事件系统、动机系统、奖惩机制和支持系统六个维度与探究学习环境中的学习情境、学习者、问题系统、动机系统、奖惩机制、支持系统相对应。[1]但网络游戏不是为了教育专门开发的,直接用来探究学习会存在一系列的问题,比如说游戏情景过于复杂、无关的因素过多会造成学习者的学习负担加重、学习任务难以聚焦。综上,如果要利用游戏化探究学习培养学习者的探究能力,就必须经过进一步的设计和研究。国内外学者也围绕着游戏化探究学习开展了相关研究,经典案例如下。

1. 基于《文明Ⅲ》的游戏化探究学习

库尔特·斯奎尔曾利用《文明Ⅲ》开展过探究学习,研究团队在一所城市中学里选取了四年级和九年级的学生作为实验对象,用于学校的社会课程(历史、地理)的学习。其中,《文明Ⅲ》游戏是一款经典的商业游戏,如图4-1所示,游戏创设了一个宏大的问题情境,玩家进入游戏后选择一个文明主题进行演绎发展。为了文明的可持续发展、不被其他文明所吞噬,玩家即文明的拥有者要不断地解决文明内部的均衡发展问题,如农业生产、工业、文化、军事、社会等方面的问题,以及外部其他国家的军事和文化侵略问题。因而这款游戏对于学习者来说,玩游戏、创造历史的过程也是不断探究、解决各种问题的过程。完成研究者设计的探究学习步骤后,学生不仅在游戏中学习了地理和历史知识、加深了对文明的理解,还运用历史和地理知识探究和解决问题,锻炼了探究能力。此外,通过有目的的集体探究活动,学习者也从一个无组织的个人逐步形成一个自主学习、合作探究的学习共同体。[2]

---

[1] 韩庆年. 电脑游戏中的学习过程与学习模式研究 [D]. 南京:南京师范大学,2003.
[2] Squire K, Giovanetto L, Devanc B, et al. From Users to Designers: Building a Self-Organizing Game-Based Learning Environment[J]. Techtrends Linking Research & Practice to Improve Learning, 2005, 49(5):34-42.

图 4-1 《文明 Ⅲ》游戏示意图[①]

2. 基于《模拟城市》的游戏化探究学习

泽林斯基（Zielinski）采用《模拟城市》游戏在一所中学的七年级开展了持续三星期的探究学习研究。其中，如图 4-2 所示，《模拟城市》是一款模拟类商业游戏，在游戏中玩家以市长身份规划、设计、建立城市并维持城市的持续发展。泽林斯基研究发现，在基于《模拟城市》的游戏化探究学习中，学生不但深刻理解了社会知识单元内部之间的联系、学会了使用图表、图像等相关信息处理工具，还学会了应用学科知识探究、解决城市虚拟居民提出的抗议和环境保护等问题，提高了探究和决策能力。[②]

图 4-2 《模拟城市》游戏示意图[③]

---

① Firaxis Games. Civilization Ⅲ [EB/OL]. [2022-04-30]. https://civilization.com/zh-TW/civilization-3/.
② Zielinski J C. Using SimCity 3000 to Enhance Learning in a 7th Grade Social Studies Classroom[EB/OL]. (2004-08-05) [2022-03-02]. http://ted.coe.wayne.edu/sse/finding/zielinski.doc.
③ Electronic Arts Home. SIMCITY GAMES [EB/OL]. [2022-04-30]. https://www.ea.com/games/simcity.

3. 基于《探索亚特兰蒂斯》的游戏化探究学习

在第一章也讲过，美国印第安纳大学教育学院萨莎·巴拉布教授等人开发了一款集学习、娱乐和培养学生责任感于一体的教育网络游戏《探索亚特兰蒂斯》。[1] 该游戏面向 9～15 岁儿童，自 2002 年免费向全球开放至 2009 年已有数万名儿童注册，并被美国、澳大利亚、新加坡、丹麦等国家的中小学教师将其应用于他们的课堂教学中。[2] 基于《探索亚特兰蒂斯》的游戏化探究学习，可以将游戏任务与美国课程内容紧密地结合在一起，探索、使命和单元三个层级的任务都以学科课程中提炼出来的复杂问题为核心。

4. 基于《精灵》的游戏化探究学习

《精灵》(Geniverse) 是一款免费的高中生物在线学习软件，学生们可以通过培育虚拟的龙探究学习遗传的奥秘。如图 4-3 所示，《精灵》以一个迷人的叙事为学生走进遗传知识世界创造了真实的环境，学生使用虚拟模型物种（龙）探索遗传和遗传疾病的基本机制，当跟随主角完成挑战时学生会产生自己的实验数据。教师可以在课堂上发挥积极作用，引导学生利用模型进行模拟实验、生成真实的和有意义的遗传数据，鼓励学生使用论证的科学实践"发表"他们的发现、用证据和推理支持他们的主张，从而培养和提升探究能力[3]，并显著提升学生学习遗传学知识的效果。[4]

图 4-3 《精灵》界面示意图[5]

---

[1] Barab S, Thomas M, Dodge T, et al. Making Learning Fun: Quest Atlantis, a Game Without Guns[J]. Educational Technology Research & Development, 2005, 53(1):86-107.

[2] 肖静. 对美国 Quest Atlantis 项目的分析与借鉴 [J]. 中小学信息技术教育, 2009 (9):65—66.

[3] The Concord Consortium. Geniverse [EB/OL]. [2022-03-05]. https://concord.org/our-work/research-projects/geniverse/

[4] Wilson C D, Reichsman F, Mutch-Jones K, et al. Teacher Implementation and the Impact of Game-Based Science Curriculum Materials[J]. Journal of Science Education & Technology, 2018 (1):1-21.

[5] The Concord Consortium. Geniverse[EB/OL]. [2022-04-28]. https://demo.geniverse.concord.org/.

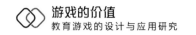

三、游戏化探究学习的发展问题

游戏化探究学习能够发挥游戏动机、游戏思维、游戏精神的核心价值，而且已经在很多经典案例中得到了价值印证，但目前游戏化探究学习的发展也碰到了如下挑战：

首先，能够用于探究学习的游戏较少。尚俊杰等在调研中发现，尽管校长和不少教师都认为电子游戏可以在探究学习中发挥重要的价值，但不可否认的是目前市场上可用于探究学习的综合游戏并不多。对于探究学习的综合学习方式，角色扮演类网络游戏更加适合，然而相对于其他类型的游戏，角色扮演游戏开发和运营的成本更高。①本书介绍的典型实践中很多研究者和教师的实践都是用的一般的网络游戏，或者根据已有的网络游戏进行的改编。

其次，游戏化探究学习中学生究竟是对游戏感兴趣还是对学习感兴趣、动机的转换需要特别关注。游戏化探究学习利用的是游戏激发学生学习动机这一重要价值，尤其是"挑战"和"合作"动机。如前所述，合作动机能够促进学生游戏外的合作，但是"挑战"和"竞争"动机能否迁移到探究过程中，尚需进一步研究。学生能够通过游戏，在掌握探究过程和方法的基础之上，养成探究学习的态度、获得游戏胜利后解决真实问题的快感、真正形成对探究的自主自觉，这才是学习的目的所在。

最后，用游戏化探究学习培养学生探究能力的方式对教师的能力提出了要求，需要探求适合一线教师开展游戏化探究学习的方法。如前所述，游戏用于教育当中，有两种含义。一是将游戏应用于学习中，利用游戏的教育价值激发学生的学习动机，借用游戏培养学生的探究能力，使学习更有效地发生。二是使学习游戏化，即遵循游戏的机制，在没有游戏元素的学习场景中添加、设计游戏规则，提高学生参与性与沉浸感。②在第一种含义中，游戏被当成一种资源，第二种含义则强调的是"游戏"的精神。在现有的教师继续教育课程中有很多技术应用的内容，但作为学习资源的游戏也是在2013年时才被写入国家的基础教育资源征集当中，对众多一线教师来说尚属新事物，很多教师想用但不知道如何用，而且继续教育中缺乏配套的内容和教学方法，"游戏"精神的融会贯通对于普通教师来说更难。如果要用教育游戏培养学生的探究能力，意味着教师既要清楚游戏的本质，又要精通游戏化探究学习模式，将游戏化探究学习与课程有机融合，可能是适宜一线教师开展实践的重要形式。

---

① 尚俊杰,蒋宇. 发达地区中小学校长教育游戏应用意见调查 [J]. 电化教育研究, 2010(08):100—105.
② 蒋宇. 玩出智慧:游戏化学习的魅力 [M]. 北京:北京交通大学出版社, 2016: 72.

第三节 游戏化探究学习课程的理论基础

为了能够更好地在一线开展游戏化探究学习、培养学生的探究能力，本章的研究确定了"游戏化探究学习课程"的研究主体，并对相关文献和理论开展调研。调研发现，体验学习理论、合作学习理论等学习理论，游戏化探究学习课程的设计策略、设计模型等设计理论，都能够为游戏化探究学习课程的设计、学习者探究能力的培养提供重要指导与基础支撑。

一、体验和合作学习理论

游戏化探究学习课程本质上是塑造学习者的学习过程，从而培养学习者的探究能力。体验学习理论和合作学习理论分别为本章的研究中课程的过程设计、课程的开展形式设计提供思路和启发。

（一）体验学习理论

体验学习理论可从杜威及其经验学说谈起。杜威认为："经验包含一个主动的因素和一个被动的因素，这两个因素以其特有的形式结合着"，这两个因素分别就是体验（Experience）和承受（Undergoing）。[①] 其中，体验是为求得某种结果而进行的尝试，承受是接受感觉或承受体验的结果。只有当主动的尝试和被动的承受结合在一起的时候才构成了经验。[②] 但是体验学习中的"体验"比杜威所说的经验中的"体验"具备更加丰富的内涵，它不仅包含学习的过程——尝试，也包含了学习的结果。

后来，哈恩（Kurt Hann）开始将体验作为一种独立的学习方式并进行研究。20世纪80年代左右，库伯（Kolb）首次提出体验学习理论，[③] 如图4-4所示，体验学习是由具体的活动经验开始，透过观察、活动反思学到的抽象概念，而后把这些概念应用在新的活动中以进一步验证，学会探究解决问题，是螺旋式上升的学习过程。

[①] ［美］约翰·杜威.民主主义与教育[M].王承绪，译.北京：人民教育出版社，1990
[②] 石雷山，王灿明.大卫·库伯的体验学习[J].教育理论与实践，2009, 29(29):49—50.
[③] Kolb D A. Experiential Learning: Experience as the Source of Learning and Development[M]. Englewood Cliffs, NJ: Prentice Hall, 1984.

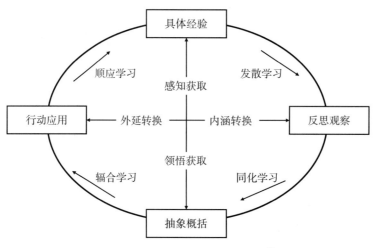

图 4-4 库伯的"体验学习"圈[1]

在此基础上,还有学者认为体验学习是娱乐与教学整合的基础,[2]为娱乐与教学搭建了融合的通道。体验学习要求学习者的学习动机是自发的内在动机,在强烈的内在动机驱使下,学习者自动地调整自我的心理和行为,积极地适应问题情境、主动地完成学习任务;而游戏同样注重目标与结果,并且能够激发玩家的内在动机,使玩家主动愉快地建构知识,甚至使玩家产生流体验,达到"忘我"的状态。在此基础上,如图 4-5 所示,芬兰坦佩雷理工大学教授克里斯蒂安·科里(Kristian Kiili)提出了体验游戏模型,整合娱乐和体验学习以促进沉浸体验。[3]

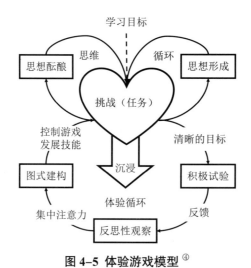

图 4-5 体验游戏模型[4]

---

[1] 尚俊杰,蒋宇,庄绍勇.游戏的力量:教育游戏与研究性学习[M].北京:北京大学出版社,2012:110.
[2] 翁凡亚,周湘梅.基于体验学习的教学游戏[J].中国教育信息化,2007(01):80—82.
[3] Kiili K. Digital Game-based Learning: Towards an Experiential Gaming Model[J]. The Internet and higher education, 2005, 8(1): 13−24.
[4] 尚俊杰,蒋宇,庄绍勇.游戏的力量:教育游戏与研究性学习[M].北京:北京大学出版社,2012:111.

此模型以挑战或任务为核心，以思维循环过程、行为循环过程作为游戏体验学习的过程，强调体验学习需要的活动不仅是认知活动也要有行为体现。思维循环包括思想酝酿和思想形成，思想酝酿主要是创作，思想形成是指游戏者考虑游戏世界的各种现有的条件、制约及可利用的资源后进一步整理形成方案。思维循环结束以后，游戏者在行为循环中试验解决方法、反思观察结果，并基于已有的知识结构建构图式，从而完成游戏任务、获得知识技能的发展。

（二）合作学习理论

合作学习指学生为了完成共同的任务，有明确的责任分工的互助性学习，具有互动性、交往性两大内涵。其中互动性是指在课堂上学生之间的互动关系，该关系会对学生的学习成绩、社会化和发展产生很大的影响；交往性是指主体之间的相互作用、相互交流、相互沟通、相互理解。合作学习理论认为学习不仅是一种个体获得知识和发展能力的认识过程，同时也是一种人与人之间的交往过程，而人正是在交往中、在与他人的互动中学习生存所需要的知识、技能、经验并获得人的本质。[1]

此外，约翰逊（Johnson）等还将合作学习归纳为五个基本要素：①积极的相互依赖的关系；②面对面的促进性相互作用，这种相互作用来源于学习者的相互帮助、鼓励和支持；③个人责任，这种责任存在于对每个学生的评估中，通过这种评估得到的结果最终要反馈到小组和个人；④社会技能，小组中学生要具备并使用领导能力、决策能力，建立信赖关系，掌握交流、解决冲突的技巧；⑤教师必须切实了解小组达到目标的途径和小组关系的处理过程。[2]

整体而言，游戏化探究学习课程采用游戏的方式并没有使玩家更孤独，反而为学习者提供了与别人交往的机会。如果基于单机游戏，游戏者一般是通过一起玩游戏来进行社会交往；如果基于网络游戏，游戏本身就需要和其他人互动，游戏者就可以在游戏中和其他人聊天、PK 等。此外，如果让学习者参与到教育游戏的设计与开发当中，无疑给了学生提高探究能力和培养合作学习能力的机会，他们会和程序员、设计者、美工人员协同工作，制作出他们喜欢的游戏。

二、游戏化探究学习课程的设计理论

在学习理论和游戏理论的基础上，已有研究者围绕着游戏化探究学习课程开展研究，总结出游戏化探究学习课程的六大设计策略以及设计模型。

---

[1] 余文森.论自主、合作、探究学习[J].教育研究,2004(11):27—30+62.
[2] ［美］大卫·约翰逊,罗格·约翰逊,卡尔·史密斯,等.合作性学习的原理与技巧[M].刘春红,孙海法,译.北京:机械工业出版社,2001:20—22.

（一）设计策略

蒋宇和尚俊杰等人总结出游戏化探究学习课程的设计理论模式具有的主要特征：①采用游戏为主要的学习支持环境，激发学生的动机，使其在内部动机的驱动下进行积极主动的建构。②利用游戏中创设的真实情境和任务，促使学生进行意义构建、提出和解决真实的问题，激发其参与交互式学习的积极性。③借助小组的形式开展合作探究活动，依靠团队的力量解决复杂问题、进行复杂的认知交流和认知协作，构建学生更加准确完整的认知。[①]④设计自主学习策略，充分发挥学生的主动性，使其能根据自身行动的反馈信息形成对客观事物的认识和解决实际问题的方案。这在游戏化探究学习模式中可以通过为学生提供反思日志模板、备选探究问题等"脚手架"实现。⑤借助反思确保知识的习得和学习的效果，将反思和总结活动穿插在游戏进行过程中或游戏结束后，让学生认识到游戏并不单纯是游戏，而是一种学习活动。⑥将探究学习作为主线，游戏作为"虚拟实验室"，遵照库伯"体验学习圈"中体验学习路径和探究学习的一般步骤，让学生提出假设、设计实验、在"虚拟实验室"中验证，而后讨论、再提出假设并再次在游戏中验证。[②]

（二）设计模型

基于以上理论基础和特征分析，如图4-6所示，蒋宇等设计并提出了游戏化探究学习的具体过程和主要阶段。该设计模型将游戏化探究学习设计为三个阶段：自主学习阶段、合作探究学习阶段和总结分享阶段。其中，合作探究学习阶段依据科学探究的步骤进行了分层设计。[③]

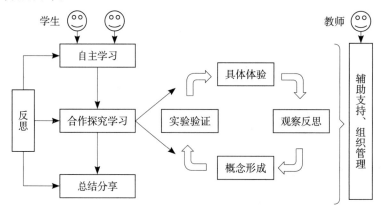

图4-6 游戏化探究学习过程模型[④]

[①] 陶侃.数字游戏中的心理动作与认知发展[J].中国电化教育，2010(1)：68—73.
[②] 尚俊杰，蒋宇，庄绍勇.游戏的力量：教育游戏与研究性学习[M].北京：北京大学出版社，2012：116—117.
[③] 蒋宇，尚俊杰，庄绍勇.游戏化探究学习模式的设计与应用研究[J].中国电化教育，2011(05)：84—91.
[④] 同上。

1. 自主学习阶段

自主学习阶段是基础性阶段，对整个学习非常重要。该阶段中学生的主要任务是学习游戏相关的知识和基本操作，学生通过阅读学习材料、试玩游戏进行自主学习。此时，教师要将游戏与课程内容建立联系，阐明学习的目标、激发学生的学习动机。

2. 合作探究学习阶段

在合作探究学习阶段中，学生以小组为单位在游戏中根据选定的研究问题进行探究学习，实际上是利用游戏进行体验学习：从具体的游戏经验开始，通过观察和反思形成概念或认识，继而设计实验方案，随后在游戏中验证概念或认识，学生往往不能一次完全解释实验结果或验证假设，所以需要不断地根据实验结果对实验方案进行完善和修正。这个阶段是教师指导下的合作探究学习，在流程上遵循科学探究的一般步骤：提出问题、确定选题、提出假设、设计实验方案、验证假设、观察反思和总结共七个阶段。教师不但需要提供科学探究方法的指导和支持，还要提供小组合作学习所涉及的学科知识等方面的指导。

3. 总结分享阶段

在总结分享阶段中，学生在教师的组织引导下，讨论并总结各个小组的探究报告，分享游戏化学习的心得体会。

需要说明的是，学生在三个阶段中都要进行反思。虽然划分成自主学习、合作探究学习和总结分享三个阶段，但这并不意味着每个阶段是完全独立的。比如在合作探究学习阶段，仍然会有学生的自主学习，学生自己或与小组成员合作过程中实现"边学边做"。

第四节　游戏化探究学习课程的设计研究

基于探究能力的定义、游戏化探究学习课程的理论基础，本章的研究深入剖析了国内外游戏化探究学习的研究过程，设计并开发了游戏化探究学习课程，以培养学习者探究能力，下面将重点从游戏化探究学习内容、游戏化探究学习环境和游戏化探究学习网站三部分进行介绍。[①]

一、课程学习内容

基于游戏化探究学习模式，我们结合香港中文大学推出的教育游戏《农场狂想曲Ⅱ》（*Farmtasia* Ⅱ，简称 F2）[②]，设计并开发了游戏化探究学习课程——**"农场狂想曲科**

[①] 蒋宇. 游戏化探究学习模式的设计与应用研究——以农场狂想曲科学探究学习单元为例[D]. 北京：北京大学，2011.

[②] 游戏网址：https://www.farmtasia.com。

学探究课程"。课程目标是让初中低年级学生通过管理模拟农场培养和发展科学探究能力和合作能力。在具体实施过程中，以选修课、单元课的形式开展学校的综合实践课程教学。如表 4-1 所示，本课程共分成 8 个课时的内容，第一至二课时是自主学习阶段，第三至六课时是合作探究阶段，第七至八课时是总结与分享阶段。

表 4-1 "农场狂想曲科学探究课程"内容[①]

阶段	课时	主要内容
自主学习阶段	第一课时	课程概述：学生登入 F2 熟悉系统操作，教师讲解科学探究的步骤和方法，带领学生熟悉博客系统、论坛系统的操作
	第二课时	熟练游戏和系统操作：学生自己登录游戏平台，完成游戏中的基本任务，记录自己所遇到的问题
合作探究阶段	第三课时	选题课：教师将学生的问题汇总，并根据学生提出的问题进行分组，学生分组后确定小组将要探究的问题，初步制订探究的方案
	第四课时	小组合作探究：各个小组对自己小组的问题进行探究
	第五课时	反馈课：教师对前段时间学生撰写的日志、网上讨论情况进行反馈和指导，并且讲解小组探究报告的撰写方法以及评价标准
	第六课时	小组合作探究：这次探究是学生进行修正后的探究，可以跟第四课时的探究问题相同，也可以探究不同的主题
总结分享阶段	第七课时	小组合作探究、学习成果制作：小组在开展探究的同时，要完成小组的探究报告，为总结课做准备
	第八课时	总结课：教师引导学生进行学习总结，进一步总结科学探究的方法，总结在学习过程中学习到的知识

二、课程学习环境

"农场狂想曲科学探究课程"主要以 F2 教育游戏作为游戏化探究学习环境。作为课程的重要支持部分，F2 集成了农业、地理、环境、经济、社会等学科知识，玩家以农场主的身份进入虚拟世界中，建设、管理和运营自己的农场。学生第一次进入游戏时，将全部被分配到"练习岛"，在岛上跟随 NPC 人物完成一个个小任务，从而掌握作物种植和动物饲养的基本操作。当角色等级达到 5 级时，学生可以在 230 多个城市中的任一城市购买一块地，开始规划、设计和经营自己的农场（如图 4-7 所示）。学生需要根据城市所在地区的气候环境的不同，选择适合的植物类型和动物类型。除了完成以上主线任务外，玩家与玩家之间可以相互发送小消息、一起组队去探险新大陆、在虚拟世界中通过小游戏互动等。

---

① 蒋宇. 游戏化探究学习模式的设计与应用研究——以农场狂想曲科学探究学习单元为例 [D]. 北京：北京大学, 2011.

第四章 教育游戏与探究能力

图 4-7 F2 的"农场"主页面[①]

注：1 为用户拥有的金钱数；2 为农场所在的位置；3 为所在地区当天的天气状况；4 为所在地区的时间；5 为留言对话栏；6 是工具栏；7 为信息区。

除了 F2 游戏之外，如表 4-2 所示，"农场狂想曲科学探究课程"还分别为学生和教师提供探究学习工具和学习资源。其中，为学生提供信息资源、知识建构工具、对话和合作工具以及问题空间，为教师提供教学指南以及游戏监控管理工具。

表 4-2 "农场狂想曲科学探究课程"提供的探究学习工具和学习资源[②]

	探究学习工具和学习资源
学生	信息资源（知识学习网站和书籍）；知识建构工具（反思问题、探究报告样例）对话和合作工具（论坛、博客和即时聊天工具）；问题空间（F2 提供）
教师	教学指南；游戏监控管理工具（可设置学生的登录时间，更改学生密码，查看学生的游戏情况）

三、课程学习网站

参照前面提及的探究能力培养方式，如图 4-8 所示，除了 F2 教育游戏，本章的研究还配套设计了网络探究学习（WebQuest）网站。该网站可通过以下六大要素进行简要表述。

[①] 蒋宇. 游戏化探究学习模式的设计与应用研究——以农场狂想曲科学探究学习单元为例 [D]. 北京：北京大学，2011.

[②] 尚俊杰，蒋宇，庄绍勇. 游戏的力量：教育游戏与研究性学习 [M]. 北京：北京大学出版社，2012: 114.

图 4-8 WebQuest 网站首页[1]

（1）引言：假设自己拥有一笔钱，可以在世界任何一个地方建设一个农场并自主运营，你需要充分考虑地理环境、自然条件、农业的类型等因素，并以当地的市场经济为背景，规划、建设、运营农场，争取获得最大的收益。

（2）任务：规划并建设农场、售卖农作物、尝试经营不同的农业类型，为了获得较高的农产品产量，需要完成探究的问题，设计解决方案并获得结论。

（3）过程：根据所学知识，小组确定发展农场的地理位置和自然环境；设计农业类型，选取适宜的农作物和动物；根据当地土壤的情况，分工合作完成探究的问题，获得科学的种植知识，以保证农作物较高的产量。

（4）资源：知识网站、教科书、开放网络。

（5）评价：此栏目给出了此次学习的评价标准，包括学生完成日志、参与网上讨论、师生互评、探究过程和探究成果等的评价。

（6）讨论区和日志：讨论区是小组合作学习时所用的网站板块，而日志是指个人在完成探究日志、进行反思的博客系统。

第五节　游戏化探究学习课程的实验研究

"农场狂想曲科学探究课程"整合了探究学习过程、学习环境以及学习网站。接下来，我们开展了实验研究，在验证该游戏化探究学习课程的有效性的同时，深入比较了游戏化探究学习和网络探究学习的差异。

---

[1] 尚俊杰,蒋宇,庄绍勇.游戏的力量：教育游戏与研究性学习[M].北京：北京大学出版社,2012.

一、研究方法与过程

本实验研究的目的主要是为了检验游戏化探究学习课程的有效性、了解师生对该课程的态度和意见。考虑到教育研究的复杂性和现实条件的制约,本章的研究采用了准实验研究方法,实验组开展游戏化探究学习,而对照组开展网络探究学习。参与本次实验研究的对象是来自同一所学校同一年级两个班级的 106 名初中学生。其中,对照组班级总计 54 人,其中男生 29 人,女生 25 人;实验组班级总计 52 人,其中男女生各 26 人。两个班由同一名地理教师任教,且都没有探究学习的经验,不过都有半个学期的小组合作学习经验。研究实验流程如图 4-9 所示。

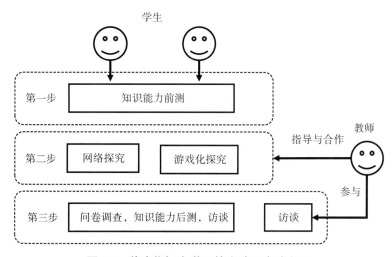

图 4-9 游戏化探究学习的实验研究流程图

首先,两个班的学生都将参加科学探究知识能力前测,其中前测试题由研究者与课程教师一起开发,由选择题、填空题和简答题三种题型构成,总分 30 分。随后,两个班的学生在同一个机房分时段分别进行每天 1 个小时左右的相应的探究学习,每次课都有教师和研究者全程作为助教进行辅助和答疑,两班均 8 课时,在两个星期内完成全部学习。实验组学生主要基于游戏化探究课程(Farmtasia Ⅱ 游戏)开展学习,而对照组则开展网络探究(WebQuest 网站)学习。最后,学生参与问卷调查、知识能力后测和访谈,以搜集学习者的意见和反馈。

二、研究数据与分析

本研究数据包括定量数据和质性数据两部分。定量数据包括前测、后测中学生填写的问卷与量表所得数据,质性数据包括研究者对学生和授课教师的访谈资料。下面将从基本情况描述、游戏化探究学习成绩、满意度、学习者行为、网络讨论结果、教师态度共六部分进行分析。

（一）研究数据基本情况

如表 4-3 所示，研究了回收态度问卷、能力测试题、游戏记录、日志、讨论帖、探究报告、小组活动记录表共七种类型数据，涵盖学生在游戏内外的探究学习状态。

表 4-3 研究数据回收情况

数据类型	实验班	对照班
态度问卷（份）	51	52
能力测试题（份）	50	53
游戏记录（个）	50	——
日志（篇）	386	375
讨论帖（条）	457	3006
探究报告（份）	20	——
小组活动记录表（张）	——	20

（二）探究学习成绩分析

探究学习前后测的试题均由授课的学科教师批阅，各部分的成绩平均分和总成绩平均分如表 4-4 所示，两个班的成绩在学习之后都有显著变化，对照组班级成绩下降得更多一些。

表 4-4 两组前后测成绩比较

	前测	后测	差值	t 值	显著性（P 值）
对照组	平均分：17.74 标准差：5.35	平均分：13.04 标准差：3.76	−4.7	5.227	0.000***
实验组	平均分：18.16 标准差：5.30	平均分：15.14 标准差：2.99	−3.02	3.473	0.001**

注：*** $P<0.001$，** $P<0.05$。

将两个班各自前测成绩的前 10 名和后 10 名进行分组[①]，分别称为高分组和低分组。如表 4-5 所示，两个班组的高/低分组学生成绩在学习前后均有显著变化，高分组成绩显著下降，低分组成绩显著提高。实验组的高分学生成绩下降比对照组的高分学生下降幅度小，实验组的低分学生成绩提升幅度比对照组的低分组大。因而，从整体成绩看来，实验组的前后测成绩下降幅度较对照组小；从分组统计分析来看，实验组的高分学生成绩下降幅度低于对照组，而低分组学生成绩提升幅度高于对照组。

---

① 由于实验班级第 10 名和第 11 名成绩相同，所以实验班级取了前 11 名。对照班级有 4 名学生的成绩同时位于第 10 名，因此就选取了后 9 名。

表 4-5 高/低分组前后测成绩比较

	高分组				低分组			
	前测	后测	t 值	显著性（P 值）	前测	后测	t 值	显著性（P 值）
对照组	24.1	15.3	8.657	0.000**	8.8	10.8	−1.297	0.213
实验组	24.1	16.4	8.178	0.000**	9.9	12.5	−3.661	0.002**

注：** $P < 0.05$。

（三）探究学习方式满意度分析

总的说来，学生对这种学习方法的满意度较高，分别有 61.2% 和 27.1% 的学生选择了"非常同意"或"同意"，没有人选择"不同意"或"非常不同意"。

此外，86.7% 的学生认为这种学习让知识与实际生活联系更紧密，这样学习不但可以使记忆更加深刻，还能让所学内容更加容易理解。但是在提高成绩的认识上，只有不到 40% 的学生"同意"这种学习方法可以提高成绩，这一点或许可以和前面的知识测试结果得到印证，也和钱莉、章苏静等人做的调查类似，大部分学生自我感觉游戏没有对学习成绩产生很大影响。[1]

此次研究者主要关注探究方法的掌握、提出问题和质疑的能力。从现场观察看，绝大部分学生都是积极地进行讨论，提出假设，并去游戏中验证假设。而从调查数据看，77.6% 的学生认同"这种学习方法让自己提出更多的问题"，71.4% 的学生认为在学习中能够去质疑已有的结论，将近 90% 的学生认为这种学习方法可以帮助他们掌握科学探究的方法。

研究者还设计了一个条目以考查学生对游戏化科学探究的态度，92.2% 的实验组学生喜欢用 F2 来进行科学探究，而喜欢用网络进行科学探究的对照组学生只有 80% 左右。对照组有个别学生认为"利用网络进行科学探究是在浪费时间"，这种学习"太无聊，讨论的问题一点都不现实"。反之，在实验组访谈中通常有学生认为，这种学习"让我们在逼真的环境中探索，不会单纯死板去找网上的知识"。总的来说，这两种学习方式对于学习者而言，都是新颖的学习方式，两个班的大部分学生还是认为是有趣的、收获很大。

结合现场观察和学生的反思日志、总结报告，本章研究的重点从兴趣、挑战、控

---

[1] 钱莉, 金科, 章苏静. 教育游戏中学习者注意力资源开发策略 [J]. 远程教育杂志, 2010, 28(6):93—97.

制、成就感和合作5个方面了解游戏化探究学习方法在动机和情感上的作用。[1][2] 在"兴趣""挑战""合作"方面，绝大部分学生都在学习活动中表现得非常积极主动。超过80%的学生认为这种学习方法更有趣，使学习更加具有挑战性。77.6%的学生认为这种学习方法能够促进自己和同学间的合作，如一名学生接受访谈时说："以写报告的方式把实验过程都记录下来，并论证假设，有探究和挑战性。"还有一名学生在博客中写道："学习到各种生物和地理知识，这使我很充实。收割的那份喜悦与收割前的期待，让我有一种付出后的快乐"。在"成就感"和"自信心"方面，学生反映并不如有趣和挑战那么强烈，比如有1名学生不同意"这种学习让我对学习更有信心"这种说法。进一步分组分析发现，高分组学生和低分组学生在这5个选项上的均值并没有显著性差异，都在2分以下。但是更多的高分组学生认为这种学习方法更具有挑战性，更多的低分组学生觉得这种方法让自己更有信心、也更有成就感。

（四）学生探究学习行为分析

除了对学习成绩和学生满意度进行分析，本章研究还对两组学生的探究学习行为进行了分析。首先，将实验组学生可能的学习行为进行了罗列，如查看游戏提示、阅读自主学习材料、讨论等，而后以每种行为作为条目进行了调查，将游戏化探究学习班级学生回答的"同意"和"非常同意"的比例相加后排序，排序结果如表4-6所示。

表4-6 游戏化探究学习组学习者探究行为分析

行为描述	比例
我经常认真查看各种信息和游戏提示，然后决定自己的操作	83.70%
我会注意总结上次游戏中的经验，并运用到后面回合中	83.60%
我很愿意参加每次的小组讨论	81.60%
我对整个学习活动进行了认真地反思和总结，并在小组报告中体现出来	75.00%
我很努力地玩其中的小游戏和任务	73.50%
经常和教师或同学讨论游戏中的问题	71.40%
我每天都会很认真地反思，并撰写BLOG	71.40%
在游戏中我通常会认真思考后，才进行每一步操作	69.40%
我学习了"学习资料"和网上的知识	65.40%
我经常访问讨论区，并积极参加讨论	63.30%
经常利用网络、图书馆去查找相关资源	57.20%

---

[1] Malone T W, Lepper M R. Making Learning Fun: A Taxonomy of Intrinsic Motivations for Learning[C]//Snow R E, Farr M J. Aptitude, Learning, and Instruction, III: Cognitive and Affective Process Analysis. New Jersey: Lawrence Erlbaum Associates, 1987: 223-253.
[2] 尚俊杰,庄绍勇,李芳乐,李浩文. 网络游戏玩家参与动机之实证研究 [J]. 全球华人计算机教育应用学报，2006 (4):65—84.

在实验组中，排名在前三位的行为分别是"我经常认真查看各种信息和游戏提示，然后决定自己的操作""我注意总结上次游戏中的经验，并运用到后面回合中""我很愿意参加每次的小组讨论"，前两种活动是学生在游戏经验方面的自主学习活动，而第三种活动是小组合作活动。排名后三位的活动当中，"学习'学习资料'和网上知识"也可以看作学生的自主学习活动，只是这个活动主要是对与游戏相关知识的学习，不是在游戏里面呈现的，因而学生参与度并不高，"经常利用网络、图书馆去查找相关资源"这一行为的比例最低。从这几个行为代表的类型来看，大致可以获得实验组学生的探究学习行为频率："与游戏有关的自我探究行为 > 小组合作讨论行为 > 自学与游戏有关知识的行为。"

值得注意的是，虽然有83.6%的学生同意或非常同意"我会注意总结上次游戏中的经验，并运用到后面回合中"这种说法，但是只有69.4%的学生选择了"在游戏中我通常会认真思考后，才进行每一步操作"。可见学生对自我行为的判断不具有稳定性，虽然总结了经验，但是很多并没有认真思考。还可以看出，学生在游戏中的活动有反思，但是更多的学生选择了会在小组探究报告中反映出来，因而可以谨慎地推论加入小组竞争后，学生的个人反思活动将会更加深入。

与上述处理方法一致，研究者也分析了对照组的学生探究学习行为，结果如表4-7所示。排在前三位的都是与小组有关的活动，其中前两位"我很努力地完成小组分给我的任务"和"我很愿意参加每次的小组讨论"的比例均为96.10%，排在第四位到第八位的都是自主学习的活动。

表 4-7 网络探究学习组学习者探究行为分析

行为描述	比例
我很努力地完成小组分给我的任务	96.10%
我很愿意参加每次的小组讨论	96.10%
我经常访问讨论区，并积极参加讨论	88.50%
经常利用网络、图书馆去查找相关资源	78.80%
我对整个学习活动进行了认真的反思和总结，并在小组报告中体现出来	78.80%
在研究中我通常会认真思考后，才行动	78.40%
我会注意总结经验，并运用到后面的研究中	75.00%
我经常认真阅读所有数据，然后决定自己的下一步行动	75.00%
经常和教师或同学讨论研究中的问题	66.70%
我学习了配套的"知识手册"和网上的知识	63.50%
我每天都会很认真地反思，并撰写BLOG	53.80%

（五）探究学习网络讨论结果分析

在学生开展探究学习过程中，研究者为两个班的学生均提供了网上论坛。每次集中授课时，任课教师都会提醒两个班的学生到网上讨论，图4-10是两个班学生第三天到第十天的网络发帖情况。

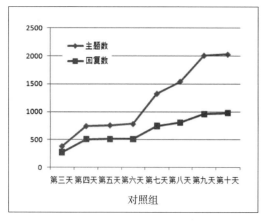
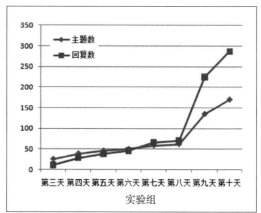

图4-10 网络讨论主题帖和回复帖的数目变化

注：纵坐标为到当天的总数量。

首先，在数量方面，对照组的讨论主题帖和回帖数目远远大于实验组主题帖的数目。到第十天，两组在主题帖和回复帖的数量上有明显差异。可见，对照组的学生更喜欢到网上论坛发表意见和看法，共享学习资料。对照组学生只要在网上找到的与小组课题相关的东西，大多会把它复制到小组讨论区中，而实验组的学生不是很积极参与网上讨论，很多时间花在了在课堂的游戏中进行探究以及面对面的讨论。

其次，在帖子类型方面，对照组主题帖数目一直远多于回复帖的数目，而实验组从第六天开始回复帖的数目开始多于主题帖的数目，并且上升的趋势更加明显。据此可以推论，实验组的学生网上讨论更加深入一些，有主题讨论也有互相辩驳。

再次，在学习风格方面，课堂观察发现，两个小组各有特色，实验组学生学习时氛围更加活跃，学生遇到问题时及时面对面沟通，不需要到网上求助，时常有学生离开座位给别的同学进行指导，互帮互助更加频繁，这也可能是实验组网上讨论少的原因；而对照组的小组合作多局限于每节课之初的小组长任务分配环节，小组长把成员聚在一起分配学习任务后，小组成员就各自回到自己的位置上进行学习，互帮互助多由小组长提醒和要求才发生。

最后，在小组结构方面，实验组的个别小组中由于担任组长的学生游戏进度较缓或者信息技术能力较弱，小组长地位受到了威胁，一些平时成绩不好、但是游戏玩得好的学生逐步取代了原有小组长的位置，开始给其他组员分配学习任务，领导小组的学习。但这种动摇组长"统治"地位的现象没有在对照组当中发现，对照组所有的小组保持了原有的小组内部结构。

（六）探究学习教师态度分析

在探究学习的过程中，除了学科教师之外，还有两个班的班主任全程参与。在实验进行过程中和结束后，研究者分别对三位教师进行了访谈。三位教师对两种学习方式的态度都很积极：譬如有老师提出："这两种学习方式之前学生都没见过，学生感到很新奇。"还有老师表达了这次的探究学习是新的尝试，"这种探究学习我很早就接触过，但是一直都没实施过，这次是一个机会，学生也有机会接触这种新型的学习方式。"此外，有老师观察到"有一些学生课下也很积极，我们班有个学生平时总是迟到，那天我看他来得很早，原来是为了今天的小组汇报做东西，这种利用网络的学习还是可以调动学生积极性的"。

相对于网络探究，学科老师认为游戏化探究更能够让学生提出具有针对性的问题："我觉得这一种（实验组）对学生提出问题要好些，制造问题的环境还好，容易让他去提出和探究有关的问题。"还有老师提出游戏化探究学习给出的问题更加聚焦，"游戏给学生一个体验的环境，很具体，不像网站那样，资源很多，范围太宽范了，学生问题意识本来就不强，要去找问题，很难。"此外，有老师观察到游戏化探究学习课程的实施提高了学生探究的主动性和积极性："这个班（实验班）我不用提醒，他们就会自己讨论，而另外一个班（对照班）我总是要反复说，要讨论，要讨论，他们才讨论。"

不过，学科老师认为网络探究可能比游戏化探究更容易操作，网络探究具有如下优势：一是技术门槛较低，"WebQuest虽然没有游戏探究那样有趣，但是它（技术）门槛很低，一些动手能力不强的学生都可以很容易地参与。"二是网络探究可以让学生的思维更加发散，"WebQuest的范围更加宽广，没有游戏来框（限制）住学生的思维，他们提出的问题和想法看上去很遥远，敢想也是一种很重要的能力。"

但是，这两种学习方式都有一些不足，譬如老师表达了对游戏的担忧："游戏这个东西还是有很大的诱惑力，都有家长向我反映想要我及时中止了。"再如，老师们认为无论是游戏化探究学习还是网络探究学习对学生和教师而言都是挑战："这两种方式的问题在于对于我们这种之前没有过网上学习或者探究学习经验的学生来说，还是有点难度，学生学起来有点吃力，老师也有点摸不到门。"另外，学科教师还认为两种学习方法都很能够照顾到差生，平时在班上不太说话的或者成绩较差的学生，在这次学习活动中往往有令人振奋的表现。

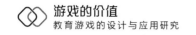

第六节 游戏化网络课程的设计与应用研究

在我们做实验的过程中,逐渐发现游戏进入中小学课堂教学面临着许多困难:从教育视角看,主要是教育性与游戏性难以融合和平衡,如何让教育游戏"既好玩又有教育意义"是大家都很关注的问题;从教师视角看,面对教育游戏确实有一些力不从心,对游戏的熟悉程度、技术能力以及游戏化教学策略直接影响教师对课堂的把握和教学成效;从学生视角看,存在多样化的需求和动机,游戏是否能够引起学生的兴趣不仅跟个人的特性有关,还和学习目标、人生阅历、游戏供给情况和课程性质内容等因素相关,不同的学生有不同的需求。

就进入课堂来说,研究者又深刻体会到游戏真正进入课堂会给教师带来影响和困难,尽管我们给教师提供了详细的教学指南,教学过程中研究者也以助教的身份参与到学生学习指导和辅助中,但是效果仍不是太好。对于教师来说,游戏技术和学习设计都难以把握。与此同时,网络课程(互联网教育和在线教育)日益流行,凭借其学习自由度高、开放性大等特点而受到学生的喜爱。更重要的是,网络课程将教师从知识传授和讲解的工作中解脱出来,能够将教师的角色转变成为学习的辅助者和管理者。仔细考虑之后,我们进一步提出**"游戏化网络课程"**这个概念,希望能够更方便地推广普及游戏化探究学习课程。[①]

一、游戏化网络课程

游戏化网络课程指的是主要学习流程都通过网络课程实现,本地教师只需要作为课程的帮助者和促进者进行辅助教学。游戏化网络课程希望同时发挥游戏化学习和网络课程的优势,给学习者创建一个富有吸引力的网上学习环境。这样既可以发挥游戏的动机激发、多重交互、及时反馈的优点,又可以利用网络课程的模块化控制支持教师灵活地组织课程,从而促进此环境中的探究学习,使课程的教育性与游戏性保持一定的平衡。该课程模式有三个重要的创新特点:一是游戏化的课程设计,二是面向中小学生的网络课程,三是大学和中小学共同创设课程。下面将分别介绍游戏化网络课程的特点及其设计策略。

(一)游戏化的课程设计

首先,该特点意味着将游戏应用到课程中,利用游戏的趣味性激发学习者的学习动机和学习兴趣;其次,利用游戏创设探究学习环境,以便培养学习者的问题解决能力、协作学习能力等高阶能力。当然,各类游戏在教学中的应用价值也不尽相同,要

---

① 尚俊杰,张喆,庄绍勇,蒋宇. 游戏化网络课程的设计与应用研究 [J]. 远程教育杂志, 2012, 30(04):66—72.

根据不同的教学目标和培养需求选用适当的游戏。

需要说明的是，游戏化的课程设计不仅仅是简单的游戏加课程的组合，也不是将游戏应用到课程中解决某个知识点或者作为练习的手段，而是要将游戏的思维和游戏的机制运用到网络课程整体设计中，通过任务、奖励、挑战、竞争等方式来引发好奇心以激励学习者，引导学习者互动和学习，增加学习者黏性，提高学习参与度和分享积极性，最终达到提升教学效果的目的。

具体做法包括：在教学平台中为新加入的学习者提供介绍页和新手任务，介绍站点和游戏的功能与界面；在课程的主界面，利用浮层、通知和优化的界面设计等提示学习者参与当前应当去做的、按周期组织的学习"任务"，并给予完成任务的奖励；当学习者熟悉课程平台后，他们可以使用自定义控制面板优化学习体验；同一个班级的学习者可以参与到排行榜中，发挥网络互动的优势，让学习者相互挑战、相互学习；游戏和课程系统同时给学习者设定一系列的发展路线，学习者达到某个节点时，会获取相应的奖励，并被告知下一步学习的方向。这些特性的加入，使得课程可以完全按照游戏的机制驱动学生的探究学习，以便达到良好的教学效果。

（二）面向中小学生的网络课程

目前，网络课程在高等教育、企业教育等多个领域得到了广泛的应用，而在基础教育领域应用较少。随着信息技术、软硬件技术的发展和设备的普及，尤其是新型冠状病毒肺炎疫情的影响，面向中小学生的网络课程也开始流行起来。不过，由于中小学生（尤其是低年级学生）在学习中自我监控能力比较薄弱，在学习进程中容易出现精力不集中的现象，可能被游戏所吸引，难以集中在课程内容上，影响学习任务的完成。为此，研究者认为游戏化网络课程需遵循以下设计策略：

1. 视野型教学引导设计

网上学习应根据学习者所处的探究学习阶段和学习水平而给予不同的引导，因此教学引导是游戏化网络课程设计的关键步骤。对课程的初学者来说，课程应当引导他们具体的操作方法和"下一步应该怎么做"，而课程的中级学习者则关心"还有什么新内容可以学习"，熟练的学习者会关注"学习的排行榜"等。

采用视野型引导方式可以更好地帮助学生在探究课程中的学习。所谓视野，就是学习者能看见的范围，随着学习者学习水平的提升或学习阶段的变化，他的视野也发生相应的变化，因此视野变化在一定程度上可以反映学习者的学习路线。为此，需要将教学内容整理成渐进式的路线，学习者达到了一定的阶段才会接受特定的学习引导。这种方式的优点在于，学习者同一时间能看到的学习引导提示较少，符合自身的需求、对学习者的干扰最少；而且对学习阶段而言，不同阶段学习者会看到不同的学习引导，学习过程的个性化体验最好。

2. 游戏任务驱动性设计

游戏任务驱动性设计，是指将游戏任务与学习任务相结合，根据课程中的探究活动或任务（而不是以游戏本身的探究活动）设置特定的游戏任务，通过完成游戏中的任务，驱动学习者在真实的学习情境中进行与游戏知识有关和课程内容有关的学习，增强学习者探究的目的性，并促进学习者对课程学习活动的思考。

3. 课程文本易读性设计

在网络学习中，学习者通常需要通过浏览学习资源掌握学习内容。只有少数用户逐字逐句地阅读网页，大多数人都是在扫描页面。当学习内容较多较长时，即使成人也经常产生倦怠感，对于中小学生来说，更是容易走马观花，无法深入地理解和掌握学习内容。鉴于此，面向中小学生的游戏化网络课程一方面要尽量采用图形化界面，利用多媒体手段为学习者构建惟妙惟肖的学习情境；另一方面对于不得不提供的文字材料内容，要尽量简化，并注意版面设计，增强网络课程文本易读性。

4. 课程管理匹配性设计

中小学生处在自觉性和依赖性、主动性和被动性并存的年龄，学生之间也存在显著差异，许多学生的自觉性和主动性还不能持久保持，管理稍有松弛就会无法自制，而自觉性、主动性比较强的学生就能保持相对持久和稳定的学习状态。因此，游戏化网络课程的内容需要与该学龄段的学生特征相匹配。具体而言，需要加强对学生的管理，引导他们形成良好的兴趣、明确学习目标，使他们的自觉性和主动性得以加强。此外，还可以针对中小学生心理特征及认知水平，从技术操作说明、课程界面、导航等方面考虑问题，并设置连贯的时间线，引导学生遵守学习流程。

（三）研教人员共创的网络课程

对于基础教育研究，以往研究者一般都是将完整的课程或产品交由中小学教师，由他们负责在教学中应用。本课程模式略有不同，大学的研究者并不是简单地将网络课程交给中小学教师使用，而是和中小学教师一起来开设课程。

游戏化网络课程不单单是游戏和网络课程的叠加，它需要对课程的学习者的学习类型、学习内容进行详细分析，充分理解和尊重学习者的主体能动性，激发学习者学习动机、让学习者主动投入其中。大学研究者与中小学教师合作进行课程的设计、开发及实验，教育研究者和一线教师可以一起参与课题研究，以更加深入地了解学习者的需求，帮助研究者不断矫正和完善原有的开发思路和模型，开发更适合中小学生的游戏化网络课程。这一合作同时也体现了教育技术研究者的理论与一线教师的实践相结合的特点。此外，大学教师适当参与课程内容的讲授，这样一定程度上有助于调动学习者的积极性，未来条件允许时，可以考虑由大学给中小学生颁发学分证书，类似于大学选修课[①]，或许更能激发他们的学习动机。

二、游戏化网络课程的设计研究

"农场狂想曲科学探究网络课程"是依据"游戏化网络课程"的理念开发的一门面向中学生的网络课程（见图4-11），由本章第四节设计的"农场狂想曲科学探究课程"改编而来。课程依旧采用《农场狂想曲2》[②]网络教育游戏为主要的实验探究环境，通过游戏化探究来帮助学生掌握科学探究的方法，培养学生提出问题、分析问题、解决问题的能力。下面依次简述该课程的目标、结构、技术实现和初期实验效果。

图4-11 农场狂想曲科学探究网络课程主页面

（一）课程目标

"农场狂想曲科学探究网络课程"旨在让学生管理模拟农场，从而培养和发展他们的科学探究能力和合作能力。实际参照国家九年义务教育课程科学课程（7～9年级）中关于科学探究部分内容，拟定了以下具体学习目标：①了解环境对作物种植和动物饲养的影响，知道农作物种植和动物饲养相关的知识；②通过学习和探究实践，经历科学探究的过程，体验科学探究的艰辛，养成喜欢探究的习惯；③掌握科学探究的方法，能够根据现象提出问题、根据已有知识和经验提出假设、设计并实施实验方案。

---

① 秦春华. AP课程(美国大学先修课)在美国大学招生中的作用[J]. 中国高等教育, 2015(01):61—63.
② 游戏网址：https://www.farmtasia.com。

（二）课程结构

与本章第四节课程设计类似，这里将内容组织为 3 个链式的渐进阶段：自主学习阶段、合作探究学习阶段和总结与分享阶段。三个阶段大致分布在 8 个课时，第 1 课时是自主学习阶段，第 2～7 课时是合作探究学习阶段，第 8 课时是总结与分享阶段，如图 4-12 所示。

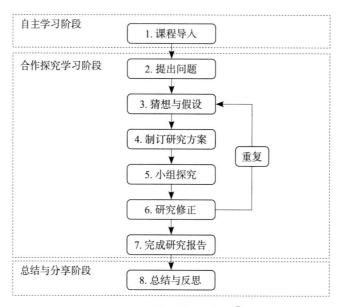

图 4-12 课程流程设计图[①]

在自主学习阶段，学生的主要任务是熟悉学习环境，进行游戏相关的知识和其他认知工具（包括网络游戏和网络课程平台）基本操作的学习。系统从以下三方面进行引导：①在导入课时，为了消除学生的操作障碍，避免在简单的游戏操作或者平台功能的测试等问题上浪费时间，制作了电子版的"游戏操作指南"和"课程平台使用手册"，以减轻陌生的网络学习环境给学生带来的困惑。②设置破冰活动，以课程任务的形式要求学生修改个人资料并在课程讨论区报道讨论，加强学生对网络学习环境的认识，以及促进学生相互间的了解。③将游戏与课程内容建立联系，就课程的背景情况、教学目标、课时安排、教学活动等内容录制了导学视频，放在网络课程当中，帮助学生明确课程的学习目标和学习要求。

合作探究学习阶段根据科学探究的流程进行设计，按照提出问题、猜想与假设、制订研究方案、小组探究、研究修正、完成研究报告的步骤进行课时安排和学习活动的设计。在提出问题之后，教师按照学生提的问题及学生的兴趣进行分组，3～4 名为

[①] 张喆. 游戏化学习网络课程的设计与应用研究——以农场狂想曲科学探究网络课程为例 [D]. 北京：北京大学，2012.

一组。分组之后,学生带着特定的任务或问题进入具体生动的环境中进行学习,接下来,学生可以根据自己已有的知识和生活经验,尝试着对问题的答案做出猜想和假设,根据猜想和假设设计探究的方案,形成方案后,依据方案完成探究活动。探究过程中学生需要不断反思自己的方案并进行解释,加深对任务或问题的理解,反复对探究方案进行修正,最终得出结论。

总结与共享阶段,学生在老师的组织引导下,讨论并总结各个小组的探究报告,分享学习的心得体会。课程要求学生能够完成一份完整的科学探究报告,并以小组为单位进行成果展示与汇报。

(三)课程活动

课程的 8 个模块均采用了相同的学习内容组织形式,包括三部分内容:学习活动、课程作业及扩展阅读,如图 4-13 所示。其中,学习活动按照课程学习的步骤进行组织,具有明确的逻辑顺序,包含阅读资料和讨论区讨论活动;课程作业为提交探究日志;扩展阅读内容涵盖科学探究的内容,以及农业、生物、气候环境等相关学科知识。学习活动设计具有简明性和一致性,可让学生把注意力集中到学习任务本身,而不是浪费在技术平台和教学手段上。

图 4-13 第一课和第二课课程活动设计 [①]

在学习活动中,自主阅读和思考是主要的自学活动,学习者可随时利用精心设计

---

① 张喆. 游戏化学习网络课程的设计与应用研究——以农场狂想曲科学探究网络课程为例[D]. 北京: 北京大学, 2012.

的知识文档和帮助指南。这些文档或指南内容简明、结构清晰、重点突出，提供给学生随时选用。此外，还根据阅读内容开发了趣味测试，帮助学生一边测试一边掌握相关知识。另外，网上讨论是网络课程中主要的协作活动，包括在小组内部讨论以及整个班级的讨论活动，活动讨论的内容涉及知识内容以及探究方法。为了使讨论与课程教学内容密切相关，在讨论中提供了一些补充案例和指导性要求等材料。在第三课进行分组后，学生将被默认为只看到自己小组内部的讨论帖，也可以通过切换视图看到别的小组的讨论帖。

从第二节课到第七节课，每节课要求学生完成一篇探究日志。按照教学要求，经过课程学习以后，学生应能够完成一个科学探究的设计方案和一篇相应的探究报告。为此，学生在学习过程中需要不断反思、完善科学探究的设计方案，每节课的探究日志记录了学生整个探究学习活动过程，为资料的搜集和整理提供了细节支持。

（四）课程评价

课程的成绩主要由两个方面组成：探究报告及网上活动评价，其中网上活动评分包括讨论、研究日志和小组互评。满分 100 分，分数被分配到 1 篇探究报告（50%）、6 篇探究日志（15%）、5 次讨论（25%）以及小组互评（10%）当中计算。每一个章节都有相应的教学活动，学生需要在规定的时间内完成任务。课程采用过程性评价方式：对于讨论和作业，辅导教师将根据学员完成情况及时给出评分，并有选择性地给出评语或反馈。学生也可以随时查看平台上的"成绩单"，了解自己的学习成绩，也可以对别人的内容进行评价。

（五）技术实现

该课程采用基于 Moodle 定制的网络教学平台、《农场狂想曲 2》和其他客户端游戏相结合的方式进行授课。学生通过个人电脑终端登录教学平台参与课程。该课程同时提供了"课程知识手册""教师教学手册""学生学习手册"等配套学习资料，并提供了讨论区、资源库等辅助学习工具，形成了完整的探究学习课程资源包。

三、游戏化网络课程的实验研究

在网络课程开发完毕后，我们在北京市某重点中学开展了一个学期的游戏化探究学习网络课程准实验研究。

（一）研究目的与研究工具

本研究的主要研究目的有：①分析游戏化网络课程的学习成效；②了解学生对游戏化网络课程的态度；③研究游戏化网络课程中的学习过程与组织策略。

研究工具主要有《农场狂想曲Ⅱ》游戏、学生课程测试卷和学生观感问卷以及个人访谈提纲。其中，学生课程测试卷包括小组试卷和个人试卷：小组试卷由填空题和简答题两种题型构成，包括一次完整的实验结果记录（小组探究活动的信息概要、成员分工记录、探究试验结果分析）和科学探究方法相关的测试题目；个人试卷为小组成员在小组探究活动中完整的实验记录。学生观感问卷由 7 个部分组成，分别是与学生相关的基本信息、对网络课程的评价意见、对学习方式的看法和态度、对配套学习材料的意见、对教师和对小组学习的意见、在游戏中的学习行为和对学习方式的总体意见等。研究者在学习过程中进行了观察和访谈；学习结束后进行了学生课程测试和问卷调查，并对部分学生重新进行访谈。

（二）研究对象与研究过程

实验以选修课的形式开放课程，学生自愿报名，受设备及网络环境影响，研究对象限定为 20 人，均为初一及初二年级学生，其中男生 18 人，女生 2 人。在选修此课程的学生当中，大部分学生表示出对电子游戏的偏好。此选修课每星期一节课，上课时间为下午 4:20～5:50。学生在本选修课程中，总共完成三轮探究活动，每人填写试验报告 2 份、比赛记录 1 份、小组课程测试卷和个人试卷各 1 份，探究日志 5 份。

（三）研究结果

1. 课程的学习成效

研究者从提升学习趣味性和学习动机、培养学生问题解决能力等角度分析了该课程的学习成效，有如下发现：

（1）提升了学习趣味性和学习动机。游戏的进程富于变化，这是游戏区别于书本、教育电视节目等其他学习媒体的地方。游戏的基本环境（气候和天气）是模仿地球 9 大气候特征演变而来，用特定的方式描绘了农业、经济和环境体系间的相互作用。不确定性和未知性是游戏区别于其他学习媒体的地方，也是游戏的乐趣所在，是将游戏作为学习媒体的魅力所在，游戏者可以探究不同的游戏发展路径。从现场观察看，绝大部分学生在学习活动中都表现得非常积极主动，尤其在后期探究中为了满足实验的需要，学生按照分工在不同气候环境的地点开发创建自己的农场，有侧重地发展自己的产业，如畜牧、种植或者混合型农业，进行多种尝试。

（2）培养了问题解决能力。在农场狂想曲的游戏过程中，学生提出了复杂的问题，并且显示出了将他们的游戏与真实农业相联系的好奇心。学生不仅在游戏中利用了地理和农业方面的学科知识，还将其作为解决游戏问题的工具，锻炼了解决问题的能力。比如有学生在报告中写道："通过游戏中的实验，我发现知识手册中关于几种农作物生长时间的说明，和在游戏中的种植结果不一样……这让我会想知道现实中农作物种植时间到底是多久……"

（3）改善了知识获取途径。在传统教学中，学生通过文本进行学习，掌握已经定义好的知识，学习到的是对现象的二手解释和说明，而很多学生偏向于通过知识建构或者其他更加直观的体验方式发展自己的理解，希望通过"做""自己发现事情的真相"。

课程结束的时候，学生都建立了自己的农场，有了进一步扩大自己农场的游戏目标。尤其在最后的几次学习中，学生更加注重反思，提出的问题也更加复杂，对探究实验的过程愈发熟练和严谨，同时迸发了许多基于游戏的创造性的点子。概而言之，学生不仅在游戏中利用了地理和生物方面的学科知识，还对农业的理解更加深刻。同时，他们将知识和探究的方法作为解决游戏问题的工具，锻炼了问题解决能力。

2. 学生对课程的态度

针对网络课程的课程交互、资源及活动设计，在调查问卷中设计了十个条目调查学生对课程的态度。总的来说，学生对游戏化网络课程的评价较高，大部分学生在课程目标设计、课程结构设计、教师指导和学习支持服务方面给予了较高的评价，学生对网络实验探究、游戏体验学习等活动的评价也较高。但是，超过50%的学生对"课件中的声音及视频的播放流畅、清晰"持"一般"或"不同意"的态度，22.9%的学生认为网上提供的多种教学资源不能完全满足个性化学习的需要。

3. 学习过程反思

研究过程中，研究者对每节课都进行了较为详细的观察，并做了记录和及时的反思。第一阶段，由于农场狂想曲游戏的复杂性和上手难度以及学生对网络课程比较陌生和操作有难度，学生感到有些茫然。另外由于是学校选修课程，也出现了人员流失的情况。研究者采取了一系列措施如加强游戏指导、进行游戏达人和探究达人的评比，集体分析每个学生的游戏情况等刺激学生的学习兴趣，帮助他们度过困难的"新手期"。第二阶段，以游戏任务为驱动进行探究活动，希望帮助学生明确游戏与课程的关联，以竞赛形式激励学生思考，完善探究过程中的操作及数据的记录。第三阶段，通过探究报告和日志显示学生理解中的漏洞，并且进行反思，及时反馈，纠正并指导学生在探究过程中遇到的问题。第四阶段，主要进行研究成果的汇报和考核，经过前三个阶段的学生，这个阶段虽然不会再流失，但由于其他课程相继进入备考阶段，也有个别学生出现了早退或者缺课的情况，因此加入了竞争的游戏形式，提高上课的效率，保证学习任务的全部完成。

从科学探究角度来说，因为课程模块按照科学探究方法的步骤进行部署，即每次课对应学习科学探究过程中的一个具体步骤，如第二课提出问题，第三课提出猜想与假设。考虑到选修课每星期只上一课时，将科学探究整体时间拉长（8星期或更多），所以很难让学生从整体上对科学探究有清晰的把握，无法从宏观上对探究过程有完整的认识。具体到每一课时，即使有明确的课程材料，理解起来仍然容易出现偏差，故应该考虑设置先行体验时间，帮助学生首先从直观上把握。从农业、气候等方面的知识学习来说，即使课程设计时提供了相关的知识网站、知识手册和部分具体的知识点，还应该添加一些超链接，一方面帮助学生快速聚焦到关注的知识点，另一方面提供更多的选择——对于信息时代的学生而言，获取信息、选择信息、甄别信息、筛选信息的能力也至关重要。

第七节 研究结论与讨论

一、研究结论

本研究基于探究能力、体验学习理论、合作学习理论，结合游戏的特点，提出了游戏化探究学习课程的设计策略与设计模型，设计开发了游戏化探究学习课程——"农场狂想曲科学探究课程"，并利用准实验的方法验证了它的成效，之后进一步设计了游戏化网络课程——"农场狂想曲科学探究网络课程"。研究结果显示：与网络探究相比，该课程能够显著激发学习者（尤其是低分学生）的探究兴趣与主动性，提升学习者的游戏探究行为比例，增加学习者网络讨论的深度。对于网络课程，虽然还存在一些技术操作复杂等问题，但是也可以看到其能够提升学习的趣味性和学习动机，培养问题解决能力。具体结论与讨论如下：

在学习成绩方面，游戏化探究更能够让学生主动探究主题相关的知识，学习科学探究的方法。但是实验组学生的自我效能感并没有太多改变，很多学生不同意"这种学习方式能够提高学习成绩"，这可能与学生的学习态度有关。在以往的学习经验中，学习总是很严肃的一件事，而对于这种利用游戏开展的学习方式，有很多学生处于一种自我矛盾的状态，既想玩，但是又怕学不到知识。而对于对照组的学生，他们的学习没有游戏，更像是一种正规的学习，学生感受到网络学习如此容易和方便，他们更加相信这对提高成绩是有一定的帮助。研究还发现，两种学习方式在提高成绩上有积极作用，差生比优生受益更多。在网络探究中，很多差生能够比较容易地贡献自己的想法和学到的知识，这显然可以提高差生的学习积极性，而游戏探究中的差生还有可能发生"从差生到优生转换"，甚至当上小组负责人，这与教师访谈结果基本保持一致。

在学生的满意度上，两种探究学习方式各有优劣。游戏化探究的确能够使学习更加有趣、更有挑战性，游戏确实能够激发学生学习的"挑战""好奇"等内在动机；而网络探究让更多的人对学习有自信心，并且让更多的人有成就感，这也与教师认为网络探究更加容易上手的看法是一致的。

教师对这两种学习方式的态度都是积极正向的，认为这两种学习方式都对学生的学习有很大的帮助，并且学校也有条件开展类似的学习活动。教师认为游戏化探究更

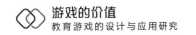

能够提高学生的问题意识、培养质疑精神，游戏本身与教学内容相关性、操作复杂性和学校支持是应用游戏教学的担忧和障碍，而网络探究更加开放，也可以训练学生的发散思维。

对于游戏化网络课程，最初的目的主要是为了减轻教师的工作量，方便将教育游戏应用到中小学课程中，从实验情况来看基本达到了实验目的，大部分学生对课程评价也都比较高，说明这是一个可以发展的方向。但是学生对视频流畅性、游戏访问速度等技术支持存在意见，这提醒我们在将游戏真正应用到课堂教学中需要注意用户体验。

二、研究启示

（一）游戏化探究学习课程的设计策略

整体而言，游戏化探究学习课程对于探究学习过程和游戏体验的整合还是比较成功的。游戏化探究学习课程中，探究学习是主线，游戏主要是作为探究学习的"虚拟实验室"而存在——学生提出假设、设计实验，而后到游戏这一"虚拟实验室"中验证，随后讨论、再提出假设并再次验证。需要说明的是，本章的研究中游戏化探究课程的一个重要特点是并没有首先去追求游戏过程的流畅性和好玩性，而是将游戏仅仅作为科学探究学习过程的体验环境，利用游戏创设的逼真的环境，让学生提出假设并去验证假设，使体验学习更加具体和逼真。尽管在一定程度上可能降低了游戏的趣味性，但是保证了科学探究学习的成效。如果要想成功实施游戏化探究学习课程来培养学生的探究能力，还需要注意以下设计策略：

1. 注重合作学习活动的设计

从已有研究和本章的研究看来，游戏用于探究时的合作更加自然、紧密，那如何才能有效呢？首先，教师不能忽视在完成游戏任务、实现游戏目标过程中自发性的游戏团体，这种组合由于具有共同的、明确的游戏目标，因此具有很强的凝聚力和生命力；其次，还需要通过外部学习活动来促进小组活动的发生；最后，要为学生的交流提供丰富的社会化交流工具，引导其进行跨组分享。

2. 提供多种知识建构工具而不仅是游戏

除了游戏之外，还需要给学习者提供辅助认知工具、交流协作工具和反思总结工具。辅助认知工具包括图像认知工具、表格认知工具、采样工具和模拟实验环境等，交流协作工具包含游戏中的留言对话工具和道具互换工具，游戏外的论坛、博客、视频分享网站；反思总结工具包括反思问题的模板、图像表达工具等。

3. 注重对游戏过程的反思

反思分为游戏中的反思和游戏结束后的反思，游戏中的反思是学生调节自己游戏行为的重要方法，教师应作为信息的提供者、决策顾问帮助学生进行反思，而且教师要管理、监控整个游戏进程，选择适当的时机和场景组织讨论，确保学生在游戏中有反思行为发生。在游戏结束时，教师帮助学生整理游戏学习成果，对个人游戏的过程进行梳理和总结，为个别学生分享游戏经验提供机会。

4. 注重游戏内外衔接活动的设计

根据巴特尔的玩家分类理论，在大型多人在线角色扮演游戏中，玩家可以分成探索型、杀手型、社交型和成就型，他们与玩家、游戏世界之间的互动具有不同的特征。[①]而学习活动与纯粹的游戏不完全相同，学习活动是应该全纳的，期望所有的学生都能够在学习过程中得到个性化的支持。在利用电子游戏进行探究时，要针对不同的学生类型的特点进行游戏内外活动的设计。设计的学习活动争取让不同的学生都能够沉浸其中，比如在游戏外弥补在游戏中获得成就少的学生，使其能够坚持下来，对于游戏中一味获得"升级"的学生要在游戏外及时给予引导，使其关注内容的学习。

5. 注重游戏化探究学习的现实意义

与知识经验的学习不同，探究学习非常注重学习对学生的现实意义，力图使学习回归现实生活、对学生的真实生活起作用。游戏用于探究学习时亦是如此，应尽可能提供仿真的游戏情境，保持和利用学生在游戏中建立的良好互动关系，让其更有效地作用于学生的日常学习生活。此外，还应注重游戏化学习结果向真实世界的转化，如在国外开展的 River City 实验结束后，教师指导学生给市长写一封信，对城市的环境保护和卫生问题提出建议。[②]本章的研究中也鼓励学生将游戏中的体验向真实生活延伸，引发学生关注现实世界中"近亲繁殖""生活中如何爱惜粮食"等真实问题。

（二）游戏化网络课程的设计策略

因为新型冠状病毒肺炎疫情的客观影响，现在社会各界对在线教育都非常重视，网络课程也越来越流行。[③]不过本章的研究说的网络课程不同于常见直播课或录播课，而是由一系列学习活动（包括看视频、看文档、玩教育游戏、讨论、做作业）组成的网络课程，实际上也是现在很多 MOOC 采用的方式，基本上属于一种引领式网络课程。[④]目前针对中小学生的这类课程还不多见，随着在线教育的发展，未来应该会应用越来越广。不过，根据本章的研究的经验，在设计游戏化网络课程时要注意如下原则和策略（见图4-14）：

---

① Bartle R A. Designing Virtual Worlds[M]. Berkeley: New Riders, 2004.
② Ketelhut D J, Nelson B C, Clarke J, et al. A Multi-user Virtual Environment for Building and Assessing Higher Order Inquiry Skills in Science [J]. British Journal of Educational Technology, 2010, 41(1):56—68.
③ 尚俊杰. 在线教育讲义 [M]. 上海：华东师范大学出版社，2020: 20.
④ 郭文革. 引领式网络课程：理念及设计 [J]. 江苏广播电视大学学报，2012, 23(03):13—17.

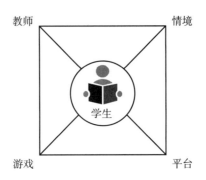

图 4-14 游戏化网络课程的设计原则和策略

1. 以学生为中心

前面已经讲过,建构主义学习理论等都强调以学生为中心,我们设计面向中小学生(尤其是中学生)的网络课程,自然要考虑中小学生的特点,他们有很强的好奇心,但是处在自觉性和依赖性、主动性和被动性并存的年龄,一些学生的自觉性和主动性还不能持久。因此,要在平台技术、课程内容、界面风格、导航设置、交互风格、监控管理等方面做出相应的考虑,要符合学生的心理特征和认知水平,吸引学生的注意力,激发学生的学习兴趣。界面内容尽可能简单明了,要清晰地依次列出各个学习活动,各种操作要尽可能简单。也正是因为考虑到这个问题,后来我们设计了网络课程第二版界面(如图 4-15 所示),希望生动活泼的页面更能够吸引初中生。

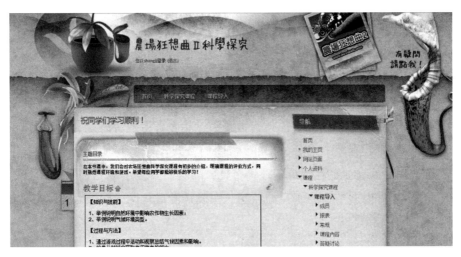

图 4-15 网络课程第二版界面

对于中小学生,一定要增强文本的"易读性",减轻学生认知负担。网络游戏采用图形化界面,当游戏和教学内容转换时,学生难以投入足够的精力用于阅读大量的文本资料,尤其当网络学习资料中的内容较多较长时,即使成人也经常产生倦怠感,对于初中生来说,更容易走马观花,无法深入地理解和掌握学习内容。所以,在设计文本资料时要充分考虑到初中生的文字阅读能力和语言基础，简化文本语言，减少页面跳转，使用不同颜色字体等方式突出显示文本。

2. 认真选择游戏

对于游戏化网络课程来说，游戏选择自然是关键，要选择能够和课程教学内容深度融合的游戏。游戏要无缝地融入课程，而不是作为课程的附属工具，游戏和课程之间要有机结合，才能真正提升学生的学习乐趣，所以，选择的游戏要将游戏任务与学习任务相结合，以游戏任务为驱动，促进学生对课程学习活动的思考。探究活动与游戏任务结合，同时构建与当前学习主题相关的、真实的情境，能够促进学生探究的目的性，引导学生带着"任务"进入游戏中探究，从而激发对课程内容的思考。

当然，在一个课程中可以选择多个游戏，如果有条件自己开发特制的游戏更好。另外，不能为了游戏而游戏，要根据课程需要有机使用游戏，游戏在本课程中承担的是"虚拟实验室"的功能，整体还是要以学习为主的。

3. 确定合适平台

对于网络课程来说，平台也非常重要，因此要选择合适的平台。一方面要操作简单、使用方便、用户体验好，符合中小学师生的需求。另一方面要能够很好地对接游戏，比如利用应用程序编程接口（Application Programming Interface，API）等技术实现平台和游戏的无缝对接，不要让学生频繁切换登录各种平台。本课程中使用的是开源的 Moodle，现在市面上有更多各种各样的平台。不过，目前还比较缺少专门支持游戏化学习的网络平台，希望未来能出现更多专门平台以支持探究学习。

4. 考虑应用情境

在设计课程之初，就要考虑好准备应用的学段、课程、单元、教室、设备、课堂时间等问题，否则课程设计得再好可能无用武之地。比如，中学生一般是 50 分钟一节课，所以所有学习活动必须在 50 分钟内能够顺利结束。

5. 重视教师作用

教育技术领域知名专家何克抗教授曾经提出了"以学生为主体、以教师为主导"的"双主教学模式"，该教学模式在强调以学生为中心的前提下，指出要重视教师的作用。[①] 本章的研究提出的网络课程强调大学和中小学一起开课，采取的是类似"双师课堂"的方式，远端的教师直播或录播，配合本地教师的监管和辅导，在平台、技术、游戏、教学法等方面提供足够的支持。

---

① 何克抗,李克东,谢幼如,王本中."主导—主体"教学模式的理论基础[J].电化教育研究,2000(02):3—9.

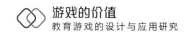

三、研究不足

总体而言，游戏化探究学习课程是比较成功的，能够有效地将教育游戏应用到课堂教学中，有助于培养学生的探究能力。不过，由于研究时间和研究条件的限制，本章的研究还有很多局限和不足：第一，在设计研究阶段，本章的研究设计了完整的课程学习单元资源包，不过学生学习的支持工具（如反思问题、博客、论坛等）的功能还没有得到很好的发挥，仍需更加严谨地设计相关工具的特点和作用。第二，在实验研究方面，准实验研究的单样本设计往往需要经过反复观察、检验才能够得出比较可靠结论。由于时间等因素限制，没有进行第二轮实验，这有可能会影响结果的效度。第三，本章的研究对象年龄较小、网络学习经验不足，而探究学习、合作学习等对信息技术能力要求较高。第四，第一次实验研究集中在两星期内进行，学生和教师普遍反映时间太短。但是这种以学习单元的形式，整合游戏与课程教学却是一次十分有效的尝试。第五，对于网络课程，因为游戏和平台存在的一些技术问题，可能影响了用户体验效果。

对于以后的研究，可以着重关注以下四方面内容。第一，游戏化探究中的学习行为是如何发生的？从时间上看，本章的研究发现学生的探究学习基本有"为游戏而学习""为学习而游戏""从游戏中学习"三个阶段，但是这三个阶段转化还有待继续研究。第二，在课程实施过程中如何促进学生有效地反思和进行小组讨论？第三，游戏碎片化探究学习的做法是否具有较强的可迁移性，是否有必要根据学生的学习能力进行有针对性的教学活动设计等都是值得关注的问题。第四，考虑到学科教师教学实际和工作情况，以虚拟体验为主体的游戏化学习网络课程该如何应用、效果怎么样，还需要研究者更加深入地关注和探索。整体而言，游戏化探究学习课程作为选修课在中小学有一定的应用空间，从学习效果、教师反映来看，这种教学模式值得推广。

本章结语

随着信息技术的深入普及应用，技术支持下的探究学习更加具有生命力，更能为探究能力的培养赋能。我们的下一代将面临一个未知的未来，仅仅是知识和技巧的学习远远不足以令其立身，只有在真实的世界中发现问题、能够运用探究的方法去解决问题，才有可能应对不断变化的世界。而游戏作为天然的探究学习环境，如果加之教学活动的设计，将对所有学生的探究能力培养大有裨益。本章的研究在梳理探究能力及其培养方式的基础上，围绕着游戏化探究学习课程，梳理了相关理论基础，开展了设计研究、实验研究，并总结了设计策略，开发了网络课程，算是一次理论与实践的试验性工作。我们相信教育游戏在探究学习中必将得到越来越广泛的应用，游戏化探究学习也值得广大研究者的进一步探讨和关注。

第五章　教育游戏与创造力

本章导言

　　创造力是决定国家未来竞争力的关键因素之一,世界各国都十分重视培养学生的创造力,以适应愈发激烈的全球性竞争。尤其美国、英国、德国、日本等发达国家特别重视科学教育和创造性思维的研究,重视青少年创造性思维的培养。[1]我国传统的学校课堂教学比较重视学生知识技能的掌握,而在思维训练和创新意识培养方面略显不足。然而,在国家政策指导和社会各界的广泛关注下,我国学校教育开始逐渐重视创造力教学,努力提高学生的创造力,创造力的培养也成为教育学领域的研究热点之一。

　　创造力培养强调教师的引导作用,认为教师应该努力营造积极主动、开放的课堂学习氛围,鼓励学生提出自己的见解和想法。但囿于缺乏合适的教学工具、媒体资源和科学的教学方法来激发学生学习兴趣,传统的创造力培养策略难以在学校教育中推广开来。因此,本章基于游戏化学习理论,将教育游戏作为教学支持工具、嵌入贯穿课程始终,设计了面向小学中高学段学生的"游戏化创造力培养课程",探索了新的创造力培养模式和游戏化创造力培养课程的设计原则。

　　为验证课程与学校教育的有效性、探究游戏化创造力培养课程设计的基本原则,本章的研究以小学四年级学生为样本开展了准实验研究。一方面,定量数据分析结果表明该课程显著提升了学生的好奇性和挑战性,并证明了创造性思维培养具有领域相关性。另一方面,典型案例研究和质性研究结果揭示了定量数据结果出现的内在原因,并从课程理念的设计、课程游戏化机制、课程目标的制定、课程内容的组织、课程的媒体资源、课程的教学方式六个方面总结提出了游戏化创造力培养课程的设计原则。[2][3]

---

[1] 胡卫平,韩琴.国外青少年创造力培养的理论与实践[J].外国中小学教育,2006(3):40—43.
[2] 周萌宣.游戏化创造力培养课程设计研究[D].北京:北京大学,2014.
[3] 肖海明.利用教育游戏培养学生创造力的设计与应用研究[D].北京:北京大学,2015.

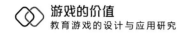

第一节 创造力

创造力的概念由来已久，随着相关研究的不断推进，创造力的定义和内涵也在不断地发展和外延。本节就从创造力的概念界定、创造力的测量方法、创造力的培养模式三个维度对已有文献进行回顾。

一、创造力的概念界定

创造力（Creativity）一词源于拉丁语单词Creare，表达"创造、创建、生产、造就"之意，与"新""能力""品质"等概念相关。1869年，高尔顿（Galton）在其出版的《遗传的天才》一书中，运用统计数学和经验推理的方法，把创造性才能作为一种可考察、可测定的人类的心理特征来进行研究，是国际上最早对"创造性才能"进行研究的系统资料，[①②]标志着采用科学方法研究创造力的开始。[③]

创造力的现代定义和阐释根据学派的不同有着巨大的差别，这些定义分别阐释了创造力的不同方面。如精神分析理论试图解释创造力的动力问题，将创造力解释为一种本能，弗洛伊德（Freud）认为自我为解决超我与本我之间产生的冲突会使用心理防卫机制，其中一种机制"升华"（Sublimation）可以将冲动导引到社会认同的行为上，主要指通过艺术的形式解决冲突。[④] 荣格（Jung）的分析心理学则把集体无意识作为创造力的核心，认为"部落会议和图腾氏族保留了这种关于隐秘事物的教义，这些隐秘之物就开始构成了人类最为重要的经验……正是他创造力的源泉"。[⑤] 而人本主义中，马斯洛的"需要层次理论"把创造视作"自我实现的需要"实现的结果，是人类所独有的潜能，几乎可与健康、自我实现和充分的人性等同，自我实现的本质特征就是人的潜力和创造力的发挥。人本主义强调心理健康对自我实现的重要意义，健康的人格是激发创造力、自我实现的前提与温床，因此马斯洛主张研究创造力需从创造性人格入手。人本主义的重要贡献在于肯定了创造力在普通人群中的存在，让人们重视人的潜能开发的同时，使研究者在更广泛的领域中关注个体的创造力。[⑥] 塔式塔学派则聚焦于对创造性思维的过程研究，韦特海默（Wertheimer）把顿悟学习原理运用到人类创造

---

① 詹泽慧, 梅虎, 麦子号, 邵芳芳. 创造性思维与创新思维：内涵辨析、联动与展望 [J]. 现代远程教育研究, 2019(02): 40—49+66.
② 张丽华, 白学军. 创造性思维研究概述 [J]. 教育科学, 2006, 22(5): 86—89.
③ 黄四林, 林崇德, 王益文. 创造力内隐理论研究：源起与现状 [J]. 心理科学进展, 2005, 13(6): 715—720.
④ Wade C, Tavris C. Psychology (Sixth Edition) [M]. New Jersey: Prentice Hall, 2000: 478.
⑤ 荣格. 寻求灵魂的现代人 [M]. 苏克, 译. 贵阳: 贵州人民出版社, 1987: 186
⑥ 叶浩生. 西方心理学史的历史与体系 [M]. 北京: 人民教育出版社, 1998: 573.

力思维的研究中，并提出这种思维是通过对整体的把握实现的，他将创造过程看作从一种结构不完整或不令人满意的情境走向一种提供解决方法的情境，在过程中缺陷得以填补，创造活动在完形中不断发展完成。①

20世纪中期，吉尔福特（Guilford）呼吁心理学界关注创造力相关研究。②自此，新的理论学说不断涌现，这些理论将创造力与"创新""人格特征""产品价值"等概念联系起来。从整体发展来看，创造力研究逐渐从个人层面，发展到个体与社会、环境、同伴交互的整体层面上。

在个人层面的创造力研究中，托兰斯（Torrance）则将创造性过程解读为"意识到缺口或成分的缺失，对此形成新的假设，验证这些假设并综合其结果，甚至对这些假设进行修正和再验证的过程"。③信息加工心理学家将创造视为一种特殊的问题解决活动，"这种活动具有新奇性、非传统性、坚持性、问题形成的困难性等特征"。④另一些研究者则从人格角度定义创造力，尤其是从人格特质论的角度展开了对创造者人格结构的描述，如麦克雷（McCrae）把对经验的开放性定义为智力好奇心、自由价值观、情感差异性和审美敏感性。⑤另外，还有一些学者从产品价值的角度对创造力进行了研究，如布鲁纳则将创造力的产品特性作为界定创造力的标准，并且认为具有创造性的产品不仅会使观察者认可这种新奇而又完全适宜的产品，还会使观察者产生"真正的惊奇"。巴诺（Barron）则认为，一个答案或产品富有创造性需同时满足"稀有性"和"适宜性"。⑥

整合性创造理论中最为著名的是斯滕伯格（Sternberg）的创造力投资理论，其基本观点是：创造力是一个决策，具有创造力的人在思想领域中低吸高抛（或低买高卖）。斯滕伯格认为影响创造力的因素包括智力、知识、思维风格、人格、动机和环境，并提出了创造力的三面模型（A Three-facet Model of Creativity），即创造力的智力层面、智能风格和人格层面，并且强调三个层面的相互作用。⑦

明晰"创造力究竟是什么"是讨论创造力测量和培养问题的重要前提，人们对于

---

① 张文新, 谷传华. 创造力发展心理学 [M]. 合肥：安徽教育出版社, 2004:41—42.
② 田友谊, 李荣华. 创造力测评研究70年：回顾与展望 [J]. 中国考试, 2022(05):81—89.
③ Gallagher J J. Teaching the Gifted Child [M]. Boston: Allyn and Bacon, 1975.
④ Newell A, Shaw J C, Simon H A. The Process of Creative Thinking[C] //Gruber H E, Terrell G E, Wertheimer M E. Contemporary Approaches to Creative Thinking. New York: Atherton Press, 1962:66.
⑤ 李明. 3～5岁幼儿创造性人格类型倾向的特征与多元智能理论关系的研究 [D]. 大连：辽宁师范大学, 2010.
⑥ Barron F. The Disposition Toward Originality[J]. Journal of Abnormal and Social Psychology, 1955, 51(3):478-485.
⑦ 房敏, 孙颖, 吕慎敏, 等. 基于教学胜任力的师范生计算思维评价量表开发——以斯滕伯格成功智力理论与思维教学理论为支点的探索 [J]. 电化教育研究, 2021, 42(02):112—120.

创造力的认识，也从"能力"的单一维度发展到了"人格""产品"等多元维度。考虑教育适切性及维度兼顾性，本章的研究采用林崇德教授对创造力的定义，认为"**创造力是根据一定的目的、运用一切已知信息，产生出某种新颖、独特、有社会或者个人价值的产品的智力品质**"。[①] 在学校教育中，创造力是一种问题解决或生产产品的主观能力，学生的创造力体现在学习活动过程的流畅性与活动成果（问题解决方案和产品）的新颖性和适宜性。

二、创造力的测量方法

创造力的测量一直是创造力研究的重要领域之一，创造力测量的发展伴随着人们对创造力的理解和研究思路的变化而不断变迁。20 世纪 50 年代以前，创造力被认为是天才或特定领域的杰出人才所特有的能力，创造力能够通过被评价者的创造性产出或成就而被识别，因此在当时创造力的评估并不受关注。50 年代以后，创造力开始被认为是人人所具有的，能够被发展和测量的心理学特质。人们开始关注与杰出创造力相对的日常创造力。[②] 创造力领域的研究人员开始了创造力测量工具的设计与开发，涌现出一系列相关理论与实践研究。

20 世纪 50 年代到 90 年代，研究者们多从单一侧面对创造力进行测评。具体而言，创造力的测量主要包括"两个层面、四种取向"，分别是个人层面的认知过程取向和个体差异取向，社会层面的社会心理学取向和产品取向。90 年代后，创造力领域专家对创造力的认知走向融合，研究者逐渐开始从不同的角度综合地理解创造力，认为创造力的发生有赖于个体认知过程、人格特质、情感因素和社会环境的动态交互作用，创造力产生的结果是制造出创造性的产品。[③] 本章着眼于个体水平取向的创造力评价，旨在验证创造力培养课程对培养学生的创造力的效果。个体水平取向的创造力测量根据测量重点的不同可以分为**创造性思维测量、创造性人格测量、创造性产品测量**。

在创造性思维测量方面，主要依据吉尔福特对发散性思维的加工过程的假设，从流畅性、灵活性、精密性和独创性四个维度测量个体的创造力水平。随后，托兰斯基于吉尔福特的智力测验（The Structure of Intellect，SOI）编制了创造性思维测验（Torrance Tests of Creativity Thinking，TTCT）。TTCT 以发散性思维测验为主，因使用便捷、适用范围及对象广等特点赢得了研究者的广泛认可，成为在众多创造性思

[①] 全国教育科学规划领导小组办公室. 国家重点课题"教育与发展——创新人才的心理学整合研究"研究成果述评 [J]. 当代教育论坛, 2006(23): 5—8.

[②] Richards R. Everyday Creativity, Eminent Creativity, and Health[J]. Creativity Research Journal, 1990, (3): 300-326.

[③] Barbot B, Besançon M, Lubart T. Assessing Creativity in the Classroom[J]. Open Education Journal, 2011, 4: 58-66.

维测量方法中迄今为止应用最广的一种发散性思维测验。[1]而且经过近 30 年的广泛使用，其常模逐渐稳定。内部一致性信度稳定在 0.89～0.94 之间，重测信度保持在 0.50～0.93 之间。

与创造力相关的个人特征主要表现在人格、动机、兴趣与态度及行为等方面。与此相应的创造力测量主要有人格测评、动机量表、传记调查等。人格量表是通过研究高创造性人才，发现高创造性人才的共同人格特征编制的。其假设是"一个人的人格特征越相似于高创造性人才，他便越具有取得创造性成就的倾向"。常用的测量工具包括威廉姆斯（Williams）的创造力倾向测量表[2]、卡特纳－托兰斯（Khatena-Torrance）创造知觉调查表[3]、高夫（Gough）的修饰词检查创造性个性量表[4]、柯顿创造力风格问卷[5]、MBTI 人格类型量表[6]等。其中，威廉姆斯在 1980 年开发的创造力倾向量表是目前应用最广泛的创造性人格测量工具，具有较好的内部信度和效度，中文版由我国台湾学者林幸台和王木荣修订，信度在 0.49～0.81 之间。[7]

此外，创造力研究者普遍承认通过创造性产品对创造力进行评价的重要性，关于创造性产品的理论思考也是创造力研究领域的热门话题。创造性产品的分析方法包括从直接的等级评定量表到概念上非常复杂的普查测量技术。其中，艾曼贝尔（Amabile）的同感评估技术（Consensual Assessment Technique，CAT）是应用最广泛的方法之一。同感评估技术假设人们知道什么是创造力，此假设在一定程度上得到了创造力内隐理论的支持。根据斯滕伯格的创造力内隐理论，尽管人们对创造力的定义可能不完全一样，但人们特别是同一领域的专家们对同一作品的创造性高低会有基本一致的看法。同感评估技术解决了创造力评价标准问题，具有更强的生态效度。[8]

随着脑科学及生物技术研究的不断发展，为新的自然科学取向的创造力测试方法

---

[1] Kim K H. Can We Trust Creativity Tests? A Review of the Torrance Tests of Creative Thinking (TTCT)[J]. Creativity Research Journal, 2006, 18(1): 3-14.

[2] 申继亮，王鑫，师保国. 青少年创造性倾向的结构与发展特征研究 [J]. 心理发展与教育，2005, 21(4): 28—33.

[3] Khatena J. The Khatena-Torrance Creative Perception Inventory for Identification Diagnosis Facilitation and Research[J]. Gifted Child Quarterly, 1977, 21(4): 517-525.

[4] Gough H G. A Creative Personality Scale for the Adjective Check List[J]. Journal of Personality and Social Psychology, 1979, 37(8): 1398.

[5] Kirton M. Adaptors and Innovators: A Description and Measure[J]. Journal of Applied Psychology, 1976, 61(5): 622.

[6] Boyle G J. Myers-Briggs Type Indicator (MBTI): Some Psychometric Limitations[J]. Australian Psychologist, 1995, 30(1): 71-74.

[7] 申继亮，王鑫，师保国. 青少年创造性倾向的结构与发展特征研究 [J]. 心理发展与教育，2005, 21(04):28—33.

[8] 宋晓辉，施建农. 创造力测量手段——同感评估技术 (CAT) 简介 [J]. 心理科学进展，2005, (6):37—42.

提供了可能性，研究者开始探索基于脑科学的创造力测量方法。刘耀中等人利用眼动技术对人分类加工的实验研究发现，高创造力的被试对正确选项的第一次注视时间要明显长于干扰选项；同时，高创造力被试对正确选项的注视时间和凝视时间也显著的多于干扰项。由此，刘建中认为利用眼动技术对创造力测量不但有效，而且能够控制影响创造力的情景因素，获得更加准确的指标和信息。[①] 我国研究者陈学志通过带有情绪性的图片测试也发现，创造力不同的被试其平均扫描幅度大小眼动存在差异。[②] 近年来，随着 fMRI 技术在创造性思维研究领域的应用，研究者发现了创造性思维的部分脑机制。例如，罗劲等通过 fMRI 技术研究顿悟过程中的脑机制，发现顿悟过程激活了广泛的大脑区域，例如双侧额上回、中回、下回以及扣带前回、颞回和与记忆相关的海马回。[③] 强比曼（Jung-Beeman）发现远距离联想任务激活了右半球的前颞上回，[④] 通过对大脑灰质厚度与创造性关系的研究发现，左额叶、舌回、楔叶、角回、顶下小叶和梭状回等区皮层厚度与创造力成绩之间呈负性相关。[⑤] 再如，哈瑞斯（Harris）等则发现创造性高的人其脑 α 电波的振幅要更小，还有更多的研究证明，大脑激活水平升高时，α 波活动振幅减小。[⑥] 脑科学研究成果表明，脑结构和脑活动模式与人的创造力之间存在一定的关联，虽然两者之间的关系还不十分明确，但至少说明了利用脑科学技术考察人脑结构和脑活动模式评估人的创造力的可行性。

三、创造力的培养模式

创造力培养是创造力研究和实践领域的一个重要方向，也是整个教育教学领域的重要课题。创造力成分教育模式是一种相对汇合的、整体的教育模式理论。如图 5-1 所示，厄本（Urban）通过区别共同影响创造力的要素分析导致创造力的互动作用，[⑦] 将创造力分为六个要素：一般知识与思考本位、特定知识和特定技能、扩散性思考和行动、专注和工作热忱，动机、开放性和容忍模糊性；六大要素受制于环境条件架构

---

① 刘耀中，唐志文. 基于眼动和神经科学的创造性人才测评[J]. 潍坊教育学院学报，2011, 24(5):69—72.
② 陈学志，彭淑玲，曾千芝，等. 藉由眼动追踪仪器探讨平均扫视幅度大小与创造力之关系[J]. 教育心理学报，2008, 39:127—149.
③ 罗劲. 顿悟的大脑机制[J]. 心理学报，2004(02):219—234.
④ Jung-Beeman M, Bowden E M, Haberman J, et al. Neural Activity When People Solve Verbal Problems With Insight[J]. PLoS biology, 2004, 2(4): e97.
⑤ Jung R E, Segall J M, Jeremy Bockholt H, et al. Neuroanatomy of Creativity[J]. Human Brain Mapping, 2010, (31): 398-409.
⑥ Fink A, Grabner R H, Benedek M, et al. The Creative Brain: Investigation of Brain Activity During Creative Problem Solving by Means of EEG and fMRI[J]. Human Brain Mapping, 2009, 30(3): 734-748.
⑦ Urban K K. Modeling Creativity: The Convergence of Divergence or the Act of Balancing[M]. Hong Kong: University of Hong Kong Social Sciences Research Center, 1997.

内的创造历程。^①这种模式强调创造力是知识、个人、社会相互作用的结果，当所有层面和因素都处于和谐状态时，才是创造力产生的最适当条件。

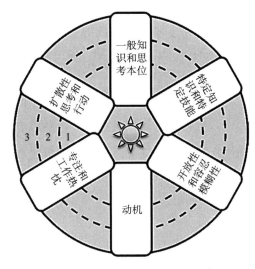

图 5-1 创造力成分教育模式^②

第二节 游戏支持下的创造力培养

20 世纪 50 年代中期，以商业视频游戏的开发与设计为主的游戏研究兴起。到 80 年代，一部分学者开始关注视频游戏的教育性价值，研究游戏如何激发学习者的学习动机，并试图将游戏应用于教学中。直到 20 世纪 90 年代后期，教育游戏的设计、开发与应用才逐渐受到重视。近年来，随着移动互联网的快速发展和新型交互技术的大量涌现，也随着人们对于"寓教于乐"需求的不断高涨，教育游戏研究以及游戏化学习成为当前教育技术学科的研究热点之一，如何在游戏的支持下培养学生的创造力（以下就简称游戏化创造力培养）也成为教育研究者关注的重要问题。

一、游戏化创造力培养的价值

在美国，教育游戏作为一种新型的教育和学习支持工具，受到广泛关注。2010 年 9 月美国启动了全国 STEM 游戏设计大赛（National STEM Video Game Challenge）^③，以

---

① 张世慧. 创造力理论、技法与教学 [M]. 台北：五南图书出版公司 . 2007:301.

② Urban K K. Modeling Creativity: The Convergence of Divergence or The Act of Balancing[M]. Hong Kong: University of Hong Kong Social Sciences Research Center, 1997.

③ E-Line Media & Joan Ganz Cooney Center. National STEM Video Game Challenge[EB/OL]. [2018-04-02] http://stemchallenge.org.

此增强学生对于科学、技术、工程和数学的学习兴趣，提升他们创新和团队协作能力。由美国印第安纳大学萨沙·巴拉教授主持开发的《探索亚特兰蒂斯》自2002年免费向全球开放以来，已有超过数万名儿童注册，游戏被美国、澳大利亚、新加坡、丹麦等国家的中小学教师应用于课堂教学，来自六大洲的超过 50000 名学生完成了 50000 多次探索和超过 100000 项的学习任务。以政府支持、科研发力为依托，教育游戏理论与实践研究在国外如火如荼地开展着。

对于创造力的培养而言，教育游戏为学生提供了非良构的问题解决情境和具有开放性的探索空间，学生在学习过程中需要不断思考、挑战已有的知识经验，创新思维得到锻炼。例如，有学者在教育游戏提升学生创造力的对照实验中，使用卡特纳－托兰斯创造知觉调查表测量两组学生的创造力变化，结果发现相较于传统课堂讲授，教育游戏能够更有效地发展学生的创造力。[1]再如，程（Cheng）以 25 名大学信息技术专科学生为研究对象，进行了一项关于游戏激发学习动机、提升学生问题解决能力和创造力培养的实验研究，研究者对游戏前后学生提出的想法进行了创造性分析。结果发现，利用教育游戏学习之后，实验组学生所提想法的创造性得分有显著提高。[2]

二、游戏化创造力培养的模式

国际上游戏化创造力培养的模式主要包括在游戏中学习培养创造力（Learning in Games）和通过设计开发游戏培养创造力（Learning About Games）两种类型。

第一种"在游戏中学习培养创造力"的培养模式，是指研究者开发或者选择支持学生学习的游戏作为学习环境，学生通过该游戏学习知识、技能，重新建构理解；其中游戏包括电子游戏和传统游戏。克莱门茨（Clements）在学生学习编程时将 LOGO（小海龟）游戏化编程工具作为支持工具，并评估了 LOGO 对于学生创造力的影响，结果显示 LOGO 能够显著提升学生的创造力。[3]此外，网络游戏的流行吸引了更多研究者研究网络游戏对于提升创造力的效果。贤生（Hsien-Sheng）等人开发了一款在线游戏帮助学生发展发散思维，研究证明该游戏对提升学生的思维的流畅性、灵活性和精密性十分有帮助。再如，奥西（Oishi）将《第二人生》(*Second Life*，SL）应用到教学中，游戏中完全开放的情境和可供学生自由想象的空间为提升学生的创造力提供了有力支持。奥西在描述 SL 对于学生发展的积极作用时写道："SL 不仅能够提升学生在编程和

---

[1] Eow Y L, Baki R. Computer Games Development and Appreciative Learning Approach in Enhancing Students' Creative Perception[J]. Computers & Education, 2010, 54(1): 146-161.

[2] Cheng G. Using Game Making Pedagogy to Facilitate Student Learning of Interactive Multimedia[J]. Australasian Journal of Educational Technology, 2009, 25(2):204-220.

[3] Clements D H, Gullo D F. Effects of Computer Programming on Young Children's Cognition[J]. Journal of Educational Psychology, 1984, 76(6):1051.

商业策略方面的技能，还对于提升学生的 21 世纪技能——合作和创新都十分有益。"①

第二种"通过设计开发游戏培养创造力"的培养模式是指以游戏开发为学习对象培养学生创造力，研究者为学生提供游戏开发工具让学生以个人或者小组形式开发游戏。这些课程或植根于某一个特定的学科内容，或是专门的游戏开发课程。拉希米（Rahimi）等为培养学生的创造力，提供了一款名为"物理乐园"的游戏编辑开发工具，要求学习者尽可能多地创造性地开发游戏关卡，结果表明游戏关卡开发与教师的指导、启发相结合，能够更好地提升学生的创造力水平。②另外，在一项研究中学生需要"创造游戏、故事表现他们的想象和兴趣"，定量和定性研究结果均表明游戏创作活动为儿童提供了发展高阶技能，如批判性思维、解决问题能力和创造力的机会。③再如，豪格兰德（Haugland）在一项实验研究中要求学生设计游戏教别人学习牛顿三大运动定律，实验数据结果表明，"创造性是学生在通过创作数字游戏进行学习时所表现出的新特点"。④

国内对于创造力的研究比较深入，利用教育游戏培养学生创造力的实验研究相对较少，但基本初步验证了前面提及的两种游戏化创造力培养模式的有效性，并且探讨了将课程作为游戏化创造力培养模式的可行性。例如，有研究者观察 414 名幼儿园儿童的科学与艺术整合活动，结果发现自由、灵活、宽松、积极的游戏环境更容易使活动遵循儿童的学习步调，从而提升其创造力。⑤邓超考察了策略游戏《英雄无敌》应用于中学信息技术课程对于提升学生创造性思维的效果，结果发现参与课程的学生在冒险性、好奇心、挑战性和想象力四个维度都有显著性提升，从而证明了根据教学设计原则将游戏融入课堂教学对于提升学生创造性思维的有效性。⑥杨莉君等报告了为期 3 个月的创新思维游戏课程的对照实验结果，实验结果表明，创新思维游戏课程能够显著提升儿童的创新思维水平，且 3~6 岁儿童创新思维能力的发展受到教育观念、教师素养、课程实施方式、班级规模、社会环境五大因素的影响。⑦

---

① Oishi L. Surfing Second life: What Does Second Life Have to do With Real-life Learning?[J]. Technology & Learning, 2007, 27(11):54.
② Rahimi S, Shute V J. First Inspire, Then Instruct to Improve Students' Creativity[J]. Computers & Education, 2021, 174: 104312.
③ Cordes C E, Miller E E. Fool's Gold: A Critical Look at Computers in Childhood[J]. At Risk Persons, 2000.
④ Haugland S W. The Effect of Computer Software on Preschool Children's Developmental Gains[J]. Journal of Computing in Childhood Education, 1992, 3(1): 15–30.
⑤ 陈晓芳，乔成治．科学与艺术整合学习过程要素与儿童创造力的关系研究［J］．教育研究与实验，2020(02)：90—96．
⑥ 邓超．教育游戏对培养中学生创造性思维的应用研究［D］．新乡：河南大学，2011．
⑦ 杨莉君，钱泳蓁，余贤睿．3~6 岁儿童创新思维的培养及其影响因素研究［J］．湖南师范大学教育科学学报，2013, 12(06):103—108.

三、游戏化创造力培养的问题

从国内外的相关研究看,研究者普遍认为教育游戏提供的开放式学习环境和非良构问题对于提升学生的创造力具有积极效果,但是在课程设计和创造力发展评估方面仍需要进一步的探究。一方面,教育游戏融入课堂教学的游戏化创造力培养模式并不明确,游戏化课程设计的基本原则并不清晰,因此教师教学能力的高低对创造力培养的效果产生了极大的影响。另一方面,缺乏全面评价学生创造力发展的测量工具,学生在一个领域或者一项任务中提升的创造力是否能够迁移到其他领域和任务中也需要进一步的探究。通过分析以上研究的研究过程和研究方法可以发现,单纯地进入游戏学习或者通过设计游戏进行学习,都不是提升学生创造力的充分条件。在系统化教学设计思想的指导下,将游戏有机融入学生学习和教学活动的每一个环节,让游戏成为支持学生探索发现,掌握知识、技能和总结反思的学习工具,才是游戏化学习或者利用教育游戏培养学生创造力的关键。

第三节 游戏化创造力培养课程的理论基础

本章的研究在确定"游戏化创造力培养课程"的研究主体后,着手调研相关理论。调研发现吉尔福特创造力理论、斯滕伯格的创造力三面模型等创造力理论,传统教学、新型主题统整教学策略等创造力培养理论,以及已有的课程设计模型、原则与策略等设计理论,都能够为本章的研究设计游戏化创造力培养课程提供重要支撑与启示。

一、创造力理论

高尔顿拉开了将科学方法应用到创造力研究的序幕,吉尔福特引发了心理学界对于创造力的关注热情,斯滕伯格则是创造力理论的集大成者——整合性创造理论的代表人。论及游戏化创造力培养课程,无疑要从创造力理论入手,深入创造力的组成部分和本质之中,因而本章的研究着重调研并介绍吉尔福特和斯滕伯格的创造力理论。其中,吉尔福特是在研究智力结构的基础上提出的创造力理论,他认为"创造力是指最能代表创造性人物特征的各种能力",并补充"创造性才能决定个体是否有能力在显著水平上显示出创造性行为,具有种种必备能力的个体,实际上是否能产生具有创造性质的结果,还取决于他的动机和气质特征"。[①] 除此之外,如图 5-2 所示,吉尔福特继续提出"智力结构问题解决模式",并且认为虽然现在还无法确定所有的问题解决都包含创造性的方面和成分,但所有的创造性思维都包含问题解决过程,"凡有发散性加

---

① 刘伟. 吉尔福特关于创造性才能研究的理论和方法 [J]. 北京师范大学学报(社会科学版),1999 (5): 41—48.

工或转化的地方，都表明发生了创造性思维。"①

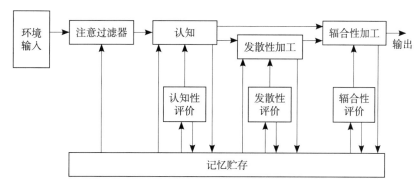

图 5-2 吉尔福特的智力结构问题解决模式②

整合性创造理论的代表斯滕伯格的"创造力三维模型理论"则认为，创造力由创造力的智力维度、创造力智力方式维度和创造力人格维度这三个既相互独立又相互联系的维度组成。其中，创造力智力维度包括内部关联型智力、经验关联型智力、外部关联型智力三个方面；创造力智力方式维度则实际是个体的一种习惯化自觉的自我控制，使创造力智力维度带有一定的倾向和风格；创造力的人格维度具体包括对模糊性的容忍度、努力克服困难、内部动机、一定的冒险性、求知欲以及乐意为了获取知识而工作等个性特征。斯滕伯格认为任何创造力都是上述三种维度共同作用的结果，由于这三种维度相互结合的程度、成分以及各维度所起的作用等都是不同的，从而体现出创造力的复杂多样性，以及创造力的力度特征和深度特征。③

对比两者可以看出，两者均提倡将创造力进行维度化，并且认为创造力受到智力、思维和人格等多方面因素影响。其中，吉尔福特的创造力理论为使用"游戏化创造力培养课程"培养创造力提供了理论可能性和行为观测可行性，即创造性才能不是孤立神秘的东西，而是由个体的种种基本能力构成的，并且可以通过学习者的学习行为和结果进行观察。而斯滕伯格的三维度模型则为"游戏化创造力培养课程"提供了内容设计的具体抓手，即可以从智力和人格等多维度、利用教育游戏强大的情境综合能力培养学生的创造力。

二、创造力培养理论

从传统教学的角度来看，创造力培养理论有威廉姆斯的创造力三维空间结构教学模式、奥斯顿（Osborn）的"奔驰"（SCAMPER）技术、吕吉罗（Ruggiero）的整合

---

① Guilford J P. Creativity[J]. American Psychologist, 1950, 5(9):444-454.
② 同上。
③ Sternberg R J. The Nature of Creativity[J]. The Essential Sternberg: Essays on Intelligence, Psychology and Education, 2009: 103-118.

思考教学方式等传统创造力教学策略。①传统创造力培养注重引导方法和课堂组织形式，通过课堂结构和教学方法进行创造力的训练。例如，威廉姆斯三维空间结构教学模式强调教师通过课程内容，合理运用启发创造性思考的策略以达到增强学生创造行为的教学模式。他强调教学中的三个维度，即各种不同的学科、教师采用的各种教学方法、学生四种认知和四种情感态度。具体来讲，①不同学科包括语言、数学、自然科学等；②教学方法包括18种教学策略：矛盾法、归因法、类比法、辨别法、激发法、变异法、习惯改变法、重组法、探索法、容忍暧昧法、直观表达法、发展法、创造过程分析法、评价法、创造的阅读技巧、创造的倾听技巧、创造的写作技巧和视像法；③学生方面包括流畅力、变通力、独创力、精确力等认知部分，以及好奇心、想象力、冒险性、挑战性等情感部分。教师应在三维度中恰当地选择组合搭配，并在教学中多采用游戏化的方式，给学生提供不受批评的自由气氛，培养学生的想象力、推测、直觉判断等发散性思维。②

除了传统的创造力培养理论，较新的主题统整教学策略则强调概念连结的学习过程要与创造力产生过程相合。有多种研究表明，主题统整教学策略有助于小学生创造力的发展。主题统整教学策略强调学生在学习历程中发挥创造力、领会各学科内容及技巧的连接，以及活用知识与技能来解决问题。这种教学策略允许师生共同建构课堂和评价方式，同时可以提供给学生必要的支持与资源，强调学生独立探究的学习能力，是一种可行的创造力教学方式。

三、游戏化创造力培养课程的设计理论

已有研究者探索游戏化创造力培养课程的设计与实证研究，总结出了相关的游戏化创造力培养课程的设计模型、设计策略与设计原则。

（一）设计模型

如表5-1所示，程提出了"游戏化制作教学法"（Game Making Pedagogy，GMP），包含主题探索（Topic Exploration）、知识获取（Knowledge Acquisition）、目标设定（Goal Setting）、内容创建（Content Creation）、成分综合（Component Synthesis）、同伴互评（Peer Review）、评价（Assessment）共七个阶段。他还测试了GMP模型是否有助于提升学生在交互式多媒体课程中的学习效果，通过对一学期的实验数据进行定量和定性分析发现，"GMP模型能有效帮助学生提高他们的解决问题能力和创造力，

---

① 周萌宣. 游戏化创造力培养课程设计研究 [D]. 北京：北京大学, 2014.
② 陈龙安. 创造思考教学的理论与实际 [M]. 台北：心理出版社, 1988: 43—44.

激发和维持学生的学习动机"。[①]

表 5-1 GMP 设计模型

阶段	主要目的
主题探索	增强学生在真实环境中学习互动多媒体的动机；对多媒体课程所涉及的主题有一个概括的了解；将以前的游戏经验与所学的交互式多媒体联系起来
知识获取	对核心知识和技能有一定的了解；设定小目标，并通过使用讲座中所学到的知识以及之前的游戏经验实现这些目标；加强对多媒体课程的学习信心
目标设定	鼓励同一小组内的同伴合作；有自主权决定项目的细节；将项目目标与评价标准联系起来
内容创建	鼓励同一小组内的同伴互助；发展与小组成员的有效沟通
成分综合	培养对不同层次的小组工作的批判性检查；发展解决问题的策略和技能；在共同创作的环境中增强协作能力
同伴互评	促进不同小组之间的合作学习；通过审查他人的工作，促进对自己的优势和劣势的反思
评价	鼓励展示自己的产品；促进对自己和他人的努力进行反思

（二）设计策略

游戏化创造力培养课程的设计策略，如表 5-2 所示，主要是基于创造性问题解决教学模式（Creative Problem Solving，CPS）而提出的。创造性教学模式始自奥斯顿提出的创造过程七阶段论（导向→准备→分析→假设→酝酿→综合→验证），现已经历了数次演变，能够为游戏化创造力培养课程的设计提供详细的理论和设计策略。[②] 本章的研究中将其作为课程设计的主要理论依据之一，并根据表 5-2 的策略进行相应课程的教学设计。

表 5-2 协助提升创造性问题解决成效的设计策略 [③]

策略	内容
策略一	去除创造力内在的障碍：为使儿童具备创意性的生产力，需让他们具有安全的感觉，即使思想非常奇特，也不必忧虑他们思想被接受性的问题
策略二	延缓判断：如此，儿童可花大部分时间在许多知觉的认知上，而增加思考的流畅性，实现可能的问题解决

[①] Cheng G. Using Game Making Pedagogy to Facilitate Student Learning of Interactive Multimedia[J]. Australasian Journal of Educational Technology, 2009, 25(2):204-220.

[②] 张世慧. 创造力理论、技法与教学 [M]. 台北：五南图书出版公司. 2007.

[③] Urban K K. Modeling Creativity: The Convergence of Divergence or the Act of Balancing[M]. Hong Kong: University of Hong Kong Social Sciences Research Center, 1997.

（续表）

策略	内容
策略三	创造一种产生新连接、隐喻关系和类推能力的认知：如果有足够时间运用检索表与其他工具协助，将会有助于处理类推与隐喻问题
策略四	提供延伸心灵经验的作业
策略五	保持奇想：奇想不仅有助于儿童心理成长和调试，同时也是创造力不可或缺的成分
策略六	训练想象力
策略七	去除心理障碍：鼓励自由运作，确保儿童感到他们的思想并非荒谬的，任何思想都值得表达及与他人分享
策略八	增进敏感力：形式上的认知训练、艺术及文学的深度讨论，都可以协助儿童增进对他人和物理环境的敏感性

（三）设计原则

如表 5-3 所示，厄本还从开放教学的概念着手，以培养创造力产生最佳条件为目的，提出了培养学生创造力的设计原则。[①] 这十四条设计原则是本章的研究进行课程设计、课堂教学和开展准实验研究所遵守的基本原则。

表 5-3 培养学生创造力的设计原则

原则	内容
原则一	提供自我引导的学习活动，鼓励学生主动、自发探索和实验，不必担心因出错而受到惩罚
原则二	对于学生的质问和探究性行为（而非问题解决）给予充分支持和正面回馈
原则三	提供有意义的可以充实学生认知水准的学习活动
原则四	运用游戏式的教学活动降低学生要取得成就而带来的负面的压力
原则五	让学生自我选择高度动机和兴趣的主题，从而培养学生的专注力和工作热忱
原则六	营造开放且可以转换角色、主题和问题，以此分享活动的结构（或组织）情境
原则七	鼓励和接受结构性的非顺从行为
原则八	让学生认识和自我评价进展情形，增进其自主性学习能力
原则九	培育学生敏感性、变通性和扩散性思考
原则十	支持并鼓励学生发展积极的自我评量和正向的自我概念
原则十一	营造既能让学生负责任又免于焦虑和时间压力的气氛
原则十二	鼓励和接受学生所提出的原创性观念
原则十三	建立安全、开放和自由的心理感受
原则十四	提供给学生具有挑战性和刺激性的教材

---

① Urban K K. Modeling Creativity: The Convergence of Divergence or the Act of Balancing[M]. Hong Kong: University of Hong Kong Social Sciences Research Center, 1997.

第四节 游戏化创造力培养课程的设计研究

基于游戏化学习相关理论、创造力的定义、创造力理论、创造力培养理论以及游戏化创造力培养课程的设计理论，本章的研究以培养学生创造性思维为核心的各项能力为目标，将教育游戏作为教学支持工具，为课程设计整体的游戏机制，设计开发了面向小学高年级学生的"游戏化创造力培养课程"。希望学生在设计开发和使用游戏的过程中，获得创造性思维和创造性人格的全面发展。[①]

一、课程教学目标

基于问题解决教学模式，本课程将创造力培养落实到发现问题、分析问题和解决问题的过程中去。该过程需要学生具有敏锐的观察力以及较强的信息搜集、筛选和组织能力，具备创造性思考的能力和将思考结果生产出来的能力，其中创造性思维能力的培养是该课程的重点目标。课程的教学子目标如表 5-4 所示。

表 5-4 游戏化创造力培养课程教学子目标

序号	部分	课时名称	课时目标
1	创造力入门		了解课程的基本信息；了解游戏玩法；初步认识创造力
2	了解问题	观察力	理解创造性问题解决模式过程的第一部分"了解问题"的相关知识；认识到观察注意力的重要作用；掌握四种观察法；综合运用观察法提高观察能力
3		记忆力	理解记忆力的基本知识；了解记忆方法；运用所学记忆方法提高记忆力
4	分析问题产生构想	发散思维	理解发散思维的概念和相关知识；了解发散思维对于创造性思维的重要性
5		逆向思维	了解逆向思维的概念和相关知识；掌握逆向思维的思维方法；使用逆向思维解决问题
6		水平思维	了解水平思维的概念和相关知识；掌握思维工具；使用水平思维解决问题
7		侧向思维	了解侧向思维的概念和相关知识；掌握"移植借用"创造法；使用逆向思维解决问题
8	解决问题产出成果		回顾课程大课题的内容；确定主题故事的主题和背景；对主题故事进行设计
9			掌握 RPG Maker 的使用方法；将设计好的主题故事通过 RPG Maker 实现成游戏

[①] 肖海明. 利用教育游戏培养学生创造力的设计与应用研究 [D]. 北京：北京大学，2015.

二、课程组织模式

基于相关研究文献和团队研究成果,本章的研究中游戏化创造力培养课程的组织模式主要有如下两种:

(一)将教育游戏作为教学支持工具

与游戏化创造力培养模式部分提及的内容相一致,本章的研究将教育游戏作为工具,支持教学活动中的导入、情境模拟、练习等环节。比如,在本课程中《颠覆思维》是一款支持课程导入的教育游戏,用以激发学生的学习兴趣;《然后呢》是一款情境模拟类教育游戏,在该游戏中学生扮演不同的角色进入不同的情境从不同侧面思考问题;Mysterizes House、《记忆棋谱》《我们都是小小发明家》是练习巩固类游戏,可以让学生直接使用学到的知识进行游戏;《蜡笔物理学》则是一款十分经典的综合类游戏,根据教学设计的不同,可以用来激发学生学习兴趣,也可以用来巩固练习多种思维方式。

(二)为课程整体设计游戏化机制

"为课程整体设计游戏化机制"的组织模式,是指综合使用积分、等级和排行榜等游戏元素和机制来激发学生的学习兴趣,将教育游戏核心价值的"游戏思维"真正应用到课程设计当中。比如,本课程中每一课时的游戏任务都设置了一定的积分奖励,任务累计得分作为整个课程的积分;每一个小组的积分到达一定级别之后就可以升级。

三、课程教学内容

游戏化创造力培养课程面向小学中高段学龄学生,依据"最邻近发展区"学说,引入若干符合该年龄段儿童认知水平和思维发展的游戏内容,设置贯穿课程始终的游戏机制,实现创造力培养的游戏化。根据以上教学子目标分析,以及吉尔福特的智力结构问题解决模式中各项能力出现的顺序,课程由整个课程的创造性课题及相关技能训练两条主线贯穿。依据顺序本课程的教学内容分为4大模块,分别是"创造力入门""创造力基础准备""创造力思维培养进阶"以及"创造力培养综合提升"(如图5-3所示)。

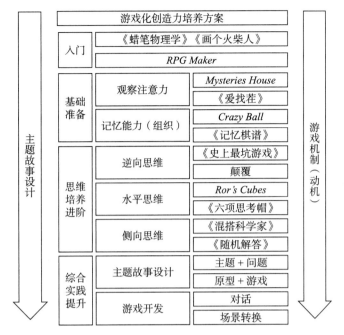

图 5-3 游戏化创造力培养课程大纲

其中，①"创造力入门"共计 2 课时，教学目标是激发学生的学习兴趣、让学生了解创造力、增强对创造力的元认知、树立提升创造力的意识，融入了《蜡笔物理学》（示例见本章附录）、《画个火柴人》作为游戏教学支持工具；②"创造力基础训练"共计 2 课时，针对创造性解决问题所需的观察力、记忆力进行针对性训练，教学目标是让学生掌握基本的观察法、记忆法，提升学生发现问题、检索信息、组织信息的能力，融入了 Mysteries House、《爱找茬》、Crazy Ball、《记忆棋谱》等游戏作为教学的支持工具；③"创造力思维培养进阶"共计 6 课时，包括"逆向思维""水平思维""侧向思维"三大主题，从创造性思维和创造性人格两个维度对学生的创造力展开全面的培养，要求学生掌握创造性思维的一般方法，融入《史上最坑游戏》《颠覆》Ror's Cubes、《六项思考帽》《随机解答》等游戏作为教学支持工具；④"**创造力综合实践提升**"共计 4 课时，旨在让学生掌握游戏开发工具 RPG Maker[①] 的基本操作方法，能够有意识地运用所学习的创造性思维方法设计开放性的电子游戏。在课程的综合提升阶段会给学生多项不同主题的任务，让学生自主选择感兴趣的主题，以维持他们学习的热情；并且引入大量多媒体资源，包括丰富的图片、视频、电子游戏、游戏制作工具等。

[①] KADOKAWA Corporation. Make Your Own Game with RPG Maker[EB/OL]. [2022-11-17]. https://www.rpgmakerweb.com.

第五节 游戏化创造力培养课程的实验研究

"游戏化创造力培养课程"融入了电子游戏作为教学支持工具，嵌入了贯穿始终的游戏机制。接下来，本章的研究采用准实验的方法，以小学四年级学生为实验对象，评估"游戏化创造力培养课程"培养学生创造力的有效性，具体包括对学生创造力倾向、创造性思维、创造性作品的影响以及学生对课程的评价，分别由威廉姆斯创造力倾向测验量表、创造性思维测验量表（TTCT）、基于同感评估技术的"测测你的创造力"、访谈提纲等工具支持。

一、研究方法与过程

本章的研究在北京市某小学以暑期夏令营方式开展，课程共计 5 天，参与学生为四年级学生。研究采用准实验的方法，如图 5-4 所示，在前测测量学生的创造力思维和创造性倾向的初始水平之后，基于"游戏化创造力培养课程"开展教学，在后测中再次测量学生的创造力思维和创造性倾向水平。分析两次测试的结果以证明课程的有效性，并在过程中开展质性研究，确定利用教育游戏培养学生创造力的影响因素。

其中，①在前测和后测中，使用创造性思维测验量表、威廉姆斯创造力倾向测验量表对学生的创造性思维和创造性人格进行了测量，同时在课程学习后使用同感评估技术评估学生的创造性作品，从个人层面整体分析评价"游戏化创造力培养课程"对于学生创造力提升的有效性。②实验教学阶段的课程主讲教师由课程开发主要成员之一担任，在充分理解了课程设计的理论依据和内在逻辑的基础上，根据学习者的特征进行统一进度教学和有针对性的个性化教学；而且主讲教师要对学生的提问和探究性行为（而非问题解决）给予充分支持和正面回馈，鼓励学生进行组内评价和自我评价，进行正确的自我评量，发展积极的自我概念。

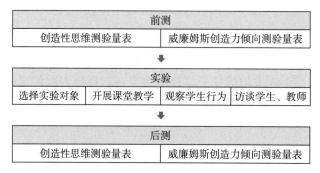

图 5-4 准实验研究过程 [①]

---

① 肖海明. 利用教育游戏培养学生创造力的设计与应用研究 [D]. 北京：北京大学，2015.

二、研究数据与分析

研究数据包括定量和质性数据两部分。定量数据包括前测、后测中学生填写的多份量表,质性数据包括研究者的课堂观察记录、对学生和学生班主任的非结构式访谈、学生课后任务成果以及学生使用 RPG Maker 完成的游戏设计作品。下面将从基本情况描述、创造力倾向、创造性思维、同感评估四部分进行分析。

(一)基本情况描述

如表 5-5 所示,前测共计 21 人参与,回收问卷 21 份;后测共计 17 人参与,回收问卷 17 份。在对回收问卷筛选后,有效问卷份数如表 5-5 所示。基于平时成绩班级排名,学生成绩基本符合正态分布。63% 的学生平均每星期玩电子游戏的天数超过 3 天,表明大部分学生都有比较丰富的电子游戏经验,具备基本的电子游戏操作能力,达到了参与课程的基本技能水平。

表 5-5 问卷收集结果

问卷名称	前测		后测	
	回收问卷	有效问卷	回收问卷	有效问卷
威廉姆斯创造力倾向测验量表	21	14	17	14
创造性思维测验量表	21	18	17	12

(二)创造力倾向测量结果

威廉姆斯创造力倾向测验量表共有 50 道题目,从冒险性、好奇性、想象力、挑战性四个维度测量学生的创造力人格。该量表在 1994 年由我国台湾学者林幸台和王木荣修订,信度介于 0.49 至 0.81 之间,[①] 研究共收集有效数据 14 份,对冒险性、好奇性、想象力、挑战性以及整体得分进行配对样本 T 检验,检验结果如表 5-6 所示。

表 5-6 创造力倾向前后测数据配对样本 T 检验

平均值(E)		配对差值				t	自由度	显著性(p 值)
		标准偏差	标准误差平均值	差值的 95% 置信区间				
				下限	上限			
配对 1	PRE 冒险性平均值 − POS 冒险性平均值	.17483	.77001	.21356	−.29049	.64014	.819	12	.429
配对 2	PRE 好奇性平均值 − POS 好奇性平均值	−.50000	.54901	.14673	−.81699	−.18301	−3.508**	13	.005

---

① 申继亮,王鑫,师保国. 青少年创造力倾向的结构与发展特征研究 [J]. 心理发展与教育,2005, 21(4):28—33.

（续表）

平均值（E）		配对差值				t	自由度	显著性（p值）
		标准偏差	标准误差平均值	差值的95%置信区间				
				下限	上限			
配对3	PRE想象力平均值－POS想象力平均值	.13018	.24403	.06768	−.01729	.27764	1.923	12	.078
配对4	PRE挑战性平均值－POS挑战性平均值	−.13690	.15541	.04154	−.22664	−.04717	−3.396**	13	.006
配对5	PRE总平均值－POS总平均值	−.04000	.17821	.05373	−.15973	.07973	−.744	10	.474

注：PRE表示前测，POS表示后测

整体来看，学生在前测平均得分2.2891，低于后测平均得分2.3291，T检验双尾显著性 $p = 0.474 > 0.05$，显著性差异假设不成立。这表明前后测学生的创造力倾向总评分并没有显著性差异，即创造力课程对学生的创造力倾向总体没有显著影响。具体而言，①**冒险性**：前测平均值2.4615，高于后测平均值2.2867，T检验双尾显著性 $p = 0.429 > 0.05$，显著性差异假设不成立。这表明前后测学生的创造力倾向在冒险性维度上没有显著性差异，即创造力课程对学生的冒险性没有显著影响。②**好奇性**：前测平均值1.9235，低于后测平均值2.4235，T检验双尾显著性 $p = 0.005 < 0.01$，显著性差异假设成立。这表明前后测学生的创造力倾向在好奇性维度上存在显著性差异，即创造力课程显著提升了这14名参与课程的学生的好奇性。③**想象力**：前测平均值2.2959，高于后测平均值2.1657，T检验双尾显著性 $p = 0.078 > 0.05$，显著性差异假设不成立。这表明前后测学生的创造力倾向在想象力维度没有显著性差异，即创造力课程对学生的创造力倾向的想象力没有显著影响。④**挑战性**：前测平均值2.3036，低于后测平均值2.4405，T检验双尾显著性 $p = 0.006 < 0.01$，显著性差异假设成立。这表明前后测学生的创造力倾向在挑战性维度上存在显著性差异，即创造力课程显著提升了参与课程的学生的挑战性。

使用威廉姆斯创造力倾向测验量表评估课程影响学生创造性人格的结果显示，在学习游戏化创造力培养课程前后，14名学生的创造力倾向总体上没有出现显著变化，但分维度中学生的好奇性和挑战性得到了显著提升。分析访谈和观察资料，我们可以解释该统计结果出现的原因。一方面，课程将观察力和记忆力作为创造力培养的基础能力，在观察力培养一节融入了大量学生在平时课堂上看不到的图片、视频，激发学生兴趣；同时，主讲教师注意引导学生使用特别的视角观察和发现问题，是课程能够显著提升学生好奇性的两大原因。"学生在课堂上就表现出了不同于一般课堂上的'热心'",一位观摩课程的数学老师总结道。另一方面,课程融入积分、奖章、小组合作与组间PK等游戏机制,极大地激发了学生的竞争意识,将课程六大部分设计成不同难度的游戏关卡,学生被鼓励去解决他们能够"够得着"的问题是课程能够显著提升学生挑战性的原因。在访谈中一名学生说道:"我现在不仅要自己做得好,我还希望我们的小组能够做得更好,有些问题不知道怎么解决,我们小组就一起商量。"另一名学生则说道:"课程有积分,我想提升自己的创造力,也想赢得积分,有困难的时候,我就总是想着怎么去解决它。"

课程对于学生的想象力没有显著影响是课程设置的开放性问题较少,对学生的发散联想训练不足的结果。创造力培养课程设计为一学期18个课时的课程,每课时都为学生准备了大量可以供他们发散联想的课后任务。本次实验课程时间比较集中,为激发学生想象力的一些课后任务被删减,同时为了缩短课程时间,一些开放性游戏,如"由一串圆圈你想到?"(如图5-5所示),仅有几名学生分享了自己的联想结果。一名学生在访谈中这样说道:"老师给的时间太少了,我还没有想好呢,就开始提问了,而且提问也提不到我……"

图5-5 开放性游戏《一串圆圈》

学生的冒险性在课堂上一般表现为勇于提出自己的问题,敢于大胆假设,独立验证。受限于课程组织形式和四年级学生的认识水平,课程未设置让学生提出假设并去验证的游戏环节或课程任务,这是导致实验前后学生冒险性没有显著变化的主要原因。几名学生谈到在游戏中是否会先预想一个可能的结果,然后再通过实验验证时说:"没有,老师也没这样说,我们也不知道怎么做。"此外,课堂上师生、生生之间相对陌生,课堂还没有迅速成为一个十分安全的环境,也是导致学生冒险性没有显著提升的可能原因之一。在课后对学生就"为什么不敢举手提问?"进行了随机访谈,其中一名学生说道:"我不敢举手,大部同学我都不认识,不好意思,这个老师很好,但是也不认识,所以,还是有点害怕。"

(三)创造性思维测验测量结果

创造性思维测验有词语联想、故事标题、设计、添画(给定一些椭圆,让学生添加笔画画出各种图形,如图5-6所示)和画影子五大题目,从流畅性、变通性、独创性三个方面记分,三个分数加起来可得创造性思维测验总分。流畅性,即迅速地产生大量意念和见解；变通性，即思维变化多端，根据需要灵活改变思维方向；独创性，指产生新颖独特、别有见地的见解。

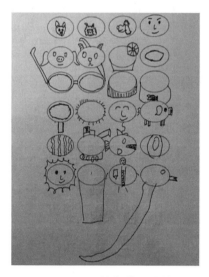 

图 5-6 某名学生的椭圆添画作品（左：前测，右：后测）

在剔除无效问卷后共得到 13 份有效问卷。首先，依据同感评估技术，邀请在创造力培养领域有两年学习、研究经历的两名硕士研究生担任评分者，根据创造性思维测验量表的评分规则对 13 份有效量表进行评分。其次，对评分者做内部一致性差异检验，当对某一学生的评分差异过大时，再邀请另一名教育技术学硕士研究生对学生进行重新评分，选择一致性更强的两个分数的平均值作为最终结果。最后，如表 5-7 所示对学生的创造性思维测验结果做配对样本 T 检验。

表 5-7 创造性思维测验配对样本 T 检验

		配对差值					t	自由度	显著性（p 值）
	平均值（E）	标准偏差	标准误差平均值	差值的 95% 置信区间					
				下限	上限				
配对 1	流畅性前测 – 流畅性后测	.04615	3.65345	1.01328	−2.16160	2.25391	.046	12	.964
配对 2	变通性前测 – 变通性后测	.53846	5.63642	1.56326	−2.86759	3.94452	.344	12	.736
配对 3	独创性前测 – 独创性后测	−.23077	2.71274	.75238	−.87006	1.40852	−.307	12	.764
配对 4	总分（前测）– 总分（后测）	.35385	8.95811	2.48453	5.05948	5.76718	.142	12	.889

注：流畅性、变通性、独创性的解释请参看上页内容，这里是把前后测成绩进行 T 检验。

配对样本 T 检验结果，在创造性思维总分上，$t = 0.142$，$p = 0.889 > 0.05$，即实验前后，参与学生的创造性思维水平并没有显著变化。分维度看，①流畅性：$t = 0.046$，$p = 0.964 > 0.05$，实验前后不存在显著性差异；②变通性：$t = 0.344$，$p = 0.736 > 0.05$，实验前后不存在显著性差异；③独创性：$t = -0.307$，$p = 0.764 > 0.05$，实验前后不存在显著性差异。由此，根据该方法评估的结果看，创造力培养课程对学生的创造性思维未产生显著影响，与实验预期结果不符。创造性思维测量分析结果表明，从流畅性、变通性和独创性三个分维度和创造性思维总分上看，课程对学生的创造性思维并没有产生显著的积极影响。

（四）"游戏化 + 众包"同感评估结果

为了进一步验证实验结果，本章的研究还拓展"同感评估技术"在学生创造性思维测量中的应用模式，探索了"游戏化 + 众包"的创造性作品评价新方法。我们将5名具有代表性的学生在创造性思维测验量表中的绘画、设计和词语联想作品嵌入游戏《测测你的创造力》，并通过社交网络传播的方式，让更多希望了解创造力培养的玩家在明确的评价指导下，以参与游戏的方式完成对学生的创造性作品的评价。

"游戏化 + 众包"同感评估是什么意思呢？第一章讲过游戏化，指的是将游戏或游戏的元素、机制等应用到非游戏情境中。[①] 比如把楼梯做成钢琴的样子，吸引人们愿意走楼梯。在游戏化设计中，PBL 模型是基础方法之一。PBL 是 Points、Badges、Leaderboards 的缩写，分别是指游戏中出现的分数、徽章和排行榜，它是游戏化管理的起点。至于**众包**，指的是一个公司或机构把过去由员工执行的工作任务，以自由自愿的形式外包给非特定的（而且通常是大型的）大众志愿者的做法。比如维基百科就是由成千上万的志愿者自愿一起贡献完成的。一般来说，如果采用众包的方式，很难给每个人支付报酬，所以通常要将事情设计得比较有趣或有意义，让人们愿意为此付出。因此，可以将游戏化和众包结合起来，将事情设计得非常有趣，吸引大众志愿者参加。本章的研究便采用了"游戏化 + 众包"的方式开发了《测测你的创造力》游戏。这个游戏表面上是测量玩家（大众志愿者）的创造力的，实际上是请玩家来帮研究者判断学生作品反映出来的创造性的。

《测测你的创造力》游戏共三关，每一关5个回合。第一、二、三关分别选择5名学生前后测的椭圆添画、公园亭子设计和词语联想作品，作为备选图片。玩家需在60秒的时间内，根据依照创造性思维测验评分规则编写的游戏关卡说明，从作品数量（流畅性）、作品的新颖性（变通性和独创性）方面综合评价每一回合的两幅图，选出更能体现作者的创造力的一幅（见图5-7）。在游戏中也会以分数、徽章、排行榜的方

---

① ［美］凯文·韦巴赫，丹·亨特.游戏化思维：改变未来商业的新力量[M].周逵，王晓丹，译.杭州：浙江人民出版社，2014:14.

式呈现游戏参与者的成绩，满足参与者的心理需求。[①] 比如，玩家的判断和大部分人的判断一致，得分就会比较高。

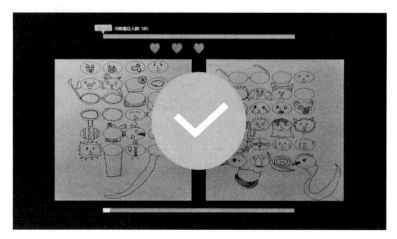

图 5-7 《测测你的创造力》游戏画面

在游戏设计完成后，通过网络对外发布，发布渠道有微信订阅号、微信群、QQ群、QQ空间、BBS等，在5天内吸引了204人次参与游戏。对有效数据做单向表卡方检验，如果5名学生前后测中创造力没有显著性变化，则所有游戏玩家选择前测作品（左面的作品）和后测作品（右面的作品）的人数比例为1:1，数据统计与卡方检验结果见表 5-8。

表 5-8 《测测你的创造力》游戏数据分析结果

关卡	学生编号	左（前）	右（后）	皮尔逊（Pearson）卡方检验 p
第一关：椭圆添画（独创性、变通性）	1	142	60	0.000*
	2	122	62	0.002*
	3	46	129	0.000*
	4	106	59	0.010*
	5	95	61	0.053
第二关：亭子设计（独创性、变通性）	1	82	60	0.190
	2	91	46	0.005*
	3	51	78	0.080
	4	36	90	0.000*
	5	75	50	0.127

[①] 尚俊杰,李芳乐,李浩文."轻游戏"：教育游戏的希望和未来[J].电化教育研究,2005(1):24—27.

（续表）

关卡	学生编号	左（前）	右（后）	皮尔逊（Pearson）卡方检验 p
第三关：词语联想（流畅性）	1	70	53	0.306
	2	71	50	0.197
	3	74	45	0.067
	4	41	77	0.018*
	5	95	23	0.000*

数据分析结果看，①第一名学生在椭圆添画任务中皮尔逊卡方检验 $p = 0.000$，前测体现的创造力水平显著高于后测；在亭子设计和词语联想上，前后测没有显著性差异。②第二名学生在椭圆添画任务和亭子设计任务中皮尔逊卡方检验结果分别为 $p = 0.002$ 和 $p = 0.005$，前测体现的创造力水平都显著高于后测；在词语联想任务中，前后测没有显著性差异。③第三名学生在椭圆添画任务中皮尔逊卡方检验结果分别为 $p = 0.000$，后测体现的创造力水平显著高于前测；在亭子设计和词语联想任务上前后测没有显著性差异。④第四名学生在椭圆添画任务中皮尔逊卡方检验结果为 $p = 0.010$，前测体现的创造力水平显著高于后测；在亭子设计和词语联想任务中，皮尔逊卡方检验结果分别为 $p = 0.000$ 和 $p = 0.018$，后测体现的创造力水平均显著高于前测。⑤第五名学生在椭圆添画和亭子设计任务中前后测均未体现出显著性差异，在词语联想任务中皮尔逊卡方检验结果为 $p = 0.000$，前测体现的创造力水平显著高于后测。

五名学生在不同的任务中显示了不同的创造力变化情况，说明创造力和任务活动密切相关，具有一定的领域相关性。该研究结果验证了20世纪90年代创造力测量走向系统性后，研究者提出的"创造力在某种程度上是领域依赖甚至是任务依赖的"[①]观点。从以上数据也可以看出，多名学生前测显示出来的创造力水平要显著高于后测水平，综合多种因素分析，后测中多数学生不端正的作答态度可能是导致创造性思维前后测未显示出显著性差异，甚至前测水平显著优于后测水平的原因之一。这是基于自我汇报的创造性思维测量的重要缺陷，即不能排除被评估者主观态度对个体测量结果的影响。

另外要注意的是，在本章的研究中该"游戏化 + 众包"只是一个尝试，还存在一些缺陷，一是没有纳入更多学生的作品，二是可以放置一些已经有标准答案的样板作品（已经被人手工判断好创造力水平的作品），用这些作品来精确判断玩家的水平，玩家只要判断好这些样板作品就可以得分。至于其他学生的作品，并不参与对玩家创造

---

① Lubart T, Guignard J H. The Generality-Specificity of Creativity: A Multivariate Approach[J]. Series Entomologica, 2004:43-56.

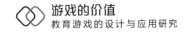

力的判定，只是请玩家帮忙判断而已。虽然本章的研究中存在一些缺陷，但是相信这种"游戏化+众包"的思想和方法具有重要的应用价值。

第六节 研究结论与讨论

一、研究结论

本章的研究基于国内外创造力理论、创造力培养理论，结合游戏的特点，提出了游戏化创造力课程的设计模型、策略和原则，并结合一些非常流行的游戏设计了"游戏化创造力培养课程"，并利用准实验的方法验证了它的成效。研究结果显示：该课程显著提升了学生的好奇心和挑战性，创造性思维具有领域相关性，培养具有长期性；在知识学习方面的成功动机越强的学生，好奇性越差，学生的成功动机越强对课程的评价越低。具体结论与讨论如下：

（一）课程让学生更有好奇心、更具挑战性

威廉姆斯创造力倾向测验量表从冒险性、好奇性、想象力和挑战性四个维度评估实验参与前后学生的创造性人格变化。实验数据分析表明，游戏化创造力培养课程显著提升了学生的好奇性和挑战性维度的得分，未对学生的想象力和冒险性产生显著影响。分析访谈和观察的记录发现，课程融入大量新颖的多媒体资源和游戏案例，教师不断鼓励学生探索新的游戏玩法和问题解决方案，有助于提升学生好奇性；贯穿课程的积分、排行榜、小组合作与组间PK等游戏元素能够显著激发学生的挑战性；学生的想象力培养需要课程设置激发学生联想的任务，开放性的任务有利于提升学生的想象力；课程缺少需要独立假设验证的游戏环节和问题解决任务，未能给学生营造安全的课堂环境以培养学生的冒险性。

（二）开心地玩，不一定会更认真地学

学习动机诊断量表分别测量学生的成功动机、考试焦虑水平、自我责任性和要求水平。定量研究结果显示，游戏化创造力培养课程未对学生的学习动机产生显著性影响。学生在课堂上、游戏中表现出来的活跃性，并不一定是内在学习动机提升后的外在体现，简单地说，就是"开心地玩，不一定会更认真地学"，这一点和其他研究[①]发现相一致。这可能是因为游戏化创造力培养课程未给学生提出明确、可操作的学习目标；课程重视学生的过程性参与，但游戏胜负结果、任务完成情况等引起学生对成功重要性认识的要素不足，将导致课程不能显著提升学生的成功动机。课堂教学过程中，

---

① 尚俊杰，庄绍勇，李芳乐，等.教育游戏的动机、成效及若干问题之探讨[J].电化教育研究，2008(06)：64—68+75.

教师不能有意识地引导学生对游戏或其他任务中的失败和成功经历进行归因分析，以促进学生自我责任心的发展。

（三）"乖学生"的好奇性较差

学习动机的成功动机分量表包括知识学习、技能、运动、社会生活四个层面。定量分析成功动机与创造力倾向的相关关系，结果发现学生成功动机的知识学习层面和学生的好奇性存在中等强度的负相关关系，与我们日常谈到的"乖学生"的好奇性较差的现象相吻合。两名学生的案例对比印证了知识学习层面的成功动机和好奇性之间的负相关关系。在创造力培养课堂上，"乖学生"往往比较"听话"，对新鲜事物的探索欲望稍欠缺、好奇性较差，具体表现有：①努力思考并善于解决老师提出的问题，但主动提出问题的意识较差或者意愿不足；②游戏中严格按照老师的步骤，一板一眼复制老师的方法，缺乏个性；③课后作业完成认真，但缺乏主动的延伸拓展。

（四）"要求上进"的学生对课程评价越低

游戏化创造力培养课程评价量表包括课程沉浸体验和对课程评价两个分量表。数据统计结果表明，学生的成功动机和对课程评价呈显著负相关性。分析学生对课程的建议和意见可以看出，学生的成功动机和学习结果评价呈显著负相关主要有两方面的原因：一是学生不适应创造力培养课程中相对自由的教学方式，教师对课堂纪律性和游戏性的把控未能达到学生的要求，让学生觉得课堂有点混乱；二是在课堂内容方面学生认为电子游戏的数量不足、预留的游戏时间过短、玩游戏未能玩得尽兴，继而影响了学生对课程的评价。

（五）创造性思维培养具有领域相关性和过程性

创造性思维测量的分析结果表明，从流畅性、变通性、独创性各维度得分以及总分来看，课程对学生的创造性思维并没有产生显著的积极影响。通过《测测你的创造力》小游戏对5名学生的评价结果来看，学生在绘画、设计和词语联想三项任务中表现出的创造性思维的变化不同。由此说明，创造性思维的培养是一个长期、综合的过程，短期的实验性课程实施对学生的思维训练效果有限；而且创造性思维具有领域相关性，学生在不同活动中表现的创造性思维水平不同。创造性思维提升需要在具体的游戏、任务和活动中通过有步骤、有指导的训练完成。

二、研究启示：游戏化创造力培养课程的设计原则

基于设计和实验研究，下面从课程理念、游戏化机制、课程目标、课程内容、媒体资源、教学方式六个方面总结出游戏化创造力培养课程的设计原则，具体如下：

（一）课程理念的设计

从课程理念的角度看来，游戏化创造力培养课程**要将创造力培养更加明确地分解为创造性思维技能训练和创造性人格塑造，重视学生创造性产品的输出**。具体而言，富有创造力的人是创造性思维、创造性人格全面发展的有机体，其创造力的最终体现形式是创造性产品的输出。学校教育中，学生的创造力主要表现为发现问题、分析问题和解决问题的流畅性、新颖性和适宜性，它必然和一定的学习活动相联系，需要掌握一定的方法和工具。创造性思维技能是通过一定的训练可以获得的心智动作系统，[①] 可以落实到具体的方法和工具（如六项思考帽、思维导图）的学习上，将创造性思维作为一种可通过训练掌握的技能，能够增强创造力培养的可操作性。创造性人格是创造性思维充分发挥的内部驱动力，只有鼓励学生敢于创新，培养学生有意识地进行创新思考的习惯，才可能在发现问题、分析问题后，采用新颖独特的方式解决问题，最后完成创造性产品的输出。

（二）课程游戏化机制

从课程游戏化机制上讲，在游戏化创造力培养课程中**游戏积分、排行榜、等级制度要保持连贯性，在具体的任务中又要保持灵活性**。积分是给学生在游戏化学习任务中表现的即时反馈，能够不断激发学生的学习兴趣；排行榜有利于提升学生之间的竞争意识，激发学生的学习潜能；等级制度设置可以显性化学习进步，加强学生的身份认同感，提升他们对于成功重要性的认识。前后连贯的游戏积分、排行榜和等级制度设置，是保证课程游戏化机制的公平性的基础之一。公平性是游戏精神的基本要求，是学生获得沉浸体验的前提。同时，游戏化教学活动是教师、学生、学习内容不断交互的动态过程，交互过程中会产生一些生成性资源，这要求教师与学生在互动的过程中，根据学生的具体表现适当调整游戏奖励水平，以激发和维持学生的学习兴趣。

（三）课程目标的制定

从课程目标上讲，课程设计时**要制定可观察、可操作的学习目标，让学生对课程学习结果有清晰的预期**。游戏化创造力培养课程的学习目标包括理解创造力的定义、评价标准，掌握常用的创造性思维方法（如六项思考帽、头脑风暴法等），学会展示创造性思考过程，学会应用游戏开发工具进行游戏等创造性作品的设计开发。明确的学习目标为学生确定了清晰的学习路线，而学习目标的可观察性、可操作性可以让学生意识到自己的进步，从而提升其内部学习动机。

[①] 赵姝, 赵国庆, 吴亚滨, 徐宁仪. 思维训练: 技术有效促进学习的催化剂 [J]. 现代远程教育研究, 2012 (4):28—34.

（四）课程内容的组织

论及课程内容，游戏化创造力培养课程**要降低对创造力定义、基本理论的掌握要求，让学生在参与中体会创造力、训练创造性思维技能**。游戏化创造力培养课程面向小学高年级学生，不需要让处于该认知水平阶段的学生掌握创造力的定义和基本理论，而应侧重让学生在具体游戏或其他类型活动中体会创造力的特点。比如通过"曲别针的用途""铅笔的用途""如何设计更好的信封"等来激发他们问"为什么"的欲望，鼓励他们思考"还有没有其他的解决方法"，从而体验创造力的流畅性、新颖性和适宜性等特点。简而言之，该设计原则便是让学生在课堂游戏活动和其他类型任务中学习具体的创造性思维方法、学习如何使用工具显性化自己的思考过程、学习游戏著作工具的使用，通过参与式学习，掌握创造性思维技能，获得创造性人格的发展。

（五）课程的媒体资源

课程使用的媒体资源**要选择更具有想象空间的图片，选择操作简单且与教学目标相契合的教育游戏，即教育性是选择教育游戏首要考虑的因素**。具体而言，游戏化创造力培养课程使用的媒体资源类型包括图片、教育游戏和视频三种。对于图片资源，应适当选择较为抽象、能够引发学生更多发散性思考的图片，以支持课程培养学生想象力的教学目标。教育游戏是游戏化创造力培养课程最主要的媒体资源，小学生的游戏操作技能水平较低，要求教育游戏简单易操作，防止操作问题干扰创造性思维的训练。另外，创造性思维作为一种高阶思维形态，建立在一系列简单的思维方法基础之上，因而训练创造性思维技能的教育游戏需要支持学生掌握一系列简单的思维方法。

（六）课程的教学方式

课程的教学方式**要给学生营造自由、开放、安全的课堂氛围，做好课堂活跃度和纪律性之间的平衡，把握好小组讨论在课堂中所占的比例**。创造力的内隐理论认为，教师的态度、策略和活动对学生的创造力培养起到重要作用。[1] 课堂上，教师要鼓励学生大胆提问、肯定学生的失败、帮助学生做好反思总结，并掌握好课堂的活跃度和纪律性之间的平衡性——"管得太严就死气沉沉，放得太松就没有效率"。在问题探究方式上，要平衡好以个人为单位的问题思考和以小组为单位的问题讨论所占的比例。因为很难在游戏化创造力培养课堂教学中实现小组讨论的全员参与，加之小学生的小组协作能力正在发展当中，要想提升小组讨论的质量还需要教师的大量指导和加强对学生的训练。而教师提问，学生个人思考回答的课堂参与方式，辅以教师对部分在课堂

---

[1] 曹培杰，尚俊杰. 数字原住民的创造力发展特点调查——以某校"网络班"学生为例 [J]. 电化教育研究，2014 (7):54—59.

上不甚活跃的学生的特别关注，可以更好地促进大多数学生的均衡发展。

三、研究不足

本章的研究虽然取得了一定成效，但是还存在如下不足：①本章的研究使用的主要是市面上的游戏，没有能够整合成一个统一的学习系统，在课堂上使用起来就会比较麻烦。另外，不一定能找到特别合适的游戏。未来或许应该为创造力培养开发更多的专门游戏，并力争整合成一个统一的学习系统。②由于实验周期较短，部分任务未能如期开展，这为验证课程有效性引入了干扰因素，导致实验结果的可推广性不够充分。③目前，创造力测量目前仍然缺乏简单、标准、权威的测量方式，因此难以精确衡量本课程的学习成效，这可能会制约本课程的应用。

本章结语

> 创造力培养在我国教育研究领域一直是一个比较热门的话题，教育游戏的研究在商业实践领域的推动下，也取得了长足的发展，理论研究逐渐成熟起来。但是游戏化创造力培养的研究在我国尚属比较新的领域，还没有成熟的理论和研究方法、研究工具可以参考，国际上也缺乏真实的小学教学环境下的相关理论与实践研究。本章梳理了国内外创造力、创造力培养、游戏化创造力培养的理论与实践模式，设计开发了"游戏化创造力培养课程"，通过定量和定性分析验证了该课程的有效性，探究了创造力培养效果和学生对课程评价的影响因素，总结了游戏化创造力培养课程的设计原则，是游戏化创造力培养课程应用于小学生创造力培养的一次实践性尝试。虽然本章的研究还有一些不足，但是考虑到世界各国各地区对创造力的培养都很重视，以及青少年学生对游戏的兴趣，将教育游戏应用到创造力培养中具有重要价值和广阔前景，未来或许可以开发更多的创造力培养校本课程，或者将其融入STEM等课程中。我们相信，不管采用什么样的具体应用方式，游戏支持下的创造力培养一定具有重要价值和广阔前景。

第五章 教育游戏与创造力

本章附录:《走进创造力——五彩蜡笔画出缤纷世界》

一、简介

教学目标	1. 初步认识创造力； 2. 了解蜡笔物理学的玩法； 3. 学习小组讨论与协作的方法； 4. 培养学生的表达能力。	
	教学活动序列	活动目标
1	介绍《蜡笔物理学》游戏玩法	让学生了解蜡笔物理学的玩法
2	学生游戏（个人&小组）	学生在游戏中体验创造力
3	反思总结游戏中体现的创造力	反思自己在游戏中体现的创造力，体验小组讨论，培养学生的表达能力

二、活动说明

		任务描述：游戏导入			5 分钟
任务1		游戏展示	教师行为	学生行为	资源工具
	1	(游戏截图)	展示游戏视频，并简要介绍游戏操作	观看视频，思考自己探索游戏	◎视频：《01〈蜡笔物理学豪华版〉第一关通关》
		任务描述：学生游戏			25 分钟
任务2		学生游戏	教师行为	学生行为	资源工具
	1	(游戏截图)	组织学生以个人单位游戏	自己独立游戏，掌握游戏玩法	◎游戏：《蜡笔物理学》
	2	(游戏截图)	组织学生以小组为单位玩统一关卡	小组为单位思考讨论通过某一个关卡的多种方法	
		任务描述：游戏成果展示与分享			10 分钟
任务3		PPT 展示	教师行为	学生行为	资源工具
	1	(PPT截图 游戏 分享)	组织学生在组内分享通关方法	自愿或随机选择主持人，主持组内分享，记录分享结果	◎纸笔 ◎投影设备

181

	2	S 游戏 分享	组织学生组间分享通关方法，并对分享结果评估	主持人代表本组进行组间分享	无

提示：
1. 视频展示游戏过程中，教师应对游戏操作做简单补充；
2. 学生以小组为单位游戏时，鼓励学生共同参与，并且想出多种通关方法；
3. 成果展示与分享反思环节，教师应鼓励学生自愿作为主持人主持组内讨论，如果学生不够积极主动，可以采用掷骰子方法选出主持人。

奖励规则：
◎ 个人为单位游戏时，不给奖励。
◎ 小组为单位游戏环节，想出通关方法最多的小组活动奖励 3 张积分卡，如果多个小组想出的通关方法数量相同，掷骰子决定哪个小组得到奖励。

任务描述：反思总结				5 分钟
		PPT 展示	教师行为	学生行为	资源工具
任务4	1	R 回顾反思	要求学生比较思考；展示创意视频	看视频，思考	无
	2	R 回顾反思	提问，引入下一活动	思考，听讲	◎ 视频：《蜡笔物理学创意视频》

提示：
1. 展示创意视频之前，教师应提醒学生比较视频中的通关方案和自己的通关方案，思考其中的原因。

奖励规则：
◎ 本反思总结环节不设置奖励。

三、教学实施参考

3.1 课前组织准备

◎ 以 5 人为小组将班级分成小组，每组男女生比例要适当调整，让小组学生给自己的小组命名，例如"小红帽组"等。

◎ 准备积分卡若干（可以使用扑克牌代替）。

3.2 游戏导入

【教师】课程简介，《蜡笔物理学》游戏导入。

"大家好，从今天开始，咱们要开始一项新的课程，叫作'玩出创造力'。咱们的课程就是一个大的闯关游戏，大家每完成一项任务，将得到不同的积分卡，获得一定数量的积分卡的小组就可以得到从"小怪"到"白马""沙僧""八戒""悟空""师父"的不同徽章。首先,咱们先来玩一个小游戏,来试试自己的创造力。"

● 视频介绍:《蜡笔物理学第一关通关》

● 文件位置:资源——视频——蜡笔物理学——01《蜡笔物理学豪华版》第一关通关 标清

—————— 3 分钟 ——————

3.3 学生单独游戏

【教师】让学生以个人为单位体验游戏,掌握游戏的玩法。

【学生】独立进行游戏。

● 游戏:《蜡笔物理学》

● 文件位置:资源——游戏包——蜡笔物理学

—————— 8 分钟 ——————

3.4 小组游戏

【教师】组织以小组为单位玩同一关(第三关),想出最多方案的小组得 3 张积分卡。

"同学们都已经掌握了游戏玩法了,接下来,请同学们以小组为单位,都来玩第三关,看哪一个小组能够想出最多的通关方法,想出通关方法最多的小组得到 3 张积分卡。"

【学生】以小组为单位同时玩第三关,思考并讨论出更多的闯关方法。

—————— 8 分钟 ——————

3.5 游戏结果展示分享

【教师】组织各小组到讲台演示小组讨论结果,按照自愿原则依次上讲台,第一个组分享完成之后,其他小组有特别的方法再上台分享。

"请大家以小组为单位分享自己的答案,注意咱们不仅要告诉大家你的答案,还要告诉大家为什么你们会有这种想法。"

"其他组还有其他的方法吗?"

【教师】点评鼓励,请小组同学统计自己小组的通关方法,根据通关方法数量发放积分卡。

"大家想出很多解决方案啊,都很有创意,给想出方法最多的小组 3 张积分卡,恭喜他们!"

—————— 10 分钟 ——————

3.6 蜡笔物理学创意视频展示

【教师】 引出更有创意的视频，通过让学生对比，感受创造力。

"让咱们看看别人怎么做的，将你自己的创意和别人的比较下，想想自己的是不是足够具有创新性。"

- 视频——《蜡笔物理学创意视频》
- 文件位置：资源——视频——蜡笔物理学——蜡笔物理学创意视频

———— 3 分钟 ————

3.7 游戏环节反思

【教师】 让学生说一说自己看到《蜡笔物理学创意视频》后的感受。

"想一想你的通关方法和视频中展示方法有什么不同？看到这个视频之后你有什么感受？"

【学生】 自愿举手回答。

【教师】 让学生分享自己玩《蜡笔物理学》的游戏感受。

"同学们，你们觉得《蜡笔物理学》好玩吗？在游戏的过程中，有没有注意去想还有没有其他的过关的方法呢？跟大家说一说你的感受。"

参考：

———— 5 分钟 ————

《蜡笔物理学》

1．简介

话说，一只被牛顿灵魂附体的苹果从树上掉落下来，缓缓滚动，踏上了自己的人生路。我们的游戏也由此开始……

游戏操作也相当简单，你可以用一支"蜡笔"绘制任何东西，你绘制的东西遵循物理定律，借助你画的东西，让小球砸住黄色的小星星，你就成功了。

大家可以发挥自己的想象力。更换蜡笔颜色（鼠标滚轮），橡皮擦（右键），施展你的才华，丰富的机关搭配可能有意想不到的效果，到后面还有各种特殊道具等候你哦！游戏会在你过关的过程中不断教你使用各种道具。

苹果要克服重重困难，誓要集齐世界上所有的星星。游戏分为 8 个区域，超过 70 个关卡，难度由浅入深。

还支持关卡设计。蜡笔是基本绘画工具，移动工具可以使图案做 360° 旋转，绳索链接图钉会有吊链、弹簧床的效果。图钉还可以固定住用蜡笔画的图形使之成为背景，方向标记到一个图钉上，会让图钉所在位置的图形向标记所指的方向旋转。设计完毕后，按下右下角的 PLAY 就可以玩了。

2 游戏方式

学生独立进行游戏，每人配备一台笔记本电脑。

3 资源

●参考视频文件夹：01 认识创造力 —— 资源 —— 视频 —— 蜡笔物理学

●游戏包：01 认识创造力 —— 资源 —— 游戏包 —— 蜡笔物理学 PC 版

◎运行方式：直接点击文件"crayon.exe"，即可运行。

第三编

教育游戏与学习科学

　　本编共包括四章内容，主要探讨如何基于学习科学的视角进行教育游戏的设计与应用研究，目的是将脑科学、心理学、人工智能、大数据等基础科学的研究成果应用到教育游戏的设计、开发、应用与评估中，从而让学习能够更科学、更快乐、更有效。

第六章　基于学习科学视角的教育游戏研究

本章导言

随着人们对客观世界认识的发展，在各个领域，人们都在努力按照科学规律办事，比如，现在人们对孩子的养育也变得越来越科学，在喂养婴幼儿时，一般都是定时喂养，就连冲奶粉也要按照一定的水温、一定的水量。在教育领域也是如此，有很多问题也需要更科学的答案。比如，如果真的给小学生用六年平板电脑，究竟会对小学生的视力、知识、能力、情感态度与价值观产生怎样的影响？再如，利用信息技术真的能提升学习成效吗？能激发学习动机、培养高阶能力吗？信息技术到底能否改变教育？而要想回答这类问题，就会归结到"人究竟是怎么学习的，怎样才能促进有效学习"这一根本性问题，我们就需要探讨学习科学（Learning Sciences）。

学习科学是国际上近40年来发展起来的跨学科的研究领域，涉及教育学、信息科学、认知科学、脑科学、生物科学等重要学科。学习科学研究的目标，首先是更好地理解认知过程和社会化过程以产生最有效的学习，其次便是用学习科学的知识重新设计我们的课堂和其他学习环境，从而使学习者能够更有效和深入地进行学习。[①] 简单地说，学习科学就是希望将脑、心智和真实情境中的学习（课堂教学）联结起来，用基础科学的研究成果理解真实情境中的学习。

学习科学自提出以来，深受世界各国各地区重视，近年来，欧美发达国家已经将学习科学确立为新的教育政策的关键基础，将人类学习的重要研究成果作为课程决策与行动的基础。[②]

对于教育游戏来说，学习科学至关重要，因为现在尽管有很多人也开发了不少教育游戏，但是我们必须得承认教育游戏尚没有被大规模、常态化应用到课堂教学中，原因可能很多，但是其中一个原因可能就是人们对教育游戏的学习成效仍然有质疑，因此对于教育游戏来说，也必须将脑、心智和课堂教学联结起来，比如依据脑科学和心理学的研究成果设计和开发教育游戏，并依据人工智能、大数据的研究成果应用和评估教育游戏的成效。本章首先来探讨学习科学的概念、历史发展及主

---

① ［美］R. 基思·索耶. 剑桥学习科学手册 [M]. 徐晓东，等译. 北京：教育科学出版社，2010: 序言 1.
② 裴新宁. 学习科学研究与基础教育课程变革 [J]. 全球教育展望，2013, 42(01):32—44.

> 要研究内容，以及认知神经科学和教育神经科学的概念和发展，并归纳学习科学视角下的教育游戏设计原则和策略等，然后在后面三章会以数学游戏为例探讨具体设计与应用研究案例。

第一节 学习科学

一、学习科学的含义和历史发展

（一）学习科学的含义

学习科学（Learning Sciences[①]）是国际上近 40 年来发展起来的关于教和学的跨学科研究领域，涉及教育学、信息科学、认知科学、脑科学、生物科学等多研究领域。索耶（R. K. Sawyer）在《剑桥学习科学手册》一书中指出："学习科学是一个研究教和学的跨学科领域，包括认知科学、教育心理学、计算机科学、人类学、社会学、神经科学以及其他领域。它研究各种情境下的学习——不仅包括学校课堂里的正式学习，也包括发生在家里、工作期间以及同伴之间的非正式学习。学习科学研究的目标，首先是更好地理解认知过程和社会化过程以产生最有效的学习，其次便是用学习科学的知识重新设计我们的课堂和其他学习环境，从而使学习者能够更有效和深入地进行学习。"[②] 萨莎·巴拉等人认为，学习科学是一门综合性的多学科研究领域，它利用人类科学中的多种理论观点和研究范式，以实现对学习、认知和发展的属性与条件的理解。[③] 简而言之，学习科学主要研究以下问题："人究竟是怎么学习的，怎样才能促进有效地学习？"

（二）学习科学的历史发展

要谈到学习研究，其实认知科学已经进行过长期的探索，成果也很丰富，但是为什么还会提出学习科学这一个崭新的概念呢？原因是人们逐渐发现认知科学关注的对象和研究方法过于远离人在真实世界中的学习，很多发现的认知规律对于现实学校教育实践的改进和教育质量的提升并不是十分理想。[④] 在这样的情况下，一部分认知科学家开始关注真实情境中的学习，他们希望通过在心智、脑和教育之间建立桥梁（Mind, Brain, and Education），将基础科学的研究成果应用到教育实践中。20 世纪 80 年代，随

[①] 也有人用 Science of Learning，含义基本相同，更多侧重于脑科学，不过本书不区分具体差异。
[②] ［美］R. 基思·索耶. 剑桥学习科学手册 [M]. 徐晓东，等译. 北京：教育科学出版社，2010：序言 1.
[③] Barab S A. Using Design to Advance Learning Theory, or Using Learning Theory to Advance Design [J]. Educational Technology, 2004, 44(03):16–19.
[④] 高文. 学习科学的关键词 [M]. 上海：华东师范大学出版社，2009:33.

着人工智能和信息技术的发展，一批认知科学家和信息技术科学家开始合作，逐渐开创了这一个专门研究学习的崭新的领域——学习科学，并正式将它当作一个学科来进行研究。

学习科学诞生以后，在国际上发展非常迅速（具体情况见表6-1）。[1][2][3] 而且，近年来，欧美发达国家已经将学习科学确立为新的教育政策的关键基础，将人类学习的重要研究成果作为课程决策与行动的基础，[4]在实践领域得到了实际应用。2013年4月2日，美国政府正式宣布将开始十年"脑计划"，拟投入巨资探究大脑数十亿个神经元的详细信息，并对人类的知觉、行动以及意识等有更进一步的了解，该计划进一步推动了学习科学的发展。

表6-1 学习科学的国际发展情况

时间	事件
1986	施乐公司建立了施乐学习研究所
1987	美国西北大学建立了学习科学研究所
1990	美国出版了第一份学习科学类学术刊物《学习科学杂志》（The Journal of the Leaning Sciences）
1991	西北大学创建了世界上第一个学习科学专业； 同年召开了第一届国际学习科学会议
1995	美国国家研究理事会（National Research Council）成立了"学习科学发展委员会"工作小组
1996	召开了第二届学习科学会议
1997	斯坦福大学教育学院设立了学习科学专业
1999	美国国家研究理事会发布了名为《人是如何学习的：大脑、心理、经验与学校》的研究报告； 经济合作与发展组织（OECD）启动了大型的"学习科学与脑科学研究"（Learning Sciences & Brain Research）项目
2002	国际学习科学协会（ISLS）诞生； OECD出版了《理解脑：一门新的学习科学》（Understanding the brain: towards a new learning science）
2003	国际心智、脑与教育学会（Mind, Brain and Education）成立
2004	美国国家科学基金会（NSF）宣布在全国支持创建6个[5]跨学科的"学习科学中心"
2006	《剑桥学习科学手册》出版

---

[1] 李曼丽，丁若曦，张羽，刘威童，何海程，刘惠琴. 从认知科学到学习科学：过去、现状与未来[J]. 清华大学教育研究，2018，39(04):29—39.
[2] 周加仙. 教育神经科学的领域建构[J]. 华东师范大学学报（教育科学版），2009，27(3):69—74.
[3] 尚俊杰，裴蕾丝，吴善超. 学习科学的历史溯源、研究热点及未来发展[J]. 教育研究，2018，39(03):136—145+159.
[4] 裴新宁. 学习科学研究与基础教育课程变革[J]. 全球教育展望，2013，42(01):32—44.
[5] 最初是7个，后来取消了一个。

（续表）

时间	事件
2007	OECD 出版了《理解脑：新的学习科学的诞生》(*Understanding the brain:the birth of learning science*)；"国际心智、脑与教育学会"创办了 *Mind, Brain and Education* 杂志
2009	梅尔佐夫（Meltzoff）等人在 *Science* 杂志上发表 *Foundations for a New Science of Learning*，产生较大影响
2016	Nature 专门设立了 *npj Science of Learning* 电子期刊

在我国，虽然相对于欧美学习科学研究还有一定差距，但是早在 20 世纪 80 年代，就有王通讯、谭继有、郭戈、林明榕、王凤岐等一大批学者提出并在研究"学习学"，[①]究其本质，和国际上提出的学习科学基本上是相似的。2000 年以来，东南大学、北京师范大学、华东师范大学等高校先后建立了学习科学研究机构，近年来，越来越多的高校、科研院所对此产生了兴趣，北京大学和清华大学等一大批高校也都成立了学习科学研究机构。中国高等教育学会学习科学研究分会也在全力推动相关领域的研究发展。

二、学习科学的主要研究内容和研究方向

（一）学习科学的研究内容

学习科学是一个跨学科研究领域，那么，它的核心研究内容究竟是什么呢？《人是如何学习的》一书中认为改变学习概念的五大主题是：记忆和知识的结构、问题解决与推理的分析（专家分析）、早期基础、元认知过程和自我调节能力、文化体验与社区参与。[②]《剑桥学习科学手册》一书中比较关注学习理论、基于设计的研究、专家学习和概念转变、知识可视化、计算机支持的协作学习（CSCL）和学习环境等研究。[③]《学习科学的关键词》一书将学习共同体、建构主义学习环境、认知学徒制、概念转变、基于案例的推理、基于模型的推理、CSCL 和多媒体学习作为主要研究内容。[④]《理解脑——新的学习科学的诞生》一书比较强调脑是如何学习的、环境对脑的影响、读写能力与脑、数学素养和脑等研究。[⑤]

美国六大学习科学中心的研究代表了美国学习科学研究领域的最高水平。夏琪等人对美国六大学习科学中心的相关工作展开了深入调研，梳理了各中心的研究主题与研究内容，并对其发表的论文进行词频分析，将其研究成果总结为四类：关于脑的生

[①] 丁念金. 学习学：发展历程、时代境遇及展望 [J]. 中国教育科学, 2013(02):115—131+192.
[②] [美]约翰·D. 布兰思福特，等. 人是如何学习的：大脑、心理、经验及学校 [M]. 程可拉, 孙亚玲, 王旭卿, 译. 上海：华东师范大学出版社, 2002.
[③] [美] R. 基思·索耶. 剑桥学习科学手册 [M]. 徐晓东, 等译. 北京：教育科学出版社, 2010.
[④] 高文. 学习科学的关键词 [M]. 上海：华东师范大学出版社, 2009.
[⑤] 经济合作与发展组织. 理解脑——新的学习科学的诞生 [M]. 周加仙, 等译. 北京：教育科学出版社, 2016.

理机制研究、真实情境中的学习研究、培养高阶思维能力的研究、感官系统与高级认知研究。[①] 匹兹堡大学学习研究与发展中心（LRDC）在其主页[②]上列出了八大主要研究领域，分别是：认知心理、高阶学习过程、学习技术、阅读和语言、非正式学习、学校实践转变研究、学习政策、学习中的社会动机因素。

郑太年等人通过对2014年学习科学国际大会的评析归纳出，当年学习科学的研究主题大致分为以下几类：社会性学习研究，神经科学、早期语言学习和双语学习研究，真实情境中的学习研究，学习技术的研究与开发几类。[③] 尚俊杰等人对我国地区的2015—2020年的学习科学实证研究文献进行了全面的调研和系统的分析，指出过去几年学习科学吸引了认知科学、教育心理学、教育技术学等多学科的研究者，并在学习基础机制、学习环境设计、学习分析技术研究方面取得了比较丰硕的成果，具体研究内容包括：基础认知能力、脑与阅读、脑与数学认知、学习障碍、创造力、模拟、仿真、游戏化学习、VR/AR、混合式学习、计算机支持的协作学习、学习空间、在线学习行为分析、视频课件分析、社会文化学习分析等。[④]

一般来说，来自不同领域的学者一般会关注不同的方面。罗陆慧英和程介明等人指出，不同领域的学习科学研究针对发生于不同位相的学习，神经科学关注脑，心理学关注个体行为，组织学关注机构，社会学和文化研究关注小组和共同体，教育变革关注教育系统，人类学关注社会。[⑤] 不过在纷繁复杂的学习科学研究中，最为吸引人或者最为突出的研究似乎是以下两类：①一类是基于脑科学与学习研究（也有人称为教育神经科学或者神经教育学）。比如华盛顿大学和斯坦福大学联合成立的正式学习与非正式学习中心就主要在开展基于脑机制的面向幼儿的语言学习研究。[⑥] ②一类是技术，尤其是人工智能和大数据支持下的学习研究。比如，加拿大多伦多大学教育学院的斯卡达玛亚（Scardamalia）等人从20世纪90年代开始，探索计算机支持的有意义学习环境，并推出了颇为流行的知识论坛（Knowledge Forum），利用技术促进学习者更好

[①] 夏琪，马斯婕，尚俊杰.学习科学未来发展趋势——基于对美国六大学习科学中心的分析[J].现代教育技术，2019, 29(10):5—11.

[②] 匹兹堡大学学习研究与发展中心网址：www.lrdc.pitt.edu。

[③] 郑太年，赵健，王美，裴新宁，任友群.学习科学与教育变革——2014年学习科学国际大会评析与展望[J].教育研究，2014, 35(09): 150—159.

[④] 尚俊杰，王钰茹，何奕霖.探索学习的奥秘：我国近五年学习科学实证研究[J].华东师范大学学报（教育科学版），2020, 38(09):162—178.

[⑤] 郑太年，赵健，王美，裴新宁，任友群.学习科学与教育变革——2014年学习科学国际大会评析与展望[J].教育研究，2014, 35(09): 150—159.

[⑥] Kuhl P K, Tsao F M, Liu H M. Foreign-language Experience in Infancy: Effects of Short-term Exposure and Social Interaction on Phonetic Learning[J]. PNAS, 2003, 100(15): 9096–9101.

地进行知识建构。①再如，现在很多人在应用大数据技术对MOOC行为数据进行分析。②当然，也有学者结合脑神经研究成果开发了多媒体教学软件，用于治疗认知缺陷，比如利用多媒体软件培养空间想象能力和数学思维能力。③

（二）学习科学的研究方向

经过近40年的发展，学习科学已经形成了，以真实情境中的教与学过程作为核心研究内容，以设计研究（Design-based Research）④作为核心研究方法，以灵活应用脑科学、信息技术等各种软硬件技术获取和分析数据，以跨学科为主要特色的专门领域。它不仅关注学习相关的基础科学研究，更关注如何将基础研究最新成果转化为具体的教育教学实践形式，促成教育领域理论与实践的互推互进是学习科学发展至今一直不变的使命。

至于具体研究方向，美国国家科学基金会将学习科学研究大致分为3种取向：⑤①整合认知心理学、教学设计、计算机信息技术、智能系统的学习科学研究；②整合认知神经科学、神经科学、认知科学、医学与教育领域的学习科学研究；③整合机器学习、工程技术、人工智能等领域的学习科学研究。参考这个分类，并结合相关文献分析，尚俊杰和裴蕾丝等人基于相关文献分析，认为未来学习科学领域主要有如下三个方向：⑥

1. 学习基础机制研究

此类研究与学习科学第三个发展时期的出现密切相关，大致与"整合认知神经科学、神经科学、认知科学、医学与教育领域的学习科学"这一研究取向相对应。借助先进的认知神经科学研究技术，研究人员可以从微观的神经联结层面研究真实情境中的教与学过程，从认知功能与结构相结合的综合视角，研究特定教育干预（学习内容、媒体等）对学习过程的影响。区别于当前认知心理学对脑认知机制的实验室研究，学习科学视野下的脑认知机制研究，更强调真实的学习情境与教育干预方案。比如，在真实的课堂教学中测量学生脑神经激活情况。

---

① Scardamalia M, Bereiter C. Computer Support for Knowledge-building Communities[C]//Koschmann T. CSCL: Theory and Practice of an Emerging Paradigm. Mahwah NJ: Lawerence Erlbaum Associates, 1996:249-268.
② 吴永和,陈丹,马晓玲,曹盼,冯翔,祝智庭.学习分析：教育信息化的新浪潮[J].远程教育杂志,2013,31(04):11—19.
③ Rutherford T, Kibrick M, Burchinal M, Richland L, Conley A, Osborne K, et al. Spatial Temporal Mathematics at Scale: an Innovative and Fully Developed Paradigm to Boost Math Achievement Among All Learners[R]. Paper Presented at Annual Meeting of the American Educational Research Association(AERA), Denver CO, USA, 2010.
④ 周加仙."教育神经科学"与"学习科学"的概念辨析[J].教育发展研究,2016(06):25—30.
⑤ 周加仙.学习科学：内涵、研究取向与特征[J].全球教育展望,2008(08):17—19.
⑥ 尚俊杰,裴蕾丝,吴善超.学习科学的历史溯源、研究热点及未来发展[J].教育研究,2018,39(03):136—145+159.

该方向的研究案例其实很多，通常采用脑科学的方法开展实验研究。比如帕特里夏·库尔（Patricia Kuhl）主持的一项研究证明，双语学习能够改变脑白质的微观结构。双语人群和单语人群在执行功能方面的认知能力——维持和指导注意的能力——方面存在差异。与只学习一种语言的同龄人相比，一出生就处于双语环境中的婴儿和儿童，具有更高的认知灵活性和控制注意的能力。[①] 再如斯坦福大学凯斯勒教授等应用 Lumosity 网站提供的游戏，从行为表现和神经机制两个层面评估了游戏化学习对提升特纳综合征（Turner Syndrome，一种先天性染色体异常疾病，患者常存在视觉空间、数学和记忆困难等认知缺陷）患者的数学能力的积极效果。初步研究结果显示：在行为表现层面，试卷测试结果显示患者的计算能力、数字常识、计算速度、认知灵活性、视觉空间处理能力都有显著提高。在神经机制层面，实验后患者的脑活动模式（见图 6-1）发生了较大改变。[②] 北京师范大学薛贵等人也针对记忆开展了研究，发现间隔学习可以通过增加编码过程，包括检索工作量和增强先前神经表征的模式，来促进长期记忆。因此在教学中，可以考虑制造学习的间隔时间，以促进学习者更好地进行编码和记忆。[③]

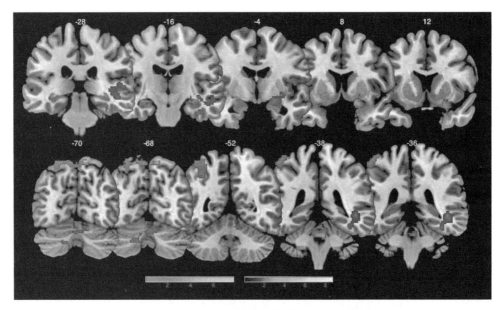

图 6-1 用 fMRI 获得的患者的脑活动模式图

[①] 郑太年，赵健，王美，裴新宁，任友群. 学习科学与教育变革——2014 年学习科学国际大会评析与展望[J]. 教育研究，2014, 35(09): 150—159.

[②] Kesler S R, Sheau K, Koovakkattu D, Reiss A L. Changes in Frontal-parietal Activation and Math Skills Performance Following Adaptive Number Sense Training: Preliminary Results From a Pilot Study[J]. Neuropsychological Rehabilitation, 2011, 21(4):433-454.

[③] Feng K, Zhao X, Liu J, et al. Spaced Learning Enhances Episodic Memory by Increasing Neural Pattern Similarity Across Repetitions[J]. The Journal of Neuroscience, 2019, 39(27):5351-5360.

就学习基础机制方向而言，大致等同于后面要展开探讨的教育神经科学，但是又不完全一致，它的概念相对宽泛一些，包括了各种认知规律研究。比如杭州师范大学赵立等人探究了偷听的言论是否可以塑造儿童的道德行为，通过对照实验发现能力赞美的负面影响可能是深远的，并且偷听到的评价性评论可能是塑造道德发展的重要力量；[1]再如华东师范大学孙江山和任友群等人探讨了 3D 技术对空间能力的提升机制，发现 3D 技术与学生空间能力和创造力发展之间存在正相关关系。[2]

2. 学习环境设计研究

此类研究与学习科学第二个发展时期的绝大部分研究内容类似，与"整合认知心理学、教学设计、计算机信息技术、智能系统的学习科学研究"这一研究取向吻合，也常被称为**学习技术**或**学习设计**研究。区别于学习基础机制的研究，这类研究更关注如何在已有的基础研究成果的基础上，将这些成果转化为可以直接应用于真实教育情境的干预方案，如学习媒介（教材、教具、多媒体等）设计、实体环境（教室、桌椅等）设计、学习交互（教学模式、组织策略）设计。比如像移动学习、游戏化学习、虚拟世界中的学习、在线学习等基本上都属于这个方向的研究。

学习科学最初就是一批偏认知的学者和一批偏技术的学者提出来的，所以过去 30 多年在学习环境设计方向做了很多研究。比如加拿大多伦多大学的斯卡达玛亚和贝莱特（Bereiter）团队于 1983 年就设计开发了"计算机支持的目的性学习环境"（Computer-Supported Intentional Learning, CSILE），20 世纪 90 年代改进为"知识论坛"系统，这是一种知识建构环境，能够支持在各类知识型机构中进行的知识探究、信息搜索、对思想的创造性加工等活动。[3]

当然随着移动、游戏、VR/AR 等新技术的发展，也有许多新技术被用到了教育中。比如新加坡南洋理工大学吕赐杰（Chee-Kit Looi）等人，利用移动设备、社交媒体等让小学生将非正式学习历程（包括生活观察、实践）与他们在正式学习（课堂内的学习）的概念紧密联系，结合个人反思与同伴合作探究构建知识框架并促进理解，贯穿现实环境与网络学习空间，实现学习边界的无缝化；[4]再如美国密歇根大学建立了 VRiCHEL 实验室（Virtual Reality in Chemical Engineering Laboratory），旨在探索和开

---

[1] Zhao L, Chen L, Sun W, et al. Young Children are More Likely to Cheat After Overhearing That a Classmate is Smart[J]. Developmental Science, 2020, 23(5):1−7.

[2] 孙江山，林立甲，任友群.3D CAD 支持中学生创造力和空间能力发展的实证研究 [J]. 中国电化教育，2016(10):45—50.

[3] Marlene Scardamalia, 张建伟，孙燕青. 知识建构共同体及其支撑环境 [J]. 现代教育技术，2005(03):5—13.

[4] Wong L H, Looi C K, Aw GP. Does Seamless Learning Translate Seamlessly?: A Decade of Experiences in Adapting Seamless Learning Designs for Various Subjects, Levels and Technological Settings[C] // Koh ER, Huang D W L. Scaling up ICT-based Innovations in Schools. Studies in Singapore Education: Research, Innovation & Practice. Singapore: Springer, 2021, (3):269−289.

发虚拟现实技术在化学工程领域的应用；①北京师范大学蔡苏等人也将 AR 技术应用到了中小学数学、物理等多个学科中，立体化呈现抽象的学科知识。②

当然，学习环境设计方向比较吸引人的研究就是利用人工智能和大数据技术构建个性化自适应学习系统。比如可汗学院（Khan Academy）之所以产生了比较大的影响，最重要的就是他们推出了数学课程的个性化自适应学习系统，该系统可以获取学生存在的问题并自动推送个性化的学习资源。③北京师范大学余胜泉等人也开发了基于人工智能的育人助理系统——"AI 好老师"。④

学习环境设计研究和教育技术研究有一定重合度。一般来说，只要基于学习理论开展的教育技术研究，基本上也都属于学习环境设计研究。

3. 学习分析技术研究

此类研究与学习科学第二个发展时期的"对话分析技术""视频分析技术"等研究内容同源，归入"整合机器学习、工程技术、人工智能等领域的学习科学"这一研究取向更为合适。随着智能学习软硬件环境体系的构建，教育过程中也逐渐积累了海量的学习数据，基于人工智能和大数据技术对这些数据进行分析，就可能发现以前依靠简单技术无法发现的规律。比如利用大数据技术对 MOOC 行为数据分析，可借此了解学习者的行为特征，并给予个性化干预。

这一类研究通常研究在线学习，比如分析在线学习成效、学习行为特征、在线交互行为等。比如北京大学乐惠骁等人的研究基于学习者的海量行为日志数据，利用共现分析的方法，探索优秀学习者的共同的行为模式。⑤再如华中师范大学刘三（女牙）等人曾经以一门在线课程为实验对象，综合采用高频词汇分析方法和非监督学习方法 LDA 模型自动挖掘和解析课程评论信息的特征结构和语义内容，并可视化呈现学习者热点聚焦话题的演化趋势。⑥

学习分析技术研究通常和学习环境设计是相互依存的，学习分析需要依托学习环境获取数据，并反过来促进学习环境的改进。比如伍斯特理工学院的珍妮丝·戈伯特（Janice Gobert）等人长期从事基于计算机的交互式科学实验环境（Microworlds）的设

---

① 谭文武. 虚拟世界中探究式虚拟实验环境的设计与实现 [D]. 重庆：西南大学, 2014.
② 蔡苏, 王沛文, 杨阳, 刘恩睿. 增强现实 (AR) 技术的教育应用综述 [J]. 远程教育杂志, 2016, 34(05):27—40.
③ 张振虹, 刘文, 韩智. 学习仪表盘：大数据时代的新型学习支持工具 [J]. 现代远程教育研究, 2014(03):100—107.
④ 余胜泉, 彭燕, 卢宇. 基于人工智能的育人助理系统——"AI 好老师"的体系结构与功能 [J]. 开放教育研究, 2019(01):25—36.
⑤ 乐惠骁, 范逸洲, 贾积有, 汪琼. 优秀的慕课学习者如何学习——慕课学习行为模式挖掘 [J]. 中国电化教育, 2019(02):72—79.
⑥ 刘三(女牙), 彭晛, 刘智, 孙建文, 刘海. 面向 MOOC 课程评论的学习者话题挖掘研究 [J]. 电化教育研究, 2017, 38(10):30—36.

计和开发，现在她们使用学习分析的理念和技术对在线实验环境进行改善。在她们的在线实验环境中，学习过程中实时产生的大数据能够被自动记录并经由算法自动分析，进而实时生成报告提供给老师和学生以改善教学和试验过程，从而促进个性化学习。[1][2]加拿大西蒙菲莎大学的菲尔·温恩（Phil Winne）是自主学习方面的知名学者，他们近期专注于发掘大数据对于学习者在网上自主学习的支持，并设计了一个用于追踪和支持网上自主学习的在线工具 nStudy。[3] nStudy 一方面能够为网上学习者提供多种支持，另一方面，它能够自动搜集学习者的这些活动信息，并针对所搜集的大数据进行及时整合、分析和筛选，并将结果有针对性地反馈给学习者，以帮助学习者及时、有效地调整自主学习过程。[4]

基于大数据的学习分析不仅在改善在线学习方面发挥了重要作用，还可以用在传统课堂中。比如香港大学教育学院陈高伟等人结合课堂话语分析技术开发了课堂话语分析与可视化工具（见图 6-2），[5] 其中可以呈现课堂视频中的话语信息（如师生的发言类别、话语长度和发言次数分布等），并为老师呈现数据分析结果与可视化反馈。该团队的实证研究发现，老师通过使用此话语分析与可视化工具辅助教学反思，可以有效提升课堂话语技巧和课堂教学成效。[6]

---

[1] Gobert J D. Using Data Mining on Log Files for Real Time Assessment and Tutoring of Science Inquiry Skills[R]. Paper Presented at the 2nd Learning Analytics Summer Institute (LASI). Harvard Graduate School of Education, Cambridge, MA, USA, 2014.

[2] Gobert J D, Sao Pedro M, Raziuddin J, Baker R S. From Log Files to Assessment Metrics: Measuring Students' Science Inquiry Skills Using Educational Data Mining[J]. Journal of the Learning Sciences, 2013, 22(4):521-563.

[3] Winne P H, Hadwin A F. nStudy: Tracing and Supporting Self-regulated Learning in the Internet[C]// International Handbook of Metacognition and Learning Technologies . New York: Springer, 2013: 293-308.

[4] Winne P H, Baker R S. The Potentials of Educational Data Mining for Researching Metacognition, Motivation and Self-regulated Learning[J]. JEDM-Journal of Educational Data Mining, 2013, 5(1):1-8.

[5] Chen G, Clarke S N, Resnick L B. An Analytic Tool for Supporting Teachers' Reflection on Classroom Talk[C] // In: Proceedings of the 11th International Conference of the Learning Sciences (ICLS) . Boulder, Colorado, USA, 2014: 583-590.

[6] Chen G, Chan C K K, Chan K K H, Clarke S N, Resnick L B. Efficacy of Video-based Teacher Professional Development for Increasing Classroom Discourse and Student Learning[J]. Journal of the Learning Sciences, 2020, 29(4-5): 642-680.

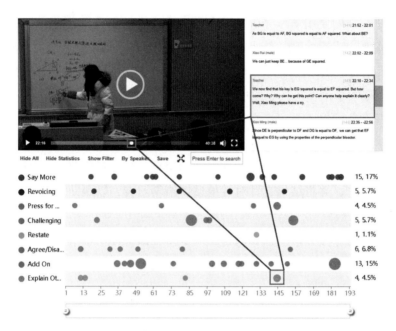

图 6-2 课堂话语分析与可视化工具界面图

当然，学习分析技术研究的类型还很多，比如使用眼动技术分析学习者观看视频课件时的行为特征。[①] 再如利用内容分析方法分析学生搭建作品时的手势。[②]

以上介绍了三个研究方向及其案例，需要说明的是：这三大研究方向并非相互独立，而是紧密依存的。学习基础机制为学习环境设计和分析技术的研究确立了理论引领，学习环境设计为学习基础机制和分析技术的应用提供了实践机会，而学习分析技术又为学习基础机制和环境设计的深入搭建了观察平台。这一稳定的三角关系，将成为学习科学领域实现长久发展的基石。

三、学习科学：推动教育的深层变革

当前，基于信息技术的教育变革正如火如荼地进行，以教育信息化带动教育现代化、促进教育的数字化转型已经成为教育改革与发展的趋势。不过，随着教育信息化的快速推进，碰到的问题依然很多，比如在线教育的互动和成效问题、教育信息化的经济效益问题等。究其原因，可能会涉及经费、观念等多个方面，但如果对这些复杂的问题进行仔细分析，就一定会归结到"技术到底能否改变教育？"这一本质性问题上；如果再做进一步分析，最终就会归结到"人究竟是怎么学习的，怎样才能促进有

[①] Pi Z, Xu K, Liu C, Yang J. Instructor Presence in Video Lectures: Eye Gaze Matters, But not Body Orientation[J]. Computers & Education, 2020, 144:103713.

[②] Worsley M, Blikstein P. Toward the Development of Multimodal Action Based Assessment [C] // Proceedings of the Third International Conference on Learning Analytics and Knowledge (LAK2013). New York: ACM, 2013:94−101.

效的学习"这一根本性问题上。在这个根本性问题没有得到彻底解决之前,教育领域的很多问题还会一直存在。[1]

不过,如果我们深入研究一下对学习的研究历史,就会发现100多年来,从巴甫洛夫(Ivan Pavlov)等人开始,就致力于推进"教育的科学化历程",[2]但是遗憾的是,因为限于各种技术,人类的"认知与学习"100多年来基本上一直是一个"黑箱",我们只能从外面揣摩里面的情况,而无法准确判断"人究竟是怎么认知和学习的"。但是随着无创伤脑成像技术的发展,使得人们对认知和学习的脑机制有了一定的了解,脑、心智和(真实情境中的)教育似乎真的可以建立紧密的联系了。另外,以互联网、人工智能和大数据技术为代表的信息技术,使得我们可以另外一个角度理解人们的学习行为特征,并能够真的开发学习环境(包括软件、平台、系统)促进和支持个性化自适应学习。

由此可见,推进学习科学研究具有非常重要的意义——只有深入研究学习科学,理解人们的学习过程,重新设计学习环境,促进人们的有效学习,才能真正实现教育的深层变革、实现"精准教育和精细教育"、实现教育领域的"消费升级"。[3][4]当然,对于教育游戏设计研究而言,就需要考虑将学习科学的研究成果应用到设计中,让教育游戏更有趣、也更有教育意义,从而让学习更科学、更快乐、更有效。[5]

第二节 认知与教育神经科学

从前面的讨论中可以看出,学习科学可以说脱胎于认知科学,[6]而且,认知神经科学和教育神经科学在学习科学的发展中起到了比较重要的作用,所以要想设计出优秀的教育游戏,就需要高度重视认知科学和神经科学(或者说脑科学)在教育中的应用。因此本节就来探讨认知科学、认知神经科学、教育神经科学的发展。

一、认知科学的起源与发展

(一)认知科学的起源

自古至今,人类其实就试图研究生理基础以探索人类的认知与学习活动,一直到

---

[1] 尚俊杰,裴蕾丝.发展学习科学若干重要问题的思考[J].现代教育技术,2018,28(01):12—18.
[2] 郑旭东,王美倩.学习科学:百年回顾与前瞻[J].电化教育研究,2017,38(07):13—19.
[3] 尚俊杰,庄绍勇,陈高伟.学习科学:推动教育的深层变革[J].中国电化教育,2015(01):6—13.
[4] 尚俊杰,裴蕾丝.发展学习科学若干重要问题的思考[J].现代教育技术,2018,28(01):12—18.
[5] 尚俊杰,蒋宇.游戏化学习:让学习更科学、更快乐、更有效[J].人民教育,2018(Z2):102—104.
[6] 尚俊杰,裴蕾丝,吴善超.学习科学的历史溯源、研究热点及未来发展[J].教育研究,2018,39(03):136—145+159.

20世纪上半叶，巴甫洛夫通过动物实验发现了经典条件反射理论，从而奠定了行为主义的生理学基础，之后华生（John Watson）、桑代克、斯金纳（Burrhus Skinner）等人继续努力，从而创立了行为主义学习理论，在20世纪上半叶对教育产生了重要的影响。①

图6-3 巴甫洛夫（右一）和他的经典条件反射实验装置图

到20世纪50年代，由于不满足于行为主义把人的学习简单地和动物的学习进行类比，又因为心理学和计算机科学的快速发展，使得"**认知革命**"开始发生，语言学家乔姆斯基（Noam Chomsky）对新行为主义心理学家斯金纳的《言语行为》（*Verbal Behavior*）发表了批判性的长篇评述，之后对认知的研究便开始发端，之后半个世纪以来，来自语言学、心理学、计算机科学、哲学、教育学、神经科学、人类学以及相关领域具有不同知识背景与哲学立场的学者汇聚在一起，逐渐开辟了"**认知科学（Cognitive Science）**"这一学科，旨在探索人类心智（认知）的奥秘，包括知觉、学习、记忆、推理、语言理解、知识获得、注意、情感、运动控制等。②

1973年，美国科学家希金斯（Higgens）首次使用认知科学这一名词。1975年，由美国斯隆基金会投入，将哲学、心理学、语言学、人类学、计算机科学和神经科学六大学科整合在一起，研究"在认识过程中信息是如何传递的"，这个研究计划的结果就正式产生了一个新兴学科——**认知科学**。6个支撑学科内部产生了6个新的发展方向，这就是心智哲学、认知心理学、认知语言学（或称语言与认知学）、认知人类学（或称文化、进化与认知）、人工智能和认知神经科学。这6个支撑学科之间互相交叉，又产生出11个新兴交叉学科：①控制论；②神经语言学；③神经心理学；④认知过程仿真；⑤计算语言学；⑥心理语言学；⑦心理哲学；⑧语言哲学；⑨人类学语言学；⑩认知人类学；⑪脑进化。③1980年左右，美国很多大学

---

① 佘燕云, 杜文超. 教育神经科学研究进展 [J]. 开放教育研究, 2011, 17(04):12—22.
② 尚俊杰. 学习科学导论 [M]. 北京：北京大学出版社, 2022: 52—53.
③ 蔡曙山. 认知科学研究与相关学科的发展 [J]. 江西社会科学, 2007(04):243—248.

开始建立认知科学研究中心,随后世界各地包括我国的大学开始建立认知科学研究机构。[①]

认知科学诞生以来,也产生了一些具有重要意义的研究成果。比如被称为认知革命之父的心理学家乔治·米勒(George Miller)率先开启了对人类短时记忆能力的定量研究,在《心理学评论》(Psychological Review)上发表了题为《神奇的数字:7±2》的重要成果;再如加涅提出的"学习的信息加工模型";还有西蒙为代表的人工智能专家对人类问题解决的探索等。

(二)认知科学的两代研究范式

认知科学从20世纪50年代兴起至今,其实大致经历了两代研究范式的变革。**第一代认知科学**,也就是经典认知科学,深受笛卡儿(Descartes)"身心二元论"的影响,它将人脑类比为计算机,把大脑的认知过程独立出来,视作与计算机信息加工类似的符号获得、加工和提取过程,因此形成了以知识表征和规则计算为核心的认知加工范式,称为"符号范式",[②]后来又出现了模拟大脑神经网状连接的联结主义范式。[③]受此影响,该时期的认知主义学习理论以"信息加工模型"为出发点,开始关注学习过程中学生认知结构的发展,如皮亚杰的认知结构理论、加涅的信息加工学习理论、奥苏贝尔的有意义学习理论等,这一阶段主要是从"心理"层面解读教育教学本质。

虽然,第一代认知科学突破了行为主义的研究局限,将重心从行为转向内部认知,但却割裂了身心作为个体存在的同一性,忽略了情境、文化和历史因素的作用,将认知机制抽象为简单的信息加工过程,这一新的研究局限,推动了20世纪90年代前后以"具身认知"为代表的**第二代认知科学**的兴起。[④⑤]第二代认知科学打破了对"身心二元论"的坚持,它对认知有这样几个基本特点:①具身性(Embodied)。人的心智不是无形质的思维形式,心智本质上是具身的生物神经现象,是神经系统整体活动的显现,机体的认知能力是在身体——脑活动的基础上实现的。②情境性(Situated)。认知是情境的,因为具身心智嵌入自然和社会环境的约束中,环境对于机体不是外在的、偶然的,而是内在的、本质的。③发展性(Developmental)。认知不是一开始就处于高级的认知水平,而是经历了一个发展过程。④动力系统性(Dynamicsystem)。认知不是一个孤立在头脑中的事件,而是一个系统事件。[⑥]总而言之,第二代认知科学把认知作为身心在真实情境中共同作用的结果,这一时期,认知的具身性、情境性、发展性

---

① 蔡曙山. 认知科学:世界的和中国的 [J]. 学术界, 2007(04):7—19.
② 叶浩生. 认知心理学:困境与转向 [J]. 华东师范大学学报(教育科学版), 2010, 28 (01): 42—47.
③ 贾林祥. 试论新联结主义的方法论 [J]. 南京师大学报(社会科学版), 2004(02): 92—96.
④ 叶浩生. 具身认知:认知心理学的新取向 [J]. 心理科学进展, 2010, 18(05): 705—710.
⑤ 费多益. 认知研究的现象学趋向 [J]. 哲学动态, 2007 (10): 55—62.
⑥ 李恒威, 黄华新. "第二代认知科学"的认知观 [J]. 哲学研究, 2006(06): 92—99.

和动力系统性成为认知科学研究的重点,情境认知理论、建构主义学习理论、动力系统理论[1][2][3]等开始流行。

二、认知和教育神经科学的起源与发展

伴随着认知科学的发展,认知神经科学作为认知科学的一个分支逐渐诞生了,并进而导致了教育神经科学的兴起。

(一)认知神经科学的诞生

认知神经科学(Cognitive Neuroscience)诞生于 20 世纪 70 年代后期,最早由米勒提出,旨在阐明认知活动的脑机制,也就是说人类大脑如何调用分子、细胞、脑组织区和全脑去实现自己的认知活动。[4]

认知神经科学是在认知科学和神经科学的基础上发展起来的一门新兴交叉学科,[5]它的发展离不开两大学科的积极推动。其中认知科学的发展前面已经探讨过,而神经科学的起源则可以追溯到几世纪以前的自然哲学时期,而当代神经科学的真正诞生,则要归属于 1958 年在莫斯科召开的国际脑研究进展的学术会议上,在这次会议的影响下,国际脑研究机构 IBRO 于 20 世纪 60 年代初成立,自此,神经科学开始引起大家注意。[6]1969 年,美国成立了"神经科学学会"。也正是在这样的背景下,米勒首先提出了"认知神经科学"这一名称。1994 年,美国成立了"认知神经科学学会"。[7]20 世纪 90 年代,认知神经科学领域的重要人物迈克尔·加扎尼加(Michael S Gazzaniga)先后出版了《认知神经科学》《新认知神经科学》等著作,使得认知神经科学得到更大范围的关注。另外,伴随着脑电图(EEG)、跨颅直流电刺激(tDCS)、功能磁共振成像(fMRI)、事件相关电位(ERP)技术、功能性近红外光谱技术(fNIRS)等无创伤脑成像技术的发展,世界各地的学者在注意、记忆、语言、算术、情绪和意识的神经机制方面做了大量的研究,也取得了一定的成果。

认知神经科学的创立标志着人类对自身特有的精神和心理活动的研究,对认知的本质和规律的研究,对人脑、智力与创造性的关系的研究,进入一个建立在现代科学

---

[1] Fischer K W. Mind, Brain, and Education: Building a Scientific Groundwork for Learning and Teaching[J]. Mind Brain and Education, 2009, 3(1): 3-16.

[2] Fischer K W, Rose S P. Growth Cycles of Brain and Mind[J]. Educational Leadership, 1998, 56(3): 56-60.

[3] Fischer K W, Bernstein J H, Immordino-Yang M H. Mind, Brain and Education in Reading Disorders[M]. New York: Cambridge University, 2007: 101-123.

[4] 沈政,方方,杨炯炯,等.认知神经科学导论[M].北京:北京大学出版社,2010:4—15.

[5] 汪晓东,张立春,肖鑫雨.大脑学习探秘——认知神经科学研究进展[J].开放教育研究,2011,17(05):40—51.

[6] 沈政,方方,杨炯炯,等.认知神经科学导论[M].北京:北京大学出版社,2010:4—15.

[7] 唐孝威,孙达,水仁德,等.认知科学导论[M].浙江:浙江大学出版社,2012:17—20.

基础上的新阶段。[1]而且，认知神经科学的发展，使得以往无法直接观测的大脑及活动规律变得具有可观测性，也为从生物学层面解释学习活动提供了可能，为人类更好地认识学习活动提供了坚实的基础。[2]不过，就教育而言，认知神经科学也有一定的局限性，认知神经科学研究者在实验室做的研究很严谨，也取得了很多成果，但是这些成果对于真实情境中的教学没有产生实质性的推动作用，[3]由此导致了教育神经科学的应运而生。

（二）教育神经科学的兴起

所谓教育神经科学（Educational Neuroscience），顾名思义，是指将认知神经科学、心理学和教育学整合起来，旨在探索真实教学情境中的认知与学习的脑机制及干预措施的新兴交叉学科。比如对人们在语言、阅读和数学等学科领域中的学习的脑机制研究，并开展相关干预研究，力求使研究成果能直接促进人们的学习。[4]再如在课堂中收集学生的脑电信号数据，借此了解真实情境中的脑神经机制。[5]

"教育神经科学"一词最早由美国哈佛大学珍妮·查尔（Jeanne S. Chall）和艾伦·米尔斯基（Allan F. Mirsky）教授于1978年提出，[6]目前已经被经济合作与发展组织（OECD）、联合国教科文组织（UNESCO）等机构广泛应用在学术期刊、国际会议和专业课程名称中。不过，由于学科内涵的复杂性，世界上很多研究组织也使用其他术语来代指该学科，如"心智、脑与教育"（Mind, Brain and Education）、"神经教育学"（Neuroeducation）、"脑与学习"（Brain and Learning）等，[7][8]但"教育神经科学"和"神经教育科学"在国际上具有比较高的认可度。[9]相比而言，"教育神经科学"强调整合教育学的神经科学，更重视新的教育规律的发现，而"神经教育学"则更侧重将基础

---

[1] 方方,王佐仁,王立平,等.我国认知神经科学的研究现状及发展建议[J].中国科学基金,2017(03):266—274.

[2] 汪晓东,张立春,肖鑫雨.大脑学习探秘——认知神经科学研究进展[J].开放教育研究,2011,17(05):40—51.

[3] 郑旭东.学习科学人物谈之三——教育与认知神经科学之Michael Gazzaniga[J].软件导刊(教育技术),2009,8(03):3—4.

[4] 佘燕云,杜文超.教育神经科学研究进展[J].开放教育研究,2011,17(04):12—22.

[5] Chen J, Qian P, Gao X, Li B, Zhang Y, Zhang D. Inter-brain Coupling Reflects Disciplinary Differences in Real-world Classroom Learning[J]. bioRxiv, 2022.

[6] 周加仙.教育神经科学的领域建构[J].华东师范大学学报(教育科学版),2009,27(3):69—74.

[7] 周加仙."教育神经科学"与"学习科学"的概念辨析[J].教育发展研究,2016(06):25—30.

[8] Nouri A, Mehrmohammadi M. Defining the Boundaries for Neuroeducation as a Field of Study[J]. Educational Research Journal, 2014, 27(1/2):1-25.

[9] 周加仙.教育神经科学:创建心智、脑与教育的联结[J].华东师范大学学报(教育科学版),2013,31(02):42—48.

研究中发现的规律应用于解决教育的实际问题中。[①②]虽然侧重点有所不同，但作为研究领域来看，两者的研究内容和方法并无本质差异，目前的学术刊物也经常将两者作为同义词使用，因此本书对二者不作区分。

教育神经科学的兴起，离不开20世纪90年代的"脑的十年"计划（Decade of the Brain），脑成像技术和认知神经科学的快速发展，使得从脑水平上研究学习过程成为可能。1999年OECD启动了"学习科学与脑科学研究"项目，为教育研究人员、教育决策专家和脑科学研究人员之间密切的跨学科合作架设起了桥梁；2003年11月"国际心智、脑与教育协会"（International Mind, Brain and Education Society）成立，成为促进认知科学与教育实践跨界合作的重要一步。[③]2007年，由该协会主办的《心理、脑与教育》（Mind, Brain and Education）正式创刊，哈佛大学教授费舍尔（Fischer）等人在创刊词中谈道：要整合各个学科探讨人类学习与发展的问题，汇聚教育学、心理学和认知科学的力量，形成一个新的研究领域——心理、脑与教育。[④]也是在2007年，OECD出版了《理解脑：新的学习科学的诞生》系统介绍了教育神经科学的概况、学科特征、研究内容以及研究目标，正式宣称教育神经科学已经成为一门学科。

近二十年来，教育神经科学受到了世界各地的重视，纷纷成立了相关研究机构，比如美国哈佛大学教育研究院的教育神经科学实验室、斯坦福大学的脑科学跨学科研究中心、英国牛津大学的心智的未来研究所、加拿大西蒙·弗雷泽大学的数学教育神经科学实验室等，我国也成立了包括北京师范大学脑与认知科学研究院、华东师范大学教育神经科学研究中心等在内的研究机构。[⑤]世界各地的学者努力开展了大量研究，并取得了不少重要的研究发现。

三、教育神经科学的主要研究内容和发现

接下来探讨教育神经科学的主要研究内容和发现，需要说明的是，教育神经科学其实主要脱胎于认知神经科学，两者的差异就是教育神经科学更加注重研究真实学习情境中的脑神经机制而已，所以下面要讲的部分内容自然属于认知神经科学的研究范畴，当然也属于脑科学的研究范畴。

---

① 周加仙.教育神经科学：创建心智、脑与教育的联结[J].华东师范大学学报（教育科学版），2013, 31(02): 42—48.
② 韦钰.神经教育学对探究式科学教育的促进[J].北京大学教育评论，2011, 9(04): 97—117.
③ ［阿根廷］安东尼奥·M.巴特罗，［美］库尔特·W.费希尔，［法］皮埃尔·J.莱纳.受教育的脑：神经教育学的诞生[M].周加仙，译.北京：科学出版社，2011.
④ Fischer K W, Daniel D B, Immordino-Yang M H, et al. Why Mind, Brain, And Education? Why Now?[J]. Mind, Brain, and Educaton, 2007, 1(1):1–2.
⑤ 周加仙.基于证据的教育决策与实践：教育神经科学的贡献[J].全球教育展望，2016, 45(8):90—101.

（一）教育神经科学的研究内容和方法

作为连接心智、脑与行为的桥梁，[1][2] 教育神经科学经过多年发展，其研究内容和方法体系逐渐成形。截至目前，教育神经科学的主要研究内容可以归纳为以下四类：①脑的功能结构与发展研究，包括脑的主要结构和功能分区、脑的关键期和敏感期、脑的可塑性等；②语言学习研究，主要涉及语言功能的脑结构基础、语言发展的敏感期、脑的读写能力与发展性读写障碍等；③数学学习研究，主要包括数学能力的脑结构基础、婴儿计算和计算障碍等；④情绪发展研究，着重研究情绪对学习过程的作用，如情绪对注意力和问题解决能力的影响。[3]

在研究方法上，教育神经科学采用脑成像技术［如功能性磁共振技术（fMRI）、功能性近红外光谱技术（fNIRS）等］与行为研究相结合的方法（见图 6-4），既使用认知神经科学的方法，在实验室里研究学习的基础机制、挖掘新的学习规律，同时也注重使用行为测量的方法，在实际教学问题中开展转化和实践研究，[4] 为制定更有效的教育政策和实践方案提供科学依据。在未来，随着教育神经科学的研究成果在学校教育中更加深入地应用，与该领域相关的脑成像仪器和装备的研制也将会成为一个重要的研究内容，促使传统的教育测量与评价方法实现科学化与个性化的转变。

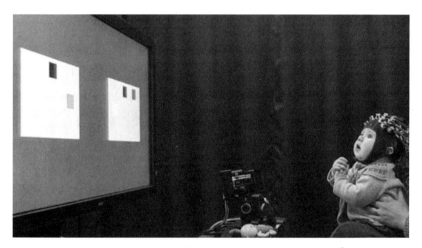

图 6-4　同时使用眼动仪与 EEG 或 fNIRS 做实验 [5]

---

① 周加仙.教育神经科学：创建心智、脑与教育的联结[J].华东师范大学学报（教育科学版），2013, 31(02): 42—48.
② Bruer J T. Education and the Brain: A Bridge Too Far[J]. Educational Researcher, 1997, 26(8): 4-16.
③ 佘燕云，杜文超.教育神经科学研究进展[J].开放教育研究，2011, 17(04):12—22.
④ 周加仙."教育神经科学"与"学习科学"的概念辨析[J].教育发展研究，2016, 36(06): 25—30.
⑤ EyeLink. EEG and fNIRS Eye-Tracking Solutions[EB/OL]. (2022-06-24) [2022-11-10]. https://www.sr-research.com/solutions/eeg-fnirs-solutions/.https://www.sr-research.com/solutions/eeg-fnirs-solutions/

（二）教育神经科学的研究发现

在过去的30多年内，教育神经科学（认知神经科学）获得了一些比较重要的发现，比如关于大脑的可塑性、语言和算术的学习规律等。

1. 大脑的可塑性

大量研究证明，大脑能够学习是因为其具有可塑性，能够根据环境刺激产生改变。[1] 所谓**可塑性**，即受学习经验的影响，大脑皮层在结构上和功能上发生改变的能力，大脑可以根据环境的需要产生并强化某些神经联结，或者减弱或消除某些神经联结。[2] 一般来说，婴儿的大脑具有高度可塑性，所以早期教育很重要；而青少年的大脑仍然具有很强的可塑性，所以学校教育对青少年很重要；成年人的可塑性相对于婴儿和青少年弱很多，但是仍然具有不容忽视的可塑性；[3] 即使到了老年，仍然有一定的可塑性。这也为终身学习提供了神经科学依据。

基于脑的可塑性，脑科学家将学习看作脑加工的过程，是脑对刺激产生的反应，它包括脑对信息的感知、处理和整合。[4] 而且，人对于外部环境和刺激存在一个反应的"关键期"或"敏感期"，这个期间是特定认知功能的最佳时期。[5] 比如对于第二语言学习来说，如果1~3岁就接触一门外语，语法由左半球来处理，和说母语的人是一样的，但是接触太晚就会导致学习语法困难。[6]

2. 语言学习

脑科学在语言方面包括阅读障碍方面的研究也取得了重要成果。首先认识到脑中确实有专门负责语言功能的结构，布洛卡区位于额下回，与语言的产生、言语加工和言语理解有关；威尔尼克区位于左半球颞叶与顶叶的交汇处，与言语识别功能有关，

---

[1] OECD, Center for Education Research Innovation. Understanding the Brain: the Birth of a Learning Science[M/OL].Paris:OECD, 2007[2016-10-10].http://www.oecd.org/site/educeri21st/40554190.pdf.

[2] 佘燕云，杜文超. 教育神经科学研究进展 [J]. 开放教育研究, 2011, 17(04):12—22.

[3] Dehaene S, Pegado F, Braga L W, et al. How Learning to Read Changes the Cortical Cerebral Constraints in Reading and Arithmetic: Education as a "Neuronal Recycling" Process Networks for Vision and Language[J]. Science, 2010, 330(6009):1359-1364.

[4] OECD, Center for Education Research Innovation. Understanding the Brain, the Birth of a Learning Science[M/OL]. Paris:OECD, 2007[2016-10-10].http://www.oecd.org/site/educeri21st/40554190.pdf.

[5] Singer W. Epigenesis and Brain Plasticity in Education[M] // Battro A M, Fischer K W, Lena P J. The Educated Brain: Essays in Neuroeducation, Cambridge: Cambridge University Press, 2008: 95-109.

[6] Neville H J, Bruer J T. Language Processing: How Experience Affects Brain Organization[M] // Bailey D B, Bruer J T, Symons F J, et al. Critical Thinking About Critical Periods, Paul H. Brookes Pub, 2001: 151-172.

如词汇理解。[1]婴幼儿在出生几个月内就能辨别相似辅音和相似元音之间的细小区别，无论是母语还是外语都是如此。[2]儿童和成人用于读取字母文字的主要系统偏向左脑。[3]当处理视觉特性、字母形状及拼字法时，大脑的枕颞区最活跃，[4]随着阅读技能的提升，发生在这些区域中的激活会增加；[5]而对那些有发展性阅读障碍的儿童来说，发生在这些区域的激活则会消失。[6]另外，对阅读理解最透彻、受到最广泛认同的阅读模型"双通道理论"也得到了神经科学的研究支持。[7]

3. 算术学习

脑科学在算术包括计算障碍方面的研究也取得了累累硕果。研究确定了数字运算和空间认知等涉及的部分脑区，目前已知数感系统由两侧的内沟区支撑，顶叶尤其是顶内沟在各种数学运算中发挥了根本性的作用。[8]顶内沟可能还是数学神经网络的核心，顶内沟受损可能会引发计算障碍。[9]一系列固定的脑区在算术过程中会有系统性的激活，其中左、右顶内沟及左、右前中沟激活最显著。[10]简单的数量运算都需要多个脑区的协作，比如脑科学的研究成果支持了"三重编码模型"的三个层面的数量加工方式（数量、视觉和文字）：例如，"Threeness"的抽象数量表征依赖于下顶叶回路；阿拉伯数字"3"的视觉表征涉及下枕－颞叶皮层；而"three"的语言表征则依赖于左半球

---

[1] Koizumi H. Developing the brain: A Functional Imaging Approach to Learning and Educational Sciences[M] // Battro A M, Fischer K W, Lena P J. The Educated Brain: Essays in Neuroeducation. Cambridge:Cambridge University Press, 2008: 166−180.

[2] OECD, Center for Education Research Innovation. Understanding the Brain: the Birth of a Learning Science[M/OL]. Paris: OECD, 2007[2016-10-10]. http://www.oecd.org/site/educeri21st/40554190.pdf.

[3] Eden G F, Flowers D L, Gareau L, et al. Development of Neural Mechanisms for Reading[J]. Nature Neuroscience, 2003, 6(7):767−773.

[4] Antonenko P D, van Gog T, Paas F. Implications of Neuroimaging for Educational Research[M] // Spector J M, Merrill M D, Elen J, et al. Handbook of Research on Educational Communications and Technology, Springer, 2014, 51−63.

[5] Shaywitz B A, Shaywitz S E, Pugh K R, et al. Disruption of Posterior Brain Systems for Reading in Children with Developmental Dyslexia[J], Biological Psychiatry, 2002, 52(2): 101−110.

[6] Goswami U. Neuroscience and Education[J]. British Journal of Educational Psychology, 2004, 31(4):1-14.

[7] Jobard G, Crivello F, Tzourio-Mazoyer N. Evaluation of the Dual Route Theory of Reading: a Metanalysis of 35 Neuroimaging Studies[J]. NeuroImage, 2003, 20(2): 693−712.

[8] Butterworth B, Varma S, Laurillard D. Dyscalculia: From Brain to Education[J]. Science, 2011, 332(6033): 1049−1053.

[9] Lemer C, Dehaene S, Spelke E, et al. Approximate Quantities and Exact Number Words: Dissociable Systems[J]. Neuropsychologia, 2003, 41(14): 1942−1958.

[10] Dehaene S. Cerebral Constraints in Reading and Arithmetic: Education as a "Neuronal Recycling" Process[M] // Battro A M, Fischer K W, Lena P J. The Educated Brain: Essays in Neuroeducation, Cambridge:Cambridge University Press, 2008: 232-247.

的下枕 – 颞叶。① 研究还表明人类出生就具有以数字的方式理解世界的生物本能，比如耶鲁大学的麦克林可（McCrink）和维恩（Wynn）教授的研究结果证明婴儿就有基于数量的估算能力，1 个月大的婴儿就能注意到周围物体的数量。②

除了以上成果外，世界各地的学者包括我国学者其实还做出了很多重要的成果。③④

四、教育神经科学与学习科学的关系

本章第一节探讨过，学习科学之所以兴起，是因为一批认知科学家认为传统的认知科学研究未能有效地推动真实情境中的学习，所以与当时兴起的人工智能、信息技术科学家们合作，提出了学习科学。实际上，当时的认知科学家中有一部分就是认知神经科学家，他们慢慢就成长为后来的教育神经科学家。与早期学习科学发展相似的是，这些教育神经科学的先行者也强调：传统的认知神经科学家比较注重微观的实验研究，而不太关注实验研究成果在教育中的应用，所以他们提出"教育神经科学"这个概念，借以希望自己的研究能够往课堂多走一步，以真正对教育实践产生积极的作用。⑤ 事实上，脱胎于认知神经科学的教育神经科学，已经成为推动学习科学迈向发展新阶段的动力源泉。

由以上分析，我们可以这样理解，教育神经科学具有自己独特的研究范畴、专业研究共同体和方法论体系，所以它是一个比较独立的学科。⑥ 而学习科学则有所不同，它实际上是一个研究领域，它涵盖了所有与学习相关的广泛的研究内容，包括了学习基础机制、学习环境设计、学习分析技术等几个方向。教育神经科学更强调学科的完整性与科学性，而学习科学更侧重研究领域性。两者相比传统的认知科学，都更注重教育的研究和对教育实践的促进。

按照通常的学科说法，我们可以说教育神经科学算是学习科学的一个分支（见图 6-5），也是学习科学的重要研究内容。当然，在具体实践中没有必要在概念上耗费时间进行太多的探讨，最重要的是基于基础科学的研究成果推动教育实践的发展。

---

① OECD, Center for Education Research Innovation. Understanding the Brain: the Birth of a Learning Science[M/OL]. Paris: OECD, 2007[2016-10-10]. http://www.oecd.org/site/educeri21st/40554190.pdf.

② Mccrink K, Wynn K. Large-Number Addition and Subtraction by 9-Month-Old Infants [J]. Psychological Science, 2004, 15(11): 776-781.

③ OECD, Center for Education Research Innovation. Understanding the Brain: the Birth of a Learning Science[M/OL]. Paris: OECD, 2007[2016-10-10]. http://www.oecd.org/site/educeri21st/40554190.pdf.

④ 尚俊杰，王钰茹，何奕霖．探索学习的奥秘：我国近五年学习科学实证研究 [J]．华东师范大学学报（教育科学版），2020, 38(09):162—178.

⑤ 尚俊杰，裴蕾丝．发展学习科学若干重要问题的思考 [J]．现代教育技术，2018, 28(01):12—18.

⑥ 周加仙．"教育神经科学"与"学习科学"的概念辨析 [J]．教育发展研究，2016, 36(06):25—30+38.

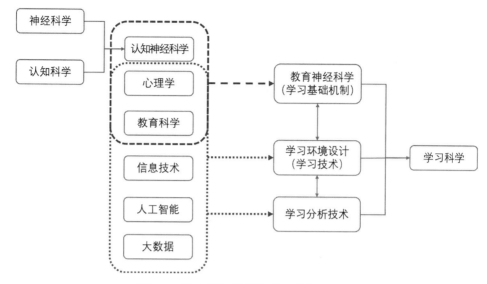

图 6-5 教育神经科学与学习科学的关系

第三节 学习科学视角下教育游戏的设计依据

前面讲过,学习科学的研究方向大体上可以分为学习基础机制(教育神经科学)、学习环境设计(学习技术)和学习分析技术。就教育游戏的设计而言,它理论上属于学习环境设计方向,不过,它和教育神经科学和学习分析技术也有莫大的关系,在设计过程中不仅需要应用学习技术和游戏的相关知识,也需要依据教育神经科学的研究成果,还需要应用学习分析技术了解它的成效并改进它的设计。比如应用脑与分数认知的研究成果开发分数学习游戏,并利用大数据分析分数游戏的学习成效。所以,要想开发出科学、有效的教育游戏,需要注意以下几点:

一、以教育神经科学的研究成果为理论依据

近年来,游戏在促进认知能力发展方面的价值被基于脑科学方法的系列研究所证实,也有一些基于教育神经科学研究成果的教育游戏被应用到了课堂学习中。[1]

(一)游戏支持下的认知能力发展

认知能力(Cognitive Ability)是指人脑加工、储存和提取信息的能力,通常知觉、记忆、注意、思维、想象、推理、决策的能力都被认为是认知能力。许多研究都表明,游戏有助于提升认知能力。

以比较流行的游戏为例:有研究表明玩《超级玛丽》(*Super Mario*)游戏可以增

---

[1] 尚俊杰,张露.基于认知神经科学的游戏化学习研究综述 [J]. 电化教育研究,2017,38(02):104—111.

加与工作记忆能力对应脑区的大脑灰质;[①] 也有研究表明,通过在《俄罗斯方块》游戏中实际旋转和移动图形,比在大脑中进行心理旋转更有助于培养心理旋转能力;[②] 也有研究表明动作游戏能够促进视觉能力的发展,包括视觉的空间解决、即时处理和敏感性;[③] 科博(Kober)等人使用近红外光谱技术针对同一学习内容的游戏版本(见图6-6左)和非游戏版本(见图6-6右)进行了比较研究,结果发现:在玩游戏版本时,与情绪和奖励处理相关区域的大脑活动增加,与注意力相关的额叶区域在基于游戏的任务版本中也更加活跃。[④]

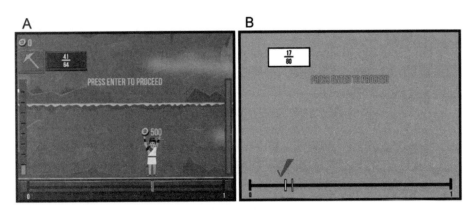

图6-6　A为游戏版本界面,B为非游戏版本的任务场景

专注力控制是指随着任务需求的变化灵活分配处理资源的能力,同时始终专注于手头的任务,忽略噪声或分心的来源。通过淡化不相关的信息,突出与任务相关的信息,专注力控制能够起到引导行为的信息过滤器的作用。大脑的额顶叶注意网络(Frontoparietal Attention Network)是通过注意力筛选感知内容的重要部位。[⑤] 有证据表明,动作视频游戏玩家的额顶叶注意网络发生了变化。有研究通过比较动作游戏玩家和非游戏玩家在注意力需求增加时的脑成像,发现在同样的任务难度和注意力需求增加的情况下,玩家与非玩家的额顶叶注意网络出现不同的激活情况。与非玩家相比,运动干扰物对游戏者的视觉运动敏感区(Motion-Sensitive Area,MT/MST)的激活较

---

① Kirsh D, Maglio P. On Distinguishing Epistemic From Pragmatic Action[J]. Cognitive Science, 1994, 18(4):513–549.

② 同上。

③ Bavelier D, Green C S, Pouget A, et al. Brain Plasticity Through the Life Span: Learning to Learn and Action Video Games[J]. Annual Review of Neuroscience, 2012, 35:391–416.

④ Kober S E, Wood G, Kiili K, Moeller K, Ninaus M. Game-based Learning Environments Affect Frontal Brain Activity[J]. PLOS ONE, 2020, 15(11): 1–22.

⑤ Cardoso-Leite P, Joessel A, Bavelier D. Games for Enhancing Cognitive Abilities[M] // Plass J L, Mayer R E, Homer B D. Handbook of Gamebased Learning. Cambridge: The MIT Press, 2020: 437–468.

少，这意味着玩家可以更好地及早过滤无关信息，将注意力集中在当前任务上；[1] 其他研究也显示，相比于非电子游戏玩家，在玩电子游戏方面投入较多时间的年轻人在一系列视觉能力测试中都表现得更好，主要体现在他们能够关注到更多的物体，并能对变化的视觉信息进行更有效的加工。[2]

游戏现在也被应用在了特殊教育及老年教育领域。2010 年发表于《儿童心理学和精神病学杂志》(Journal of Child Psychology and Psychiatry)的一篇文章表明，利用游戏可以训练孤独症谱系障碍儿童识别面部的技能。该研究中，研究者针对孤独症者中特定的面部信息处理能力的缺陷设计了 7 个交互式的小游戏，在 2～4 个月内，经过总计 20 个小时、七种游戏训练的治疗，参与游戏训练的儿童相比对照组中采用常规训练方式的儿童在人脸识别能力上有了更多进步，特别是在识别嘴部和眼部特征以及整体的面部识别方面的能力出现了较高的提升。[3]《自然》(Nature)杂志也曾报道过一项研究，该研究证明自适应性的三维游戏 NeuroRacer 可以促进老年人的认知控制能力的发展，且其效果会保持 6 个月，与此同时，训练也可以改善注意力保持和工作记忆等认知能力。[4]

著名学者迈耶（Mayer），也译为梅耶，也曾经系统总结过游戏在促进知觉注意、心理旋转、空间认知、执行功能、推理、工作记忆等认知能力方面的成效（见表 6-2）：[5]

表 6-2 玩电子游戏能学到哪些认知技能

技能	描述	示例
知觉注意 Perceptual Attention	快速登记并追踪视觉元素的能力	判断闪烁物体偏离屏幕中心的哪个方向上，或是追踪屏幕上出现的多个移动的物体
二维心理旋转 2-D Mental Rotation	对二维图像进行旋转的想象能力	看两个二维图形，一个被旋转了，另一个被翻转了或没有被翻转，判断这两个图形是不是一样的
三维心理旋转 3-D Mental Rotation	对三维图像进行旋转的想象能力	看两个三维图形，一个被旋转了，另一个被翻转了或没有被翻转，判断这两个图形是不是一样的

---

[1] Bavelier D, Achtman R L, Mani M, Föcker J. Neural Bases of Selective Attention in Action Video Game Players[J]. Vision Research, 2012, 61: 132-143.

[2] Green C S, Bavelier D. Action Video Game Modifies Visual Selective Attention[J]. Nature, 2003, 423(6939):534-537.

[3] Tanaka J W, Wolf J M, Klaiman C, Koenig K, Cockburn J, Herlihy L, Brown C, Stahl S, Kaiser M D, Schultz R T. Using Computerized Games to Teach Face Recognition Skills to Children with Autism Spectrum Disorder: the Let's Face It! Program[J]. Journal of Child Psychology and Psychiatry, 2010, 51(8): 944-952.

[4] Anguera J A, Boccanfuso J, Rintoul J L, et al. Video Game Training Enhances Cognitive Control in Older Adults[J]. Nature, 2013, 501(7465):97-101.

[5] [美] 理查德·E. 迈耶. 走出教育游戏的迷思：科学证据告诉了我们什么 [M]. 裴蕾丝，译. 北京：教育科学出版社，2019:162—163.

（续表）

技能	描述	示例
空间认知 Spatial Cognition	操作心理图像并可视化其中变化的能力	看一组图形，并判断如何将它们组成一个矩形
执行功能 Excutive Function	控制认知加工的能力	说出用各种颜色印刷的颜色词的墨水颜色，此过程中个体要抑制自动读取的反应
推理 Reasoning	做判断的能力	按照一定规律给定的一组图形，预测下一个出现的图形是什么？
运动 Motor	用手搭建或操作物体的能力	用左手将给定的一些金属片放入容器中
记忆 Memory	回忆所呈现内容的能力	听一系列数字并复述出来

也有一些机构推出了一些旨在促进认知能力发展的专门游戏，比如 Lumosity 网站提供了一系列游戏，并声称能够改善各种核心认知技能，包括记忆、注意、速度处理、心理灵活性、空间定位、逻辑推理以及问题解决能力等。[①] 如图 6-7 就是通过比较两边的数字的大小来改善数字推理能力（Quantitative Reasoning）。

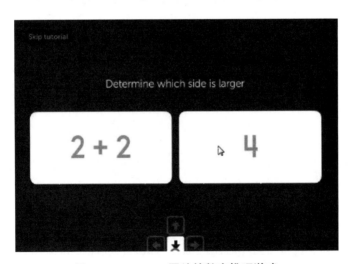

图 6-7 Lumosity 网站的数字推理游戏

有学者用 Lumosity 游戏证明了电子游戏可以改善老年人的视觉空间工作记忆和情境记忆的功能。[②] 前面也讲过，斯坦福大学凯斯勒教授等人也应用 Lumosity 游戏，针

[①] Shute V J, Ventura M, Ke F. The Power of Play: The Effects of Portal 2 and Lumosity on Cognitive and Noncognitive Skills[J]. Computers & Education, 2015(80):58-67.

[②] Toril P, Reales J M, Mayas J, et al. Video Game Training Enhances Visuospatial Working Memory and Episodic Memory in Older Adults[J]. Frontiers in Human Neuroscience, 2016, 10: 206.

对特纳综合征患者做了实验研究,结果表明被试的书写能力有显著提高,脑活动模式也发生了较大改变。①

（二）游戏支持下的学科学习

目前,各个机构也推出了很多旨在促进数学、语文、科学等学科学习的教育游戏,不过,其中很多游戏在设计的时候未必刻意考虑过教育神经科学的研究成果,也有一些游戏确实是以教育神经科学的研究成果为理论依据设计的,下面介绍两个比较典型的案例:②③

1. 数学游戏 Number Race

*Number Race*④游戏是全球数学认知领域著名的科学家、三重编码理论提出者、法兰西科学院院士、法国国家健康与医学研究院（INSERM）认知神经影像组主任斯坦尼斯拉斯·德阿纳（Stanislas Dehaene）教授的团队依据认知神经科学的研究成果开发的支持多平台运行的数学游戏。该游戏的开发结合了数感的发展、数量表征模型、游戏的动机等理论,不仅可以用来帮助计算障碍儿童,还可以促进早期正常儿童的数学学习。⑤

该游戏让玩家和电脑展开竞争,玩家在左右两个宝箱中选择一个打开,两个宝箱各弹出若干个豆子,玩家选择豆子数量较多的那一边,并把豆子的数量和已走的步数相加,点击下面标尺上和结果相对应的数字,玩家控制的游戏角色就会前进到这个数字,如图6-8所示,若干回合后,角色走到12即通过这一关。

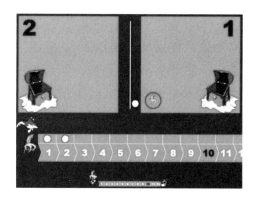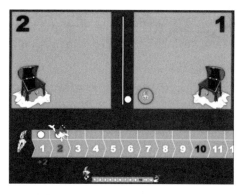

图6-8 *Number Race* 游戏界面

---

① Kesler S R, Sheau K, Koovakkattu D, Reiss A L. Changes in Frontal-parietal Activation and Math Skills Performance Following Adaptive Number Sense Training: Preliminary Results From a Pilot Study[J]. Neuropsychological rehabilitation, 2011, 21(4): 433-454.
② 裴蕾丝,尚俊杰,周新林. 基于教育神经科学的数学游戏设计研究[J]. 中国电化教育,2017(10):60—69.
③ 尚俊杰,张露. 基于认知神经科学的游戏化学习研究综述[J]. 电化教育研究,2017,38(02):104—111.
④ 游戏网址：http://www.thenumberrace.com/nr/home.php?lang=en。
⑤ Wilson A J, Dehaene S, Pinel P, et al. Principles Underlying the Design of "The Number Race", an Adaptive Computer Game for Remediation of Dyscalculia[J]. Behavioral and Brain Functions, 2006, 2(1): 14.

这款游戏看着简单，但是背后蕴含着教育神经科学的研究成果：根据三重编码模型，数学学习的核心是数量加工，数量加工障碍的形成主要由数字模块缺陷和数量通达缺陷两个原因引起。因此，*Number Race* 游戏的设计思路就沿着这两条线展开：一是针对数字模块缺陷，通过相关游戏任务设计，刺激学生双侧顶内沟的激活，从而提高学生的数感能力，即非符号的近似数量加工能力；二是针对数量通达缺陷，在数字模块缺陷游戏任务之后，刺激言语和视觉的相关脑区，帮助学生建立和巩固不同数量编码表征之间的联系。

此外，该游戏还考虑了其他可以提高学生数学学习策略和动机的问题。在数学学习策略方面，主要是让学生实现基本计算知识的概念化和自动化。在强化数学学习动机方面，采用了自适应技术，使得玩家的正确率一般在75%左右，这样实际上就是高频率的正向奖励机制，从而可以增加学生的学习动机，并减轻学生的数学焦虑。[①]

该游戏于2006年完成开发并实施了第一次教育实验研究。9名年龄在7~9岁之间有数学学习困难的儿童参与了实验，每星期使用该软件两小时，总共五星期，结果表明被试的数字感知、比较以及简单的运算方面的能力都有提高。[②] 在法国进行的一项研究中，53个来自法国社会经济状况较差家庭的幼儿园儿童从游戏中受益。[③] 在芬兰开展的一项针对两种教育游戏效果比较的研究证明 *Number Race* 可以促进计算能力较差的幼儿园儿童的简单的计算能力。[④]

2. 字母游戏 GraphoGame

GraphoGame[⑤] 游戏名称中的"Grapho"有"书写"的含义。顾名思义，这是一款与培养读写能力有关的游戏。它是由芬兰于韦斯屈莱大学 Agora 研究中心海基·莱提宁（Heikki Lyytinen）教授等人基于对阅读障碍高危儿童长达20余年的研究项目（Jyväskylä Longitudinal Study on Dyslexia，JLD）成果研发的教育游戏，主要用于帮助儿童学习拼音文字中基本的形—音对应规则，并逐步过渡到准确阅读和流畅

[①] Wilson A J, Dehaene S, Pinel P, et al. Principles Underlying the Design of "The Number Race", an Adaptive Computer Game for Remediation of Dyscalculia[J]. Behavioral and Brain Functions, 2006, 2(1): 1−14.

[②] Wilson A J, Revkin S K, Cohen D, et al. An Open Trial Assessment of "The Number Race", an Adaptive Computer Game for Remediation of Dyscalculia[J]. Behavioral and Brain Functions, 2006, 2(1): 20.

[③] Wilson A J, Dehaene S, Dubois O, et al. Effects of an Adaptive Game Intervention on Accessing Number Sense in Low-Socioeconomic-Status Kindergarten Children[J]. Ming Brain and Education, 2009, 3(4): 224−234.

[④] Räsänen P, Salminen J, Wilson A J, et al. Computer-assisted Intervention for Children with Low Numeracy Skills[J]. Cognitive Development, 2009, 24(4): 450−472.

[⑤] GraphoGame 网址：http://info.graphogame.com。

阅读。①

这是一款界面友好，采用了个性化自适应技术的游戏，不需要联网，可以在各种移动设备上流畅运行。游戏界面十分简洁，每次只有几个视觉元素出现，并会播放一段短的语音。学习者需要在规定时间内点击选择与听到的语音片段（包括音素、音节、字词等的发音）相匹配的视觉表征（包括一个字母或文本段的形态）。例如图6-9所示的一种游戏界面，学习者需要从屏幕上的"k""t"中选出与听到语音相符的气泡。还有一种任务是运用字形组件拼出符合听到语音的字词，例如听到"bu-lu"的发音单元，学习者需要按发音顺序排列字母。总而言之，*GraphoGame* 为学习者提供了一种练习将语音元素与书写元素联系起来的游戏化学习环境。②

图6-9 *GraphoGame*（英语试用版）游戏界面截图

一般来说，存在阅读障碍的儿童建立字母的视觉呈现与声音表达的脑区联结较为困难，而 GraphoGame 游戏可以帮助儿童将注意力和决策努力聚焦于字母与声音的对应上。③ 有研究显示，只需要4个小时左右的游戏时间，原本不会阅读的芬兰儿童即可获得基本的阅读技能。④⑤⑥ 也有研究发现，在8星期的课程中，幼儿园的儿童玩

---

① Lyytinen H, Ronimus M, Alanko A, et al. Early Identification of Dyslexia and the Use of Computer Game-based Practice to Support Reading Acquisition [J]. Nordic Psychology, 2007, 59(2): 109−126.
② 马斯婕, 路秀玲. 芬兰教育游戏 GraphoGame 案例分析 [J]. 中小学信息技术教育, 2018(Z2):146－149.
③ Mccandliss B D. Educational Neuroscience: The Early Years[J]. Proceedings of the National Academy of Sciences of the United States of America, 2010, 107(18): 8049−8050.
④ Saine N L, Lerkkanen M K, Ahonen T, et al. Long-term Intervention Effects of Spelling Development for Children with Compromised Preliteracy Skills[J]. Reading & Writing Quarterly, 2013, 29(4): 333−357.
⑤ Lyytinen H, Erskine J, Kujala J, et al. In Search of a Science-based Application: A Learning Tool for Reading Acquisition[J]. Scandinavian Journal of Psychology, 2009, 50(6): 668−675.
⑥ Saine N L, Lerkkanen M K, Ahonen T, et al. Computer-assisted Remedial Reading Intervention for School Beginners at Risk for Reading Disability[J].Child Development, 2011, 82(3):1013−1028.

GraphoGame 游戏，总共 3.6 小时的游戏时间会导致与字母观看有关的视觉系统的神经活动的变化，这些变化包括在左侧枕颞皮层的血氧水平的增加，以及相关区域的事件相关电位（ERPs）的变化。[①]

该游戏目前已经几乎全面覆盖芬兰学前至二年级（K-2）存在阅读困难的儿童。另外，游戏研发团队与世界范围内其他国家的研究者合作开发了不同语言版本，在英国、奥地利、瑞士、赞比亚等拼音文字国家中都取得了积极的干预结果。北京师范大学李宜逊等人开发了中文版本，在中国进行了为期 4 星期的干预实验，结果显示，儿童仅仅平均参与游戏 2.5 个小时，就可显著提高拼音能力，这与拼音文字中的 *GraphoGame* 研究的发现相一致。[②]

除了以上案例外，还有许多机构也开发了用于算术、语言、科学等学习的游戏，比如 PhET[③] 是诺贝尔奖获得者卡尔·威曼（Carl Wieman）于 2002 年创建的网站，其中就有涵盖数学、物理、化学等多个学科的教育游戏。北京大学教育学院学习科学实验室尚俊杰团队也开发了多款数学教育游戏（http://www.mamagame.net，详见后面三章介绍）。

二、以学习分析的研究成果为技术支撑

本章第一节讲过的学习分析，简单说来，主要是基于人工智能、大数据等技术对海量学习行为数据进行分析，从而可以更好地了解学习行为特征，并给予个性化干预。学习分析为学习环境（包括游戏）的有效性和适当性提供证据，而学习环境则为学习分析提供数据，学习分析的结果要想对学习者真正产生影响，也需要通过设计学习环境等干预措施具体实现，所以两者是相辅相成的关系。因此，在教育游戏的设计和应用中，也要注意应用学习分析的方法和技术，深入了解教育游戏的成效，并用来改进教育游戏的设计。[④]

（一）评价教育游戏的学习成效

要想评价教育游戏的学习成效，可以用传统的分析方法，比如通过量表、问卷搜集数据，然后利用统计分析方法分析数据。当然，也可以借助信息技术，在线搜集学习者日志数据和行为数据，以便进行更客观的分析。关于这一点，第三章讲过在 VISOLE 研究中利用"重播"功能，结合游戏日志、总结报告、访谈等数据，就可以

---

① Brem S, Bach S, Kucian K, et al. Brain Sensitivity to Print Emerges When Children Learn Letter—Speech Sound Correspondences[J]. Proceedings of the National Academy of Sciences of the United States of America, 2010, 107(17): 7939–7944.

② 李宜逊，李虹，德秀齐，盛小添，乌拉·理查德森，海琦·莱汀恩.游戏化学习促进学生个性化发展的实证研究——以 GraphoGame 拼音游戏为例 [J]. 中国电化教育，2017(05):95—101.

③ PhET 网址：https://phet.colorado.edu。

④ 肖海明，尚俊杰.学习科学视角下的游戏化学习研究 [J]. 中小学信息技术教育，2014(05):33—36.

对学习者的所作所为所思所想有更加全面的了解。①瓦莱丽·舒特（Valerie Shute）等人也在一个研究中采用了隐性评估（Stealth Assessment）技术，也就是说借助游戏记录的后台数据，在不干扰学生的情况下对其进行评估，研究结果显示隐性评估结果与外部物理测试分数显著相关。②③皮特（Peters）等人也在研究中使用《我的世界》（*Minecraft*）作为智能评估工具，用于测量学习者的任务控制、心理旋转和空间构建能力。结果显示 *Minecraft* 是一个合适的基于游戏的智能评估平台，可以用来执行一些利用纸笔或传统计算机测试难以实现的评估任务。④

基于人工智能和大数据技术，还可以比较方便地做一些大规模的研究。美国心理研究学会（Mind Research Institute）的 ST Math 项目致力于通过可视化、游戏化学习方式改变美国的数学教育，他们对 2011—2012 学年，2012—2013 学年参与该项目的全美 11 州市县的学生的统计数据进行分析后发现，可视化、游戏化学习比传统学习方式能更加有效地提升学生的数学学习效果。

以亚利桑那州（Arizona）为例，研究者分析了该州在 2011—2012 学年和 2012—2013 学年参与 ST Math 项目的 3～5 年级学生的数学能力测试成绩。实验组样本包括来自 33 所学校的 2785 名学生。研究者使用倾向评分匹配法［Propensity Score Matching，PSM，是一种统计学方法，用于处理观察研究（Observational Study）的数据］，确定来自 33 所学校的未参与 ST Math 项目的 2944 名学生作为对照组。数据分析结果发现，实验组学生中数学成绩为优秀和良好的比例提高了 3.4%，而对照组仅提高了 1.4%，两组学生之间存在显著性差异。⑤

该研究以 11 个州市县的学生数据为基础，分析证明了基于 ST Math 的可视化、游戏化学习方式比传统的学习方式能够更加有效地提高学生的数学能力。针对 2000 多名学生的大数据分析，增强了游戏化学习效果研究的说服力。同时，倾向评分匹配法的使用，降低了数据偏差和混杂变量对于观察数据的影响，解决了非实验条件下无法进行随机分组的问题，增强了研究结果的可信度。

---

① 尚俊杰，庄绍勇，李芳乐，李浩文．个案研究方法在教育游戏研究中的应用[J]．现代教育技术，2008(06)：20—23．

② Shute V, Rahimi S, Ginny S, et al. Maximizing Learning Without Sacrificing the Fun: Stealth Assessment, Adaptivity and Learning Supports in Educational Games[J]. Journal of Computer Assisted Learning, 2021(37):127-141.

③ Shute V, Rahimi S. Stealth Assessment of Creativity in a Physics Video Game[J]. Computers in Human Behavior, 2021(116): 106647.

④ Peters H, Kyngdon A, Stillwell D. Construction and Validation of a Game-Based Intelligence Assessment in Minecraft[J]. Computers in Human Behavior, 2021(5):106701.

⑤ Arizona Schools 2 Years 2010/11 to 2012/13[DB/OL].(2014-03-30)［2018-10-03］.http://www.mindresearch.net/pdf/Arizona_2Yr_DataOneSheet_b.pdf.

（二）分析游戏化学习行为特征

基于学习分析或者数据挖掘的分析方法和技术，通过分析游戏系统记录的日志数据，可以了解学习者在游戏中的学习行为特征。[1][2][3]

比较多的研究是采用预测分析方法，通过日志数据，计算出有关行为的各类自变量，用以预测学生的知识情况、性格，或者情感状态等因变量。比如通过在游戏中获得的分数，以及游戏中对相关任务的完成次数等预测游戏后的知识学习成效；[4]再如通过游戏中的行为轨迹预测学生的性格；[5][6]或者通过话语、游戏中任务完成的时间等预测学生的情感状态等。[7]

也有研究采用聚类方法，通过学生的行为特征确定学生的表现，[8][9]或者探索学生在游戏中的策略。[10]比如在第三章讲过我们曾经基于对游戏操作、反思日志等数据的分析，总结出学习者在VISOLE中进行问题解决的常用策略。[11]

还有一类研究针对学生部分行为的特征分析学生某方面的特点或者品质，比如直接用在游戏中行为的频次、时间等维度的变量以及学生在游戏中的表现（得分、得星

---

[1] Yang Q F, Chang S C, Hwang G J, et al. Balancing Cognitive Complexity and Gaming Level: Effects of a Cognitive Complexity-based Competition Game on EFL Students' English Vocabulary Learning Performance, Anxiety and Behaviors[J]. Computers & Education, 2020, 148: 103808.

[2] Homer B D, Plass J L, Raffaele C, et al. Improving High School Students' Executive Functions Through Digital Game Play[J]. Computers & Education, 2018, 117: 50-58.

[3] Easterday M W, Aleven V, Scheines R, et al. Using Tutors to Improve Educational Games: A Cognitive Game for Policy Argument[J]. Journal of the Learning Sciences, 2017, 26(2): 226-276.

[4] Alonso-Fernández C, Martínez-Ortiz I, Caballero R, et al. Predicting Students' Knowledge After Playing a Serious Game Based on Learning Analytics Data: A Case Study[J]. Journal of Computer Assisted Learning, 2019, 36(1):350-358.

[5] Denden M, Tlili A, Essalmi F, et al. Implicit Modeling of Learners' Personalities in a Game-based Learning Environment Using Their Gaming Behaviors[J]. Smart Learning Environments, 2018, 5(1).

[6] Essalmi F, Tlili A, Ayed L, et al. Toward Modeling the Learner's Personality Using Educational Games[J]. International Journal of Distance Education Technologies, 2017, 15(4):21-38.

[7] Forsyth C M, Graesser A C, Jr P, et al. Operation Aries!: Methods, Mystery, and Mixed Models: Discourse Features Predict Affect and Motivation in a Serious Game[J]. Journal of Educational Data Mining, 2013, 5(1): 147-189.

[8] Cheng M T, Lin Y W, She H C. Learning Through Playing Virtual Age: Exploring the Interactions Among Student Concept Learning, Gaming Performance, In-game Behaviors, and the Use of In-game Characters[J]. Computers & Education, 2015, 86:18-29.

[9] Kerr D, Chung G K. Identifying Key Features of Student Performance in Educational Video Games and Simulations Through Cluster Analysis[J]. Journal of Educational Data Mining, 2012, 4(1):144-182.

[10] Martin T, Smith C P, Forsgren N, et al. Learning Fractions by Splitting: Using Learning Analytics to Illuminate the Development of Mathematical Understanding[J]. Journal of the Learning Sciences, 2015, 24(4):593-637.

[11] 尚俊杰，庄绍勇，李芳乐，李浩文.虚拟互动学生为本学习环境中的问题解决过程与策略[C]//第十三届全球华人计算机教育应用大会论文集，2009:150—158.

等）探究学生使用游戏工具的模式、[1] 学生的坚持品质[2] 等。

此外，也有研究尝试从行为（游戏中的操作）与行为之间的关系的角度探究学生游戏化学习过程，这类研究关注行为与行为之间的转换，旨在解读其中的复杂行为序列（各个操作行为组成的序列），或发现其潜在的活动模式。比如从行为序列分析的角度揭示在大型多人在线角色扮演游戏中的行为模式，[3] 或者分析在解决问题模拟游戏中的活动模式。[4] 北京大学学习科学实验室张媛媛曾经使用该实验室推出的旨在训练空间折叠能力的《方块消消乐（3.0）》游戏[5]，并采用滞后序列分析（Lag Sequence Analysis）方法，分析学生在教育游戏中的学习行为、游戏行为以及他们之间的转换的探究结果，发现了学生存在"回溯、效率至上、大范围的横跨转换、小范围的紧密转换"等游戏策略。据此，就可以为教育游戏的设计提供优化参考。比如设计者想要重点传达的教育信息可以与学生可能存在的游戏策略相结合，将重点的教育信息嵌入学生为了"玩"而选择的游戏策略中，从而达到以"玩"促"学"，以"学"助"玩"的良性循环。同时该研究还对不同学习效果的学生的行为转换模式进行了对比，发现学习效果好的组别也就是教育游戏的"获益者"更善于利用提示辅助自己的学习，也更善于采用游戏策略提升自己的游戏效率。据此设计者就可以想办法通过修改设计去帮助一些学习效果差的学生。[6]

以上只是重点讲解了教育神经科学和学习分析在教育游戏设计方面的价值，但是实际上还有很多，比如教育心理学、教学设计、游戏设计等也都可以给教育游戏设计提出理论依据和技术支撑，比如抛锚式教学法、支架式教学法、自我解释等理论，在教育游戏设计中也非常重要。

---

[1] Liu M, Lee J, Kang J, et al. What We Can Learn from the Data: A Multiple-Case Study Examining Behavior Patterns by Students with Different Characteristics in Using a Serious Game[J]. Technology Knowledge & Learning, 2016, 21(1):33-57.

[2] Israel-Fishelson R, Hershkovitz A. Persistence in a Game-Based Learning Environment: The Case of Elementary School Students Learning Computational Thinking[J]. Journal of Educational Computing Research, 2019, 58(5): 891-918.

[3] Hou H T. Exploring the Behavioral Patterns of Learners in an Educational Massively Multiple Online Role-playing Game (MMORPG) - ScienceDirect[J]. Computers & Education, 2012, 58(4):1225-1233.

[4] Wen C T, Chang C J, Chang M H, et al. The Learning Analytics of Model-based Learning Facilitated by a Problem-solving Simulation Game[J]. Instructional Science, 2018, 46(6):847-867.

[5] 游戏网址：http://www.mamagame.net。

[6] 张媛媛."玩"还是"学"——游戏化学习中学生的行为特征及其影响因素探究[D].北京：北京大学, 2021.

第四节 学习科学视角下教育游戏的特性及设计模型

一、学习科学视角下教育游戏的特性

基于以上探讨，我们可以总结出学习科学视角下的教育游戏（Learning Sciences Based Educational Game，LG）应该具备如下特性：以学习者为中心、科学性、趣味性和有效性，如图6-10所示：

图6-10 学习科学视角下的教育游戏的特征

首先，从图6-10中可以看出，LG游戏要**以学习者为中心**，这一方面是学习理论的要求，比如建构主义学习理论就一再强调："要以学习者为中心，在整个教学过程中教师起组织者、指导者、帮助者和促进者的作用，利用情境、协作、会话等学习环境要素充分发挥学习者的主动性、积极性和首创精神，最终达到使学习者有效地实现对当前所学知识的意义建构的目的。"在这种模式中，学习者是知识意义的主动建构者；教师是教学过程的组织者、指导者、意义建构的帮助者和促进者。[①]另一方面，也是游戏理论的需求，我们可以看看基本上所有的游戏，都是以玩家为中心的，所有玩游戏的过程都是玩家主导的。

其次，要注重**科学性**。也就是说，LG游戏所依据的学习理论、教育理论必须是科学的，其中的学习内容、学习方式、学习序列、交互方式等尽量符合学习者的认知规律和学习风格，并且尽量是自适应的。当然，要实现科学性，就需要结合前面所讲的认知神经科学、教育神经科学、学习分析等方面的理论和实践知识进行设计。

---

① 何克抗. 建构主义——革新传统教学的理论基础 [J]. 中学语文教学, 2002(08):58—60。

再次，要注重**趣味性**。既然作为游戏，当然就要具备一定的趣味性，如果学习者都觉得无趣，可能就不能称之为游戏了。所以要参考游戏的动机理论等知识，精心设计其中的游戏化元素和机制，以便充分激发学习者的挑战、好奇、竞争、幻想、合作、竞争、自尊等深层内在动机，从而吸引学习者能够"高高兴兴地学"。

最后，还要注重**有效性（包含了可用性和易用性）**。LG 游戏必须能有效解决教育中的实际问题，也就是能够促进学生有效地学习。之前常有这样的案例，研究者设计开发了一个教育软件产品，做完实验，发表完文章之后，这件事情就结束了，这个软件基本上就没有人用了。虽然这样的研究也非常有意义，比如发现了一个学习行为特征，或者总结了一条设计原则和策略，但是就解决教育中的实际问题来说，可能有一些缺憾。而学习科学自诞生之日起，就特别注重要研究真实情境中的学习，要促进教育实践的发展。[①] 基于这个原因，LG 游戏，尤其是给学生使用的教育游戏就要特别注重以下四点：①要以解决课堂教学中的实际问题为导向，致力于能在课堂上常态使用。②要遵循国家课程标准和教材内容，以便可以整合到课堂教学中，这实际上就是"**可用性**"。③要考虑在课堂教学中使用的场景。比如要考虑时间、人员、设备、网络等因素，让师生尽可能容易使用，这实际上就是"**易用性**"。④要能促进学生有效地学习，能够取得更好的综合学习成效。比如，针对小学分数游戏来说，要确实能够提升小学生在分数单元上的学习成绩，而不仅仅是在某一个方面（比如创造力）具有一定的价值。因为只有能够提升综合学习成效（以成绩为代表）的游戏才能真正被常态应用到课堂教学中，才具有最大的教育价值。

以上特性是一个学习科学视角下的教育游戏所需要具备的特性，实际上也是在设计过程中需要考虑的设计原则。

二、学习科学视角下教育游戏的设计模型

基于以上探讨的 LG 游戏的特性，我们提出如图 6-11 所示的设计模型（简称 **LG 五角模型**）：

在图 6-11 的 LG 五角模型中，首先中心部分实际上就是设计模型所要考虑的上面探讨的特性，以学习者为中心，注重科学性、趣味性和有效性（包含可用性、易用性），这样确保设计的游戏能够促进学生有效地学习。

---

① 尚俊杰，蒋宇. 游戏化学习：让学习更科学、更快乐、更有效 [J]. 人民教育，2018(Z2):102—104.

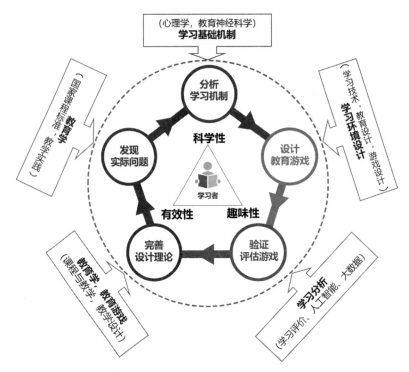

图 6-11 LG 游戏的设计模型（LG 五角模型）

然后是依据基于设计的研究（Design-based Research，简称 DBR。也常称为设计研究）安排的五个步骤。所谓 DBR，是一种系统而又灵活的方法论，其目的是在真实情境中，研究者和实践者（包括实际用户），通过迭代分析，设计开发和反复实践的循环，改进教育实践并归纳总结设计原则和策略。DBR 目前是学习科学领域重要且核心的研究方法之一。[①] 考虑到 LG 游戏的特点，DBR 一般分为五个步骤：①**发现实际问题**。指的是研究者要和实践者包括用户一起来发现真实教学情境中的真实问题，明确具体需求，可以采用文献调研、问卷调查和访谈等方法。②**分析学习机制**。指的是要基于心理学、教育神经科学等学科的成果分析问题背后的学习机制和促进机制。比如要设计分数游戏，就需要明白学生究竟是怎么理解分数的，怎么能够促进学生对分数的理解。③**设计教育游戏**。在分析清楚之后，要结合学习技术、教学设计、游戏设计等理论来精心设计教育游戏，当然，也要设计其他配套学习材料，形成完整的解决方案。④**验证评估游戏**。在实践中应用，使用人工智能、大数据、统计分析等技术验证评估游戏的学习成效，同时为提升和修改游戏搜集实践反馈。⑤**归纳、优化、完善设计理论**。在验证评估的基础上，一方面应依据设计研究过程，深化对学习基础机制的理解，

---

① 任友群, 赵建华, 孔晶, 尚俊杰. 国际学习科学研究的现状、核心领域与发展趋势——2018 版《国际学习科学手册》之解析 [J]. 远程教育杂志, 2020, 38(01):18—27.

反思促进学习的方法和策略；另一方面还要注意结合教学设计、游戏设计等理论总结归纳设计原则和策略，以便进一步完善，并可供其他设计者参考。以上 5 个步骤可以进行多轮迭代，以便取得最佳效果。

在 LG 五角模型中，最外圈是设计游戏过程中需要具备的知识基础和理论支撑。其中包括了教育学、心理学、教育神经科学、信息科学、游戏等方面的知识，具体包括教学实践、教学设计、游戏设计、人工智能、大数据等方面的知识。这些知识在不同的步骤会起到不同的作用，不过总体来说，在每一个步骤中，其实都要用到各个学科的知识，所以最外面使用了一个"虚线圆"，表示每一部分知识都会用到各个步骤中。

三、学习科学视角下教育游戏的注意事项

在具体设计 LG 游戏时，还要注意一些设计原则和策略，将在后面三章详细介绍，这里就谈一下总的注意事项。

（一）教育游戏的平衡准则

教育游戏是兼具教育性和游戏性的一类特殊游戏，在设计过程中，既要分别考虑两种特性，还要做好两者间的融合与平衡。但是，当前市面上的大部分教育游戏都很难达到这一要求。在教育性上，很多教育游戏仅仅是将课本习题重新进行美术包装，既没有重视将学习科学相关的理论融入教育内容的设计上，也没有较清楚地定义教育游戏的使用场景，这就导致其在科学性和易用性上都比不上传统的教辅资料；在游戏性上，很多教育游戏仅是简单套用现成的游戏机制，并没有根据其游戏的教育内容对机制进行优化调整，导致游戏的趣味性无法像制作精良的商业游戏那样，让学生玩家持续投入。

所以，在设计 LG 游戏的时候，一定要注意科学性、趣味性、有效性三个特性，在保证科学性、有效性的前提下追求游戏的趣味性，最好是把学习内容和游戏元素、游戏机制很好地融合到一起。

（二）教育游戏的实践策略

教育游戏是个多学科交叉的研究领域，涉及教育学、心理学、游戏设计等多个方面，学科交叉的特性使得教育游戏的设计和开发本身就充满了挑战——不同于商业游戏只需要让玩家"乐"在其中，教育游戏还要同时考虑"教"和"学"，这并非两个问题的简单叠加，过程中还需仔细考虑二者关系的平衡问题。

目前，契克森米哈伊提出的心流理论[①]是教育游戏设计的一个主要参考依据，但在

---

① Csikszentmihalyi M. Flow: The Psychology of Optical Experience[M]. New York: Harper Perennial, 1990.

实际的教育游戏设计与开发过程中，仅使用该理论是远远不够的。另外，虽然心流理论从心理学层面解释了人为何会沉浸于游戏，但在游戏设计层面，却没能提出更多具体可操作的方法，比如，如何设计"挑战"、如何衡量游戏"技能"与玩家水平是否匹配等。

马隆和莱珀提出的内在动机理论①也很受教育游戏设计者重视，但是具体设计起来仍然是比较困难的，比如要把握住挑战的难度就不是很容易。另外，不同的人对不同的动机可能会比较敏感，比如一年级的学生可能更好奇。所以如果该理论能与玩家的不同特征进一步对应起来，会更具实践指导性。

（三）教育游戏的研究规范

教育游戏的设计、开发以及应用的体系需要进一步规范化。影响游戏效果的因素有很多，所以在LG游戏的实验设计和结果分析中也要特别注意。比如，教育游戏的实验干预时间设置为多长才比较合适。根据经验，教育干预的时间越久，干预的效果也会越明显，但是游戏评估最短的干预时间应该是多久，最长时间不应该超过多久，这些问题在以往的研究中都没有进行细致的探究，研究者们通常都是凭着主观经验判断的。笔者认为，这种笼统模糊的实验方法，可能会影响游戏干预实验结果的说服力。再如，游戏玩到一半，干预时间到了，此时该如何处理。是让他们继续玩，还是终止实验，这些都需要认真考虑。

本章结语

> 就像生活中想吃到"好吃又有营养"的食物比较困难一样，许多教育游戏研究者都感觉到要想开发出"好玩又有教育意义"的游戏挺困难的，经过不断的探索，在本章我们提出了一种学习科学视角下的教育游戏的设计模型（LG五角模型），就是将学习科学和教育游戏深度整合到一起，基于教育学、心理学、教育神经科学的研究成果，并结合游戏设计理论，精心设计游戏，并在应用评估中采用人工智能、大数据技术，从而才能够开发出具备科学性、趣味性、有效性的LG游戏。本章主要是理论探讨，后面三章将会进行具体的设计与应用研究，并总结更多的设计原则和设计策略。

---

① Lepper M R, Malone T W. Intrinsic Motivation and Instructional Effectiveness in Computer-based Education[C] // Snow R E, Farr M J. Aptitude, Learning, and Instruction, Ⅲ: Cognitive and Affective Process Analysis. Hillsdale, NJ: Lawrence Erlbaum Associates, 1987:223-253.

第七章　算术游戏设计与应用研究

本章导言

　　当前市场上关于"20以内数的认识和加减法"的练习存在着较多问题。首先，教辅市场乱象由来已久，[①]真正能与课堂教学有效衔接的练习比较匮乏。[②]教辅资源的乱用，不仅会加重学生的学习负担，而且，大量不科学的练习可能会阻碍学生数学能力的真正养成。其次，小学一年级是培养学生数学学习兴趣的重要时期，重复枯燥的计算练习不仅可能会使学生降低数学学习的热情，同时也为教师和家长增加了更多额外的工作负担。此外，在学生中间还存在人数不少的有数学学习困难的学生（各国的发生率有所不同，大致在3%～30%[③]之间，我国大概在3%～6%[④]），这类学生在低年级时表现尚不明显，但随着年级的升高和知识难度的增加，他们与正常学生的差距会逐渐显现。而当前的教辅练习，主要针对的还是正常的学生，很少把这群数量巨大、有特殊数学学习需求的学生考虑在内。

　　与"枯燥"的数学学习形成鲜明对比的是，当前市场上日益火爆的游戏化学习（或教育游戏），以"寓教于乐"为核心理念的新兴教学形式，这些年逐渐受到了社会各界的广泛关注。目前，市场上关于"20以内数的认识和加减法"的教育游戏有很多，但许多质量不佳，主要不足体现在以下三个方面：其一，在学习方法上，不一定符合大脑数学学习的认知规律，通常以重复性练习为特点；其二，在学习内容上，主要强调计算的正确率和速度，忽视了学生对计算本身意义的理解；其三，玩法较为单一，学生很难对此类游戏保持兴趣。

　　考虑到以上问题，本章的研究以小学一年级数学中的"20以内数的认识和加减法"为例，通过理论构建、设计与开发和实践应用相结合，探索如何基于数学学习

---

① 孔凡哲. 中小学教辅市场乱象何时休[N]. 中国教育报，2009-12-03(5).
② 史宁中，孔凡哲，严家丽，等. 十国高中数学教材的若干比较研究及启示[J]. 外国教育研究，2015, 42(10): 106—116.
③ 韩梅晓. 基于PASS理论的小学一年级数学学习困难儿童认知缺陷及干预研究[D]. 西安：陕西师范大学，2015.
④ 张怀英. 儿童发展性计算障碍的认知机制研究[D]. 武汉：华中科技大学，2009.

中的学习科学设计开发一款符合当前国家数学课程标准的数学教育游戏《怪兽消消消》，并对该游戏的实际效果进行评估。[1][2][3]

第一节　小学数学学习

数学对于学生发展具有不言而喻的重要意义，提高全民的数学能力和素养，也已经成为世界各国制定教育发展战略时毋庸置疑的重要议题。小学数学，是学生系统学习数学的起点。根据教育部制定的《义务教育数学课程标准（2011年版）》（以下简称《标准（2011年版）》），"数与代数"是义务教育第一学段（1～3年级）数学学习的重点内容，包括数和量的认识、四则运算、简单估算等。其中，"20以内数的认识和加减法"作为学生系统学习"数与代数"的开始，是学生获得数感和运算能力这两大数学核心素养的关键。本章的研究就聚焦于此，探索如何利用教育游戏让学生能够熟练掌握这些核心能力。

一、数学认知研究

（一）数量的理解和表征

人自出生就能初步理解和感知数量。[4]有研究证明，即便是老鼠、猴子等动物，在经过一系列有奖励的训练后，也能区分出数量的不同，可以把阿拉伯数字与具体的物品数量联系在一起。[5]

先天的非言语符号的数量认知能力使人具备了粗略的数字表征能力，可以在多种社会情境下完成初步的与数量相关的任务。但是，其糟糕的准确性使得一些需要大数量参与的精确计算变得非常困难。鉴于此，科学家们对人形成完整数量认知能力的过程提出了一种简单推测：[6]随着大脑的不断发育，人的原始数量认知能力会继续提高

---

[1] 裴蕾丝. 学习科学视角下的小学数学游戏的设计、开发与测评——以一年级"20以内数的认识和加减法"为例[D]. 北京：北京大学，2016.

[2] 裴蕾丝，尚俊杰. 学习科学视野下的数学教育游戏设计、开发与应用研究——以小学一年级数学"20以内数的认识和加减法"为例[J]. 中国电化教育，2019(01):94—105.

[3] 裴蕾丝，尚俊杰，周新林. 基于教育神经科学的数学游戏设计研究[J]. 中国电化教育，2017(10):60—69.

[4] Wynn K. Psychological Foundations of Number: Numerical Competence in Human Infants[J]. Trends Cognitive Sciences, 1998, 2(8): 296–303.

[5] ［美］迈克尔·I. 波斯纳，玛丽·K. 罗特巴特. 人脑的教育[M]. 周加仙，等译. 北京：教育科学出版社，2011:151.

[6] ［阿根廷］安东尼奥·M. 巴特罗，［美］库尔特·W. 费希尔美，[法]皮埃尔·J. 莱纳. 受教育的脑：神经教育学的诞生[M]. 周加仙，译. 北京：教育科学出版社，2011:215.

（如区别更多的数量），但是，对于更大数量的表征和精确计算，就需要借助言语（口语数词）和符号（阿拉伯数字）系统扩展人类数量认知和操作范围。在这一过程中，人们需要实现的关键一步是在原始数量感、数量的言语表征和符号表征系统这三者之间建立连接。这一点可能与数学发展史上人类对数量的两次抽象过程有关：[1][2] 最初的计数系统是对数量的一种语言记录符号，尚未将数词与具体情境的量词分离开（比如，一头牛、一辆车）；直到第二次符号系统的出现，才使得数量可以脱离具体情境而存在（即数词之后不需与"头、亩"等量词连用），形成了真正意义上的数字。通过后天学习新的计数工具，人对于数量认知和操作的范围和精度得到了极大的拓展。可以说，人对数量的理解是先天和后天共同作用的结果。

言语符号的数量表征主要是靠后天教育完成的，而非言语符号的数量表征则是通过心理数轴（Mental Number Line）实现的。[3] 研究表明，不同的数量映射到心理时会自动排列成一条由小到大的轴线，[4] 在处理数量大小关系中发挥着重要作用：当参与数字大小的比较时，心理数轴会被自动激活，将数字代表的数量映射其上；而且，两个数字在心理数轴上距离的大小会影响判断的反应速度。[5] 这表明，人对数量的心理表征不仅只编码"数量"这一抽象概念本身，还将其与空间联系在了一起。对于这一点，SNARC 效应（Spatial-Numerical Association of Response Codes Effect）[6]，即人在进行数字大小判断时会表现出左手对小数字反应快、右手对大数字反应快，为其提供了更直接的证据。

心理数轴具有一些特点。首先，数量在心理数轴上的表征并非线性增长：[7][8] 差距相同的两组数量在心理数轴上对应的空间距离可能差别很大，一般而言，小数量组映射的空间距离更大（比如，1 和 2、31 和 32 这两组数量均相差 1，但前者对应的

---

[1] 史宁中. 数学思想概论（第 1 辑：数量与数量关系的抽象）[M]. 长春：东北师范大学出版社, 2008:8—12.
[2] 袁缘. 数学文化与人类文明 [D]. 长春：吉林大学, 2013.
[3] ［美］迈克尔·I. 波斯纳, 玛丽·K. 罗特巴特. 人脑的教育 [M]. 周加仙, 等译. 北京：教育科学出版社, 2011:152—153.
[4] Dehaene S. The Number Sense: How the Mind Creates Mathematics[M]. New York: Oxford University Press, 2011:64-71.
[5] Dehaene S, Dupoux E, Mehler J. Is Numerical Comparison Digital? Analogical and Symbolic Effects in Two-digit Number Comparison[J]. Journal of Experimental Psychology: Hum Perception and Performance, 1990, 16(3): 626-641.
[6] Dehaene S, Bossini S, Giraux P. The Mental Representation of Parity and Number Magnitude[J]. Journal of Experimental Psychology General, 1993, 122(3): 371-396.
[7] Dehaene S, Izard V, Spelke E, et al. Log or Linear? Distinct Intuitions of the Number Scale in Western and Amazonian Indigene Cultures[J]. Science, 2008, 320(5880): 1217-1220.
[8] DE Hevia M D, Spelke E S. Spontaneous Mapping of Number and Space in Adults and Young Children[J]. Cognition, 2009, 110(2): 198-207.

空间距离会远大于后者），因此人们容易对小数量高估、对大数量低估，操作小数量准确、但对大数量操作不准。随着后天接受学校教育，这种空间距离映射的一致性会逐渐提高；其次，心理数轴上数量的排列一般为由左向右逐渐增加，即小数量排在左边、大数量排在右边，这一现象可能与大部分文化从左到右的阅读和书写习惯有关。[1][2]并且无论是非符号（比如圆点）还是符号表征（比如阿拉伯数字）的数量都能引起人同样的反应。最后，关于心理数轴在人成长过程中出现的时间，人们也进行了探索——由于心理数轴在数量排列上表现出文化特异性，因此早期研究者们多认为心理数轴出现在人正式上学之后，[3]但最近有研究表明，儿童可能在正式上学之前就已经出现了心理数轴，之前的研究可能是受到了研究方法设计上的限制。[4]

心理数轴是人表征和加工数量的心理表征形式，是产生数量感的心理依据。它不仅与数量感密不可分，而且与数量的外部表征系统（言语、符号系统）也紧密相连。心理数轴就像一个数量的加工机器，不管数量概念起初的输入形式是什么（数词、阿拉伯数字还是物品的集合），在经过心理数轴加工后，就能转化成为具体数量映射在其上，刺激数量感的产生，为进一步的数量加工做准备。[5]因此，心理数轴对于人的数学学习，尤其是数量相关的学习，特别重要。

（二）脑神经机制研究

同视觉、听觉一样，大脑也有专门的结构和功能来支持数感（一种对数量大小和关系的感知能力）的产生。一系列关于数学认知的神经影像学研究表明，大脑的顶叶（Parietal Lobe）区域，尤其是顶内沟（Intra-parietal Sulcus，IPS），是人类产生数感、进行符号（阿拉伯数字、言语数词）或非符号（如，点阵、实物集合）数量比较、完

---

[1] Zebian S. Linkages between Number Concepts, Spatial Thinking, and Directionality of Writing: The SNARC Effect and the REVERSE SNARC Effect in English and Arabic Monoliterates, Biliterates, and Illiterate Arabic Speakers[J]. Journal of Cognition & Culture, 2005, 5(1-2): 165–190.

[2] 张晗，周新林. 脑与认知科学方法在数学学习研究中的应用[C]. 首届华人数学教育会议. 中国北京：2014.

[3] van Galen M S, Reitsma P. Developing Access to Number Magnitude: A Study of the SNARC Effect in 7- to 9-year-olds[J]. Journal of Experimental Child Psychology, 2008, 101(2): 99–113.

[4] Ebersbach M. Evidence for a Spatial-Numerical Association in Kindergartners Using a Number Line Task[J]. Journal of Cognition & Development, 2013, 16(1): 118–128.

[5] ［美］迈克尔·I. 波斯纳，玛丽·K. 罗特巴特. 人脑的教育[M]. 周加仙，等译. 教育科学出版社，2011：152—153.

成计算等数学任务的核心区域。①②③研究发现，正常人在数字识别④、数量估计⑤等数学任务中，大脑的顶内沟都出现了明显激活。与此同时，研究者发现，在数学障碍人群⑥⑦中，患有计算障碍（Dyscalculia）的人一般会伴有顶叶的损伤、顶内沟灰质密度减少以及激活水平低于常人等问题。这再次证明了顶内沟是数量加工和操作的关键大脑结构。进一步研究发现，左右顶叶在数量加工任务中所起的功能并不一样：右顶叶与人理解基本数量概念的任务密切相关，如非符号的数量比较任务，以及只需要区分数量大小和关系的任务；但是，当任务需要精确数量表征和更多操作步骤时，如数字比较和计算，左顶叶就会与右顶叶一同参与到功能的执行中。⑧

虽然顶内沟对数感的形成起着关键作用，但在处理与数量相关任务时并非仅依靠顶叶就可以。一些要求更高复杂度和精确度的数学任务，需要其他脑区结构与顶内沟之间的相互配合。⑨言语功能在精确数量任务中会有显著的激活，它们在需要言语参与的数学任务里发挥重要作用，如数量命名、四则运算、计算知识的记忆和提取，如左外侧裂语言区（Left Perisylvian Language Areas，包括 Broca 区和 Wernickes 区）和左侧角回（Left Angular Gyrus）。此外，有研究表明，额顶叶神经网络（Fronto-parietal Network）连接度的强弱是预测学生数学能力的有力指标，⑩而且其连接方式会受到不同文化数学学习方式的影响⑪——相比说英文的人多依赖语言功能，说中文的人在完成同样数量相关任务时会更多使用视觉空间能力（Visuo-spatial Processing）。最后，以

---

① Campbell J I D. Handbook of Mathematical Cognition[M]. London: Psychology Press, 2005.
② Dehaene S, Piazza M, Pinel P, et al. Three Parietal Circuits for Number Processing[J]. Cogn Neuropsychol. 2003, 20(3): 487–506.
③ Dehaene S, Dehaene-Lambertz G, Cohen L. Abstract Representations of Numbers in the Animal and Human Brain[J]. Trends Neurosci, 1998, 21(8): 355–361.
④ Eger E, Sterzer P, Russ M O, et al. A Supramodal Number Representation in Human Intraparietal Cortex[J]. Neuron, 2003, 37(4): 719–725.
⑤ Pinel P, Dehaene S, Riviere D, et al. Modulation of Parietal Activation by Semantic Distance in a Number Comparison Task[J]. Neuroimage, 2001, 14(5): 1013–1026.
⑥ 徐继红，司继伟，周新林，董奇. 数量估计的研究回顾 [J]. 心理科学, 2010(03): 646—648.
⑦ Mussolin C, De Volder A, Grandin C, et al. Neural Correlates of Symbolic Number Comparison in Developmental Dyscalculia[J]. Journal of Cognitive Neuroscience, 2010, 22(5): 860–874.
⑧ Park J, Park D C, Polk T A. Parietal Functional Connectivity in Numerical Cognition[J]. Cerebral Cortex, 2013, 23(9): 2127–2135.
⑨ OECD. Understanding the Brain: The Birth of a Learning Science[M]. Paris: OECD, 2007:99–102.
⑩ Supekar K, Swigart A G, Tenison C, et al. Neural Predictors of Individual Differences in Response to Math Tutoring in Primary-grade School Children[J]. Proceedings of the National Academy of Sciences of the United States of America, 2013, 110(20): 8230–8235.
⑪ Tang Y, Zhang W, Chen K, et al. Arithmetic Processing in the Brain Shaped by Cultures[J]. Proceedings of the National Academy of Sciences of the United States of America, 2006, 103(28): 10775–10780.

往被认为与数学认知没有特别关系的海马,[①②] 在数学认知能力的发展中也扮演重要角色——常用的数学知识将被编码在长时记忆里,这样会极大减少前额叶的工作负荷,从而优化解题策略、提升准确度。所以说,数量加工和操作任务的执行需要各个脑区的有效配合。任何大脑结构或连接的损伤,都可能导致数学认知障碍。[③]

由斯坦尼斯拉斯·德阿纳教授提出的**三重编码模型**(Triple-code Model,TCM)[④](见图7-1)解决的就是原始数量感、数量的言语表征和符号表征系统这三者之间的连接问题,随着现代研究技术的不断发展,该模型已经被学界广泛接受。三重编码模型认为,大脑在完成数量加工任务时,会涉及三种不同的编码表征数量,分别是模拟数量编码(Quantity System,数量的非言语符号编码,用以表征数量之间的大小和距离)、听觉言语编码(Verbal System,数量的言语编码,用数量词汇的发音和语义来表征数量,如中文里的"一、二、三"和英文里的"one、two、three"等)和视觉阿拉伯数字编码(Visual System,数量的数字符号编码,将数量按规则表征为一系列阿拉伯数字串)。此外,这三种编码并非独立存在,而是相互关联的。研究者通过对计算障碍儿童展开大量研究后发现,人们出现数量加工障碍的原因主要有两个:数字模块缺陷(The Defective Number Module Hypothesis)和数量通达缺陷(The Access Deficit Hypothesis)。其中,数字模块缺陷是指先天用来识别和加工基本数量的能力发展异常,导致理解数字概念和问题产生困难,[⑤] 也就是由双侧顶内沟先天发育缺陷而造成的模拟数量编码出现问题;数量通达缺陷则是在数字符号与数量转化的过程中出现通达问题,即听觉言语编码和视觉阿拉伯数字编码在转化为模拟数量编码时出现问题。[⑥] 因此,不仅需要让学生熟练学习掌握每一种数量表征编码,还要让他们能够流畅地在不同编码之间相互转换,这样才能确保学生真正理解和掌握数量及其运算的真实意义。

---

① Qin S, Cho S, Chen T, et al. Hippocampal-neocortical Functional Reorganization Underlies Children's Cognitive Development[J]. Nature Neuroscience, 2014, 17(9): 1263-1269.

② Moeller K, Willmes K, Klein E. A Review on Functional and Structural Brain Connectivity in Numerical Cognition[J]. Frontiers in Human Neuroscience, 2015, 9: 227.

③ 赵晖,路浩,张树东. 发展性计算障碍的最新研究进展[J]. 心理发展与教育,2013(04):441—448.

④ Dehaene S. Varieties of Numerical Abilities[J]. Cognition, 1992, 44(1-2):1-42.

⑤ Landerl K, Bevan A, Butterworth B. Developmental Dyscalculia and Basic Numerical Capacities: a Study of 8-9-year-Old Students[J]. Cognition, 2004, 93(2):99-125.

⑥ Rousselle L, Noël M P. Basic Numerical Skills in Children with Mathematics Learning Disabilities: A Comparison of Symbolic vs Non-symbolic Number Magnitude[J]. Cognition, 2007, 102(3):361-395.

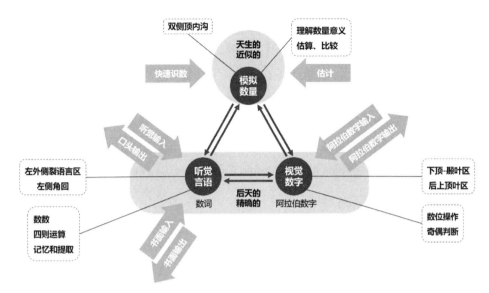

图 7-1 三重编码模型（TCM）示意图

二、"20 以内数的认识和加减法"研究

（一）在数学课程标准中的重要地位

"20 以内数的认识和加减法"是我国义务教育阶段数学课程"数与代数"部分的重点内容，是培养学生数感和运算能力这两大数学核心素养的第一步。该部分内容不仅在我国非常重要，在世界各国的数学课程标准中也都占据重要的位置。

美国国家数学课程标准（Common Core State Standards for Mathematics）[1]对数学教育提出了 8 条标准，第 2 条"抽象和定量的推理"就对学生的数感和运算能力明确地提出了要求：学生应该能熟练地从数学问题情境中抽象化出涉及的数量和数量关系，还要能合理地使用抽象的数量表示现实情境中的事物和事物关系。为实现以上目标，美国小学数学课程安排了数字、运算（整数和分数）以及测量等方面的内容。

英国国家数学课程小学阶段（Mathematics Programmes of Study: Key Stages 1 and 2）[2]将数感和运算能力的培养分为 3 个阶段。第一阶段（Key Stage 1），让学生学会识数、数数和进位制；初级第二阶段（Lower Key Stage 2），让学生掌握整数四则运算以及简单的分数和小数；高级第二阶段（Upper Key Stage 2），让学生掌握大数的表示、分数和小数的四则运算、百分比以及比例。

---

[1] Common Core State Standards Initiative. Common Core Standards for Mathematics [EB/OL]. [2016-05-04]. http://www.corestandards.org/Math.

[2] Department for Education. Mathematics Programmes of Study: Key Stages 1 and 2[EB/OL]. [2016-05-04]. https://www.gov.uk/government/uploads/system/uploads/attachment_data/file/335158/PRIMARY_national_curriculum_-_Mathematics_220714.pdf.

欧盟地区的小学数学课程要求（Mathematics Syllabus-primary（P1-P5））[①]对数感和运算能力的要求体现在以下两个方面：一是，小学一至五年级的学生要掌握整数、分数和小数以及比较和排序、进位制等；二是，学生熟练掌握各类数字的四则运算。

新加坡的小学数学课程大纲（Mathematics Syllabus Primary）[②]针对一至六年级学生的特点，将该部分知识和能力的培养细分为两个层次：一是掌握与数有关的知识，具体包括识数（整数、分数和小数）、百分比、比例等；二是数字和代数运算，具体包括估算、四则运算，而且尤其强调了心算（Mental Calculation）在数学学习中的重要性。

（二）重点学习目标和内容的分析

我国"20以内数的认识和加减法"的学习主要可以分为两个部分："数概念的建立"和"运算的理解和掌握"。

1. 数概念的建立

小学生的数学学习是从认数开始的。从 20 以内的整数到万、亿及更大的整数，从小数到分数（百分数），数概念的不断扩展，是学生逐步形成数感的关键。

相比于运算能力，数感的概念更为抽象。《标准（2011 年版）》将数感定义为"关于数与数量、数量关系、运算结果估计等方面的感悟"。建立良好的数感"有助于学生理解现实生活中数的意义，理解或表达具体情境中的数量关系"，[③]小学低年级是数感的关键发展期，在培养上应该遵循循序渐进的原则。对小学生而言，数感的培养一般要经历"感知多与少→用数表示多与少→建立数之间的关联→对数进行运算→形成数系概念"这几个阶段。[④]"20 以内数的认识和加减法"在学生的数感培养上，主要体现在以下两个方面：

其一，熟练掌握 20 以内数与数量的对应关系。由于小学生在第一学段期间，思维发展上还处于具体运算阶段，以形象思维为主。[⑤]因此，可以在教学中呈现实物或从现实情境出发，引导学生通过观察，积累数和数量关系的直观经验。

其二，引导学生理解数位、计数单位和计数法。[⑥]理解单位"一"和单位"十"是学生学习"十进制计数法"的起点，也是理解"进位加法"和"退位减法"的关键。

[①] Schola Europaea. Mathematics Syllabus – primary (P1-P5)[EB/OL]. [2016-05-04]. http://www.eursc.eu/fichiers/contenu_fichiers1/1777/2012-01-D-20-en-2.pdf.

[②] Ministry of Education SINGAPORE. Mathematics Syllabus Primary[EB/OL]. [2016-05-04]. http://www.moe.gov.sg/education/syllabuses/sciences/files/maths-primary-2007.pdf.

[③] 中华人民共和国教育部. 义务教育数学课程标准（2011 年版）[M]. 北京：北京师范大学出版社, 2012:5.

[④] 史宁中, 吕世虎. 对数感及其教学的思考 [J]. 数学教育学报, 2006(02): 9—11.

[⑤] 李小萌, 马云鹏. 数感在小学数学教材中的表征特点——以人教版第一学段小学数学教材为例 [J]. 小学数学教育, 2014(10): 7—9.

[⑥] 马云鹏. 数与代数内容的理解与把握——《义务教育数学课程标准(2011 年版)》解析之五 [J]. 小学数学教育, 2012(Z2): 15—17.

在学习中可以借助小棒或计数器，通过捆一捆或拨一拨的方式感受十进制，从而让学生明白不同数位上的数即便数字相同，所代表的含义也不同。

2. 运算的理解和掌握

运算能力是《标准（2011年版）》规定的又一数学核心素养，要求学生"能够根据法则和运算律正确地进行运算"。良好的运算能力，有助于学生"理解运算的算理"、找到合理简洁的算法。根据具体的形式和内容，运算能力又可以分为笔算、口算、估算等多种类型。在学习"20以内数的认识和加减法"时应该注意以下三点：

其一，在理解算理的基础上学习算法。算理是展开运算的理论依据，算法是算理的具体化，应该让学生在充分理解算理的基础上掌握相应的算法。[①] 比如，在学习"凑十法"和"拆十法"时，教师可以借助学具和熟悉的生活情境，帮助学生理解算法的算理和简便性，并在练习中熟练掌握。

其二，重视并加强口算练习。口算是笔算和估算的基础。根据《标准（2011年版）》要求，"20以内数的加减法"口算，学生应达到8～10题/分。在实际教学中，视算和听算是口算的两种主要训练方法，前者为"看算式报得数"，后者为"听算式报得数"，口算形式的灵活多样化，有助于学生产生兴趣。[②]

其三，重视算法多样化的相互交流。比如，在初学"20以内进位加法"时，不同的学生会采用不同的数数策略。比如，有些学生会采用从零开始数的策略（如计算5+6时从零开始数），而有些学生则会使用接着往上数的策略（如同这样计算5+6时，选择从5或6开始往上数，还有些学生会采用"凑十"法）。引导学生对不同算法进行交流，可以强化学生对算法背后算理的理解、促进学生在面对不同问题情境时选择更优的算法。

第二节　游戏支持下的小学数学学习

电子游戏从20世纪50年代以来就风靡全世界，对儿童青少年产生了强大的吸引力，成为社会各界关注的焦点，电子游戏相关的研究也因此大量涌现。也有许多优秀的教育游戏诞生，其中有很多是小学数学方面的教育游戏。

一、小学数学类教育游戏案例分析

国内外有很多以小学数学为内容的教育游戏设计，根据游戏开发的目的不同，可分为研究性游戏和商业性游戏。下面将列举几例有代表性的游戏。

---

① 马云鹏. 数与代数内容的理解与把握——《义务教育数学课程标准(2011年版)》解析之五 [J]. 小学数学教育, 2012(Z2): 15—17.
② 梅芳. 关于提高小学生计算能力的研究 [D]. 长沙：湖南师范大学, 2007.

Motion Math 是一个专注在 6 到 12 岁儿童数学学习的教育游戏公司，其团队希望结合 iPad 游戏解决数学学习问题。Motion Math 的团队与斯坦福教育学院合作，一连推出了 7 款数学游戏。① 他们的核心理念是将无形抽象的数学概念转化为有形具体的操作，让学生通过视觉、触觉和身体运动来理解不同数学概念的区别和联系。有研究表明，他们的游戏确实可以提高学生的数学成绩和兴趣。② *Hungry Fish*（见图 7-2）是其中一款帮助学生学习加减法运算的游戏，学生需要拖动气泡，将其合成跟小鱼身上相同的数字，才能把小鱼喂饱，如果在规定时间内没有完成任务，小鱼就会因饿死而导致游戏失败。③

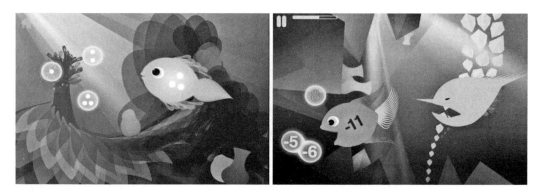

图 7-2 Motion Math 团队 *Hungry Fish* 游戏界面

*Monkey Tales*④（见图 7-3）也是一款商业性质的 3D 电子游戏，由比利时的 die Keure Educatief 和 Larian Studios 于 2011 年开发完成。该数学游戏由 5 个独立的子系列构成，每个系列对应一个年龄段。在游戏里，学生会接受一只猴子的挑战，需要他们在规定的条件下解出谜题完成闯关。该游戏不仅适合学生在课下玩，其内嵌的"轻游戏"也可让教师很方便地将其整合在课堂教学中。目前，已经有很多研究证实了该游戏在提高学生数学成绩上的有效性。⑤ *Monkey Tales* 也因此荣获了 2011 年的商业教育媒体大奖（Winner of the MEDEA Award for Professionally Produced Educational Media 2011）。⑥

---

① Motion Math 网址：http://motionmathgames.com/。
② Riconscente M M. Results from a Controlled Study of the iPad Fractions Game Motion Math[J]. Games & Culture, 2013, 8(4): 186-214.
③ Best Apps for Teaching & Learning 2015 [EB/OL]. [2016-04-30]. http://www.ala.org/aasl/standards/best/apps/2015#stem.
④ Monkey Tales 游戏网址：http://www.monkeytalesgames.com/。
⑤ Castellar E N, All A, Marez L D, et al. Cognitive Abilities, Digital Games and Arithmetic Performance Enhancement: A Study Comparing the Effects of a Math Game and Paper Exercises[J]. Computers & Education. 2015, 85(C): 123-133.
⑥ Monkey Tales Games [EB/OL]. [2016-04-30]. http://www.medea-awards.com/showcase/monkey-tales-games.

图 7-3 *Monkey Tales* 游戏界面

事实上，我国也有很多研究机构或企业推出了一些小学数学教育游戏，比如四川师范大学赵帅根据小学一年级的课程学习要求，基于 HTML5 设计和实现了一款帮助小学生认识 20 以内数字并练习 20 以内加减法的游戏。在识数游戏中，学生需要双击气泡吃掉其中的数字；在运算游戏中，学生需要持续点击屏幕控制黄金鱼飞行的高度，吃掉满足算式要求的数字。该游戏在学校实测中，不但提高了实验班学生的成绩，而且在师生对游戏的评价中也获得了较为满意的结果。[①]四川师范大学的谢唐瑞基于同样的内容设计和开发了一款 iOS 的数学游戏。与赵帅的设计思路不同，除了设计了纯练习类的游戏场景，他还将知识与生活场景对应起来，如通过超市购物的场景学习加减法。[②]《布布加减法》（见图 7-4）是由北京小马达教育科技有限公司专为 3～6 岁儿童设计开发的一款数学教育游戏，其学习内容是专门聘请中国教育科学院的知名幼教专家编写的。该游戏包括三个训练梯度：5 以内的加减法、10 以内的加减法和连加连减，以及 20 以内的加减法。[③]游戏中，学生需要根据游戏提示的算式，将相同数量的小动物拖动到前后两节小火车上，如果拖动正确，小火车就会顺利开走。

图 7-4 《布布加减法》游戏界面

[①] 赵帅. 移动平台下基于 HTML5 的教育游戏研究与设计 [D]. 成都：四川师范大学, 2015.

[②] 谢唐瑞. 基于情景学习的 iOS 平台教育游戏设计与实现——以小学一年级数学上册为例 [D]. 成都：四川师范大学, 2015.

[③] 游戏网址：https://itunes.apple.com/cn/app/bu-bu-jia-jian-fa-20yi-nei/id1078890197?mt = 8.

二、基于学习科学视角的游戏设计

此外,还有很多学者从学习科学的视角研究和设计教育游戏。美国罗切斯特大学脑认知科学系的达夫妮·巴韦利埃教授指出,动作类电子游戏可以提高大脑的认知能力,比如视觉的多物体追踪能力。①

第六章也讲过,斯坦尼斯拉斯·德阿纳教授是法国法兰西学院(Collège de France)认知神经影像系的主任,是数学认知脑机制研究方面的领军人物,他在10年前就带领团队一起设计和开发用于治疗数学计算障碍患者的电子游戏 *Number Race*②(见图7-5),并在多个实践研究中取得了成功。③

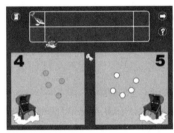
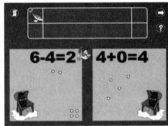
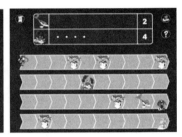

图 7-5 *Number Race* 游戏界面

布莱恩·巴特沃斯(Brian Butterworth)教授是世界知名的认知神经心理学家,目前就职于英国伦敦大学学院(University College London)认知神经学院。他于2011年发表在 *Science* 杂志上一篇文章中提到了游戏对于计算障碍患者起到的积极作用。④ 其中指出,*Number Bonds* 游戏⑤(见图7-6)并没有像以往的游戏那样,提供外在的正确答案,相反,该游戏采用可视化方式,玩家通过观看两个数量杆是否能够将游戏区域填满,判断此次操作是否正确,这一变化使得外在的教育反馈信息转变为玩家内在的自我反馈,反而比其他同类型游戏取得了更好的效果。此外,该游戏还基于数学认知的发展过程,将训练内容和重点分为不同的关卡。这些关卡之间循序渐进,为患者提供了更多练习的机会,增强了游戏的干预效果。

---

① 【TED】电子游戏中的大脑 [EB/OL]. [2016-04-29]. http://open.163.com/movie/2013/2/D/V/M8VTNSDH3_M8VTO04DV.html.
② Wilson A J, Dehaene S, Pinel P, et al. Principles Underlying the Design of "The Number Race", an Adaptive Computer Game for Remediation of Dyscalculia[J]. Behavioral & Brain Functions, 2006, 2(1): 19.
③ Wilson A J, Revkin S K, Cohen D, et al. An Open Trial Assessment of "The Number Race", an Adaptive Computer Game for Remediation of Dyscalculia[J]. Behavioral & Brain Functions, 2006, 2(1): 20.
④ Butterworth B, Varm S, Laurillard D. Dyscalculia: From Brain to Education.[J]. Science, 2011, 332(6033): 1049–1053.
⑤ 游戏网址:http://www.number-sense.co.uk/numberbonds/。

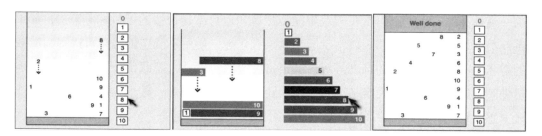

图 7-6 *Number Bonds* 游戏界面

第三节　游戏化设计原则

教育游戏是兼具教育性和游戏性的一类特殊游戏，需要做好两者间的融合与平衡。第一节，我们从教育性出发，探讨了关于"20 以内加减法"的国家课程标准和数学认知加工脑机制。在这一节中，我们将立足于游戏的"内在动机理论"，总结提炼教育游戏设计所需注意的因素。

游戏的"内在动机理论"是由马隆和莱珀一起提出的，[①] 该理论将人的动机分为了外在动机和内在动机。其中，外在动机主要来自某种外在的奖励，通常与参与的活动本身无关，因此外在动机对于促进学习作用不大，有些研究者甚至认为外在动机会阻碍学习。相反，内在动机则有利于有效学习的产生，这是因为内在动机往往就源自对学习活动的喜爱。马隆通过一系列实证研究找出了如何让教育游戏更有趣的一些游戏设计原则，他发现一款好的教育游戏或者能够激发人内在动机的活动一般具有以下三个特征：挑战、幻想和好奇，并对这三个特征提出了相应的游戏设计方法。[②]

一、挑战

为了使游戏更具挑战性，可以采用目标（Goal）、不确定结果（Uncertain Outcome）和自尊（Self-Esteem）三个方面进行设计。第一，好的游戏目标应该满足以下 4 个标准：①简单的游戏应该有清晰明确的目标，比如使用一些视觉效果；②复杂的没有设置目标的游戏应该采用结构化的组织，让玩家能够清楚知道不同的难度；③最佳的目标通常是实际的或想象的，比如坐上火箭登月，而不是简单地使用一项技能，比如解

---

① Lepper M R, Malone T W. Intrinsic Motivation and Instructional Effectiveness in Computer-based Education[C] // Snow R E, Farr M J. Aptitude, Learning, and Instruction, Ⅲ: Cognitive and Affective Process Analysis. Hillsdale, NJ: Lawrence Erlbaum Associates, 1987:223-253.

② Malone T W. What Makes Things Fun to Learn? Heuristics for Designing Instructional Computer Games[C] // SIGSMALL '80 Proceedings of the 3rd ACM SIGSMALL Symposium and the First SIGPC Symposium on Small Systems. New York: ACM, 1980:162-169.

出一道计算题;④玩家应该在游戏中能清楚地知道自己是否接近了目标。第二,如果游戏的结果是确定的,那么通常玩起来就没有乐趣,使用不确定的结果可以提高游戏的趣味性:①设置不同的难度等级;②丰富的等级目标;③隐藏部分游戏信息;④随机性。第三,目标和不确定结果之所以能让游戏充满挑战性,其根本原因在于它们让玩家感受到了自尊:在游戏中获得成功,可以让玩家自信起来;然而,如果游戏过难,则会让玩家失去游戏的兴致,因此游戏需要设定不同难度匹配玩家不同的能力水平,使他们不会在游戏中失去自信。

二、幻想

游戏中常常会出现现实生活中不存在的场景和事物,这往往会增添游戏的趣味性。然而,并非所有的幻想元素都能激发玩家的内在动机。比如,传统课堂通过添加游戏化的幻想元素完成所谓的"目标",而整个游戏的过程却取决于学生答案的对错,这种幻想被称为"外在的幻想"(Extrinsic Fantasy),即幻想的达成只取决于技能使用结果的正确与否,而技能使用的过程,却并不能影响或改变游戏中的幻想。与之相对应的是"内在的幻想"(Intrinsic Fantasy),它实现了两方面的相互依赖,即幻想依赖于技能使用的结果,而技能使用的过程也依赖于幻想(如,当玩家在射击类游戏中射得太高,游戏会出现"射得太高"的提示,而玩家可以根据这一提示幻想,重新确定下一次发射的高度)。

三、好奇

好奇是人学习的动力,游戏之所以能让人产生好奇,就是因为能提供不多不少、恰到好处的信息数量和复杂度。根据"内在动机理论",好奇也可再分为两种,即感知上的好奇(Sensory Curiosity)和认知上的好奇(Cognitive Curiosity)。感知上的好奇,是指一些环境刺激对人知觉产生的影响,如声音和图像的变化,这些刺激可以影响人的注意力。电子游戏中丰富多彩的声音和图像效果,就能给玩家带来这种好奇,具体在游戏设计中,可以将声音和图像作为背景装饰、用来提高幻想表现力、变为达成游戏目标的奖励,还可以成为有效传递游戏信息的表征方式。而认知上的好奇,指的是人想要建构一个更完整、更稳定和更简约的知识结构。这就需要在教育游戏的反馈设计中考虑以下两点:一是,反馈信息要令人惊奇,简单的方法是使用随机原则,更有效的方式是基于稳定的知识结构生成反馈信息,使其一开始看起来令人惊奇,但随着知识结构不断完整,玩家就能明白其中的道理;二是,让反馈信息具有教育性,即反馈信息不仅告诉玩家,他们的知识结构存在问题,还提供额外的信息,帮助玩家解决他们知识结构上的问题。

第四节 算术游戏的设计与实现

基于前面的理论基础,我们为小学一年级学生学习"20以内数的认识和加减法"设计开发了一款名为《怪兽消消消》的游戏。该游戏从教育性和游戏性这两个方面进行整体设计。首先,从国家数学课程标准的要求出发,找出学生在"数概念建立"和"数的运算"学习过程中的关键点,并结合"人教版"和"北师大版"数学教科书在相关章节的内容设计,对学习序列和相关的习题设计进行了系统梳理,[①]依此确定了游戏关卡的数量和顺序;接着,从数学学习的脑机制和模型入手,基于三重编码理论对于人学习非符号和符号数量及运算的加工过程解读,设计了游戏的核心玩法和机制;最后,再根据游戏的"内在动机理论",对游戏的叙事、奖励规则等游戏性元素进行了设计,从而在整体上确保同一个游戏中教育性和游戏性元素的平衡。

一、整体设计

(一)游戏叙事

《怪兽消消消》共包含四个不同主题的篇章,每个篇章设置了10个不同难度的关卡。在游戏中,玩家需要用智慧和勇气消灭小怪兽。游戏的核心任务是消灭小怪兽。游戏中的小怪兽共有三种类型(如图7-7所示):①长度小怪兽由10个长度不相同的小怪兽组成,分别与数量1至10对应。另外,还有1个将长度隐藏起来的长度小怪兽,它是透明的,边沿由虚线标注,对应的是数量0。②数字小怪兽由19个肚子上写着0至18的小怪兽组成,这一类小怪兽除了肚子上标注的数字,其他模样都相同,肚子上的数字对应的就是它们代表的数量。③声音小怪兽和数字小怪兽的设计理念相同,由19个外在形象完全一样的小怪兽组成,点击一下,就会说出不同的数字,所说的这些数字对应的就是它们所代表的数量。

图7-7 长度小怪兽(左)、数字小怪兽(中)和声音小怪兽(右)示例

在游戏中消灭小怪兽则需要组合出表示相同数量的魔法方块。游戏中的魔法方块也有三种类型(如图7-8所示),分别是绿色的长度魔法方块、橘色的数字魔法方块和紫色的声音魔法方块。与小怪兽的类型相似,长度魔法方块用方块的个数来表示数量,

---

[①] 裴蕾丝,尚俊杰,马云鹏.两版小学数学教科书习题设计的比较研究——以"20以内数的认识和加减法"为例[J].课程·教材·教法,2016,36(6):68—75.

数字魔法方块用数字表示数量，而声音魔法方块则用语音播放的数字声音表示数量大小。不过，每一种类型的魔法方块又可分为两类：一类是中间为彩色、边缘为白色的正常魔法方块，另一类是中间为白色、边缘为彩色的反常魔法方块。这些魔法方块之间可以相互组合，区别在于，正常的魔法方块之间相互组合，可以让魔法方块变长或数字变大（模拟加法的过程），而正常的魔法方块和反常的魔法方块组合在一起时，反常魔法方块会让正常魔法方块变短或数字变小（模拟减法的过程）。无论是正常还是反常魔法方块，如果组合正确时，系统会响起正确提示音，而组合错误时，则会响起错误警报音（比如，将两块反常魔法方块组合在一起，或在组合时将反常魔法方块放在正常魔法方块的前面）。

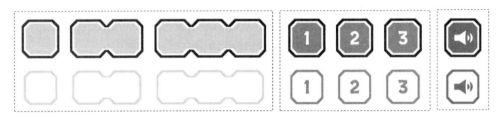

图 7-8 长度魔法方块（左）、数字魔法方块（中）和声音魔法方块（右）示例

为了增加游戏挑战性和趣味性，设计了让玩家持续游戏行为的道具。游戏中设计了三种趣味道具，"普通钻石""冰冻钻石"和"小太阳"。这些游戏道具的加入可以丰富玩家的游戏体验。

（二）玩法逻辑

《怪兽消消消》这款游戏的核心玩法十分简单。游戏中（如图 7-9 所示），玩家可以看到各种长度或带有数字的小怪兽，为了消灭这些小怪兽，作为英雄的玩家：首先，需要选定一个小怪兽，确定它代表的数量是多少；接着，需要操作游戏随机产生的魔法方块若干（1≤魔法方块个数≤3），将其组合成与小怪兽代表数量相等的魔法方块；最后，将新组合的魔法方块拖动到目标小怪兽身上，就可以消灭选定的小怪兽了。以上是玩家消灭一个小怪兽的操作逻辑，然而每个小怪兽并不是孤立地出现在游戏中的，若干（大于等于1）个小怪兽会和各种道具构成一行。当这一行上所有的怪兽都被消灭时，该行才会被消除，当本关卡中所有行都被消除时，玩家就取得了本关卡的胜利，这时游戏会根据玩家在本关卡中消灭小怪兽的操作表现，进行自动星级评判，最高为三颗星，最低为零颗星，同时也会呈现本关卡最终得分。需要说明的是，每关游戏中需要消除的怪兽行数和每一行中小怪兽的数量会随着关卡难度的增加而变化。

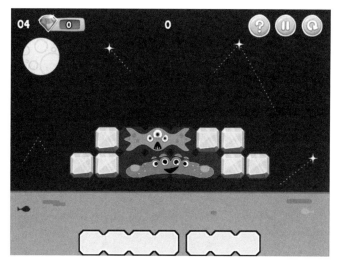

图 7-9 关卡 4 游戏界面

二、教育性设计

在教育性设计上，游戏主要参照了国家课程标准和两版小学数学教科书中的学习序列和习题设计，对不同学习内容的游戏关卡进行了分类排序，并对每个关卡中不同习题的练习频率进行了合理的控制。

（一）学习序列

在学习序列上，主要参考了人教版和北师大版教科书在"20 以内数的认识"上的学习内容安排。人教版教科书按照"认数和计算相结合"的编排原则，将"数的认识"和"数的运算"穿插学习，使得学生在逐步扩大识数范围的同时，也学习了相关的基本计算。[1] 北师大版教科书并没有将两者穿插起来，而是集中精力学习完一个阶段的认数后，再学习与这些数相关的加减计算。由于本游戏的定位是复习课以及学生课下的巩固练习，北师大版这种整块划分的形式更加紧凑，因此采用了北师大版的内容划分模式，并将其进一步合并，突出重难点（删减"10 加几和相应减法"，增加"20 以内进位加法"和"20 以内退位减法"），最终形成四个难度层次。在每个难度层次里，再按照难易度，划分为 4 个模块（与游戏的四个篇章对应），分别是数的认识、加法、减法和加减混合，共计 13 个基本学习任务（不计综合练习部分），[2] 如图 7-10 所示。

---

[1] 人民教育出版社课程教材研究所小学课程教材研究开发中心. 义务教育教科书教师教学用书·数学·一年级·上册 [M]. 北京：人民教育出版社，2012.

[2] 三点说明：被删减的"10 加几和相应减法"会在"20 以内加减混合"中出现；由于 0 的特殊性，在教学中是个重点理解的数，因此专门单列为一个学习任务；综合练习是前三个难度层次的混合练习，不属于基本学习任务。

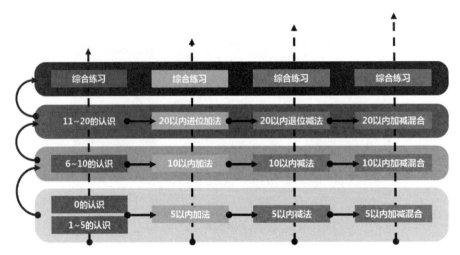

图 7-10 游戏使用的学习任务序列

（二）练习频率

对于一般游戏而言，数值设计的优劣将直接影响游戏的趣味性和难度，对于教育游戏而言，数值设计的合理性将直接影响其教学目标是否能够在游戏中被达成。考虑到这一点，我们以国内两版权威的教科书为依据，借鉴其在"20 以内加减法"习题设计上的思路和经验，设计每个游戏关卡中不同算式的练习频率。

我们首先按照 5 以内加法、10 以内加法、20 以内进位加法、20 以内不进位加法、5 以内减法、10 以内减法、20 以内退位减法和 20 以内不退位减法 8 个类别，统计了两版教科书中的相关习题数量，结果发现："20 以内加减法"学习的重难点在于 10 以内加减法和 20 以内进位加法和退位减法这 4 类题，5 以内加减法作为基础，也需要扎实的练习。接着，对出题量最多的这 6 种习题做了进一步的分析，发现具体到每一个算式，其出现的数量也有不同。这说明，不同的算式，其需要的练习次数是不一样的，应该在游戏的数值设计中考虑到这一问题。为了让玩家在本游戏中合理练习重难点算式，我们对两版教材中得到某一得数的不同算式出现概率进行了统计[①]，并根据此结果生成游戏中的魔法方块组合。

（三）练习方式

根据数学认知中的"三重编码模型"，数量和数量关系（这里主要是加减法）的学习，不仅要考虑到数量在人脑中的三种编码形式，还要熟悉三种数量编码形式之间的相互转换。因此，在已有学习序列的基础上，我们加入了 9 种数量编码转换的练习，分布在四个难度层次之中。相比于"视觉数字编码"和"听觉言语编码"，"模拟数量

---

① 由于游戏中组合魔法方块模拟加法过程时，玩家并不需要考虑两个加数交换位置其意义的差异，所以本研究在统计次数时，按照加法交换律，将加数交换的算式合并在一起进行统计。

编码"更加直观和形象,对于培养小学生的数感更为本质和基础。因此,在难度层次一上安排了以"模拟数量编码"为主的练习;到了难度层次二,则主要围绕"视觉数字编码"展开练习;在难度层次三上,安排了以"听觉言语编码"与其他两种编码形式相互转换练习;到了难度层次四,引入"听觉言语编码"单一通道的练习。

三、游戏性设计

根据马隆的"内在动机理论"对游戏设计提出的三个构成要素——挑战、幻想和好奇,我们对游戏机制也进行了设计,使之满足教育游戏对教育性和游戏性的要求。

(一)挑战元素

挑战元素的加入可以让游戏更具挑战性。根据马隆的理论,游戏设计中可以使用目标、不确定结果和自尊这三方面的相关设计提高游戏的挑战性。在《怪兽消消消》的设计中,这三方面的设计具体体现如下。

①**目标**。《怪兽消消消》是一个游戏目标十分明确的益智类游戏。第一,游戏的目标具有幻想性,玩家在游戏中通过操作魔法方块来消灭小怪兽,这避免了直接以计算技能为游戏目标;第二,游戏目标清晰,在每一关中,玩家需要将所有的怪兽行都正确消除,才能通关;第三,玩家每一步的操作结果都会有相应的反馈(音效和视觉效果)。

②**不确定结果**。每一关游戏的过程和结果都充满了随机性。第一,每一关的目标设置很丰富:游戏中,玩家不仅要消除全部的怪兽行,还需要获得更高的得分以及收集分布在怪兽行中的钻石奖励。第二,玩家组合魔法方块的顺序、方式以及消灭小怪兽的类型都会导致得分不同。第三,魔法方块的出现也具有一定的随机性。这些设计都可以让游戏的结果不确定,增加游戏的挑战性。

③**自尊**。游戏在关卡难度设计上考虑了学习的"最近发展区",每一关的挑战都尽可能符合心流理论中挑战—技能的平衡,使玩家可以在不断挑战更难关卡的过程中,收获学习知识和信心。

(二)幻想元素

根据马隆的理论,对玩家更具吸引力和教育价值的游戏,不能只停留在"外在的幻想"——只注重技能的结果(就像目前市面上大部分计算类数学游戏,如果学生答对一道算式,屏幕就会出现"答对了"或加分的反馈信息,反之,则出现"答错了"或扣分的反馈信息),而应该构建"内在的幻想"——让游戏可以响应玩家的每一步操作(比如,当玩家给出的结果不正确时,游戏不仅反馈对错信息,还为玩家提供一些指导信息,使得玩家可以根据指导信息,进一步调整自己的下一步操作)。

《怪兽消消消》在玩法设计上,也尽可能避免只提供"外在的幻想",而是让玩家可以把技能和游戏幻想相互联系起来，形成"内在的幻想"，具体体现在以下两个方面：其一，技能对幻想的依赖。在游戏中，玩家根据目标小怪兽，正确组合魔法方块，就可以将目标小怪兽消灭，并同时获得相应的分数，当组合错误时，游戏也会呈现提示信息和音效，告诉玩家此次操作可能有错误。其二，幻想对技能的依赖。在游戏中，玩家每一次组合魔法方块，都能实时获得组合后的魔法方块，在这个过程中，玩家可以验证自己每一步的操作是否跟预期是一致的。此外，当玩家组合的魔法方块无法消除当前显示的所有小怪兽时，位于游戏界面的魔法方块就会全部破碎（伴随破碎的音效），并重新生成新的待组合魔法方块，提示玩家需要再次调整或尝试新的组合方法。

（三）好奇元素

好奇，是激励玩家持续游戏的动力源泉。根据马隆的理论，好的游戏设计，仅仅考虑感知上的好奇是远远不够的，还要在认知上的好奇设计下功夫。

感知上的好奇，主要来自游戏带给玩家的直接感官刺激，比如明艳的图像、酷炫的动画、动听的背景音乐、难忘的提示音效等。《怪兽消消消》游戏虽然采用了较为艳丽的色彩搭配，但同时也注意保持各色块之间的平衡，使重要的信息能够以鲜明的色彩得到突显，辅助的游戏元素能够尽量少地分散玩家的注意力。在音乐的使用上，尽可能选取活泼欢快但节奏感不是特别强烈的曲子，而且不同篇章的主题音乐不同，确保激发玩家感知上的好奇的同时，又能让音乐不会对玩家的思考产生干扰。在旁白的录制上，使用十分口语化的表达，确保5～7岁的儿童能够很容易地理解和接受，而且还特别选择了十分可爱的声音，让该年龄段的玩家更容易产生代入感。

认知上的好奇，是帮助玩家逐渐建构完整知识结构的过程。在《怪兽消消消》里，这一设计理念并没有体现在马隆举例的游戏反馈设计上，而是体现在游戏的玩法上。首先，"20以内数的加减法"并非仅是不同算式的重复练习。根据数学认知中的"三重编码理论"，该部分学习应该帮助学习者强化不同编码之间的转换，尤其是"模拟数量编码"与另外两种编码之间的有意义转换。因此，游戏在四个难度层次中，分别有重点地练习了9种类型的数量编码转换，相比于单纯的计算类数学游戏，本游戏更能激发玩家在认知层面的好奇。在游戏的引导下，玩家逐渐熟练掌握不同数量编码之间的转换、提高计算的正确率和速度、更加科学有效地培养"数感"。其次，游戏在关卡引入新玩法（如，新类型的小怪兽或魔法方块）时，会有专门的旁白帮助玩家学习新的规则，这些都是从认知上的好奇帮助玩家建构知识体系的信息呈现方式。

四、技术实现

本章的研究使用Cocos2d-x开发工具、NodeJS和MySQL技术，共同开发完成《怪兽消消消》这一款移动端的益智类数学教育游戏。

游戏客户端的开发工具是Cocos2d-x游戏引擎，外加WebStorm编辑器。游戏服务器端使用的 NodeJS 和 MySQL 技术，部署在 Tomcat 服务器上，实现对游戏客户端的监听。游戏客户端和服务器端的通信方式采用轻便的 Socket.IO 模块，数据传输采用的是一种轻量级的数据交换格式 JSON（JavaScript Object Notation）。

游戏开始前，玩家需要首先注册并登录自己的个人游戏账号。在游戏过程中，玩家在每一关组合魔法方块、消灭小怪兽以及得分的情况都会通过网络传递给服务器，并记录在服务器的数据库中。这些数据一方面用于学习评价，一方面用于游戏改进，还可以用于促进个性化自适应学习。

第五节　算术游戏的应用与评估

在完成游戏的设计和开发后，我们通过准实验研究和半结构访谈，对《怪兽消消消》游戏的实际使用效果进行了评估。

一、研究设计

参与测评的学生来自北京某所公立小学一年级学生，由于测试实施时已处于一年级下学期，一年级学生已经学完了"20 以内数的认识和加减法"。考虑到学生刚刚完成"20 以内数的认识和加减法"的学习，因此，我们在游戏每一关的内容上做了些许的调整——减少了 5 以内和 10 以内加减法的内容，增加了 20 以内进位加法和退位减法的内容，从而使得游戏的整体难度与当前学生的水平相适应。

（一）研究对象

在该小学一年级随机选择了两个班级的学生。其中，实验班共 39 人（女生 19 人，男生 20 人），对照班共 40 人（女生 21 人，男生 19 人）。

（二）研究工具

对学生的运算能力进行评估使用的是"基于网络的多维度心理测验与实验系统"[1][2]中的简单数字计算（20 以内减法）和简单加法计算任务。如图 7-11 所示，测试题目会依次呈现在电脑屏幕的中央，学生被试需要既快又准地计算每个题目的结果。如果正确答案是屏幕左下方的数字，被试需要用左手的食指按一下"Q"键；相应的，如果正确答案在屏幕的右下方，被试则需要用右手的食指按一下"P"键。

---

[1] 实验系统网址：www.dweipsy.com/lattice。
[2] 程大志. 发展性计算障碍的认知机制及其干预训练 [D]. 北京：北京师范大学, 2014。

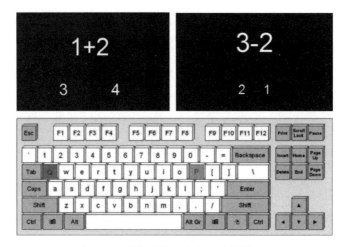

图 7-11 测试题目呈现和作答样例

（三）研究过程

1. 准实验研究

研究过程共分为三个阶段进行：第一阶段，实验班和对照班均进行前测，即在电脑上完成 2 个完全相同的心理测试；第二阶段，实验班和对照班的学生将接受不同类型的干预——实验班接受游戏干预，即学生每天到机房玩 15 分钟的《怪兽消消消》游戏；对照班接受试卷干预，即学生则需要每天完成一套与游戏练习内容一致的练习试卷，共计 4 天；第三阶段，实验组和对照组均进行后测，与前测一样，由 2 个相同的心理测试构成。

对于实验班，学生需要使用自己独有的账号密码登录游戏后进行，学生的游戏进度会时时联网记录，因此，学生每天玩游戏的内容都是接着前一天的进度开始的；而对照班学生使用的练习试卷共分为 4 张，与游戏 40 个关卡所涉及的习题一致，每天一张，如果当天试卷无法在 15 分钟内完成，则第二天需要继续完成前一天试卷的内容，再做新的练习试卷。

2. 半结构访谈

为了从实验班学生那里获得直接的游戏体验反馈，我们在实验班学生完成 4 天所有的游戏干预后，随机与实验班的 5 名学生进行了访谈。

之所以选择游戏干预完成后的时间进行访谈，是因为此时学生对游戏的玩法已经有了比较全面的了解。关于访谈问题，考虑到一年级孩子的注意力、理解能力和表达能力都十分有限，因此，此次访谈主要围绕以下 4 个问题展开：①你喜欢玩游戏或玩具吗？平时会玩哪些游戏或玩具？②爸爸妈妈在家里会让你在电脑或手机上玩游戏吗？③你喜不喜欢玩《怪兽消消消》这个游戏？为什么？④你觉得《怪兽消消消》游戏与平时的学习有关系吗？

二、结果分析

（一）准实验研究

在对实验班和对照班的前后测的有效数据加以梳理后，我们将其分别导入 SPSS 软件进行配对样本 T 检验。

1. 简单加法计算

实验班和对照班在简单加法计算任务中的表现如表 7-1 所示。对于实验班，有 38 名学生完成了该测验的前测和后测，配对 T 检验后发现：实验班前测成绩均值为 117.66，后测成绩均值为 113.29，配对样本 T 检验的显著性水平大于 0.05（$p = 0.061$），说明游戏干预对实验班学生的测验成绩没有显著性的影响。对于对照班，有 30 名学生完成了该测验的前测和后测，配对 T 检验后发现：对照班前测成绩均值为 119.23，后测成绩均值为 118.37，配对样本 T 检验的显著性水平也大于 0.05（$p = 0.595$），说明试卷干预对对照班学生的测试成绩也没有显著影响。

表 7-1 简单加法计算配对样本 T 检验结果

组别	N	前测			后测			配对样本相关性		配对样本 T 检验显著性			
		均值	标准差	标准误差	均值	标准差	标准误差	相关系数	显著性	均值	标准差	标准误差	显著性
实验组	38	117.66	13.767	2.233	113.29	16.408	2.662	0.585	0.000	4.368	13.941	2.262	0.061
对照组	30	119.23	9.856	1.800	118.37	11.839	2.162	0.682	0.000	0.867	8.839	1.614	0.595

2. 简单数字计算（20 以内减法）

在简单数字计算（20 以内减法）测试中，对实验班和对照班分别进行配对样本 T 检验的结果如表 7-2 所示。对于实验班，有 37 名学生完成了该测验的前测和后测，配对 T 检验后发现：实验班前测成绩均值为 102.65，后测成绩均值为 104.35，配对样本 T 检验的显著性水平大于 0.05（$p = 0.248$），说明游戏干预对实验班学生的测验成绩没有产生显著影响。对于对照班，有 31 名学生完成了该测验的前测和后测，配对 T 检验后发现：对照班前测成绩均值为 103.68，后测成绩均值为 107.52，配对样本 T 检验的显著性水平小于 0.05（$p = 0.001$），说明试卷干预对对照班学生的测试成绩产生了显著影响。

表 7-2 简单数字计算配对样本 T 检验结果

组别	N	前测			后测			配对样本相关性		配对样本 T 检验			
		均值	标准差	标准误差	均值	标准差	标准误差	相关系数	显著性	均值	标准差	标准误差	显著性
实验组	37	102.65	15.487	2.546	104.35	11.331	1.863	0.827	0.000	−1.703	8.828	1.451	0.248
对照组	31	103.68	12.178	2.187	107.52	14.109	2.534	0.910	0.000	−3.839	5.894	1.059	0.001

（二）半结构访谈

此次访谈随机选择的 5 名学生中，有 2 名女生和 3 名男生，分别用女生 A、女生 B、男生 A、男生 B 和男生 C 予以区别。访谈后，在与他们的班主任进行了解后，获知女生 A 和女生 B 平时在班里的学业成绩较好，在老师眼中是乖学生；男生 A 和男生 B 比较顽皮，学习成绩较差，比较让老师头疼；男生 C 学习中上，性格比较开朗。整个访谈在融洽的氛围中进行，大约持续了 15 分钟。访谈结束后，笔者整理了这 5 名学生的回答，从中发现了 4 个主要趋势，与访谈提纲预设的 4 个问题密切相关。

1. 游戏和玩具对小学生具有强烈的吸引力

游戏和玩具对一年级小学生来讲是具有无穷魔力的词语，5 名小学生听到"游戏"和"玩具"这两个词语时，脸上洋溢着特别幸福和激动的笑容，男生 A 和 B 甚至高兴地从椅子上蹦了起来。5 名小学生都非常喜欢玩游戏和玩具，周末的时候最期待的就是父母能够带他们去商场买新玩具或者带他们去公园或游乐园。

目前，他们玩的游戏或玩具有很多，在描述自己喜欢的游戏和玩具时，会不自主地加上玩游戏的动作。而且，男生和女生玩的游戏确实存在比较明显的不同。

男生 A：最喜欢玩家里的赛车模型，觉得特别酷；

男生 B：最喜欢跟朋友们玩枪战（一种追逐游戏）；

男生 C：分享了他家里会学他说话的变形金刚，觉得特别厉害；

女生 A 和女生 B：她俩经常一起行动，喜欢给娃娃梳妆打扮，也特别喜欢和伙伴们玩各种拍手游戏。

从这 5 名小学生的肢体、表情、语气，以及他们说的不是特别连贯的话语中，可以感受到，这个年龄段学生对游戏和玩具的无限渴望和喜欢。同时，虽然游戏和玩具对小学生有普遍的吸引力，但不同孩子对游戏和玩具的选择已经有了不同。

2. 家长很少会让小学生玩电子游戏

问到家长是否会让你玩游戏这个问题时，5 个学生脸上的笑容都有了收敛，没有回答第一个问题时那么活跃，甚至语气中夹杂着一些委屈。

男生A：家里没有电脑玩，很想玩，就像这几天在学校这样；

男生B：家里有电脑，但是有密码打不开，只有爸爸妈妈能打开；

男生C：爸爸妈妈不让玩电脑，但爸爸妈妈会玩游戏；

女生A：家里有电脑，但没有玩过游戏；

女生B：爸爸妈妈说玩电脑对眼睛不好，表现好的时候会让我玩平板。

对于一年级的小学生来说，家长对电子游戏的态度是比较消极的，不愿意让孩子玩电脑，甚至会采取措施，比如设密码等，来阻止孩子玩电脑。但这也从侧面反映出，电子游戏对于这个年龄段的孩子而言，是十分具有吸引力的。

3. 学生喜欢并每天期待玩《怪兽消消消》游戏

在问他们还想不想继续玩《怪兽消消消》这个游戏时，他们的情绪和行为表现和第一个问题比较相似，都表示非常想继续玩。接着，三个男生之间讨论起自己和其他同学在游戏中的进度和经验，比如打到哪一关、碰到什么样的小怪兽以及如何操作魔法方块等游戏细节，讨论到激动之处还会提高嗓门或加上动作。两个女生比较害羞，但仍然很肯定地回答想玩，觉得这几天过得特别开心，希望每天都可以玩游戏。关于喜欢这个游戏的原因，这些孩子们并不能十分清楚地表述，提到的词语多是"好玩""有趣""可以打怪兽"或者"可以操作魔法方块，很神奇"等。

虽然，在喜欢的原因上，这5个小学生无法用完整流畅的语言进行表述，但可以肯定的一点是，他们确实很喜欢玩《怪兽消消消》这个游戏，即使在不玩游戏的空闲时间，他们也会主动跟班上的其他同学交流游戏经验。从他们模糊的描述中，可以找到两点他们喜欢《怪兽消消消》的可能原因，一是游戏建构的幻想，即"打怪兽"的故事背景，对学生有着强烈的吸引力；二是游戏的交互方式，即操作五颜六色的"魔法方块"，让学生产生了很强的好奇心。

4. 学生能感知到《怪兽消消消》游戏的知识练习

在提问"《怪兽消消消》和学习"之间的关系时，除了男生C，其他4个学生显然没有太理解这个问题的意思。这时，男生C说了一句"就是练习加减法"，让其他学生马上理解了笔者问的问题。他们争前恐后地告诉笔者，他们平时学加减法学得不错，在游戏里可以很快地找到小怪兽，并凑出魔法方块把小怪兽消灭，每次听到小怪兽"嗷"的一声被消灭，都特别开心。同时，几个男生还告诉笔者，他们现在消灭小怪兽消灭得比以前快多了，但是后面有声音小怪兽的那些关太难了，得反复听和记，不过慢慢就习惯了。此时我们追问了他们平时是不是用试卷练习加减法的，以及他们更喜欢用哪种方式练习加减法。5名学生的回答非常一致，他们表示当然更愿意玩游戏，甚至表达了"如果能把做卷子换成玩游戏该多好"的愿望。

从上面的访谈可以看出，一年级学生是能够认识到游戏教育性的一面的，他们可以把游戏中的规则与课堂中所学的知识联系在一起。而且，即便是在他们认识到游戏内容也是一种变相练习的前提下，他们也更愿意接受游戏的方式，甚至对这类与学习明显相关的游戏充满了期待。

第六节　讨论与总结

一、研究结论

目前，市场上有关小学数学一年级"20以内数的认识和加减法"的数学游戏虽然有很多，但这些游戏在学习方法、学习内容和游戏趣味性设计上可能存在不足，使得这些游戏比较难科学有效地帮助学生趣味性地学习数和计算。

在此背景下，本章的研究基于学习科学的视角，从数学认知和数学教育两个方面，对"20以内数的认识和加减法"内容进行了深入的分析，并结合游戏的"内在动机理论"对该部分数学内容的学习方式重新进行了游戏设计，最终设计开发了一款适合6~7岁儿童使用的、遵循人数学学习认知发展规律的、符合国家数学课程标准的、并能匹配当前教科书教学内容的学习"20以内数的认识和加减法"的电子游戏《怪兽消消消》。在随后实施的实证研究中，我们基于准实验研究方法，通过与传统试卷干预做比对，进一步探索了这款游戏在教学实践中的应用效果。

二、研究启示

基于以上研究，我们可以得出如下启示：

（一）教育游戏的理论与实践转化需要具体方法

教育游戏是个多学科交叉的研究领域，涉及教育学、心理学、游戏设计等多个方面，学科交叉的特性使得教育游戏的设计和开发本身就充满了挑战，需要仔细考虑教育性和游戏性的平衡问题。心流理论是目前教育游戏设计的主要参考依据，该理论虽然从心理学层面解释了人为何会沉浸于游戏的原因，但却没能为游戏设计提出更多具体可操作的方法。

本章研究在参考心流理论的基础上，还重点参考了马隆更具实际操作性的游戏内在动机理论——针对游戏设计的三个关键构成要素，提出了可操作的游戏设计建议。《怪兽消消消》在游戏机制的设计上就是从这三个构成要素出发并仔细设计的，从访谈结果可以看出，该游戏受到了实验班学生的喜爱。不过，游戏内在动机理论仍有很大的细化和提升空间。比如，在游戏设计时，三个元素的考虑比重是大致相同的，但在实验阶段，一年级学生对"感知上的好奇"元素明显更为关注，如果该理论能与玩家的不同特征进一步对应起来，会更具实践指导性。

(二）数学认知和数学教育之间的转化途径尚待研究

数学认知是近百年来才逐渐发展起来的学科，分析不同工作任务中的大脑结构和功能连接情况，科学家们才逐渐揭开数学任务相关的脑机制。相反，数学教育有着悠久的发展历史，人们在教与学的过程中积累了大量经验。从理论上讲，数学认知可以为科学地设计数学教学内容和方法提供支持。但在现实中，两个领域却并没有开展密切的合作研究。在对"20以内数的认识和加减法"进行前期调研时，我们发现，虽然数学认知研究已经可以解释数学学习的脑认知加工过程，但数学教育研究却鲜有考虑数学认知研究成果的。在此背景下，本章的研究设计的《怪兽消消消》游戏试图将数学认知中的经典 TCM 模型与现有的数学教学方法进行整合，对原有数学教法进行优化。这一做法，让该游戏不仅突破了纸质教科书对"听觉言语通道"的局限，还实现了学生在9种数字编码通道转换练习上的全覆盖，可以真正帮助学生科学有效地学习和理解基本运算的规则和实际意义。

当然，目前的数学认知和数学教育研究之间尚未形成有效的转换途径，本章的研究也只是整合数学认知和数学教育成果的一个初步尝试，还有许多不足需要后续继续完善。

（三）教育游戏的效果检验需要更严谨的实验设计

本章的研究采用了两种方法评估所开发游戏在教育性和游戏性上的实际效果。在教育性上，我们通过准实验设计，发现除了对照班学生在"20以内减法"上成绩有显著提高外，其他都没有发生显著变化；通过访谈，我们发现，实验班学生知道游戏中要使用到的数学知识，并能用简单的语言讲解不同魔法方块和操作所代表的数学意义。在游戏性上，实验班学生在访谈中直接表达对游戏的喜爱和想要继续玩的愿望。此外，实验班学生在干预阶段积极排队等候进入机房进行游戏的表现也能反映出学生对玩该游戏的期待。综合来看，我们设计开发的游戏对学生还是具有很强的吸引力的。

事实上，研究教育游戏的效果是十分具有挑战性的。影响游戏效果的因素也有很多（比如，学生的先前知识、干预时长等），任何一项都可能导致游戏效果千差万别。比如就本章的研究而言，提升成绩不明显，主要的原因可能有以下几点：①研究对象的选择。若要看到比较明显的能力变化，需要在干预之前确保学生的该项能力没有达到饱和状态，即干预的内容是学生正在学习或尚未学习的内容。②前后测和电子游戏干预的设备选择。一年级学生由于缺乏充足的鼠标键盘操作经验，往往会增加测试中的误操作以及游戏中的完成速度，采用移动设备的触摸操作或对学生提前进行充分的键鼠练习十分必要。③教育游戏的效率问题。虽然教育游戏对学生的吸引力更强，但由于增加了更多操作项，相比于简单直接做试卷，在完成进度和教学效率上会存在明显差距，这就导致在相同干预时间的前提下，使用游戏学习的进度要远低于常规方式。引入实验无关变量是教育游戏评估中经常会遇到的问题，这也是教育游戏研究的挑战。

三、研究不足

鉴于研究开展过程中存在的一些实际问题，我们设计和开发的数学教育游戏《怪兽消消消》在游戏设计和实验设计上都还存在一些不足，值得进一步的优化和改进。

（一）游戏设计

在游戏的学习内容分析上，本章的研究目前只是基于国家的数学课程标准以及两版国内权威的教科书，并没有对实际的一线小学数学教师进行访谈。因此，本章的研究的学习内容分析仍存在一定的局限性，这导致游戏中使用的概率分布可能与真实的教学情况还存在一定的差距。

在游戏的学习方法上，目前只是将 9 种不同数量的编码转换安排在了 40 关的游戏中，但这 9 种不同数量的编码转换之间是应该更有侧重地练习某几种，还是平均练习，这一点本章的研究并未进行深入挖掘，目前只考虑了 9 种转换练习的顺序。

在游戏的玩法设计上，虽然考虑了游戏设计的多种理论，但在游戏机制的设计上，仍然与成熟的商业游戏有差距。未来可以考虑在游戏中引入更鲜明的游戏设计元素，比如积分、排行榜等，以增强游戏的趣味性。

（二）实验设计

如上一小节所述，在游戏效果评估的实验环节存在的一些问题，也可能会影响实验结果的有效性，可以考虑如下的改进措施。

在实验的干预时间上，可以考虑延长干预时间再次观察游戏干预的效果。本章的研究设计的干预时间只有 4 天，因此实验班和对照班都没有显著成绩变化的原因有可能是干预的时间不够，导致干预的效果无法测量。延长干预时间可以帮助我们进一步厘清游戏干预的真实效果。

在实验被试的选择上，可以考虑刚入学尚未系统学习"20 以内数的认识和加减法"的学生。在本章的研究中，由于研究进度的问题，我们开展实验时已经是学年的下学期末尾，因此参与实验的学生是已经将要升入二年级的一年级学生，已经基本熟练掌握了"20 以内数的认识和加减法"。因此，此时开展干预实验很容易受到"天花板效应"的影响。在以后的研究中，可以考虑选择刚入学的一年级学生作为被试，这样更容易观测到不同干预方法的效果。

本章结语

培养数感、理解和掌握基本加减运算法则是学习好数学的第一步，也是未来学习复杂数学概念和操作的基础，亟须科学设计的学习资源。与此同时，这一阶段的学习也是培养学生数学学习兴趣的重要时期，因此在确保科学有效的前提下，也需要兼顾学习资源的趣味性。在此背景下，本章从学习科学的视角出发，以一年级学习"20以内数的认识和加减法"为例，系统论述了如何通过整合数学脑认知研究成果、国家数学课程标准和游戏化设计原则，设计开发一款算术类教育游戏并通过实证研究检验该游戏有效性的全过程。在此过程中，我们可以看到，设计开发一个科学、好玩且有效的教育游戏是一个十分复杂的系统性工程，不仅要认真借鉴认知科学、教育学、心理学、计算机科学等多方面的研究成果，还要很好地解决由学科整合带来的诸多问题。希望本章的一些初步探索能够给未来的教育游戏研究带来一些启发，以进一步推动我国教育游戏产业的良性发展，真正让学习变得更科学、更快乐、更有效。

第八章 分数游戏设计与应用研究

本章导言

在数学认知研究领域，分数学习在儿童的数学发展过程中具有里程碑的意义。研究表明，分数学习让儿童对于数字的认知范围由整数扩展到有理数，为日后小数、百分数和比例的学习奠定了基础，分数的运算规则也是有理数符号运算的基础。[1]也有研究表明，小学时的分数知识能够预测高中的数学成就。[2]同时，分数能力也会对其他学科的学习产生深远影响，如生物、物理、化学、工程、经济、社会学、心理学等。[3]

尽管分数学习非常重要，但是因为分数的抽象性和复杂性，使得分数学习困难成为全世界普遍存在的现象。在小学数学领域，有一个知名的"三四年级滑坡现象"，指的是一些小学生到三四年级成绩就会显著下滑，其中分数学习的掌握程度可以说是一个重要影响因素。

为了解决分数学习困难问题，近年来，研究者基于心理学、教育学、认知神经科学的相关理论进行技术设计，尝试使用多媒体、移动等技术手段辅助分数学习，其中游戏支持下的分数学习成为一种趋势，备受教育研究者和实践者的关注。

本章的研究就希望采用设计研究法，基于学习科学视角下心理学、教育学、认知神经科学在分数认知方面的相关研究成果，设计开发分数游戏《分数跑跑跑》（*Run Fraction*），并进行应用实验研究以了解它的学习成效，总结设计原则和策略。[4][5][6]

---

[1] Ni Y, Zhou Y. Teaching and Learning Fraction and Rational Numbers: The Origins and Implications of Whole Number Bias[J]. Educational Psychologist, 2005, 40(1): 27-52.

[2] Siegler R S, Duncan G J, Davis-Kean P E, et al. Early Predictors of High School Mathematics Achievement[J]. Psychological Science, 2012, 23(7): 691-697.

[3] Lortie-Forgues H, Tian J, Siegler R S. Why is Learning Fraction and Decimal Arithmetic so Difficult?[J]. Developmental Review, 2015, 38: 201-221.

[4] 张露. 数学教育游戏的设计与应用研究——以分数学习为例[D]. 北京：北京大学, 2019.

[5] 张露, 胡若楠, 曾嘉灵, 孙金钢, 尚俊杰. 学习科学视角的分数游戏设计与应用研究[J]. 中国远程教育, 2022(03):68—75.

[6] 张露, 胡若楠, 曾嘉灵, 尚俊杰. 如何设计科学、有效、有趣的教育游戏——学习科学跨学科视角下的数学游戏设计研究[J]. 电化教育研究, 2021, 42(10):70—76.

第一节 分数学习

一、分数学习的重要性及困难

在数学认知研究领域，分数学习在儿童的数学发展过程中具有里程碑的意义，分数学习困难也是普遍存在的现象。

（一）分数学习的重要性

小学数学是基础教育的重要部分，其中分数又是儿童数学学习的重要内容，被视为数学能力发展过程的一个里程碑。[①][②] 依据数字发展的整合理论（Integrated Theory of Numerical Development），儿童的数字发展是数字认知范围逐步扩大的过程，在此过程中，学生需要理解数量大小，并对数量进行精确计算，而分数认知则是数字发展的核心内容。[③] 分数的学习让儿童的数字认知范围由整数扩展到有理数，为日后小数、百分数和比例的学习奠定了基础，分数的运算规则也是有理数符号运算的基础。[④]

研究表明，分数能力对日后数学学业成就以及其他学科的发展具有重要影响。[⑤] 根据美国和英国的数据，小学时的分数知识能够预测高中的数学成就。[⑥] 小学六年级学生如果不能对分数数值进行准确比较，将会在未来的数学学习中遇到更多困难。[⑦] 另外一项研究发现中学生的分数知识和代数知识呈正相关性。[⑧] 同时，分数能力也会对其他学科的学习产生深远影响，如生物、物理、化学、工程、经济、社会学、心理学等。[⑨] 美

---

① Booth J L, Newton K J. Fractions: Could They Really be the Gatekeeper's Doorman?[J]. Contemporary Educational Psychology, 2012, 37(4): 247−253.

② Braithwaite D W, Leib E R, Siegler R S, McMullen J. Individual Differences in Fraction Arithmetic Learning[J]. Cognitive Psychology, 2019, 112: 81−89.

③ Siegler R S, Thompson C A, Schneider M. An Integrated Theory of Whole Number and Fractions Development[J]. Cognitive Psychology, 2011, 62(4): 273−296.

④ Ni Y, Zhou Y. Teaching and Learning Fraction and Rational Numbers: The Origins and Implications of Whole Number Bias[J]. Educational Psychologist, 2005, 40(1):27−52.

⑤ Bailey D H, Hoard M K, Nugent L, Geary D C. Competence with Fractions Predicts Gains in Mathematics Achievement[J]. Journal of Experimental Child Psychology, 2012, 113(3): 447−455.

⑥ Siegler R S, Duncan G J, Davis-Kean P E, Duckworth K, Claessens A, Engel M, et al. Early Predictors of High School Mathematics Achievement[J]. Psychological Science, 2012, 23(7): 691−697.

⑦ Mazzocco M M M, Devlin K T. Parts and 'Holes': Gaps in Rational Number Sense Among Children with vs. Without Mathematical Learning [J]. Disabilities. Developmental Science, 2008, 11(5): 681−691.

⑧ Brown G, Quinn R J. Fraction Proficiency and Success in Algebra[J]. Australian Mathematics Teacher, 2007, 63(3): 23−30.

⑨ Lortie-Forgues H, Tian J, Siegler R S. Why is Learning Fraction and Decimal Arithmetic so Difficult?[J]. Developmental Review, 2005, 38: 201−221.

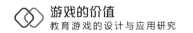

国国家数学顾问小组也认为分数知识的学习将支持学生日后代数、几何等高阶数学知识的学习。①

（二）分数学习存在的困难

因为分数不像自然数，具有抽象性和复杂性的特点，所以历来是世界各国小学数学教育的难点。在美国，从幼儿园到高中阶段，分数学习困难一直是一个有待解决的问题，分数能力直接影响了高阶数学能力的发展。②在1978年的美国国家教育进展评估中，两万多名八年级学生参与了测试，在一道分数计算题"与 $\frac{12}{13}+\frac{7}{8}$ 的结果最相近的数值是多少？"，只有24%的学生给出了正确答案（选项有"1, 2, 19, 21"）。③在2014年，该题的正确率也只有27%。而在这36年间，美国经历了很多次教育改革，花费了数亿美元在数学教育和研究领域，但学生的分数计算能力依然没有显著地提高。④在中国，分数知识也是小学数学的重点、难点和易错点，提高学生的分数能力有助于培养学生的思维能力以及提高升学率。⑤

二、分数知识的类型

教育学领域将分数知识划分为概念性知识和程序性知识。概念性知识主要指对分数符号含义的理解，程序性知识是指分数的计算知识。

（一）概念性知识

分数概念性知识主要指的是对分数符号含义的理解，在教育学范畴内，主要强调分数符号的两种含义：⑥第一种含义被称为**部分与整体**（Part and Whole），一种是对部分与整体关系的表达，即分数表示一个整体被平均分成 b 份，其中的 a 份与总个数的关系。儿童在幼儿阶段就有相关的生活体验，比如分蛋糕等，所以这种理解通常

---

① NMAP. Foundations for Success: The Final Report of the National Mathematics Advisory Panel[M]. Washington DC: Department of Education, 2008.

② Martin T, Smith C P, Forsgren N, Aghababyan A, Janisiewicz P, Stephanie B. Learning Fractions by Splitting: Using Learning Analytics to Illuminate the Development of Mathematical Understanding[J]. Journal of the Learning Sciences, 2015, 24(4): 593−637.

③ Carpenter T P, Corbitt M K, Henry S. Kepner J, Lindquis M M, Rey R. Results of the Second NAEP Mathematics Assessment: Secondary School[J]. Mathematics Teacher, 1980, 73(5): 329−338.

④ Lortie-Forgues H, Tian J, Siegler R S. Why is Learning Fraction and Decimal Arithmetic so Difficult?[J]. Developmental Review, 2015, 38: 201−221.

⑤ 山丹. 小学数学分数教学策略研究 [D]. 呼和浩特：内蒙古师范大学, 2013.

⑥ Hecht S A, Close L, Santisi M. Sources of Individual Differences in Fraction Skills[J]. Journal of Experimental Child Psychology, 2003, 86(4): 277−302.

是自发的。① 在小学数学教材中，分数部分与整体的关系通常用带有阴影的图形和其他与面积有关的图标进行表达。②

分数概念性知识的第二种含义被称为"**测量解释**"（Measurement Interpretation），是指对分数数值大小的理解，③ 主要强调数字的比较、排序，以及将分数与数轴上的点进行对应。④ 比如分数代表了一个具体的数值，并且可以在数轴上找到对应的点。依据测量解释知识，儿童能够意识到分母与值的相反性，分数的值会随着分母变大而变小。⑤ 美国数学教育顾问委员会（National Mathematics Advisory Panel, NMAP）认为测量解释是促进分数知识发展的关键机制，并且号召分数的教学应该以此为方向。⑥

尽管测量解释很重要，但是在日常生活中，儿童更多的是能够获得与"部分与整体"知识相关的生活体验，而强调数值理解的"测量解释"知识相关的生活体验相对获得较少，因此需要更多的指导。在各种促进理解测量解释知识的学习方式中，**数轴**有广泛的应用，⑦⑧ 也就是说，可以将分数和数轴上的点对应起来进行学习。

（二）程序性知识

分数的程序性知识主要指的是分数的运算知识，包括加减乘除的运算。与整数的运算法则不同，分数的运算知识更为复杂，涉及更多的认知过程，如分数除法中，需要先将除数的分子分母倒置，再进行乘法运算。

（三）概念性知识和程序性知识的关系

分数的概念性知识是程序性知识学习的基础。在一项针对分数概念性知识与运算

---

① Mix K S. Similarity and Numerical Equivalence: Appearances Count[J]. Cognitive Development, 1999, 14(2): 269-297.

② Fuchs L S, Schumacher R F, Sterba S K, Long J, Namkung J, Malone A, et al. Does Working Memory Moderate the Effects of Fraction Intervention? An Aptitude-treatment Interaction[J]. Journal of Educational Psychology, 2014, 106(2): 499-514.

③ Hech S A. Toward an Information-Processing Account of Individual Differences in Fraction Skills[J]. Journal of Educational Psychology, 1998.90(3): 545-559.

④ Fuchs L S, Schumacher R F, Sterba S K, Long J, Namkung J, Malone A, et al. Does Working Memory Moderate the Effects of Fraction Intervention? An Aptitude-treatment Interaction[J]. Journal of Educational Psychology, 2014, 106(2): 499-514.

⑤ Fuchs L S, Schumacher R F, Long J, Namkung J, Hamlett C L, Cirino P T, et al. Improving At-risk Learners' Understanding of Fractions[J]. Journal of Educational Psychology, 2013, 105(3): 683-700.

⑥ NMAP. Foundations for Success: The Final Report of the National Mathematics Advisory Panel[M]. Washington DC: Department of Education, 2008.

⑦ Booth J L, Siegler R S. Developmental and Individual Differences in Pure Numerical Estimation[J]. Developmental Psychology, 2006, 42(1): 189-201.

⑧ Siegler R S, Thompson C A, Schneider M. An Integrated Theory of Whole Number and Fractions Development[J]. Cognitive Psychology, 2011, 62(4): 273-296.

知识的研究中，18.8%的学生存在分数认知困难，而在分数概念性知识方面存在学习障碍的学生中，60%的学生会在分数运算中遇到困难。[1]许多研究也支持了分数理解对于分数运算的重要意义。[2][3][4]由此可以看出，强调分数数值理解的分数教学可以提高数学学习困难学生的概念性知识和分数运算的学习。

另外，分数概念性知识和程序性知识的获得需要语言、视觉空间能力等基础认知能力的支持。[5][6]语言系统的意义在于呈现信息和表达数字，以及在计数过程中的工作记忆内容的信息加工。视觉空间系统主要负责呈现概念知识，如数量大小，以及呈现和处理转化成空间形式的数学信息，如数轴。

第二节 游戏支持下的分数学习

分数认知的重要性以及分数学习困难现象的普遍存在引起了教育技术研究者的兴趣，随着游戏技术的进步，教育游戏支持下的分数学习研究也就成为一种趋势。

一、游戏在分数学习中的应用及案例

之前，很多机构开发了一些分数游戏，其中 *Refraction*[7] 就是其中一款比较优秀的分数游戏（见图8-1）。这款游戏描绘的情境是在太空中，有很多小型宇宙飞船需要补给能量，才能继续飞行。学生需要以平分（Splitting）的方式切断能量绳，而能量绳的长度需要与飞船的大小匹配。匹配成功，小飞船则能够继续飞上太空。卡耐基梅隆大学、范德堡大学等的一些学者曾就其提高后进生（At-risk Students）的分数概念性知识学业成就进行了研究。其中贝克（Baker）等人运用功能性近红外光谱成像技术对比了大脑对空间活动、阿拉伯数字处理，以及对 *Refraction* 的激活反应，结果显示，从大脑激活强度上看，*Refraction* 和数学活动引发了相似的神经活动过程结果。另外，一

---

[1] Hansen N, Jordan N C, Fernandez E, Siegler R S, Fuchs L, Gersten R, et al. General and Math-specific Predictors of Sixth-graders' Knowledge of Fractions[J]. Cognitive Development, 2015, 35: 34-49.

[2] Hecht S A, Close L, Santisi M. Sources of Individual Differences in Fraction Skills[J]. Journal of Experimental Child Psychology, 2003, 86(4): 277-302.

[3] Ni Y, Zhou Y. Teaching and Learning Fraction and Rational Numbers: The Origins and Implications of Whole Number Bias[J]. Educational Psychologist, 2005, 40(1): 27-52.

[4] Rittle-Johnson B, Siegler R S, Alibali M W. Developing Conceptual Understanding and Procedural Skill in Mathematics: An Iterative Process[J]. Journal of Educational Psychology, 2001, 93(2): 346-362.

[5] Fuchs L S, Schumacher R F, Long J, Namkung J, Hamlett C L, Cirino P T, et al. Improving At-risk Learners' Understanding of Fractions[J]. Journal of Educational Psychology, 2013, 105(3): 683-700.

[6] 李婷婷, 况勇, 何清华. 脑科学研究与儿童数学学习 [J]. 现代教育技术, 2021, 31(05): 37—43.

[7] 游戏网址：http://centerforgamescience.org/?portfolio = refraction。

项针对 4128 名三年级学生的研究结果显示，玩分数游戏可以提高分数成绩，更重要的是在迁移性测试中，学生从玩游戏过程中获得的分数理解知识可以迁移到标准分数测试中。[1]

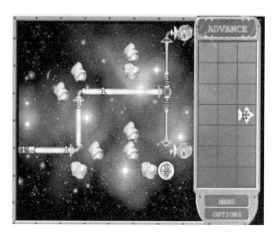

图 8-1 *Refraction* 游戏界面

毕业于斯坦福大学教育学院的研究生开发设计了 *Motion Math* 游戏（见图 8-2），在游戏中，玩家需要通过摇晃手机或平板电脑控制标有分数值的小球落在数轴上的相应位置。这一款游戏将数轴作为核心认知辅助工具，以便促进学生理解分数的测量解释知识。同时，这一款游戏还融入了具身认知[2]的理念。所谓具身认知，简单地说，就是身体参与了认知过程，我们不能单纯依赖大脑的思考接触世界，也要重视感觉、行动等方式的体验。在游戏中，学习者需要摇晃着设备进行学习，大脑思维与身体运动的配合有助于集中儿童的注意力，以此让学习者获得具身认知的体验。有研究表明，每天玩 20 分钟，共玩 5 天后，学生的分数成绩、自我效能感以及对游戏的喜爱程度都有所提高。[3] 另一项研究也表明游戏中的具身体验有助于提升学习动机并提高学习成绩。[4]

---

[1] Baker J M, Martin T, Aghababyan A, Armaghanyan A, Gillam R. Cortical Activations During a Computer-Based Fraction Learning Game: Preliminary Results from a Pilot Study[J]. Technology, Knowledge and Learning, 2015, 20(3): 339-355.

[2] 叶浩生. 身体与学习：具身认知及其对传统教育观的挑战 [J]. 教育研究, 2015, 36(04):104—114.

[3] Riconscente M M. Results From a Controlled Study of the iPad Fractions Game Motion Math[J]. Games and Culture, 2013, 8(4): 186-214.

[4] de Koning-Veenstra B, Steenbeek H W, van Dijk M W G, van Geert P L C. Learning Through Movement: A Comparison of Learning Fraction Skills on a Digital Playful Learning Environment with a Sedentary Computer-Task[J]. Learning and Individual Differences, 2014, 36: 101-109.

图 8-2 *Motion Math* 的画面

除此以外，还有许多机构开发了分数游戏。匹兹堡学习科学中心创始人之一、卡耐基梅隆大学学习实验室主任肯·卡丁（Ken Koedinger）开发了游戏 *Battleship Numberline*（现名 *Fraction Planet*），该游戏也将数轴作为核心认知工具发展儿童的分数数感，曾获得纽约教育局颁发的优秀教育应用奖，目前已经开始商业化运作。卡耐基梅隆大学心理系学者设计开发了 *Catch the Monster with Fractions* 分数游戏，核心知识内容是将分数与数轴上的点进行匹配。芬兰坦佩雷理工大学的克里斯蒂安·科里教授带领团队开发了分数游戏 *Semideus*，游戏以古典希腊神话作为故事背景，游戏内容模块包括数轴估算、数值比较等分数概念性知识内容。

二、游戏在分数学习中的价值

通过分析以上的案例，可以看出游戏在分数学习中具有比较重要的价值：①首先，分数游戏可以使儿童获得更多接触分数符号的机会。分数游戏创建了充满趣味性的虚拟情境，这样可以使儿童获得更多接触和使用分数符号的机会，逐渐习惯分数的数字表达方式，理解了整数和分数的差异，从而克服分数学习中常见的问题——"整数偏见"。②分数游戏有助于促进分数知识的意义建构。在游戏化情境中，儿童能够基于游戏体验，深入地理解分数的概念性知识（包括部分与整体、测量解释），实现分数知识的意义建构（Sense Making）。比如，在强调"部分与整体"的游戏中，通过亲自动手的切割过程，让儿童将分数与图形面积联系起来，更好地理解部分和整体的关系。在强调"测量解释"的分数游戏中，通过将数值与数轴上的点对应起来，可以让儿童深入理解分数的数值大小。③游戏化分数学习能够降低学生的学习焦虑，克服消极情绪，激发学习动机。社会情绪学习理论告诉我们，情绪是影响学习结果的重要因素，积极的情绪有助于学习，而负性情绪会导致失败的学习，如果学习环境引发了学生的恐惧感或压力感，学生的认知能力可能会受到影响。分数学习是小学数学学习的重难点，儿童很容易在学习分数知识的过程中兴趣降低，甚至会产生数学学习焦虑。游戏化分数学习的方式能够为儿童提供一个轻松、有趣的环境，进而有利于克服消极情绪对学习的干扰，降低数学学习焦虑，从而激发学习动机。

第三节　游戏化学习体验理论框架

为了让学习更科学、更快乐、更有效，可以考虑将游戏化学习的理论框架作为产品设计的基础。张露等人曾经根据真实学习理论、体验学习理论、生成学习理论等理论要素的推演和归纳，提出了如图 8-3 所示的游戏化学习体验的理论框架，归纳了游戏化学习体验的三大范畴，即基于情境的认知体验、基于协作的社会性体验、基于动机的主体性体验。[①]

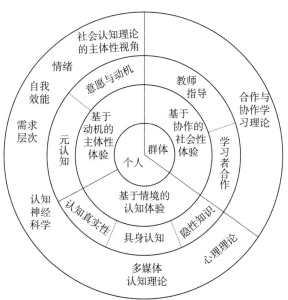

图 8-3　游戏化学习体验的理论框架图

一、基于情境的认知体验

基于情境的认知体验指的是游戏化虚拟学习环境能够为学习者提供认知真实性的学习情境和获得具体经验的机会。比如，在《模拟城市》游戏中，学习者可以获得城市规划的知识。此外，学习者能够通过不断的观察与反思形成抽象的概念，在游戏参

---

① 张露，尚俊杰．基于学习体验视角的游戏化学习理论研究 [J]．电化教育研究，2018，39(06):11—20+26．

与的过程中体验知识生成的过程，进而获得隐性知识。

另外，体感技术和可穿戴设备逐渐应用于教育游戏和游戏化学习环境的设计中，拓展了身体获得感官体验的渠道，这些技术的应用丰富了教育游戏的交互体验，使游戏化学习环境中的认知体验具有了更多具身认知的内容。

二、基于协作的社会性体验

基于协作的社会性体验主要指的是学习者在游戏化学习过程中收获的协作体验和学习指导。游戏中通常用类似于人或动物形象的虚拟人物（NPC）作为代理，并由这些代理传递指导信息帮助玩家玩游戏，区别于教师的正式教学，以代理形象进行学习指导更容易让学生接受。如果学习者在游戏活动的情境中能够得到合适的建议和解释，那么他们会更容易聚焦于游戏的知识内容。

另外，学习者在游戏中可以选择不同的身份角色，这让学习者可以不受实际生活中的身份角色限制进行游戏体验，因此获得了更多参与协作的机会，学习者也可以通过身份的选择进行不同视角的协作体验。此外，许多游戏还为学习者提供了私信、群聊、博客等更多的社交工具，借助这些支持工具，学习者可以获得更多的与人讨论、合作的机会，进而获得更多的社会性体验。

三、基于动机的主体性体验

基于动机的主体性体验是在社会认知理论的主体性视角（Agentic perspective）[1]的启发下，主要关注学习者个体的动机、情绪、意愿状态的主体性体验。

马隆和莱珀认为游戏中七大因素影响了学习者的内在动机，分别是挑战、好奇、控制、幻想、合作、竞争、自尊（认同）。[2]首先，游戏中充满了可选择性的挑战，学习可以选择适当难度的目标。游戏中的画面、音乐等容易激发感知好奇，学习内容的设置也容易激发认知好奇。游戏中的及时反馈、选择等让学习者获得控制感。游戏给学习者创造了一个接近真实的体验另外一种人生的幻想空间。此外，游戏也给学习者提供了合作、竞争的环境，有助于激发学习动机。

此外，教育游戏可以辅助学习者设定学习目标、制订学习计划、追踪目标的实现过程、对错误进行诊断与反思，促进元认知反思和自我调节学习。

---

[1] Bandura A. Social Cognitive Theory: An Agentic Perspective[J]. Annual Review of Psychology, 2001, 52(1): 1-26.

[2] Lepper M R. Malone T W. Intrinsic Motivation and Instructional Effectiveness in Computer-based Education[C] // Snow R E, Farr M J. Aptitude, Learning, and Instruction, Ⅲ: Cognitive and Affective Process Analysis. Hillsdale, NJ: Lawrence Erlbaum Associates, 1987:223-253.

第四节 分数游戏的设计与实现

一、整体设计框架

依据上述游戏化学习体验理论框架，本章的研究基于情境的认知体验和基于动机的主体性体验两个维度确定了分数游戏的设计体系。其中基于情境的认知体验主要涉及分数游戏的教育性认知内容，以实现教育游戏的教育功能为目标。在该范畴内，游戏设计模块包含游戏的核心认知内容、认知辅助工具、分数表征方式以及知识模块难度梯度的设计。内含逻辑线索为"学什么—怎么学—如何呈现—怎样进阶"。基于动机的主体性体验主要涉及游戏化元素为学习者带来的愉悦体验，关注教育游戏的娱乐功能。在该范畴内，游戏设计模块包含游戏情境与交互设计、奖惩机制和声音的设计。游戏的整体设计框架详见图 8-4。由于教育功能是教育游戏的首要功能，因此游戏元素的设计服务于认知内容的呈现。

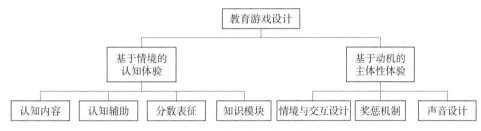

图 8-4 教育游戏的整体设计框架

教育游戏在设计之初，需要明确使用目的，这有助于实现教育游戏的有效性。虽然游戏化学习具有诸多优势，也能够实现一定的教育目的，但课堂教学、教师指导依然具有无法替代的优势。因此，在游戏使用定位方面，本章的研究的游戏设计旨在辅助教育教学，让游戏化分数学习成为课堂教学之外的补充，而并非替代教学。即分数游戏《分数跑跑跑》仅作为一款练习游戏，可作为教师课堂教学的补充在课内或课后进行使用。

二、认知内容设计

（一）核心认知内容

前面已经讲过，分数知识通常被分为概念性知识和程序性知识，其中测量解释在分数能力发展方面具有比较重要的作用，而数轴在建构分数的数值知识（测量解释）方面有广泛的应用。

在心理学研究领域，分数通常被界定为一组相互关联的子含义，包括"部分与整体""比""算子""商"和"测量"。[1][2] 学生需要非常熟悉分数的表征含义，才能对有理数进行有效认知。

作为神经科学和认知心理学的交叉学科，认知神经科学是学习科学研究的重要领域，[3] 促进了人类对脑学习机制的探索研究。为研究人脑如何认知分数，杰克布（Jacob）和尼达（Nieder）通过功能磁共振成像技术开展了针对分数表征的适应性实验（Adaptation Experiment），这项研究表明符号概率是以抽象的数值概念在人脑中进行表征。[4] 同时，教育学领域的相关研究也发现分数数值表达的准确性与分数运算和数学成就密切相关，[5] 理解分数数值含义的学生能够更好地记忆分数的运算步骤。[6] 卡耐基梅隆大学分数学习研究中心的西格勒（Siegler）教授曾提出数字发展的整合理论。该理论认为数学发展是数字认知范围不断扩大的过程，分数在此过程中居于核心地位，而对数值的理解是链接各类数字知识的基础。[7]

综合教育学、心理学、认知神经科学领域对分数数值理解知识的强调，结合前期实地调研，本章的研究确定以分数概念性知识中的"测量解释"知识作为游戏的核心目标教学内容，以加深学习者对分数概念性知识理解的深度。

（二）核心认知辅助工具

在确定分数游戏的核心认知内容之后，还需进一步设计游戏中的教学支架，即核心认知辅助工具的设计。依据分数概念性知识的相关理论，"测量解释"的核心是理解分数在数轴上的数值含义。这与认知心理学家发现的心理数轴（Mental Number Line, MNL）认知模型相吻合。心理数轴是为学习初等算数知识提供的认知模型，儿童需要意识到阿拉伯数字和数词从左到右依次增长，每一个数字都比前一个数字多一个数量。此外，在认知神经科学领域，伊斯切贝克（Ischebeck）等人运用功能磁共振成像方法探究了距离效应与大脑顶内沟激活的关系，发现数字的整体距离与右侧顶内沟和枕中回（Middle Occipital Gyrus）的激活水平呈显著负相关，只有整体距离能够调节顶内沟

---

[1] Charalambous C Y, Pitta-Pantazi D. Drawing on a Theoretical Model to Study Students' Understandings of Fractions[J]. Educational Studies in Mathematics, 2007, 64(3): 293-316.

[2] 辛自强，张睆. 儿童的分数概念理解的结构及其测量[J]. 心理研究, 2012, 5(1): 13—20.

[3] 尚俊杰，张露. 基于认知神经科学的游戏化学习研究综述[J]. 电化教育研究, 2017, 38(02): 104—111.

[4] Jacob S N, Nieder A. Notation-Independent Representation of Fractions in the Human Parietal Cortex[J]. Journal of Neuroscience, 2009, 29(14): 4652-4657.

[5] Lortie-Forgues H, Tian J, Siegler R S. Why is Learning Fraction and Decimal Arithmetic so Difficult?[J]. Developmental Review, 2015, 38: 201-221.

[6] Siegler R S, Fazio L K, Bailey D H, et al. Fractions: the New Frontier for Theories of Numerical Development[J]. Trends in Cognitive Sciences, 2013, 17(1): 13-19.

[7] Siegler R S, Thompson C A, Schneider M. An Integrated Theory of Whole Number and Fractions Development[J]. Cognitive Psychology, 2011, 62(4): 273-296.

的激活状态①,这进一步支持了数轴对于分数数值理解的重要功能。参考分数认知理论关于数轴的相关研究,本章的研究确定以**数轴**作为分数游戏的核心认知辅助工具。

与此同时,本章的研究参考具身认知理论设计游戏的交互方式。莱考夫(Lakoff)和约翰逊(Johnson)基于认知科学的范式,认为认知科学可分为离身认知科学和具身认知科学。②第一代认知科学的典型特征是认为人的抽象思维功能与身体无关;第二代认知科学关注精神与身体,思维与行为,理性与感觉之间的交互,重视"身体"在认知过程中的参与。③20 世纪 80 年代以来,"具身"得到了认知神经科学、心理学等诸多领域学科的关注,人脑"镜像神经元"的发现也为具身认知提供了重要依据。④虽然个体自己没有进行某一行为,但"镜像"其他个体的行为就能够引发镜像神经元的激活。

那么如何利用具身认知方式进行认知辅助工具的设计呢?在游戏中,设置数轴的核心目的是让学生掌握数量大小的方向感,左边的数比右边的数小,越往右数字越大。因此,数轴的左右方向,需要与游戏化身的左右手方向、玩家的左右手方向一致,玩家才能够通过操作与自己形成镜像的化身,实现数轴左右方向的移动,如图 8-5 所示。做到这一点,有两个基本需求:第一,玩家操作的游戏化身的左右手方向需要与玩家的左右手方向一致;第二,数轴必须有足够的操作空间,以便玩家通过多次的移动操作加强数轴的方向感。为满足这两个需求,本章的研究设定数轴的呈现方式是"数轴墙",即让数轴显示在一堵障碍墙上,游戏化身能够直接面对数轴墙,形成三个平行平面,即学习者平面、游戏化身平面和数轴墙平面,以此确保玩家、化身、数轴墙的左右方向的一致性,如图 8-6 所示。学习者借助游戏化身进行游戏参与,游戏化身的左右手方向与学习者左右手方向形成映射;游戏化身在学习者的操控下,与数轴墙进行交互,游戏化身成为学习者与数轴墙交互的中介。基本设置内容是一根 0~1 范围的数轴,标有刻度 0 和 1,其他刻度的标注依内容设计而定。

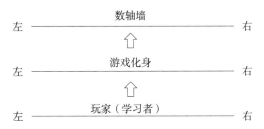

图 8-5 游戏数轴墙设计的三个平行平面

---

① Ischebeck A, Schocke M, Delazer M. The Processing and Representation of Fractions Within the Brain An fMRI Investigation[J]. NeuroImage, 2009, 47(1): 403-413.

② Lakoff G, Johnson M. Philosophy in the Flesh: The Embodied Mind and its Challenge to Western Thought[M]. New York: Basic Books, 1999.

③ 韦宏霞. 浅谈"第二代认知科学"的认知观 [J]. 科技传播, 2010(7): 82—83.

④ 张露,尚俊杰. 基于学习体验视角的游戏化学习理论研究 [J]. 电化教育研究, 2018, 39(06): 11—20+26.

图 8-6 游戏的数轴墙设计

(三)分数表征

三重编码模型是认知神经科学领域广为接受的数字认知模型。基于数学认知在行为和脑神经机制方面的相关研究,该理论认为大脑在进行数量加工任务时,会使用三种不同功能的编码对数量进行表征,包括模拟数量编码、听觉言语编码、视觉阿拉伯数字编码。[①] 其中模拟数量编码主要是指对代表数值概念的图形进行加工,如代表分数概念的带有阴影的图形;听觉言语编码指对分数文字进行加工,如"三分之一";视觉阿拉伯数字编码是指对阿拉伯数字的加工,如"$\frac{1}{3}$"。

在三重编码模型的理论基础上,为了确保游戏的有效性,本章的研究对小学数学教材(人教版、北师大版)进行了前期调研,发现数学教材的分数概念性知识讲授内容主要以模拟数量编码和视觉阿拉伯数字编码为主,并且模拟数量编码的分数图形以独立图形为主,集合图形为辅。为了兼顾编码的平衡以及中国小学数学教材的内容特点,本章的研究确定了模拟数量编码与视觉阿拉伯数字编码的比例为2:3,其中模拟数量编码范畴内,独立图形与集合图形的比例设定为3:1。游戏中出现的分数绝大部分来源于教材涉及的分数,以此匹配教材内容,尽可能符合课程标准。独立图形的表达方式为带有阴影的圆形或是方形,如图8-7所示;集合图形为体现分数概念的实物图,如7个水果中的3个,如图8-8所示。

[①] Dehaene S, Dupoux E, Mehler J. Is Numerical Comparison Digital? Analogical and Symbolic Effects in Two-digit Number Comparison[J]. Journal of Experimental Psychology. Human Perception and Performance, 1990, 16(3): 626-641.

图 8-7 独立图形的分数表征呈现

图 8-8 集合图形的分数表征呈现

（四）知识模块框架

依据前文所述的数字发展的整合理论，数值理解是整合整数、分数、小数认知的关键。以数值理解的视角看，整数与分数一脉相承，都是数值的符号表达，分数表达了整数的可分割性。为了让儿童在学习分数之前，借助已有的整数知识，理解数值大小的方向性，本章的研究在设计的分数内容之前设置了 4 个整数知识关卡。这不但可以让儿童尽快建立新旧知识的联系，也可以帮助儿童掌握游戏的玩法。小学数学教材的分数概念性知识的主要讲授方式是"数形结合"，因此在整数模块的基础上，设置了图形与分数对应的关卡，此部分的主要目的是巩固"部分与整体"知识的学习。接下来，依据教材的知识点安排，设置了"分子为 1 的分数""分子不为 1 的分数"和"分数比较大小"的模块。模块具体内容见表 8-1 所示。

表 8-1 游戏的知识模块设计

知识点模块	对应关卡	内容
整数估计	1，2	整数数字与数轴点的对应
整数比较	3，4	目标整数数字与数轴已标数字点的相对位置
图形与分数对应	5，6	数轴上已标三个数值点，玩家需要选出目标点
分子为 1 的分数	7，8，9	分子为 1 的分数与数轴点的对应
分子不为 1 的分数	10，11，12	分子不为 1 的分数与数轴点的对应
分数比较大小	13，14（和 $\frac{1}{2}$ 比）	目标分数与 $\frac{1}{2}$ 的相对位置
	15，16（和 $\frac{1}{3}$，$\frac{2}{3}$）比）	目标分数与 $\frac{1}{3}$ 和 $\frac{2}{3}$ 的相对位置
	17，18，19（和参考点的相对位置）	目标分数与其他参考点的相对位置

三、游戏元素和机制设计

在科学性和有效性的基础上，需要借助游戏元素和机制以增强趣味性。游戏元素和机制的设计秉承认知中心的原则，围绕认知内容展开设计，主要涉及游戏情境与交互方式、奖惩机制、声音设计、化身、美工设计等，以下主要介绍核心游戏元素的设计。

（一）游戏情境与交互设计

游戏情境与交互设计是教育游戏激发儿童学习动机的基础，也是游戏元素设计的核心。游戏情境与交互设计有三大目标：第一，在前文确定以数轴作为主要认知辅助工具的前提下，需要保证游戏情境和交互设计适用于数轴认知；第二，游戏的场景需要适当变换，以保持游戏对儿童的吸引力，激发好奇心，提高学习动机；第三，游戏场景需要与当前电子游戏特征匹配，具备一定的视觉冲击力，并能够促进学习沉浸感的形成。为了营造逼真的虚拟环境，保持玩家好奇心、激发情感投入，在游戏场景和交互方面，以设置数轴障碍墙的 3D 模拟道路为主要情境。

内在动机理论是游戏情境设计的主要参考。依据马隆和莱珀提出的游戏内在动机理论，挑战、好奇、控制、幻想、合作、竞争、自尊（认同）能够影响学习者的内在动机。[1] 每一个数轴墙都是一个挑战任务，学习者需要通过自身的认知努力，撞击正确的数轴点，瞬间击碎数轴障碍墙，才能获得积分继续前进。如未能正确撞击，则化身受到猛烈反弹，并接受相应惩罚。为了适度激发儿童的好奇心，数轴墙的高度高于游

---

[1] Malone T W, Lepper M R. Making Learning Fun: A Taxonomy of Intrinsic Motivations for Learning[C]//Snow R E, Farr M J. Aptitude, Learning, and Instruction, Ⅲ: Cognitive and Affective Process Analysis. New Jersey: Lawrence Erlbaum Associates, 1987: 223-253.

戏化身，通过遮挡视线的方式暗示只有完成挑战才能继续新空间的探索。在游戏化身的控制方面，玩家可通过键盘的上下左右键来完全操纵化身，左右控制方向，前后控制速度，任务的成败完全取决于玩家的认知努力。同时，为了增加游戏的沉浸感，适当激发儿童对虚拟世界的幻想，游戏还设置了故事线元素，故事线主要围绕数轴墙的设计展开，即模块整体围绕"绿光水晶墙""科技水晶墙""紫色玻璃墙""森林墙"等展开，通过闯关获得宝藏。

（二）奖惩机制与动机激发

在通过情境与交互激发学习动机的基础上，教育游戏需要一套完善的奖惩机制以维持动机水平，增加学习者的情感投入，最终实现良好的学习效果。ARCS 动机模型是教育游戏奖惩机制设计的重要理论参考，该理论认为人的行为取决于感知到的目标的可能性以及主观价值，[1] 影响学生学习动机的因素主要包括"注意""相关""信心"和"满足感"四个方面。在初始阶段，认知内容和游戏情境能够引发儿童的注意和兴趣，信心和满足感的获得则是持续学习行为发生的支撑。儿童需要在游戏中不断试错，才能逐步建立对分数学习的信心和获得胜任游戏的满足感。为了给儿童充足的试错机会，游戏的每一个关卡设置了 10 个数轴墙，即 10 个数轴任务，并提供 7 次试错机会。游戏场景左上角为七颗能量星，每错一次减少一颗能量星，每一个关卡的通关标准是正确率达到 60% 以上。同时，在儿童错误撞击数轴墙时，给予一定的教学支架性质的方向提示。

许多研究表明，学习是认知、情绪与生理层面进行多层次交流的过程。积极的情绪有助于学习，消极情绪将会对学习带来消极影响。而且，消极情绪可能会对记忆产生负面影响，能够引发心率增加、出汗增加、肾上腺水平上升等身体反应。[2] 与之对比的是积极的情绪能够促进记忆，例如让实验参与者对照片呈现的愉悦程度进行评价，然后再进行照片内容的回忆，研究发现被试对带有明显情绪状态的图像有更加清晰的回忆。[3] 而游戏在情绪调动方面具有一定的优势。一篇发表在 Nature 杂志上的研究发现，人脑的纹状体在游戏的过程中会释放内源性多巴胺，这与学习、注意、感觉有关。[4]

为了能够最大限度调动学习者的情绪投入，本研究参考认知神经科学领域对随机奖励的最新研究，在基础数轴任务积分的基础上，设计了"与运气相关"的随机奖励

---

[1] 柴亚军. ARCS 动机模型在课堂教学中的应用研究 [J]. 中国教育技术装备, 2017(23): 6—8.

[2] OECD. Understanding the Brain: The Birth of a Learning Science[M]. Paris: OECD, 2007.

[3] Antonenko P D, van Gog T, Paas F. Implications of Neuroimaging for Educational Research[M]// Spector J M, Merrill M D, Elen J, et al. Handbook of Research on Educational Communications and Technology. Berlin: Springer, 2014: 51–63.

[4] Koepp M J, Gunn R N, Lawrence A D, et al. Evidence for Striatal Dopamine Release During a Video Game[J]. Nature, 1998, 393(6682): 266–268.

机制。认知神经科学领域发现，中脑区域的神经递质多巴胺与奖励活动有关，当灵长目动物意识到奖励出现的不确定性，脑中的多巴胺能的释放会达到峰值。[①] 而多巴胺对整个大脑前额叶等脑区神经元的活性有重要影响。[②] 因此，游戏设计将随机奖励纳入积分体系中，随机加分以随机金币等其他形式出现，金币出现在路上，游戏化身在路上行走的过程中获得随机加分，每关随机奖励出现 2～4 次，奖励数值随机。其他积分要素还包括基础数轴任务积分以及剩余能量星，其中成功突破一个数轴墙可获得 10 分，每关包含 10 个数轴墙，最终得分为数轴墙得分、能量星得分与随机奖励得分的总和。数轴墙和剩余能量星得分取决于儿童在游戏中的认知表现，与努力程度相关；而额外随机奖励与儿童的认知努力投入程度无关，与运气有关。努力相关积分和运气相关积分的综合奖励设计旨在激发大脑多巴胺的分泌，保持游戏的不确定性，充分调动游戏化学习过程中的学习者情绪状态。

此外，依据马隆和莱珀的动机理论，合作、竞争、自尊（认同）这三大因素影响了学习者的集体动机。[③] 马斯洛需求层次理论也强调自尊需要的重要来源是他人的尊重以获得自信，使自身潜力得以实现。为了更好地激发学习者的学习动机，游戏中设置了积分排行榜的游戏元素。依据学习者在游戏中的积分，将所有玩家的积分进行排名，在每关结束后进行展示，以此激发儿童的竞争欲望。

（三）声音设计

声音是多媒体传递信息，创造良好视听体验的重要元素。依据梅耶的多媒体认知理论，记忆由语言系统和视觉系统构成，记忆可以通过视觉编码和言语编码的联结实现强化，同时呈现视觉信息和言语信息有助于促进记忆。[④] 听觉是形成感觉记忆的重要渠道，听觉信息是多媒体内容传递的重要媒介。也有游戏化学习领域的相关研究表明游戏中的声音元素有助于增加学习投入。[⑤] 因此，本章的研究决定将声音与游戏交互进行融合设计，以优化游戏的视听效果。具体声音与游戏交互的搭配设计如表 8-2 所示。比较典型的声音设计是数轴墙的撞击声音，为了激发学习者的成就感，当游戏化身成功撞击数轴墙，游戏会出现响亮、清脆的玻璃破碎声；为了增加游戏的沉浸感，游戏

[①] 周加仙. 教育神经科学与信息技术的跨学科整合研究——访英国著名教育神经科学家保罗·霍华德·琼斯教授 [J]. 开放教育研究, 2016(06): 4—10.

[②] 李澄宇，杨天明，顾勇，等. 脑认知的神经基础 [J]. 中国科学院院刊, 2016, 31(7): 755—764.

[③] Malone T W, Lepper M R. Making Learning Fun: A Taxonomy of Intrinsic Motivations for Learning[C]//Snow R E, Farr M J. Aptitude, Learning, and Instruction, Ⅲ: Cognitive and Affective Process Analysis. New Jersey: Lawrence Erlbaum Associates,1987.223-253.

[④] Lohr L L, Gall J E. Representation Strategies[M]// Spector J M, Merrill M D, van Merriënboer J, et al. Handbook of Research on Educational Communications and Technology (Third Edition). London: Routledge, 2008: 85-96.

[⑤] Byun J, Loh C S. Audial Engagement: Effects of Game Sound on Learner Engagement in Digital Game-based Learning Environments[J]. Computers in Human Behavior, 2015, 46: 129-138.

化身在道路行进的过程中的音乐节奏尽可能匹配化身的运动节奏。

表 8-2 游戏交互内容与声音设置

游戏交互内容	声音设计
游戏化身道路行进	快节奏电子配乐
数轴墙撞击成功	清脆的玻璃破碎声
数轴墙撞击失败	富有质感、沉重的碰撞声
随机奖励获取	灵动短小的声音
成绩展示、排行榜	轻快喜悦的音乐
游戏准备阶段	轻快喜悦的音乐

四、技术实现

本游戏设计完毕后，采用 Unity3D 平台和 C# 语言实现客户端开发，Unity3D 游戏开发以场景（Scene）和游戏对象（Game Object）等为基本单位，通过开发各场景中的 3D 模型、动画以及捆绑脚本，在多个场景跳转实现整个游戏运行。

该游戏采用网络游戏的方式，连通游戏客户端和服务器端。在服务器端利用 MySQL 系统建立数据库表单，获取并写入用户的基本信息数据（姓名、班级、性别等）、行为数据（操作日志，如按键记录、所在关卡）和表现数据（正确率），在客户端获取数据库中存储数据呈现给用户。

第五节 分数游戏的应用与评估

一、研究设计

（一）研究目的与假设

本章实验研究的目的是评估分数游戏《分数跑跑跑》在非正式学习场景中，对于提升学生分数概念性知识水平的效果。总体假设是分数游戏《分数跑跑跑》能够提高学生分数概念性知识水平，这一趋势预测主要基于以下三个原因。第一，《分数跑跑跑》以数轴作为主要认知辅助工具，诸多研究和理论已说明数轴对于发展数值理解能力的重要作用。此游戏的主要内容围绕数轴墙展开，数轴可以支持儿童在游戏中的分数认知过程。第二，《分数跑跑跑》基于内在动机等理论精心设计了游戏元素和奖惩机制，这有助于激发学生的学习动机，增进学习过程的沉浸感。第三，《分数跑跑跑》一共包含 19 个关卡，每个关卡包含 10 个数字任务，全程完成游戏相当于做了 190 道分数题，且游戏的反馈机制也有助于提高学习效率。

基于此目的，本章研究采用交叉对照的实验设计，随机选取数学成绩无显著差异的两个小学四年级班级作为研究对象。实验安排如表8-3所示，在第一阶段，A班学生每天玩20分钟游戏，共玩5天；B班学生每天看20分钟与分数无关的数学教学视频，共看5天。第二阶段的干预内容与第一阶段互换，A班学生每天看20分钟与分数无关的数学教学视频，共看5天；B班学生每天玩20分钟游戏，共玩5天。在实验的第一天、第六天和第十天分别进行前测、中测和后测。

表 8-3 实验流程设计

班级	第一天	第一天至第五天	第六天	第六天至第十天	第十天
A班	前测	实验：《分数跑跑跑》	中期测试	对照：教学视频	后测
B班	前测	对照：数学视频	中期测试	实验：《分数跑跑跑》	后测

根据研究目的，我们提出了三个假设。①假设一：A班和B班的前测成绩无显著差异，后测成绩也无显著差异，但A班的中期测试成绩显著高于B班。②假设二：两个班级学生的后测成绩都显著高于前测成绩。③假设三：实验A班的中期测试成绩显著高于前测成绩，且在对照阶段完成后，概念性知识水平依然能够保持，后测成绩和中期测试成绩无显著差异；实验B班的后测成绩显著高于中期测试成绩。

（二）研究对象

本章研究在北京市顺义区一所公立小学开展，从四年级上学期期末考试成绩无显著差异的五个班级中随机选取两个班级作为实验A班和实验B班。A班共有44名学生，其中男23人，女21人；B班共有42名学生，其中男24人，女18人。根据北京市教委对儿童义务教育阶段入学年龄的规定，四年级学生的年龄基本一致。A班全程参与研究的总人数为31人，其中男18人，女13人；B班全程参与研究的总人数为35人，其中男21人，女14人。该所小学使用北京版教材，两个班级的学生都在三年级下学期进行了"分数的初步认识"这一单元的学习，掌握了基本的分数概念性知识。

（三）研究工具

为测量学生的分数概念性知识水平，参考国外相关研究的测评工具本章研究的测试题目主要来自三大权威题库，包括美国国家教育进展测评（National Assessments of Educational Progress, NAEP）、国际数学与科学趋势评估（Trends in International Mathematics and Science Study, TIMSS）以及加州标准测试（California Standard Test）。测试题目共有47道，每题1分，共47分。测试内容涵盖部分与整体关系、分数与数轴、分数比较大小等三类内容。前测、中期测试和后测所用题目相同。题目类型主要是选择题和填空题。

(四)研究过程

如表 8-3 所示,在第一星期,实验 A 班进行游戏化分数学习体验,每天在学校机房玩 20 分钟分数游戏,共 5 天;对照 B 班在机房看与分数内容无关的数学教学视频,每天 20 分钟,共 5 天。第二星期,对照 A 班在机房看与分数内容无关的数学教学视频,每天 20 分钟,共 5 天;实验 B 班进行游戏化分数学习体验,每天在学校机房玩 20 分钟分数游戏,共 5 天。A 班和 B 班的所有学生在实验开始前、第一星期结束后和第二星期结束后分别完成前测、中期测试和后测,共三次测试。在学生玩游戏或看视频的过程中,教师和研究者不进行任何有关学习内容的指导,同时各班的数学教师在这两星期内不进行任何与分数知识有关的教学活动。

二、结果分析

(一)A、B 班组间差异

在前测中,如表 8-4 所示,A、B 两个班级在前测成绩均值无显著差异。A 班前测成绩的均值为 25.32,标准差为 9.038,B 班前测成绩的均值为 23.49,标准差为 8.354。独立样本 T 检验显示 A、B 班的前测成绩均值无显著差异,$t(64) = 0.858, p = 0.394$;Levene 检验显示两班前测成绩的方差齐性。这表明在实验开始前,两个班级的分数成绩无显著差异。

表 8-4　A、B 班前测、中测、后测成绩比较

测试类别	A 班			B 班			t	df	p	ES
	N	均值	标准差	N	均值	标准差				
前测	31	25.32	9.038	35	23.49	8.354	0.858	64	0.394	0.21
中测	31	32.23	8.024	35	22.54	7.114	5.197	64	0.003	1.28
后测	31	29.16	9.158	35	29.37	7.963	−0.1	64	0.921	0.02

注:ES(Effect Size)为效应量。

在中期测试中,如表 8-4 所示,A 班的中测成绩均值为 32.23,标准差为 8.024,B 班的中测成绩均值为 22.54,标准差为 7.114。独立样本 T 检验显示 A 班的中测成绩均值显著高于 B 班,$t(64) = 5.197, p = 0.003$,成绩方差齐性。这表明在中测中,经过游戏干预的 A 班的成绩显著高于对照 B 班。

在后测中,如表 8-4 所示,A、B 两个班级在后测成绩均值无显著差异。A 班后测成绩的均值为 29.16,标准差为 9.158;B 班后测成绩的均值为 29.37,标准差为 7.963。独立样本 T 检验显示 A 班和 B 班的后测成绩均值无显著差异,$t(64) = -0.1, p = 0.921$,成绩方差齐性。这说明在实验结束后,两班的分数概念性知识水平无显著差异。

以上数据分析结果支持了假设一：A 班和 B 班的前测成绩无显著差异，后测成绩也无显著差异，但 A 班的中期测试成绩显著高于 B 班。

（二）A、B 班组内差异

在前后测成绩的比较中，配对样本 T 检验的结果表明 A 班的后测成绩均值显著高于前测，$t(30) = 4.218$，$p = 0.00$；配对样本 T 检验显示 B 班的后测总分均值显著高于前测总分均值，$t(34) = 5.589$，$p = 0.00$。这表明 A、B 两个班级通过游戏化分数学习，成绩都有显著提高。这支持了假设二：两个班级学生的后测成绩都显著高于前测成绩。

在前测、中测与后测成绩的比较中，配对样本 T 检验的结果显示，A 班的中测成绩均值显著高于前测，$t(30) = 7.564$，$p = 0.00$。A 班的后测成绩均值显著低于中测成绩均值，$t(30) = -3.436$，$p = 0.002$。这说明游戏化分数学习显著提高了 A 班的分数成绩，但保持效果并不是很理想。配对样本 T 检验显示 B 班的后测成绩均值显著高于中测成绩均值，$t(34) = 7.225$，$p = 0.00$。这说明通过玩分数游戏，B 班的分数概念性知识水平显著提高。A 班中测成绩显著高于前测成绩，以及 B 班后测成绩显著高于中测成绩，支持了假设三的部分内容：实验 A 班的中期测试成绩显著高于前测成绩，实验 B 班的后测成绩显著高于中期测试成绩。但 A 班在对照阶段完成后，分数概念性知识水平并没有得到保持。

三、实验研究小结

首先，就组间差异看，A、B 班的前测成绩均值无显著差异，这表明在实验开始前，两个班级学生的分数概念性知识水平基本一致。在后测中，A、B 班的成绩均值都无显著差异，这表明经过交叉对照实验，A 班和 B 班的分数概念性知识水平基本一致。在中期测试中，A 班成绩均值显著高于 B 班，这表明分数游戏促进了 A 班学生分数概念性知识的学习，经过一星期的游戏干预，A 班学生的分数概念性知识水平超过 B 班学生。

就组内差异而言，A 班后测成绩均值显著高于前测；B 班后测成绩均值显著高于前测。这表明 A、B 两班在两星期的实验后，分数概念性知识的水平都有显著提升。A 班的中期测试成绩均值显著高于前测，B 班的后测成绩均值显著高于中测，但 A 班的后测成绩均值显著低于中测。这表明 A 班和 B 班在游戏干预周期内，分数的概念性知识水平显著提高，但 A 班在游戏干预的一星期后，分数概念性知识水平有所下降。

综合来看，在两星期的交叉对照实验结束后，A、B 班通过玩分数游戏，分数概念性知识水平得以显著提高，同时在前期的实验中，实验 A 班的成绩均值显著高于对照 B 班。在后期的实验中，A 班的分数概念性知识水平的保持效果并不是很理想。

第六节 结论与讨论

一、研究结论

本章的研究以学习科学的多学科视角,基于心理学、教育学、认知神经科学等领域在分数学习方面的研究成果,设计开发了分数游戏《分数跑跑跑》。该游戏以数轴作为核心认知辅助工具,旨在帮助学生学习分数的数值知识。实验研究表明,《分数跑跑跑》确实能够显著提高小学四年级学生的分数概念性知识水平;游戏中的认知内容设计和游戏化元素与机制的设计丰富了儿童在分数学习过程中的认知体验和主体性体验。

就认知体验而言,设计者首先依据与游戏化学习有关的认知理论搭建了游戏情境框架,确定了游戏的认知机制和要设计的相关认知元素。在此基础上,结合心理学、教育学、认知神经科学在分数领域的相关研究成果,以及中国义务教育阶段的数学课程标准,确定以数轴作为游戏的主要认知辅助工具,并进行了认知内容的设计。同时,分数游戏的关卡难度呈梯度递增,旨在平衡游戏的挑战性与学习者技能的发展,以便学习者进入心流状态,能够在游戏中逐步发展对于分数数值的理解能力。本研究所得到的前后测数据结论证明了以数轴为主的游戏化学习干预能够提高学生的分数的概念性知识水平。

在游戏的主体性体验方面,游戏的3D情境和游戏元素增加了学习过程的趣味性,帮助儿童在沉浸性的虚拟环境中学习具有挑战性的知识。儿童的情绪状态也是影响学习效果的重要因素。游戏中的角色扮演、故事情节、场景设置有助于将儿童迅速带入游戏情境中,同时游戏的内容难度递增,有利于实现挑战与技能的平衡,让学习者逐渐进入心流状态。游戏化身撞击数轴墙的交互方式有助于激发儿童的同理心,增加儿童在游戏化学习过程中的情感投入,促进学习参与。奖励机制、竞争机制的设计也旨在满足儿童的多元游戏化学习动机,保持儿童对游戏化学习的兴趣。良好的主体性体验也有助于优化游戏化学习过程中的认知体验。

二、研究启示

基于本章的研究,我们可以总结出几条启示,供其他研究者和实践者参考:

(一)紧密结合课程教学目标

在设计游戏时明确学科课程教学目标,才能"有的放矢"。教育性是教育游戏的核心特征,立足于学科体系和目标知识体系进行内容设计的教育游戏才有可能有良好的应用效果。所以教育游戏在设计前期的内容定位方面,宏观上必须关注学科整体的认知体系，微观上需要分析目标知识的内涵体系，最终落脚于实践层面的学习者的学习需求。以分数学习为例，首先，从宏观上明确分数学习在数学学习过程中起到承前启后的作用，其次，从微观上对分数的概念性知识和程序性知识进行剖析，最后，结合教学实践的需求，确定《分数跑跑跑》主要聚焦于分数概念性知识中的"测量解释"知识，并兼顾"部分与整体"知识的学习。

（二）以促进认知理解为核心

教育游戏兼具教育性和娱乐性，教育游戏设计最大的挑战即是如何将教育性与娱乐性进行有机整合。由于教育性是教育游戏的根本属性，娱乐性是教育游戏区别于其他学习方式的特征属性，因此教育游戏的游戏化元素设计必须服务并配合认知内容的设计，即娱乐性服务于教育性。所以教育游戏在设计时必须以促进认知理解、意义建构为核心，其中的情境设计、交互方式、奖惩机制等都必须围绕核心认知内容而展开。以《分数跑跑跑》为例，其中的数轴、奖励方式等都是为了促进认知而设计的。

另外，生成学习理论等多个学习理论都特别强调建立新旧知识关联的重要性。[1] 所以，在设计内容的时候，还需要注重新旧知识的关联。比如在《分数跑跑跑》中设置了关于整数数值理解的部分关卡，目标就是让学习者将分数和整数联系起来。

（三）注重游戏化元素与机制

虽然说教育游戏要以认知理解为核心，但是如果一个教育游戏趣味性不强，儿童不喜欢，就达不到激发学习动机的目的了，也就失去使用"游戏"的意义了。[2] 所以在注重认知设计的同时，一定要注重游戏化元素与机制的设计与开发。

基于本章研究的设计、开发与应用过程，我们认为可以有如下做法：①可以为学习者提供多元的奖励系统，包括与努力、付出和正确率相关的"成就"奖励通道，也包括与随机出现金币等相关的"运气"奖励通道。当然，从公平起见，应该以"成就"奖励通道为主，"运气"奖励通道为辅。②可以为学习者提供多元感官刺激。为了提升游戏化学习过程中的沉浸感，促进学习投入，教育游戏的设计者不仅应当关注视觉通道的信息呈现，也应当注重听觉通道的感官刺激。良好的游戏设计应当充分重视视听的融合设计，调动多元感官的认知参与。③游戏需要充分调动学习者的情感投入。应该努力构建学习者与游戏内容的"情感交互"，让游戏能够触发学习者的情绪变化，深层次实现游戏情境与学习者内心世界的联结。例如以游戏化身为中介，儿童会因游戏化身所受到的身体伤害而感到痛心，也会因游戏化身的精彩表现而感到喜悦；借助排行榜元素，放大儿童的愉悦情绪。

---

[1] Wittrock M C. Generative Processes of Comprehension [J]. Educational Psychologist, 1989, 24(4): 345-376.
[2] 尚俊杰,庄绍勇,李芳乐,李浩文.教育游戏的动机、成效及若干问题之探讨[J].电化教育研究,2008(06): 64—68+75.

（四）注重个性化辅导与干预

当前，教育领域对个性化学习非常重视，由于游戏化学习是以学生自主探究为主，教师辅导因素较少，因此对儿童的自主学习能力、元认知能力以及自我调节能力提出了更高的要求，所以要特别注重游戏中认知辅助的个别化设计，以便更好地促进个性化学习。

依据元认知理论，儿童元认知能力的差异会导致他们有不同的反思能力和反思策略。[1]因此，在游戏中，对于元认知能力较弱的儿童，可能就需要更多的提示和帮助信息。以《分数跑跑跑》为例，当儿童第一次出错时，只给予错误反馈，不给予提示。此时元认知能力较强的儿童已经能够基于简单反馈进行反思，迅速调整行为。当第二次出错时，游戏给出提示箭头，只指示左右移动方向。在第三次出错时，游戏才以提示箭头的形式，直接标出正确的数轴点。对于元认知能力较弱的儿童，给出最终正确答案也是需要的。

三、研究不足

本章的研究还存在一些不足，在研究工具方面，主要选用国际上较为权威的标准化测试，并没有进行本土化分数概念性知识水平的测量工具的设计。在未来的研究中，研究者可以依据研究目的，进行分数能力测评工具的开发。在我们讨论《分数跑跑跑》对于提高儿童分数概念性知识水平功能的过程中，也发现在游戏干预结束后，实验班的学习效果的保持水平并不是很理想，这可能与游戏设计与实验设计有关。游戏化学习的迁移效果及其影响因素也可以成为未来游戏化学习研究的主题之一。同时，在本章的研究中，游戏化学习并没有与常规课堂教学进行整合，希望在未来能够开展与常规课堂整合的游戏化分数学习研究。

本章结语

> 分数学习在儿童的数学能力发展过程中具有重要意义。分数概念性知识的学习不但是程序性知识学习的基础，同时对日后有理数知识的学习有着深远影响。本章的研究基于游戏化学习体验理论框架，设计开发了分数游戏《分数跑跑跑》，并通过实验研究验证了游戏在激发学习动机、辅助分数认知方面的成效。分数学习可以说是小学数学中的"老大难"问题，而从本章的研究中可以看出，利用教育游戏进行分数学习是一个特别有前景的方向。当然，在其中还有很多问题值得进一步探索和研究，希望各位研究者能够奉献更多更优秀的分数游戏。

---

[1] Winne P H, Azevedo R. Metacognition [M] // SawyerR K. The Cambridge Handbook of The Learning Sciences (Second Edition). New York: Cambridge University Press, 2014:63-87.

第九章　空间游戏设计与应用研究

> **本章导言**
>
> 空间能力是人类的重要能力之一，也被视为人类智力之一，与计算能力、语言能力并列组成了信息技术时代教育应当赋予人类的"三大基本能力"。[1] 空间能力包含大量非语言认知能力，通过头脑中的视觉表现接收和处理外部信息，并且创建空间图像，对于数学、工程、科学、技术能力等领域的成功至关重要。已有研究证实了空间能力对于 STEM（Science，Technology，Engineering，Mathematics. 科学，技术，工程，数学）教育的重要性，45%获得博士学位的学生在空间能力方面处于佼佼者的位置。[2][3]
>
> 空间能力尤其与数学能力联系紧密，[4] 如空间能力的测验能够显著预测近似计算任务的成绩，[5] 短时间的空间能力训练也能够提高儿童加减法与理解位值概念的能力等。[6] 认知神经科学研究发现，人们在加工空间任务和数学任务时会激活相似的神经通路，[7][8][9] 表明空间能力和数学能力的紧密联结可能基于更底层的共享过程。我国十分重视数学教育中空间与图形知识的培养，在《义务教育数学课程标准（2022）》（新课标）中将"图形与几何"作为数学课程内容的四大领域之一，明确

[1] 傅孟霞. 培养儿童空间认知能力的数字化游戏设计 [D]. 济南：山东师范大学, 2013.

[2] Wai J, Lubinski D, Benbow C P. Spatial Ability for STEM Domains: Aligning over 50 Years of Cumulative Psychological Knowledge Solidifies its Importance[J]. Journal of Educational Psychology, 2009, 101(4):817−835.

[3] Tosto M G, Hanscombe K B, Haworth C M A, Davis O S P, Petrill S A, Dale P S, Malykh S, Plomin R, Kovas Y. Why do Spatial Abilities Predict Mathematical Performance?[J]. Developmental Science, 2014, 17(3): 462–470.

[4] Turgut M. Development of the Spatial Ability Self-report Scale (SASRS): Reliability and Validity Studies[J]. Quality & Quantity, 2015, 49(5):1997−2014.

[5] Gunderson E A, Ramirez G, Beilock S L, Levine S C. The Relation Between Spatial Skill and Early Number Knowledge: the Role of the Linear Number Line[J]. Developmental Psychology, 2011, 48(5):1229−1241.

[6] Mix K S, Cheng Y L. The Relation Between Space and Math: Developmental and Educational Implications[J]. Advances in Child Development and Behavior, 2012, 42:197−243.

[7] Hubbard E M, Piazza M, Pinel P, Dehaene S. Interactions Between Number and Space in Parietal Cortex[J]. Nature Reviews Neuroscience, 2005, 6(6):435−448.

[8] Bueti D, Walsh V. The Parietal Cortex and the Representation of Time, Space, Number and Other Magnitudes[J]. Philosophical Transactions of the Royal Society B-Biological Sciences, 2009, 364(1525): 1831–1840.

[9] Uttal D H, Meadow N G, Tipton E, Hand L L, Alden A R, Warren C, Newcombe N S. The Malleability of Spatial Skills: A Meta-analysis of Training Studies[J]. Psychological Bulletin, 2013, 139(2):352−402.

了空间与图形知识的培养在小学数学教学中的重要性，强调"帮助学生建立空间观念"具有举足轻重的地位。图形与几何学习和空间能力培养也是小学图形与几何内容和初中内容的关键衔接点，在培养学生的直观想象、数学抽象、几何推理等数学素养中起着重要作用。

然而，图形与几何部分也是小学数学教学的难点之一，一方面小学生的抽象思维和空间思维能力尚未发展完全，空间想象能力较弱，难以建立平面图形和立体图形的正确表征；另一方面教师在进行相关知识教学时也难以表述，使其成为教学难点之一。其中，教学情况实际调查显示，立体图形的折叠与展开更是难度排序第一的知识点。[①] 有研究发现，在折叠与展开的教学过程中，学生存在对于折叠与展开问题的想象困难；课堂教学中的动手操作只是流于形式；学生往往因课后练习出错率高，逐渐失去对几何的学习兴趣等。[②] 由于空间能力训练需要足够的空间和时间，相关训练和能力发展很难在一般课堂中进行。[③]

近年来，游戏化学习备受关注，"寓教于乐"的教育游戏不仅可以激发学习动机，还能够发展学生的认知能力。[④] 此外，已有许多研究证实了游戏环境对空间能力的提升效果。[⑤][⑥][⑦] 鉴于此，本章的研究以学习科学的多学科视角，基于教育学、心理学和认知科学领域的相关研究成果，分析立体图形折叠与展开的教学内容、认知机制，同时分析教育游戏相关理论，构建认知、动机和调节的三维度游戏设计原则，设计开发了一款适合小学五年级（10～11岁）"立体图形折叠与展开"内容学习的数学教育游戏《方块消消乐》（曾用名《方块消消消》），并将该教育游戏应用于教育教学实践，对其应用效果进行了评估。

教育游戏是兼具教育性和游戏性的一类特殊游戏，在设计过程中，既要分别考虑两种特性，还要做好两者间的融合与平衡。[⑧] 为了设计开发这款基于折叠与展开

[①] 曾嘉灵. 基于学习科学视角的数学空间能力教育游戏设计与应用研究——以小学五年级"立体图形的折叠与展开"为例[D]. 北京：北京大学, 2020.

[②] 高晓旭. 小学生几何图形折叠与展开困难的原因分析与对策研究[D]. 济南：山东师范大学, 2018.

[③] Lin C H, Chen C M. Developing Spatial Visualization and Mental Rotation with a Digital Puzzle Game at Primary School Level[J]. Computers in Human Behavior, 2016, 57: 23–30.

[④] 尚俊杰，张露. 基于认知神经科学的游戏化学习研究综述[J]. 电化教育研究, 2017, 38(02):104—111.

[⑤] Gagnon D. Videogames and Spatial Skills: An Exploratory Study[J]. Educational Communication and Technology Journal, 1985, 33(4): 263–275.

[⑥] Feng J, Spence L, Pratt J. Playing an Action Video Game Reduces Gender Differences in Spatial Cognition[J]. Psychological Science, 2010, 18(10):850–855.

[⑦] Boot W R, Kramer A F, Simons D J, Fabiani M, Gratton G. The Effects of Video Game Playing on Attention, Memory, and Executive Control[J]. Acta Psychologica, 2008, 129(3):387–398.

[⑧] 裴蕾丝，尚俊杰. 学习科学视野下的数学教育游戏设计、开发与应用研究——以小学一年级数学"20以内数的认识和加减法"为例[J]. 中国电化教育, 2019(01):94—105.

教学内容的教育游戏，本章的研究从学习科学、教育游戏两个视角奠定了理论基础。首先，本章的研究基于学习科学的跨学科视角，对教育学、心理学和认知神经科学领域有关折叠与展开学习过程和心理折叠认知过程的研究成果进行梳理，探究"学生是如何学习立体图形折叠与展开的"，从而为教育游戏的内容设计提供理论支撑，保证设计开发的科学性和有效性；其次，本章的研究结合教育游戏设计领域的相关研究成果，对教育游戏设计相关理论和框架进行系统性研究综述，为游戏元素设计提供理论支撑，支持有效学习环境的搭建，保证设计开发游戏的有趣性。基于学习科学和教育游戏的视角，为科学、有趣、有效的教育游戏设计提供理论参考。[1][2]

第一节 折叠与展开学习

学习科学是一个研究教与学的跨学科研究领域，整合了认知科学、教育心理学、脑科学、计算机科学等众多领域的研究成果。[3]本章的研究从学习科学的跨学科视角出发，综述了教育学、心理学和认知科学领域相关理论和研究成果，深入系统地分析了折叠与展开的学习过程，为折叠与展开教育游戏科学、有效的认知活动设计提供理论基础。其中，教育学从教学实践的视角分析了折叠与展开教学的内容、思路和问题，心理学从认知过程和发展的角度探究了折叠与展开任务的过程和影响因素，认知神经科学研究从神经活动视角揭示了折叠与展开学习的脑神经机制。

一、教育学视角

从教学实践的视角，教育学研究主要帮助回答了三个关键问题："教什么？怎么教？有什么教学问题，成因是什么？"。"教什么？"是设计、实施和评价教学的基础，从学习内容和能力发展两个层面进行分析。"怎么教？"提供了丰富的教学设计实例，是了解和总结真实的折叠与展开课堂教学思路的基础。"有什么教学问题，成因是什么？"总结了一线教师反馈的折叠与展开课堂教学问题，分析了可能原因，为本章的研究运用教育游戏解决教学问题提供参考。

几何学习和空间能力发展是小学数学课程的重要内容之一。对于立体图形的折叠与展开这一学习内容，学习者需要掌握立体图形（如长方体、正方体）的特征、认识

---

[1] 曾嘉灵. 基于学习科学视角的数学空间能力教育游戏设计开发研究——以小学五年级"立体图形的折叠与展开"为例 [D]. 北京：北京大学，2020.
[2] 尚俊杰，曾嘉灵，周均奕. 学习科学视角的数学空间游戏设计与应用研究 [J]. 电化教育研究，2022 (7)：63—72.
[3] 尚俊杰，庄绍勇，陈高伟. 学习科学：推动教育的深层变革 [J]. 中国电化教育，2015(01):6—13.

立体图形展开图、在展开图中找到各组相对的面等知识点。[1] 在教学的过程中，教师需要重点关注学习者感受和想象将立体图形表面展开的过程，帮助学生感受图形在二维平面和三维立体之间展开和折叠的运动变化。[2] 整个运动变化过程是学习的重点，同时引导学生深入了解立体图形的特征，培养学生的空间能力。

为了达到以上的教学目标，研究者们设计了多种教学方式。大部分研究者采用了剪纸盒作为教学工具，[3][4][5] 还有研究者提出使用磁力片来研究展开图。[6] 在教师进行课堂教学时，常以拆剪或拼搭实物正方体开始，辅以动画协助学生进行想象，引导学生观察正方体与展开图各个面之间的对应关系，进而探索正方体不同展开图的规律。

此外，研究者们还探讨了学生在学习折叠与展开内容时出现的问题及可能成因。如有研究者认为，由于学生缺乏独立自主的操作训练、教师缺乏对学生想象过程的确切指导等，学生会出现难以想象立体图形变化过程、难以理解展开图与立体图面关系、难以描述折叠与展开动态过程等问题。[7] 还有研究者提出，沟通平面图形与立体图形之间的联系对于学生存在难度的原因有二：一是学生对立体与平面图形之间的转换缺乏认识上的经验；二是学生较难用正确、合理的数学语言描述自己想象的或发现的图形之间的关系，存在表达障碍。[8]

因此，了解学生空间想象的认知过程是促进有效的数学学习和空间训练的关键步骤。学生对立体图形进行折叠与展开的过程，实际上是在进行心理折叠的过程，与心理折叠能力息息相关。

二、心理学视角

空间能力是理解、推理和记住物体或空间之间空间关系的能力，其不是一个单一结构，而是一系列特定技能，[9] 包括心理旋转（Mental Rotation）、空间感知（Spatial

---

[1] 田志明，朱小平. 我们该教给学生什么？——对正方体展开图的深入研讨 [J]. 小学教学参考：数学版，2010(3):13—14.

[2] 钱建兵. 有感于正方体展开图的"另类"教学 [J]. 小学数学教育，2016(20):48.

[3] 何忠云. 关注"三量"，提质增效——小学高年级数学课堂教学有效性策略探究 [J]. 内蒙古教育，2015(08):70.

[4] 张少刚. 合理操作 发展想象——"长方体和正方体的展开图"教学片段与思考 [J]. 小学数学教育，2017(20):59—60.

[5] 袁红健. 三问，在实践中发展空间观念——以"长方体和正方体表面的展开图"两次教学为例谈对比思考 [J]. 数学教学通讯，2017(31):31—33.

[6] 丁伟，李一鸣. "展开与折叠"教学实录与评析 [J]. 小学数学教育，2018(Z1):50—53.

[7] 高晓旭. 小学生几何图形折叠与展开困难的原因分析与对策研究 [D]. 济南：山东师范大学，2018.

[8] 王小勇. 立体图形教学中如何渗透基本数学思想——浅谈"正方体、长方体展开图"的教学 [J]. 小学教学参考，2013(20):15—16.

[9] Voyer D, Voyer S, Bryden M P. Magnitude of Sex Differences in Spatial Abilities: a Meta-analysis and Consideration of Critical Variables[J]. Psychological Bulletin, 1995, 117(2):250-270.

Perception）和空间可视化（Spatial Visualization）。心理旋转涉及快速准确地旋转二维或三维图形的能力；空间感知是一个人确定与他自己的身体方向相关的空间关系的能力；空间可视化则涉及对空间呈现的信息进行复杂的多步操作，这些任务需要分析不同空间表征之间的关系，包括在心理上表征物体视觉外观与物体或其运动部分位置之间的空间关系。

心理折叠（Mental Folding）是一种复杂的空间可视化能力，是将二维的空间图形和对象通过心理操作，转换成三维的空间图形和对象的信息加工过程，涉及在头脑中通过对信息的识别、存储与提取等复杂的信息加工过程，建立清晰的心理表象，并对表象进行心理操作。[1]心理学相关研究从心理折叠能力的发展和认知层面分析了学生在心理折叠任务时的表现，关注学生对二维图形和三维物体的表征过程和加工模式。

心理折叠能力作为一种复杂的空间能力，会随着年龄的增大而逐渐提高，其中8至9岁是学生从二维图形认知向三维物体发展的重要阶段。有许多因素可能会影响学生的心理折叠表现，比如折叠与展开的方向。根据特维斯基（Tversky）提出的功能空间模型，[2]物体附着在三个身体轴上，包括头/脚（Head/Feet），前/后（Front/Back）和左/右（Left/Right）。[3]与左/右轴相比，有关头/脚轴或前/后轴上物体的信息可以更快地被检索到。[4][5]因此，学生较好处理前/后轴上的折叠，也比较好处理头/脚轴的折叠，较难处理左/右轴的折叠。[6]折叠过程中涉及的正方形数目也会对心理折叠任务难度产生影响，每次动作所涉及的正方形数目越大，其难度越大。[7][8]此外，立体图形

---

[1] Glass L, Krueger F, Solomon J, Raymont V, Grafman J. Mental Paper Folding Performance Following Penetrating Traumatic Brain Injury in Combat Veterans: a Lesion Mapping Study[J]. Cerebral Cortex, 2013, 23(7): 1663−1672.

[2] Tversky B. Structures of Mental Spaces-How People Think About Space[J]. Environment and Behavior, 2003, 35(1):66−80.

[3] Franklin N, Tversky B. Searching Imagined Environments[J]. Journal of Experimental Psychology-general, 1990, 119(1): 63.

[4] Bryant D J, Tversky B, Franklin N. Internal and External Spatial Frameworks for Representing Described Scenes[J]. Journal of Memory and Language, 1992, 31(1):74−98.

[5] Newcombe N, Huttenlocher J. Children's Early Ability to Solve Perspective-Taking Problems[J]. Developmental Psychology, 1992, 28(4):635−643.

[6] Ma'rifatin S, Amin S M, Siswono T Y E. Students' Mathematical Ability and Spatial Reasoning in Solving Geometric Problem[J]. Journal of Physics Conference Series, 2019, 1157(4):042062.

[7] Shepard R N, Feng C. A Chronometric Study of Mental Paper Folding[J]. Cognitive Psychology, 1972, 3(2):228−243.

[8] Roberts J E, Bell M A. Two-and Three-dimensional Mental Rotation Tasks Lead to Different Parietal Laterality for Men and Women[J]. International Journal of Psychophysiology, 2003, 50(3):235−246.

的不同类型也会影响心理折叠的难度,其中立方体难度较小,[1]是学生认识立体图形展开图较好的切入点。

三、认知神经科学视角

教育学和心理学分别从行为层面和认知层面分析了折叠与展开学习过程,认知神经科学研究则从生理层面探究了折叠与展开学习的神经学基础。众多研究者应用了脑成像技术研究学习者的大脑活动,探索心理折叠任务的基础神经结构。脑电研究证明,心理折叠与大脑的顶叶区域有着密切的关系。[2][3][4]此外,有研究者应用脑电图测量了学生在观看2D或3D折纸演示视频时的认知负荷指数,结果表明3D的演示视频能够显著降低学生的认知负荷指数,[5]同时提升心理折叠能力。据此,本章的研究在教育游戏中设计了3D脚手架以促进学生的认知,辅助学生想象二维图形和三维物体运动变化的过程,并减轻学生的认知负荷。

第二节　游戏支持下的折叠与展开学习

教育游戏旨在促进学习的同时,为学习者创造吸引人的体验,[6]可以看作是严肃学习和交互娱乐之间的平衡。[7]研究显示,教育游戏有助于支持情景学习,[8]激发内部动机,[9]

---

[1] Faw P J. A Study of the Development of the Ability of Selected Students to Visualize the Rotation and Development of Surfaces[J]. Quality of Life Research, 1977, 6(6):531−554.

[2] Milivojevic B, Johnson B W, Hamm J P, Corballis M C. Non-identical Neural Mechanisms for Two Types of Mental Transformation: Event-related Potentials During Mental Rotation and Mental Paper Folding[J]. Neuropsychologia, 2003, 41(10):1345−1356.

[3] Jaušovec N, Jaušovec K. Sex Differences in Mental Rotation and Cortical Activation Patterns: Can Training Change Them?[J]. Intelligence, 2012, 40(2): 151−162.

[4] Glass L, Krueger F, Solomon J, Raymont V, Grafman J. Mental Paper Folding Performance Following Penetrating Traumatic Brain Injury in Combat Veterans: A Lesion Mapping Study[J]. Cerebral Cortex, 2012, 23(7):1663−1672.

[5] Dan A, Reiner M. Reduced Mental Load in Learning a Motor Visual Task with Virtual 3D Method[J]. Journal of Computer Assisted Learning, 2017, 34(1):84−93.

[6] Erhel S, Jamet E. Improving Instructions in Educational Computer Games: Exploring the Relations Between Goal Specificity, Flow Experience and Learning Outcomes[J]. Computers in Human Behavior, 2019, 91(2):106−114.

[7] Prensky M. Digital Game-Based Learning[M]. New York: McGraw Hill, 2001.

[8] Barab S A, Gresalfi M, Ingram-Goble A. Transformational Play: Using Games to Position Person, Content, and Context[J]. Educational Researcher, 2010, 39(7): 525−536.

[9] Connolly T M, Stansfield M, Hainey T. An Alternate Reality Game for Language Learning: ARGuing for Multilingual Motivation[J]. Computers & education, 2011, 57(1):1389−1415.

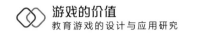

提升知识保持，[1]促进高阶思维发展，[2]以及培养情感态度与价值观等。[3]教育游戏的设计与开发旨在将游戏与学习内容进行有机的整合，以促进学习者的有效学习。

一、游戏支持下的空间能力学习

研究表明，空间能力可以通过与环境的交互作用得到发展，[4]同样心理折叠能力也可以通过训练提升，桌面游戏（桌游）和计算机环境均对心理折叠能力的发展有促进作用。如有研究发现基于折纸的教学设计对心理折叠能力的提升具有显著影响，[5]以及有对比研究发现，与传统教学方法相比，虚拟几何学习系统在提升中学生心理折叠能力方面具有明显优势。[6]

此外，教育游戏也是提升学生心理折叠能力的有效途径之一。从感知重组和学习的视角理解空间概念的发展，[7]技术可以通过约束、反馈和目标结构系统帮助学生获得的特征从非正式的感知特征转变为更具规范性的特征。[8]而教育游戏可以为学生提供基于感知的体验，能够促进学生与概念本身的交互，有助于发展心理折叠能力。[9]事实上，也有许多研究证实了游戏对空间能力的提升效果，如加农（Gagnon）和冯（Feng）等的研究证明，动作视频游戏能够提升被试在空间任务上的表现，并且缩小空间能力的性别差异；[10][11]布特（Boot）等人的研究也表明玩家在空间任务上的速度和准确率都

---

[1] Brom C, Preuss M, Klement D. Are Educational Computer Micro-games Engaging and Effective for Knowledge Acquisition at High-schools? A Quasi-experimental Study[J]. Computers & Education, 2011, 57(3):1971-1988.

[2] Eow Y L, Ali W Z B, Mahmud R B, Baki R. Computer Games Development and Appreciative Learning Approach in Enhancing Students' Creative Perception[J]. Computers & Education, 2010, 54(1):146-161.

[3] Chen H P, Lien C J, Annetta L, Lu Y L. The Influence of an Educational Computer Game on Children's Cultural Identities[J]. Educational Technology & Society, 2010, 13(1):94-105.

[4] Liu A S, Schunn C D. The Central Questions of Spatial Cognition[M].The Oxford Handbook of Cognitive Science. Oxford:Oxford University Press, 2017, 169-190.

[5] Arici S, Aslan-Tutak F. The Effect of Origami-based Instruction on Spatial Visualization, Geometry Achievement, and Geometric Reasoning[J]. International Journal of Science and Mathematics Education, 2015, 13(1):179-200.

[6] Yun R, Xi H, Li Y. The Experiment of Improving Students' Spatial Ability by Using VGLS[J].Advances in Artificial Reality and Tele-Existence, 2006, 467-473.

[7] Goldstone R L, Landy D H, Ji Y S. The Education of Perception[J]. Topics in Cognitive Science, 2010, 2(2):265-284.

[8] Vitale J, Black J, Swart M. Promoting Development of Geometry Concepts: Interfacing Multiple Embodied Representations with a Computer Game[J]. In Proceedings of the Annual Meeting of the Cognitive Science Society, 2011(33): 33.

[9] Black J B, Khan S A, Huang S C D. Learning by Playing: Video Gaming in Education[M]. New York: Oxford University Press, 2014, 290-301.

[10] Gagnon D. Videogames and Spatial Skills: an Exploratory Study[J]. Ectj, 1985, 33(4), 263-275.

[11] Feng J, Spence L, Pratt J. Playing an Action Video Game Reduces Gender Differences in Spatial Cognition[J]. Psychological Science, 2010, 18(10):850-855.

要高于非玩家，且非玩家在接受空间训练后，空间任务的表现得到提升。[1]

现代信息技术的发展对数学教育产生了重大影响，已有许多数学教育游戏被设计开发出来，国外有关立方体折叠与展开学习的游戏有 *Outfolded*、*-unfold-*、*Zasa* 和 *Shapes* 等，而国内的相关游戏大多是单纯的与立方体翻转相关或以娱乐为主类，尚未有贴近课标、以"立体图形折叠与展开"知识点为基础、能够有效促进儿童对二维—三维图形相互转换认识的游戏出现。因此，这些游戏尚不能为学生提供满足其学习需求的有效学习环境。

二、折叠与展开教育游戏案例分析

下面就展开介绍几个立体图形折叠与展开学习和心理折叠能力训练相关的游戏。

（一）Outfolded

Outfolded（见图 9-1）是由 Cubemen 制作团队开发的一款简洁的无尽解密游戏，游戏的主要目的是展开各种各样的立体图形从起点连接到终点。玩家控制不同形状（规则和不规则）的方块，顺着平台有限的位置将其铺开，当方块的一面与地面接触之后便会消失并留下标记，方块被完全铺开后，随机出现另一种新形状的方块，玩家需要利用这些方块的连接，在有限的步数（方块数）内移动到终点，从而通过关卡。

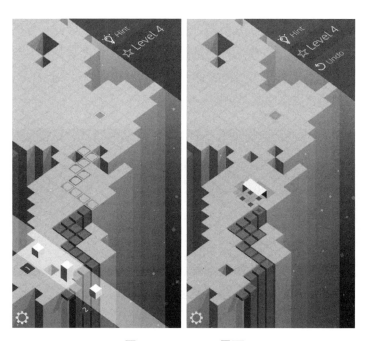

图 9-1 *Outfolded* 界面

---

[1] Boot W R, Kramer A F, Simons D J, Fabiani M, Gratton G. The Effects of Video Game Playing on Attention, Memory, and Executive Control[J]. Acta Psychologica, 2008, 129(3):387-398.

（二）-unfold-

-unfold-（见图 9-2）是一款由 Adem KAYIRCI 开发的空间能力训练益智游戏，玩家需要通过操作、旋转和观察立体图形，将几何形状在立体图形展开图上与相应的部分进行匹配。游戏中采取简约风格设计，包含 50 个关卡，没有时间限制、移动限制和积分，伴随着轻松的音乐和声音，提升玩家空间能力的水平。

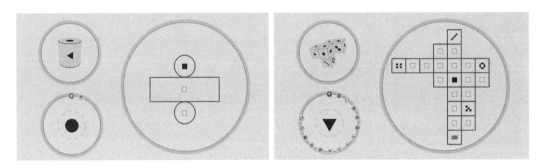

图 9-2 -unfold- 界面

（三）Zasa

Zasa（见图 9-3）是一款极富创新和挑战的空间解谜游戏，玩家将扮演人工智能 Zasa 在立方体上连接节点，完成 Mason 博士给玩家的任务。每一关卡中，Mason 博士会给出正方体展开图上的标准连线图案，玩家需要在一个像魔方一样的正方体上按照目标要求绘制连线，使得正方体展开后的图案与标准连线图案相同。绘制完成后，点击 Zasa 图标就可以将正方体展开查看绘制结果，图案相同则过关。在熟悉游戏玩法后，玩家还可以自己创建正方体图案（见图 9-3 右）。

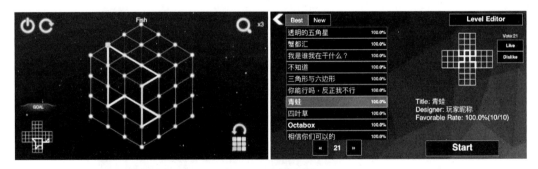

图 9-3 Zasa 界面

（四）Shapes

Shapes（见图 9-4）是一款通过波兹南密茨凯维奇大学数学与计算机科学学院验证且得到批准的应用程序，专门为支持教师课堂教学准备，也可用作自学工具。该应用程序帮助学生理解几何学习，可以探索 27 种立体图形（包括棱柱、棱锥、旋转体和多面体等），学生可以旋转、放大、缩小和展开立体图形进行观察与学习，还可以改变每个面的颜色，从而突显不同的面。每个展开图都有保存和打印选项，学生可以将展开图打印出来，进行立体图形的折叠，提升动手能力。学生还可以使用展开图创建器，自己创作立体图形。

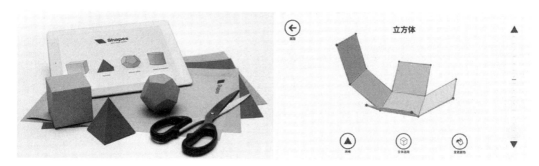

图 9–4 *Shapes* 界面

（五）*Unfoldit*

Unfoldit（见图 9–5）是一款纸张折叠和打孔的益智游戏，旨在提升玩家的空间能力。游戏共包含不同难度的 800 多个关卡，在每个关卡中，会给出纸张折叠和打孔的指令，玩家根据纸张折叠和打孔后的状态想象纸张展开后的形状。在玩家完成关卡后，可以观察纸张展开的动画，建立纸张展开过程的表征。*Unfoldit* 中的关卡设计均基于学术研究、医学研究和入学考试中的真实认知测试，有助于提升玩家的认知能力。

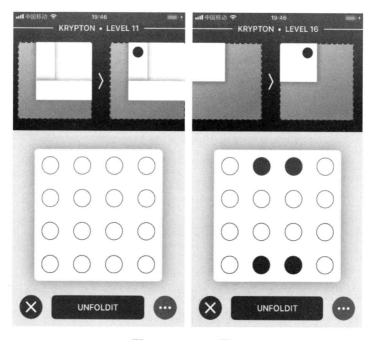

图 9–5 *Unfoldit* 界面

（六）Fold&Cut

Fold&Cut（见图 9-6）是一款益智游戏，玩家参照目标形状，折叠和切割虚拟纸张，使纸张展开后的形状与目标形状相同，玩家每次可以折叠多次，但仅可切割一次。随着游戏的进展，关卡会变得越来越具有挑战性，问题难度提升，共有超过 400 个关卡供玩家探索。

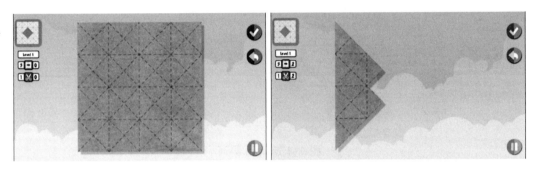

图 9-6 *Fold&Cut* 界面

如表 9-1 所示，6 个立体图形折叠与展开游戏都适用于 iOS 系统，其中 *Outfolded*、*-unfold-*、*Zasa* 和 *Unfoldit* 也适用于 Android 系统。6 个游戏的开发单位均为企业，其中 *Shapes* 的设计开发有高校学者参与。6 个游戏均未按照一定的课程标准设计，目标对象为全年龄段，并未针对五年级学生，在所涉及的教学内容上呈现单一性和差异性的特点。6 个立体图形折叠与展开游戏中益智休闲类应用较多，符合国家数学课程标准的很少，不能直接应用到立体图形折叠与展开的教育教学中，但为设计开发小学数学空间能力教育游戏提供了参考。

表 9-1 立体图形折叠与展开教育游戏比较

游戏名	适用系统	开发单位	年龄段	游戏类型	涉及的教学内容
Outfolded	iOS，Android	3 Sprockets	4+	聚会游戏	立方体的折叠与展开
-unfold-	iOS，Android	Adem KAYIRCI	4+	聚会游戏	展开图与立体图形各面的对应关系
Zasa	iOS，Android	Jianyu Wei	4+	问答游戏	正方体的折叠与展开，展开图
Shapes	iOS	AmoCity	4+	教育	立体图形的折叠与展开，展开图
Unfoldit	iOS，Android	Unfoldit LLC	4+	益智解谜	平面图形的折叠与展开
Fold&Cut	iOS	Ahmet Kermen	4+	益智解谜	平面图形的折叠与展开

分析现有的立体图形折叠与展开教育游戏，由于 *Unfoldit* 和 *Fold&Cut* 仅与心理折叠能力的训练有关，涉及的教学内容为平面图形的折叠与展开，并不能有效促进学习者对立体图形表征的建立。因此，本章的研究将其他 4 个游戏进行了对比分析，发现

在课堂应用上存在以下问题。

Outfolded 通过翻转立体图形逐渐展开立体图形,并且可以通过撤销的操作将立体图形折叠,从而展现 2D 图形与 3D 图形的相互转化。但当多个立体图形落在平台上时,并未对不同立体图形的展开图进行区分(例如使用颜色、区域等),因此多个展开图连成一片,玩家无法建立对立体图形及其展开图的表征,整个游戏更偏向于辅助玩家解压益智。

-unfold- 包含对立体图形的观察,以及探究立体图形各个面的对应关系等内容,玩家需要通过观察和想象完成 2D 图形和 3D 图形的转换,游戏方式较为单一,缺少 2D 和 3D 图形的动态变换过程。

Zasa 中主要使学习者想象和建立各个面与图形的对应关系,对于空间能力发展较为成熟的成人玩家来说,难度都非常具有挑战性,而其中仅涉及了正方体的展开与折叠,在教育教学中应用较为困难,存在应用限制,更有助于空间能力的培养。

Shapes 属于专门为教师教学和学生学习开发的辅助教学应用,包括了 2D 与 3D 图形动画变换、立体图形不同展开图展示,且可以通过将不同的面填上不同颜色进行对应面的区分。但其涉及多种立体图形,不符合小学五年级学生认知规律,更多的偏向图形表征的模拟。尽管可以通过教学设计影响其应用方式与效果,但与学习目标无关的因素仍可能会对学生形成干扰。

第三节　教育游戏设计理论框架

本节立足于建构主义学习视阈,梳理教育游戏设计开发理论相关研究,探索"人在教育游戏中是如何学习的",以及"如何促进教育游戏中的学习",构建折叠与展开游戏设计的理论框架与原则。建构主义学习理论认为,在学习过程中,学习者是信息加工、意义建构的主体,教师在学习者的认知过程中起到促进和引导的作用,强调为学习者创设有效的教学情境,激发学习者的学习动机和学习兴趣,帮助形成新旧知识之间的联系,进行有效的意义建构。因此,本章的研究从教育游戏中的学习者信息加工模式、有效教学情境创设、学习动机激发和教师的促进引导作用四个方面讨论教育游戏设计原则,以认知、动机和调节三个维度建构教育游戏设计理论框架,为折叠与展开教育游戏的有效设计提供参考和支持,见表 9-2。

表 9-2 教育游戏设计理论框架

设计维度	设计原则
1. 认知设计原则	1-1 呈现适量的学习材料，减少认知负荷，保证必要加工
	1-2 有效设计调节听觉通道的环境音乐和音效设计，减少无关加工
2. 动机设计原则	2-1 学生独特的个体身份
	2-2 提供明确的学习目标
	2-3 设定明确的游戏规则
	2-4 逐渐增加内容难度
	2-5 提供清晰、快速的学习反馈
	2-6 设计清晰、友好的界面
3. 调节设计原则	3-1 创建知识脚手架
	3-2 设计小步子教学指导
	3-3 提供及时的学习支持
	3-4 设计学习数据收集点

一、认知设计

本章的研究基于多媒体认知理论，分析学习者在教育游戏中的信息加工模式，提出了教育游戏设计开发的认知设计原则，如表 9-2 中 1-1、1-2 所示。

多媒体学习认知理论（Cognitive Model of Multimedia Learning）总结了多媒体学习中的认知过程和心理表征，根据学习科学的三项基本原则，提出了多媒体环境学习是如何发生的。[①] 三项基本原则包括：①双通道原则（Dual Channels Principle），人处理视觉材料和言语材料的通道是相互独立的；②有限容量原则（Limited Capacity Principle），人每次在一个通道中只能处理少量材料；③主动加工原则（Active Processing Principle），当人在学习过程中进行主动的认知加工时，就会进行深度学习，例如关注相关的输入材料（选择，Selecting），在心理上将其组织成连贯的表示（组织，Organizing），以及将输入材料与从长期记忆中激活的相关现有知识联系起来（整合，Integrating）。

当人们玩教育游戏时，可以在三种认知加工中分配有限的加工能力：①无关加工，是不符合教学目的，并且由不良的教学设计引起的加工过程，如一款具有许多分散注意力特征的游戏；②必要加工，是心理表征相关材料所必需的认知加工过程，由待学习内容的复杂性引起；③生成加工，是导致深度理解材料的认知过程，由学习者的动

[①] Mayer R E. Applying the Science of Learning to Multimedia Instruction[J]. Psychology of Learning and Motivation: Cognition in Education, 2011, 55:77−108.

机引发。教育游戏在促进生成加工过程中起着重要作用，但容易产生无关加工过程。因此，教育游戏设计的目标是最大限度地减少无关加工，引发必要加工并促进生成加工。

由于教育游戏具有丰富的三维空间，教学内容主要通过视觉信息呈现，往往占据着学习者的视觉通道，因此在学习者与教育游戏进行交互时，同时进行有意义的听觉和视觉输入可能对学习者的注意力造成破坏。[①]好的教育游戏会使用环境音乐调节听觉通道，但需要注意环境音乐和音效的有效设计，以减少无关加工。另外，由于学习者每次在一个通道内只能处理少量信息，需要注意避免同时呈现过多的学习材料，增加学习者的认知负荷，以保证必要加工过程的顺利进行。

二、动机设计

本章的研究基于情境认知理论和心流理论，分析内在动机的激发方式，提出了教育游戏设计开发的动机设计原则，如表9-2中的2-1至2-6所示。

情境认知理论认为知识是一种个人与环境之间独特关系的副产品，而学习则是个人、知识、情境三者交互作用的产物，学习者的认知过程（思维和学习）发生在一定的物理和社会背景中，只有将学习置于知识产生和运用的特定物理或社会情境中，才可能发生有意义的学习。受情境认知理论的影响，教育游戏的设计应该将知识与情境融合，模拟真实的应用情境，设计仿真场景，使学习者在与学习情境的交互中进行有意义学习，实现知识与技能的有效迁移。在教育游戏的设计中，可以通过给予玩家身份（Identity）吸引其思维，使其相信自己在游戏情境中是一个独特的个体，[②]促进其在教育游戏中的投入。

心流理论（Flow Theory）指出，当人们在进行某些日常活动时会完全投入情境当中，注意力高度集中，并且过滤掉所有与活动不相关的知觉，进入一种心流状态。[③④]心流是学习的最佳状态，可以通过内在满足感使学习者在从事任务时不停探索，不断达到新的目标，最大化提高学习效率和学习深度。[⑤]基于心流理论，在教育游戏的设计中应该遵循以下规律：①概念和内容的复杂性是逐渐增加的，随着个人技能水平的提

---

① Annetta L A. The "I's" Have it: A Framework for Serious Educational Game Design.[J]. Review of General Psychology, 2010, 14(2):105-112.

② 同上。

③ Csikszentmihalyi M. Beyond Boredom and Anxiety. The Experience of Play in Work and Games[J]. Journal of Individual Psychology, 1977, 33(2):267-268.

④ Annetta L, Mangrum J, Holmes S, Collazo K, Cheng M T. Bridging Realty to Virtual Reality: Investigating Gender Effect and Student Engagement on Learning Through Video Game Play in an Elementary School Classroom[J]. International Journal of Science Education, 2009, 31(8):1091-1113.

⑤ Finneran C M. Flow in Computer-Mediated Environments: Promises and Challenges[J]. Social Science Electronic Publishing, 2013, 15(1):82-101.

高，挑战水平也随之提高，从而在无聊和沮丧状态之间产生动态的张力。②游戏的规则必须明确，使学习具有可复制性，帮助学生探索环境和物体。③向学生提供明确的目标。④向学生提供快速、清晰的反馈，使学生知道自身目前的进度，以及成功完成任务还需要做什么努力。⑤游戏界面设计（即用于操纵游戏的控件）尽可能清晰和用户友好，以减少无关加工。①

三、调节设计

本章的研究基于体验学习理论，分析教师的促进引导作用，提出了教育游戏设计开发的调节设计原则，如表9-2中的3-1至3-4所示。

库伯提出了体验学习理论，用学习循环模型表示体验学习的过程，主要包含四个步骤：具体体验、观察反思、形成抽象概念和在新情境中检验。②其中，反思是体验学习的核心，在教育游戏中鼓励批判性思维会影响更多长期记忆通道。当学习者利用现有知识库（模式）在教育游戏中学习时，将获得新的体验，并将其与他们先验的知识和经验联系起来，进行有效组织，从而吸收游戏中嵌入的学习内容，这就是学习者在教育游戏中的自我调节学习过程。在基于教育游戏的学习中，教师扮演着指导者的角色，负责促进和引导学习。根据对教育游戏自我调节学习过程的分析，教师在课堂上应负责：①根据学习者独立完成任务的情况，创建知识脚手架；②设计小步子教学指导，为学习者提供表达和反思的机会；③在学习者完成所有任务前，提供学习支持，答疑引导。另外，为了及时给学习者提供学习支持与反馈、指导教学和评估学习，应根据教学需求，在教育游戏中设计恰当的数据收集点，以收集到需要的反馈、评价数据。

第四节 空间游戏的设计与实现

基于学习科学和教育游戏的理论基础，本章的研究设计开发了一款促进小学五年级学生折叠与展开学习的教育游戏《方块消消乐》。该游戏的设计围绕内容设计和游戏设计两个方面展开，其中内容设计是游戏整体设计的基础。游戏的设计框架如图9-7所示。

第一，在游戏的内容设计方面，本章的研究基于《义务教育数学课程标准（2011年版）》的学习内容标准和学段学习要求，开展了对人教版和北师大版教材的教学内容

---

① Pilke E M. Flow Experiences in Information Technology Use[J]. International Journal of Human–Computer Studies, 2004, 61(3): 347–357.

② Kolb D A. Experiential Learning: Experience as the Source of Learning and Development (Second Edition)[M]. Hoboken, NJ: Pearson FT Press, 2014.

分析。经过整合分析结果，进一步总结与拓展，得到折叠与展开教育游戏的教学内容与组织顺序，基于此构建知识模块与框架，设计每个知识模块的认知活动，开发认知活动相应的学习资源，并针对学生认知困难的点设计脚手架，以支持学习。

第二，围绕着游戏的内容、贴合着目标概念学习，本章的研究开展了游戏总体元素的设计，包括故事背景的创设，学习情境的搭建；游戏形式与规则玩法的设计；体现游戏核心的功能模块设计；具体化游戏设计表现的场景交互设计。功能模块设计是教育游戏实现教育目标的重要部分，本游戏的功能包括任务功能、脚手架功能、反馈评价功能、成就收集功能和行为数据收集功能。游戏整体设计旨在使学习内容与游戏元素相互呼应，实现教育游戏内容概念与游戏的有效整合。相比于平衡游戏的教育性与游戏性，本章的研究旨在促进教育性与游戏性的融合发展。

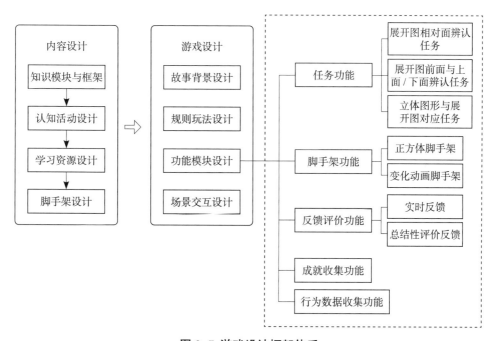

图 9-7 游戏设计框架体系

一、游戏内容设计

基于国家课程标准折叠与展开内容学习要求，本章的研究从目标定位、教学内容、教学序列和空间对象表征方面对两版教科书进行对比分析，确定采用正方体作为空间概念的表征方式，及以逐层递进、逐渐抽象的方式组织的三个教育游戏知识模块：展开图相对面的辨认、展开图前面与上面/下面的辨认、立体图形与展开图的对应。通过不同类型的任务对同一空间概念进行表征，为学生提供丰富的认知机会，促进学生思维发展。

参考基于学习科学视角的折叠与展开学习研究，针对每个知识模块开展认知活动设计。为了给学生创造想象图形运动变化过程的最大空间，所有学习活动均呈现静态平面图形与可观察的立体图形，将图形动态变化过程保留给学生进行想象。认知活动设计综合考虑了学生的年龄特征与任务难度的影响因素。遵循学生的年龄发展规律，在学习过程中逐渐增加难度，实现学生思维从具体到抽象的过渡；考虑到折叠与展开方向和每次操作所涉及的正方形数目是影响任务难度的两个因素，对任务难度进行排序，并根据难度排序进行关卡设计。具体的认知活动设计如表9-3所示。

表 9-3 游戏内容设计

知识模块	认知活动	学习资源	学习资源图例	脚手架
展开图相对面的辨认	给学生展开图，想象折叠成正方体的过程，找出三对相对面	六个面图案相同的展开图		（1）可通过旋转进行全方位观察的正方体；（2）展开图从目前位置折叠成正方体，后又展开的动画
展开图前面与上面/下面的辨认	（1）给学生标注下面的展开图，想象向上折叠成正方体的过程，找出前面与上面	六个面图案相同，标注了正方体下面的展开图		（1）可通过旋转进行全方位观察的正方体；（2）展开图折叠和展开的动画，未标注上/下面；（3）展开图折叠和展开的动画，标注上/下面
	（2）给学生标注上面的展开图，想象向下折叠成正方体的过程，找出前面与下面	六个面图案相同，标注了正方体上面的展开图		
立体图形与展开图的对应	（1）给学生相对面相同的正方体，想象正方体展开的过程，在正方形行列阵中找出展开图	相对面图案相同的正方体，以及3×4或3×5的正方形行列阵		二维图形和三维物体折叠和展开变化的动画
	（2）给学生六个面不同的正方体，想象正方体展开的过程，在正方形行列阵中找出展开图	六个面图案不同的正方体，以及3×4或3×5的正方形行列阵		

学生在教育游戏环境中通过学习资源直接与学习内容进行交互，构建空间概念表征，因此游戏的学习资源设计在内容框架和认知活动的基础上开展，主要为正方体平面展开图、可旋转观察的正方体及正方形行列阵，如表9-3所示。

为了帮助学生解决认知困难、促进学生对二维图形和三维物体运动变化过程的理解和表征，本研究设计了两种认知脚手架，分别为可旋转观察的正方体和二维图形与三维物体运动变化过程的演示动画。例如，在展开图相对面的辨认模块中，游戏提供了可通过旋转进行全方位观察的正方体（图9-8a），帮助学生建立对平面图形和立体图形的表征，辅助进行二维图形和三维物体表征的转换；以及展开图从目前位置折叠成正方体，后又展开的动画（图9-8b），帮助学生进行平面图形和立体图形转换的想象，突破认知困难。

 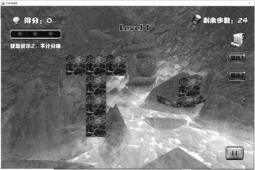

图 9-8 正方体脚手架（a，左）和动画脚手架（b，右）

二、游戏整体设计

（一）故事背景创设

故事背景创设能够为学生提供在教育游戏世界中独特的个体身份，增强代入感，提升学习动机，是保证游戏其他设计效果的基础。《方块消消乐》将学生设定为勇闯混沌的库布（Cube）世界的勇士，并提供八款游戏化身选择，学生可以选择其一开始游戏，与邪恶势力斗争，找寻被封印的12神兽，守护库布世界。

图 9-9 《方块消消乐》游戏故事背景创设

（二）规则玩法设计

基于对学习者的分析，《方块消消乐》目标对象为小学五年级学生，为了在游戏过程中，尽量减少学生在操作和规则理解上的困难，应设定清晰明确的游戏规则，保持学生的注意力和兴趣，并将主要玩法设计得简单且易于操作。因此，本游戏采用消除游戏的形式，学生在游戏中会遇到基于每一关卡图形库随机生成的图形，玩家需要在限定的步数内消除足够多的正方形。根据每一个知识模块的任务要求，学生需在图形中找出、消除对应的面，如果选择正确，相应的面被消除，玩家累积得分，步数减少，进行下一个任务或图形挑战；反之，玩家的机会步数减少，进行同一个任务挑战。当步数为0时，游戏结束，根据玩家得分进行总结性评价反馈，评判星级，并进行关卡物品奖励。

（三）功能模块设计

游戏的功能模块设计是支持教育游戏有效运作、达到教学目标的关键，《方块消消乐》游戏主要包括任务功能、脚手架功能、反馈评价功能、成就收集功能和学生行为数据收集功能。

其中，任务功能是教育游戏的核心功能，也是学生进行认知活动的功能。如前所述，本游戏中包括三种任务：展开图相对面辨认任务（图9-10a）、展开图前面与上面/下面辨认任务（图9-10b）和立体图形与展开图对应任务（图9-10c），以闯关模式作为其具体表现形式，设计对应的三个地图：火焰山、冰川岛和水晶岩洞。

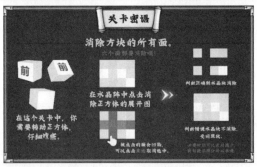

图9-10 展开图相对面辨认任务（a，左上）、展开图前面与上面/下面辨认任务（b，右上）和立体图形与展开图对应任务（c，下）

脚手架功能是支持学生进行折叠与展开学习，帮助突破认知困难的功能。如前所述，本游戏设计了两种脚手架支持：可观察的正方体和平面图形与立体图形变化过程动画，旨在帮助学生建立对平面图形和立体图形的表征，建构表征相互转换的过程。

根据三种任务要求，设计渐进的脚手架，表现在游戏中为不同难易程度的提示，如表9-3所示。需要注意的是，当学生使用了正方体脚手架提示时，本次操作得分减半；当学生使用了折叠与展开动画脚手架提示时，本次操作不得分。

反馈评价功能是学生获得学习反馈以调整学习过程的功能，包括闯关过程中的实时反馈和闯关结束后的总结性评价反馈。闯关过程中的实时反馈表现在学生进行图形选择后，如果选择正确则图形消除、出现选择正确游戏音效、得到积分奖励，如图9-11（a）所示；如果选择错误则图形不消除、出现选择错误游戏音效、不积分，并显示错误提示，以帮助学生发现认知错误，并及时构建正确概念，如图9-11（b）所示。总结性评价反馈发生在学生闯关结束后，对学生在这一关的学习表现进行评星打分，提供学习结果反馈。

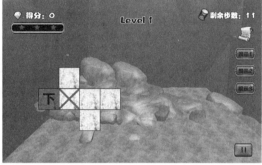

图 9-11 正确反馈（a，左）和错误反馈（b，右）

成就收集功能是为学生设置的随机通关奖励，能够有效激发学生的学习动机。每个关卡都设有通关物品奖励，如地图碎片、护身符、神兽等，学生可以在背包处查看已获得的通关奖励，如图9-12所示。每个关卡获得3星，必将获得通关奖励，获得2星的关卡有三分之一的概率获得相应的通关奖励，学生可以在背包处查看已获得的通关奖励。

图 9-12 游戏成就收集功能

学生行为数据收集功能则是教师获得教学反馈、调整教学的重要参考，也是教育游戏评价的数据基础之一，能够提供客观有效的学习行为数据。本游戏设计了学生行为数据采集点：一方面记录关卡内学生的任务完成情况，包括学生每次操作的时间、图形、正误情况、选择情况等；另一方面记录学生关卡任务完成外的行为情况，包括提示、暂停、重新开始、背包等。

（四）场景交互设计

基于理论基础中确定的教育游戏设计理论框架，开展场景交互设计。《方块消消乐》共设计了9种场景界面，如游戏入口界面、关卡选择界面、游戏主界面、游戏结果界面等，每一种界面都承载着游戏的不同功能，共同组成了完整的游戏架构。

第五节 空间游戏的应用与评估

为了检验《方块消消乐》折叠与展开学习的效果，本章的研究将此游戏应用于小学五年级课堂教学，开展了实验研究，以评估《方块消消乐》对提升学生数学学习成绩和心理折叠能力的效果。并尝试探究《方块消消乐》对具有不同先验能力的学生，是否会产生不同的影响效果。而后对学生在游戏过程中产生的客观行为数据开展行为序列穷举分析，进一步探索学生基于教育游戏的学习过程，依据知识学习成绩将学生分为高绩效组和低绩效组，探究两组学习者行为的共性与差异，分析教育游戏的设计在学习过程中起到的作用。

根据研究目的，本章的研究采用前后测实验设计，并提出三个研究假设。假设一：学生的知识学习和心理折叠能力后测成绩都显著高于前测成绩。假设二：对于先验能力低的学生，其知识学习和心理折叠能力的提升效果都显著高于先验能力高的学生。假设三：高绩效组学习者与低绩效组学习者在游戏中的行为序列存在不同。

一、研究设计

（一）研究对象

本章的研究在北京市顺义区一所公立小学的五年级开展，随机选取了一个班级共37名学生参与实验，其中女生20名，男生17名。由于整个实验周期（包括前测、干预和后测）持续11天，存在一些学生无法完成整个实验的情况，所收集到的数据反馈不完全，无法纳入分析过程，做剔除处理。完整参与研究的总人数为32人，其中女生15名，男生17名。该所小学使用北京版教材，尚未完成"立体图形的折叠与展开"内容的学习。

（二）研究工具

为测量学生的知识学习成绩，研究参考小学五年级折叠与展开内容的习题和试题，在小学数学教育专家的指导下，开发了学习成效测试，共包含11道题目，分别为6道选择题和 5 道填空题。每道题目计 1 分，测试总分为 11 分，学生的测试成绩为正确回答题目的累计分数。针对前测和后测开发了两版学习成效测试，保持试题数目、类型、测试内容和难度相同，题目中具体图形和答案不同。

为评估学生的心理折叠能力，研究选取了应用最为广泛的纸张折叠测试（Paper Folding Test）作为测量工具，[①] 共包含 20 道题目。测试总分为 20 分，学生的测试成绩为正确回答题目的累计数目减去错误回答数目的五分之一。测试题目被分为两部分，每部分有 10 道题目，呈现在同一页上，计时 3 分钟完成。如图 9-13 所示，每道题目的左侧给出一张正方形纸的折叠和打孔方式，学生需要想象打孔后的纸张展开过程，并在右边五个答案中选择展开后的正方形纸。

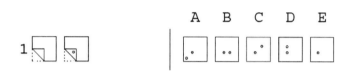

图 9-13 心理折叠能力测试例题

（三）研究过程

实验前测在实验干预的前一星期进行，即第一天，学生进行了知识学习和心理折叠能力的前测，分别用时为 14 分钟和 6 分钟。在第八天至第十天，开展三天的实验干预，学生每天进行 1 课时的基于《方块消消乐》的学习，持续时间 40 分钟。第八天为新授课，由教师开展基于《方块消消乐》的折叠与展开内容教学；第九天和第十天为练习课，学生独立进行基于《方块消消乐》的学习，教师作为引导者的角色，为学生答疑解惑，提供学习支持。干预结束后，第十一天，学生进行知识学习和心理折叠能力的后测，用时与前测一致。

二、结果分析

（一）教育游戏应用效果

本章的研究采用配对样本 T 检验对学生前后测数据进行分析，以探究教育游戏的应用效果。结果如表 9-4 所示，学生知识学习的后测总分均值（$M = 9.63$，$SD = 1.29$）显著高于前测（$M = 6.00$，$SD = 2.78$），$t(31) = -8.618$，$p = 0.000$，$d = 1.524$；心理折叠能力的后测总分均值（$M = 10.85$，$SD = 4.23$）显著高于前测（$M = 8.38$，$SD = 4.33$），$t(31) = -5.075$，$p = 0.000$，$d = 0.897$。研究结果证明了研究假设一，学生的知识学习和心理折叠能力后测成绩都显著高于前测成绩，说明教育游戏《方块消消乐》

[①] Ekstrom R B, French J W, Harman H H. Manual for Kit of Factor-referenced Cognitive Tests[M]. Princeton, NJ: Educational Testing Services.1976: 283-285.

的应用能够提升学生的数学学习成绩和心理折叠能力。

表 9-4 配对样本 T 检验结果

项目	前测			后测			差值	t	df	p	d
	N	均值	标准差	N	均值	标准差					
知识学习	32	6.00	2.78	32	9.63	1.29	−3.63	−8.618	31	0.000***	1.524
心理折叠能力	32	8.38	4.33	32	10.85	4.23	−2.47	−5.075	31	0.000***	0.897

* $p < 0.05$ **, $p < 0.01$ ***, $p < 0.001$。

注：d 为效应量。

（二）不同能力学生对比

本章的研究采用独立样本 T 检验，分析高先验能力学生和低先验能力学生的前后测分数差（后测 − 前测），以探究教育游戏对具有不同先验能力学生的影响效果。由于样本量未达 100 人，本章的研究分别按照前测知识学习分数和心理折叠能力分数，以 50% 为界将学生分为高能力组（16 名）和低能力组（16 名）。结果如表 9-5 所示，知识学习先验能力低的学生分数提升均值（$M = 5.31$，$SD = 1.92$）显著高于先验能力高的学生（$M = 1.94$，$SD = 1.39$），$t(30) = −5.69$，$p = 0.000$，$d = 2.01$；心理折叠先验能力低的学生分数提升均值（$M = 3.00$，$SD = 2.84$）与先验能力高的学生（$M = 1.95$，$SD = 2.66$）无显著差异，$t(30) = −1.08$，$p = 0.289$。研究结果部分证明了研究假设二，对于知识学习先验能力低的学生，《方块消消乐》应用的提升效果显著高于知识学习先验能力高的学生；不过《方块消消乐》的应用对于心理折叠先验能力不同的学生，提升效果无显著差异。

表 9-5 独立样本 T 检验结果

项目	高能力组			低能力组			差值	t	df	p	d
	N	均值	标准差	N	均值	标准差					
知识学习	16	1.94	1.39	16	5.31	1.92	−3.37	−5.69	30	0.000***	2.01
心理折叠能力	16	1.95	2.66	16	3.00	2.84	−1.05	−1.08	30	0.289	0.382

* $p < 0.05$ **, $p < 0.01$ ***, $p < 0.001$。

注：d 为效应量。

（三）行为序列分析

为了分析高绩效组与低绩效组学生的行为序列，验证研究假设三，研究仍以 50% 为界将学生按照后测知识学习分数分组，采用穷举分析法对系统记录的后台行为数据进行处理。首先，对学生行为数据进行编码，结果如表 9-6 所示。使用 R 语言编程开展穷举分析，为了能够探索更多的行为序列信息，设定序列分析长度为六个行为，对编码后的数据进行遍历和计次，取高绩效组和低绩效组频次排名前五的行为序列进行对比分析，得到行为序列频次统计结果如表9-7所示。

在两组学生行为的共性方面，行为序列中出现最多的序列模式为关卡任务选择（CR/CW），并且序列中以选择正确行为的连续出现（CR*）为主，如高绩效组和低绩效组统计频次均很高的类似序列 CW→CR*→CW→CR*→CW→CR*/CR*→CW→CR*→CW→CR*→E，即在连续的正确选择行为后出现一次错误选择，而后继续连续出现选择正确行为，说明两组学生均不断进行任务尝试和试误反思过程。

不同的是，高绩效组行为序列出现频次最高的为 T2→CR→T2→CR→T2→CR，即查看提示2→选择正确→查看提示2→选择正确→查看提示2→选择正确，低绩效组虽也存在相同的行为序列，不过频次排在第二位，且出现频次仅为高绩效组行为频次的二分之一。学生在查看了提示2后，接下来的行为是正确选择，说明游戏中设计的动画脚手架能够支持学生进行空间概念的表征，帮助克服认知困难，是较为有效的认知脚手架。而高绩效学生与低绩效学生行为序列的频次差异说明，两组学生在脚手架策略使用上存在不同，高绩效学生更善于利用提示2实现问题解决。

表 9-6 行为编码表

行为	编码	描述
登录	L	点击"登录"按钮
修改角色	M	点击"修改角色"按钮
进入游戏	I	点击"进入游戏"按钮
查看背包	B	点击背包按钮
查看玩法	F	点击玩法卷轴
关卡选择	SL	选择关卡行为
开始关卡	S	进入关卡时自动记录
结束关卡	E	结束关卡时自动记录
查看提示1	T1	查看1类提示，即正方体表征
查看提示2	T2	查看2类提示，即折叠与展开动画
暂停	P	点击"暂停"按钮
继续	G	点击"继续"按钮
重新开始	R	点击"重新开始"按钮
选择正确	CR	学生做出正确选择后自动记录
选择错误	CW	学生做出错误选择后自动记录

表 9-7 穷举分析结果

高绩效组		低绩效组	
行为序列	频次	行为序列	频次
T2 → CR → T2 → CR → T2 → CR	142	CR* → CW → CR* → CW → CR* → E	81
CW → CR* → CW → CR* → CW → CR*	78	T2 → CR → T2 → CR → T2 → CR	70
CW → CR* → CW → CR* → CW* → CR*	50	CR* → E → S → CR* → CW → CR*	58
CW → CR* → CW → CR* → CW → CR*	42	CR → CW → CR* → CW → CR* → CW	31
CW → CR → CW → CR* → CW → CR*	38	CW → CR* → CW* → CR* → CW → CR*	30
* 对持续出现的相同行为进行缩写，表示有两个及以上的行为连续出现			

第六节 结论与讨论

一、研究结论

本章的研究基于学习科学视角设计开发了一款科学、有趣、有效的教育游戏《方块消消乐》。在学习方式上，游戏结合了学习科学领域对折叠与展开学习过程的研究结果，以遵循学生认知发展规律的方式有效建构空间概念，保证教育游戏设计的科学性；在学习内容上，游戏基于我国设定的课程标准与权威教材进行了详细的教学内容设计分析，以保证内容基础的适切性和教育游戏应用的有效性；在游戏设计上，本章的研究分析提出了教育游戏设计开发的认知设计原则、动机设计原则和调节设计原则，以实现教育性与游戏性的融合。在此基础上，本章的研究将游戏与课堂教学整合，开展了教育游戏的应用效果评价。结果显示，《方块消消乐》可以有效地提升学生的数学学习成绩和心理折叠能力。在知识学习上，相比于先验能力高的学生，《方块消消乐》对先验能力低的学生提升效果更佳，而对于心理折叠能力来说，《方块消消乐》对于先验能力不同的学生具有相同的提升效果。此外，行为序列分析结果表明，游戏中设计的动画脚手架能够有效帮助学生构建空间表征，克服认知困难。

二、研究启示

如何将学习科学理论落实在具体的教育游戏设计中、以指导学生在教育游戏中的学习，是每一个教育游戏实践者都必须思考的问题。在教育游戏的设计开发中，实践者需要梳理学习内容，总结学生学习过程遇到的问题与困境，然后以问题为锚点，分析学生认知规律与认知水平。以学习科学相关理论为基础建构教育游戏的整体逻辑框架，从而搭建理论与实践之间的桥梁。回顾本章的研究可以发现，教育游戏设计是从理论到实践不断落地的过程。从理论研究开始，结合需求分析，最终完成游戏的设计与开发，以实现科学、有趣、有效的教育游戏。据此，本章的研究得出以下教育游戏设计的启发：

（1）理论研究是教育游戏设计开发基础

教育游戏设计开发过程的理论基础包括学习内容相关理论和教育游戏设计理论。学习内容相关理论能够帮助研究者了解学生的学习过程和认知方式，从而设计科学的认知活动支持学生的概念建构，保证教育游戏的科学性。本章研究中《方块消消乐》的设计基于学习科学的跨学科研究成果，探究学生二维、三维图形表征建构和心理折叠能力认知过程，以及折叠与展开教育教学问题及成因，总结出设计开发教育游戏认知活动的理论基础。教育游戏设计理论是游戏总体设计的参考，为教育游戏的有趣性提供支持。本章的研究立足于建构主义学习视阈，基于多媒体认知理论分析学习者在教育游戏中的信息加工模式，基于情境认知理论和心流理论分析内在动机的激发方式，基于体验学习理论分析教师的促进引导作用，从认知设计、动机设计、调节设计三个方面提出教育游戏设计开发的原则，为营造科学有效的学习环境提供支持。

（2）需求分析是教育游戏有效应用的保障

在研究目标内容相关理论的同时，应开展对目标知识内容的教学和学习的需求分析。通过需求分析，建构教育游戏设计开发的内容基础，贴合目标需求进行教育游戏的认知活动设计，从而保证教育游戏的有效性。本章的研究从我国义务教育数学课程标准出发，分析人教版和北师大版小学五年级数学教科书，梳理"立体图形折叠与展开"相关部分的教学设计思路，明确教学目标、教学内容和学习深度范围，为构建教育游戏的学习内容框架、设计符合学生认知发展的认知活动与相应的学习资源和脚手架提供参考。

（3）设计开发实现教育性和游戏性的融合

相比于将教育游戏的教育性和游戏性作为两个排他的因素进行平衡，本章的研究旨在推动教育性和游戏性的融合，从而实现两方面的交互发展。理论研究与需求分析为教育游戏设计开发提供了理论基础和内容基础，指导游戏的内容设计和总体设计。教育游戏的设计开发应以目标知识的内容设计为基础，贴合教学内容设计开展游戏总体设计，促进学习者发现知识本身的乐趣，从而激发内部动机。本章的研究立足于游戏的内容设计，开展贴合学习内容的游戏总体设计，融合发展教育性与游戏性。

三、研究不足

本章的研究还存在一些有待完善之处。由于时间限制，本章的研究设计的游戏并没有得到大范围的测试，尚未开展后续教学工作；游戏内容和规则还需要结合学生学习情况进行适应性的修改。因此，本章的研究设计的折叠与展开游戏还需要进一步迭代优化和改进。如在游戏设计上，可以丰富游戏规则，探索渐进性玩法，以增强游戏趣味性；在内容设计上，可以利用游戏后台数据对学习内容的理论分析进行补充和完善，提升内容设计的科学性和有效性。通过迭代的优化以实现螺旋上升的游戏设计，最终落实到一线教育教学实践，助力学生数学学习和空间能力的培养。

本章结语

本章在系统梳理折叠与展开学习知识及教育游戏理论的基础上，设计开发了《方块消消乐》游戏，并通过实验研究验证了其成效。虽然研究还存在一些不足，但是展示了电子游戏在空间能力方面的独特价值。空间能力对于学生的数学等各学科学习都具有重要的价值，希望未来在心理折叠、心理旋转、空间定向、视觉辨别、图形背景知觉、视觉完形和视觉记忆等方面涌现出更多更优秀的教育游戏。

第四编

教育游戏的未来发展

　　本编共包括两章内容，首先考虑到未来教育游戏的一个重要应用形式就是游戏化，另外在线教育是未来很重要的教育方式，所以我们首先探讨一下游戏化在在线教育中的应用；然后探讨教育游戏发展过程中面临的困难和障碍，以及克服困难和障碍的解决措施；并探讨教育游戏未来的发展趋势；最后探讨我们近年来提出的新理念——"新快乐教育：学习科学和游戏化视野下的未来教育"。这一编的目的是让读者对教育游戏的未来发展有一个全面和系统的了解。

第十章　教育游戏与在线教育

> **本章导言**
>
> 2020年春，因为新型冠状病毒肺炎疫情的原因，全国几乎所有学校、所有学生都开始尝试各种各样的在线教育，借此实现"停课不停学"，开展了人类有史以来大规模的在线教育实验。西班牙《国家报》网站2020年2月19日的报道指出，"新型冠状病毒肺炎疫情临时让中国变成了一个大规模的测试平台，在实践中检验近几十年来有关在线教学突破传统学校模式的许多理论，它将最大限度检验在线教育模式的可行性"。[①]
>
> 其实自2012年以来，MOOC（Massive Open Online Course，大规模公开在线课程，又称慕课）作为在线教育的代表形式，已经在全球得到学者们的广泛关注。斯坦福大学校长约翰·亨尼斯（John Hennessy）表示，MOOC是教育史上一场史无前例的"数字海啸"。[②]在实践中也不乏很多优秀的案例，比如2011年秋，来自世界各地的16万余人注册了斯坦福大学两位教授联合开设的"人工智能导论"免费课程，最后有2万余人通过考试。在我国，北京大学张海霞教授牵头依托东西部高校课程共享联盟和智慧树网推出了"创新工程实践"MOOC，每一学期几乎都有来自将近200所高校的数万名学生一起学习。
>
> 然而，以MOOC为代表的在线教育也不是万能的，在发展中也遇到了学习者学习持续性不强、退学率高、交流互动不足以及网络教学难以适应实践教学需要、教学模式单一、学分认证难等问题[③]，其中，缺乏持续的学习动机是MOOC学习中最为严重的问题之一。针对这类问题，很多研究提出可以从学习者的学习体验出发，将游戏或游戏化元素整合在MOOC中，让MOOC学习变得更加有趣，从而激发学习者的学习动机。[④]
>
> 那么，究竟应该怎样将游戏与MOOC整合呢？本章的研究就希望在现有游戏

---

① 刘利民. 这是一次世界上规模最大的"教育实验"[EB/OL].(2020-3-25)[2020-4-6]. http://www.cppcc.gov.cn/zxww/2020/03/25/ARTI1585097054540195.shtml
② ［美］威廉·G. 鲍恩. 数字时代的大学[M]. 欧阳淑铭，石雨晴，译. 北京：中信出版社，2014：序言.
③ 汪基德，冯莹莹，汪滢. MOOC热背后的冷思考[J]. 教育研究，2014, 35(09): 104—111.
④ Chang J, Wei H. Exploring Engaging Gamification Mechanics in Massive Online Open Courses[J]. Journal of Educational Technology & Society, 2016, 19(2): 177−203.

化设计框架的基础上，提出基于情境故事的 MOOC 游戏化模型，并提出一种游戏化与 MOOC 课程视频整合的途径，然后以"游戏化教学法"MOOC[①]为例，实现并验证该整合途径对提升学习者学习动机的有效性。[②][③]

第一节 在线教育

所谓"在线教育"（Online Education），是指运用互联网、人工智能等现代信息技术进行教与学互动的新型教育方式，是教育服务的重要组成部分。[④]虽然在线教育在 2020 年疫情期才引起了整个社会的广泛关注，但是在线教育其实由来已久，只不过在不同时期使用的概念有所不同，如现代远程教育、网络教育、互联网教育、在线教育等。[⑤]

一、在线教育的历史发展

20 世纪 90 年代，信息技术的发展和知识经济社会的来临，让人们意识到了人才培养和终身学习的重要性，而现代远程教育是一种多、快、好、省地发展学校教育和终身教育的形式。1999 年 1 月，国务院转发教育部《面向 21 世纪教育振兴行动计划》，决定实施"现代远程教育"。同年 6 月，在全国教育信息化工作座谈会上正式发布了《全国现代远程教育发展规划》，提出建立多元化现代远程教育专业传输网，积极支持有条件的普通高等学校参与现代远程教育，提高远程教育的办学层次，扩大办学规模，同时也提出在少数有条件的地区和中小学开展中小学远程教育试点。截止到 2012 年，教育部已经批准了北京大学等 68 所普通高校和中央广播电视大学开展网上远程教育（此时期也常称为网络教育），这些学校对在线教育的教学模式、教学策略、组织管理方法等进行了有益的探索。

2010 年左右，MOOC 开始在全世界流行。2011 年秋，来自世界各地的 16 万余人注册了斯坦福大学两位教授联合开设的"人工智能导论"免费课程，最后有 2 万余人通过考试，这件事情在全世界产生了非常大的影响。随后，美国斯坦福大学教授创办了 Coursera 平台。哈佛大学和麻省理工学院宣布推出 MOOC 网站 edx。在我国，高等

---

① 《游戏化教学法》MOOC 网址：https://www.icourse163.org/course/icourse-1001554013。
② 朱云，裴蕾丝，尚俊杰.游戏化与 MOOC 课程视频的整合途径研究——以《游戏化教学法》MOOC 为例 [J].远程教育杂志，2017, 35(06):95—103.
③ 曲茜美，曾嘉灵，尚俊杰.情境故事视角下的 MOOC 游戏化设计模型研究 [J].中国远程教育，2019, 40(12):24—33+92—93.
④ 中华人民共和国教育部.教育部等十一部门关于促进在线教育健康发展的指导意见（教发〔2019〕11 号）[Z].北京：中国教育部，2019.
⑤ 尚俊杰.在线教育讲义 [M].上海：华东师范大学出版社，2020:1—21.

教育出版社牵头推出了"中国大学MOOC",清华大学牵头推出了MOOC平台"学堂在线",北京大学也牵头推出了MOOC平台"华文慕课"。① 这些MOOC平台提供了大量免费的网络公开课程。

可以说,自2012年起,MOOC在全球掀起了风暴。斯坦福大学校长约翰·亨尼斯认为在教育史上,这是一场史无前例的"数字海啸"。美国《时代周刊》在2012年也发表了一篇文章《大学已死,大学永存》,其中谈到MOOC可以"**将世界上最优质的教育资源,传播到地球最偏远的角落**"。2016年,中国教育部在线教育研究中心在《2016中国慕课行业研究白皮书》中也指出,"自2014年核心慕课平台相继上线后,我国的慕课用户规模开始呈现快速增长趋势",至2016年10月,国内MOOC注册用户规模已突破1000万人,并且持续增长。

随着移动互联网、VR/AR、人工智能、大数据等技术的发展,在线教育形式越来越多元化,发展得越来越快。到2013年,众多企业开始投入巨资发展在线教育,主要是给中小学生提供一对一或一对多的英语、数学、人工智能、信息技术等学科的录播课或直播课。同时,在线教育也成为促进区域教育均衡发展的重要方法,例如成都七中自2002年起就利用卫星传输技术,将全日制课程直播到了全国几百所学校。② 人大附中和友成基金会合作,将人大附中的课堂传输到偏远地区,采用"双师教学"模式改造乡村教师培训。③ 在高校,北京大学张海霞教授牵头的"创新工程实践"课程使得同一时间全国近200所高校的学生同步在线上课。④ 2019年9月30日,教育部等11部门联合印发《关于促进在线教育健康发展的指导意见》,其中指出在线教育是教育服务的重要组成部分。⑤

到了2020年,因为新型冠状病毒肺炎疫情的原因,全国几乎所有学校、所有学生都在利用在线教育实现"停课不停学",开展了人类有史以来大规模的在线教育实验,引发了全社会乃至全世界的关注。《俄罗斯报》2020年3月2日的报道称:"中国进行一项世界上规模最大的教育实验,这一景象史无前例。"⑥ 教育部原副部长刘利民讲道:这是一次教育理念的大检阅、课堂革命的大契机、在线教学的大培训、校际教研的大

---

① 尚俊杰. 未来教育重塑研究 [M]. 上海:华东师范大学出版社, 2020:29—31.
② 易国栋, 亢文芳, 李晓东. "互联网+"时代百年名校的责任与担当——成都七中全日制远程直播教学的实践探索 [J]. 中小学数字化教学, 2018(04):83—85.
③ 汤敏. 用"双师教学"模式改造乡村教师培训 [J]. 中国教师, 2015(19):78—80.
④ 张海霞, 陈江, 尚俊杰, 邢建平, 黄文彬. "iCAN赛课合一"创新实践教育模式的实践与探索 [J]. 中国大学教学, 2018(01):79—84.
⑤ 本刊. 十一部门联合印发《关于促进在线教育健康发展的指导意见》[J]. 浙江教育科学, 2019(05):12.
⑥ 刘利民. 这是一次世界上规模最大的"教育实验" [EB/OL].(2020-3-25)[2020-4-6]. http://www.cppcc.gov.cn/zxww/2020/03/25/ARTI1585097054540195.shtml

协同，它可能引发"蝴蝶效应"，进而推动中小学学习模式的"革命"。[1]

目前，在线教育也演化出多种形式，比如相对于"大规模开放在线课程"的"小规模私有在线课程"（Small Private Online Course, SPOC）逐渐走进教学实践者的视野。[2]比如哈佛肯尼迪政治学院开设的"美国国家安全、战略和媒体面临的主要挑战"慕课，以 SPOC 模式同时提供给校内学生和 500 名校外的在线学生。加州大学伯克利分校也通过 SPOC 模式将"软件工程"慕课应用到校内课堂中。[3]随着微课、MOOC、SPOC 在高等教育中的应用探索，混合式教学目前也已经成为当前高校课堂教学改革与创新的重要实践方式。[4]相信未来我们一定可以以在线教育为契机，打造未来美好教育。[5]

二、在线教育的学习成效

在线教育的学习成效到底如何呢？下面分三种课程类型来讨论：

（一）关于异步课程的学习成效

所谓异步课程，主要的形式就是前文所提的 MOOC。有学者曾经给加州大学欧文分校（简称 UCI）的新生开发了一门生物学入门 MOOC，帮助他们在入学之前获得技能和知识，从而在大一生物学课程中取得成功。研究结果表明：MOOC 可以帮助学生在进入大学之前就学习到相关知识，为大学学习做好准备。[6]然而，也有研究者指出 MOOC 存在完成率低、辍学率高的问题，如贾积有等人分析了北京大学在 Coursera 平台上发布的六门 MOOC 的学习数据，发现六门课程平均的完成率只有 11.16%，而辍学率高达 88.84%。[7]

基于 MOOC 高辍学率、低完成率的现状，有些研究者开始尝试将 MOOC 与传统课程进行整合，从而提升学习者的学习成效。如加迪里（Ghadiri）等人结合麻省理工学院的电路 MOOC 在大学开展翻转课堂教学，研究结果表明，混合使用高质量的 MOOC 内容和适合的课堂教学方法，可以显著提升学习成效；[8]许建平等人在中南大

---

[1] 刘利民. 这次世界规模最大的"教育实验"将推动中小学学习模式"革命"[EB/OL].(2020-3-14)[2022-4-28].https://www.jste.net.cn/cmsplus/cms2/content.jsp?relationId=f9acf7f4-965f-4014-b38d-856ed823e06e9

[2] 贺斌, 曹阳. SPOC：基于 MOOC 的教学流程创新 [J]. 中国电化教育, 2015 (3):22—29.

[3] 康叶钦. 在线教育的"后 MOOC 时代"——SPOC 解析 [J]. 清华大学教育研究, 2014, 35(01):85—93.

[4] 李逢庆. 混合式教学的理论基础与教学设计 [J]. 现代教育技术, 2016, 26(09):18—24.

[5] 尚俊杰. 在线教育讲义 [M]. 上海：华东师范大学出版社, 2020:236—268.

[6] Jiang S, Williams A E, Warschauer M, et al. Influence of Incentives on Performance in a Pre-College Biology MOOC[J]. International Review of Research in Open & Distance Learning, 2014, 15(5):99-112.

[7] 贾积有, 缪静敏, 汪琼. MOOC 学习行为及效果的大数据分析——以北大 6 门 MOOC 为例 [J]. 工业和信息化教育, 2014(09):23—29.

[8] Ghadiri K, Qayoumi MH, Junn E, Hsu P, Sujitparapitaya S. The Transformative Potential of Blended Learning Using MIT edX's 6.002 x online MOOC Content Combined with Student Team-Based Learning in Class[J]. Environment, 2013, 8(14):14-29.

学的生理学课程中采用基于 MOOC 的混合式教学方式，结果表明混合式教学成绩有大幅度提高；[1] 约瑟夫（Joseph）曾经综述了近年来在传统课堂上整合 MOOC 的混合式学习有效性的实验研究，结果发现，将 MOOC 纳入传统课堂教学，对学习效果几乎没有影响，或者仅有轻微积极影响。不过，也没有研究证据显示 MOOC 对学生学习存在明显的负面影响。[2] 整体而言，乔治·西蒙斯（George Simmons）教授曾经联合世界各地的 7 位著名学者团队，开展了"MOOC 研究计划"，结果表明：**大多数研究都证明了在线学习至少跟面对面学习一样有效**[3]。

（二）关于同步课程的学习成效

在 2020 年疫情期，绝大部分学校都采用了同步直播课程的方式，那么这种教学方式的成效到底如何呢？北京大学教育学院在 2020 年寒假期间利用 ClassIn 直播课程开设了 10 门教育博士课程，对这些课程的学习成效的研究结果表明：①学生对此次在线教学的效果给了了充分肯定，其中 85% 的学生认为在线教学优于面授或与面授效果相当，98% 的学生认为在校教学的效果高于预期或与预期相当，88% 的学生希望疫情之后采用线上线下相结合的教学方式；[4] ②此次疫情期间的直播教学实践，跨越了异步教学的师生无法见面、教与学不能同步进行、交流与反馈延迟、学生学习的孤独感等问题。[5] 唐（Tang）等人调查了 2020 年 2 月至 3 月期间几所高校的在线直播教学状况，发现研究生阶段的学生对于直播在线教学的学习准备度要显著高于本科生，学习效果更好。[6]

然而，也有部分研究者指出疫情期间的直播教学效果不尽如人意。如全国高等学校质量保障机构联盟发布的"疫情期间大学生线上学习调查报告"显示，只有约 48%～53.9% 的学生对"课堂直播""使用网上学习工具"等方面的感受为"好"。[7] 郭

---

[1] 许建平，向阳，暨明，冯丹丹，周勇，唐四元，罗自强. 基于MOOC的混合式教学在生理学教学中的探索[J]. 基础医学教育，2018, 20(10):908—911.

[2] Joseph I M. Effectiveness of Integrating MOOCs in Traditional Classrooms for Undergraduate Students[J]. The International Review of Research in Open and Distributed Learning, 2015, 16(5):102—117.

[3] 韩锡斌，王玉萍，张铁道，程建明. 迎接数字大学：纵论远程、混合与在线学习——翻译、解读与研究[M]. 北京：清华大学出版社，2016: 68—94.

[4] 马莉萍，曹宇莲. 同步在线教学中的课堂互动与课程满意度研究——以北京大学教育博士项目为例[J]. 现代教育技术，2020, 30(08):15—25.

[5] 吴筱萌，李树玲，许静竹. 探究共同体：新冠疫情下的在线同步教学研究[J]. 现代教育技术，2020, 30(08):26—33.

[6] Tang Y M, Chen P C, Law K, et al. Comparative Analysis of Student's Live Online Learning Readiness During the Coronavirus (COVID-19) Pandemic in the Higher Education Sector[J]. Computers & Education, 2021(4):104211.

[7] 穆肃，王雅楠. 转"危"为"机"：应急上线教学如何走向系统在线教学[J]. 现代远程教育研究，2020, 32(03):22—29.

建鹏等人针对某双一流大学 4000 余名学生的调查则表明，相比于"直播讲授"的教学方式，学生更青睐于"录播讲授+直播互动"的在线翻转课堂模式。①

（三）关于同步混合教学课程的成效

目前，许多大中小学都在试验同步课堂、专递课堂、双师课堂等形式，一般称其为同步混合教学课程。在希腊"ODYSSEAS"项目中，有研究表明，在经过设计的同步混合教学模式下，同步视频会议系统可以加强两所学校本地和远程班级的学生和教师之间的社会关系，在支持远程协作同步学习活动方面发挥了重要作用。②莱特纳（Lightner）等人研究了面授、完全在线和基于交互视频的同步混合教学三种教学模式对学生成绩的影响，研究结果表明采用了同步混合教学模式以后，学生的通过率较以前稍高，GPA 分数没有差异。③

李爽等人对成都七中的同步直播教学效果进行了研究，发现接收端的学生最高分差距缩小，尤其是数学和物理学科的效果最为明显，学生在自主学习能力、心理素质、学习积极性、综合素质等方面均有提高。④张杰夫也对参加成都七中网校全日制远程教学的远端学校进行了深入调查研究，结果显示，有 47.1% 的学生认为自己的学习成绩大幅度提高了，62% 的学生表示自己与成都七中学生的学习成绩差距同两年前相比缩小了 20 分以上。⑤

三、在线教育面临的问题

尽管以 MOOC、直播课堂为代表的在线教育已经得到了广泛应用，并展示了旺盛的生命力，但是毋庸置疑，在线教育仍然存在很多问题。

第一，缺乏互动性是在线教育长期以来存在的问题。2020 年 4 月 2 日，北京师范大学新媒体传播研究中心和光明日报教育研究中心联合发布了《新冠疫情期间中小学在线教育互动研究报告》，报告显示有 66.8% 的老师反映在线教育存在互动不够充分的

---

① 郭建鹏，陈江，甘雅娟，计国君.大规模疫情时期如何开展在线教学——高校在线教学模式及其作用机制的实证研究[J].教育学报，2020, 16(06):32—41.
② Anastasiades P S, Filippousis G, Karvunis L, et al. Interactive Videoconferencing for Collaborative Learning at a Distance in the School of 21st Century: A Case Study in Elementary Schools in Greece[J]. Computers & Education, 2010, 54(2): 321–339.
③ Lightner C A, Lightner-Laws C A. A Blended Model: Simultaneously Teaching a Quantitative Course Traditionally, Online, and Remotely[J]. Interactive learning environments, 2016, 24(1): 224–238.
④ 李爽，王磊，白滨.基于卫星的远程直播教学模式评价研究——以成都七中网校为例[J].开放教育研究，2009, 15(04): 86—92.
⑤ 张杰夫.全日制远程教学有效促进边远、民族地区教育发展的成因与启示[J].中国电化教育，2016 (12): 59—66.

问题。①4月21日,《光明日报》也发布了中国教育科学研究院课题组完成的报告《"停课不停学"的中国经验和大规模在线教育的六点启示》,对将近18万教师、180余万家长进行了调查,结果显示教师和家长对于影响在线学习效果的最关键因素认知一致,即在教育端维持良好互动性,在受教育端维持良好注意力。对于提高在线教育效果的方法,70.19%的受访教师认为"技术上增加教学互动性"最有帮助。②

第二,有效参与度低和高辍学率是当前MOOC学习存在的两大问题。③对前者而言,虽然MOOC作为一种综合性的学习资源,包括课程视频、练习作业、在线论坛和测试等多个学习环节,但大量研究表明,更多的MOOC学习者更愿意跳过其他课程环节,而只花费时间在课程视频的观看上;另外,高辍学率的问题让MOOC学习变得令人担忧,国内外相关研究表明,在所有注册课程的用户中,不超过50%的用户能够坚持到课程结束,也就是说,有大量MOOC学习者甚至连课程视频都没有坚持看完。④

面对这些问题,有学者探索了学生网课学习背后的直接因素和间接因素,发现网络学习环境中技术特性的交互性、媒介丰富性等性质影响学习者的远程在场感和社会存在感,并进一步影响学习者的心流体验和其继续学习的意愿;⑤也有学者开始探索将游戏或游戏化应用于MOOC,为学习者提供优质的学习体验,以激发学习动机。⑥⑦

第二节　游戏化与在线教育

在第一、二章也讲过游戏化。所谓游戏化,指的是将游戏或游戏的元素、机制应用到一些非游戏情境中。最典型的例子当属"钢琴楼梯"(见图10-1),有一个地铁站曾别出心裁,将楼梯的每一个台阶设计成了一个钢琴琴键,走在上面可以弹出钢琴的声音,结果吸引了很多人走楼梯,同时达到了节能环保和促进人们运动的目的。

---

① 张洪忠,等.新冠疫情期间中小学在线教育互动研究报告[RIOL].北师大新媒体传播研究中心,光明日报教育研究中心,2020. https://new.qq.com/omn/20200402/20200402A088VP00.html.
② 王素等."停课不停学"的中国经验和大规模在线教育的六点启示[N],光明日报,2020-04-21(014).
③ 汪基德,冯莹莹,汪滢.MOOC热背后的冷思考[J].教育研究,2014,35(09):104—111.
④ 郝建江,赵一鸣.游戏激励机制对MOOC平台建设的启示[J].中国教育信息化,2017(3):34—36.
⑤ Zhao Y, Wang A, Sun Y. Technological Environment, Virtual Experience, and MOOC Continuance: A Stimulus–Organism–response Perspective[J]. Computers & Education, 2020, 144:103721.
⑥ Chang J, Wei H. Exploring Engaging Gamification Mechanics in Massive Online Open Courses[J]. Journal of Educational Technology& Society, 2016, (2):177-203.
⑦ 朱云,裴蕾丝,尚俊杰.游戏化与MOOC课程视频的整合途径研究——以《游戏化教学法》MOOC为例[J].远程教育杂志,2017,35(06):95—103.

图 10-1 钢琴楼梯示意图

一、游戏化的历史发展与案例

(一)游戏化的历史发展

游戏化这个名词最初则可以追溯到 20 世纪 80 年代,埃塞克斯大学(University of Essex)教授、多人在线游戏的先驱巴特尔率先提出了"游戏化"(Gamifying)的概念。第一次明确使用游戏化(Gamification)是在 2003 年,英国的游戏开发人员尼克·佩林开始为电子设备设计游戏化界面。它的原意是"把不是游戏的东西(或者工作)变成游戏"。此后,游戏化的概念也不断地变化、丰富和完善。简·麦戈尼格尔(Jane McGonigal)在 2012 年出版了《游戏改变世界:游戏化如何让现实变得更美好》一书,其中提出游戏化将重塑人类文明,让人们对游戏化有了新的认识。沃顿商学院的凯文·韦巴赫(Kevin Werbach)在出版的《游戏化思维》一书中系统论述了游戏化思维,并给出了游戏化设计的工具箱以及构建游戏化系统的策略及步骤。他在 MOOC 平台 Coursera 中也开设了"游戏化"(Gamification)MOOC。这两本书对于传播和推广游戏化起到了比较重要的作用。

(二)游戏化的典型应用案例

游戏化目前已经被广泛应用到了产品设计、市场营销、人力资源和科学研究中。比如微软在推出 Windows 7 系统的时候就开发了一个检测软件质量的游戏(*Language Quality Game*),招募了来自世界各地的微软员工,利用他们的业余时间比赛检查 Windows 7 对话框中的 BUG,结果使得数百个错误被及时修复。最重要的是,这些员工觉得这个过程很快乐。

游戏化在市场营销领域最典型的案例当数微信红包。2014 年 1 月 27 日,微信红包正式上线,随后很快风靡全国。微信红包之所以能这么成功,其中两个小小的游戏化设计起到了关键作用。以往的在线红包一般都只能发放固定数额,而且是发给指定人员。而微信红包可以发放随机金额的红包（好奇），并且可以让许多朋友来抢几个红包（竞争）。这样一下子就将传统的发红包变成了一场抢红包的游戏。

游戏化和众包相结合，还能实现令人叹服的效果。卡内基梅隆大学计算机系路易斯·冯·安（Luis von Ahn）开发了一个 ESP 小游戏，这个小游戏会将一张图片发送到两个人的手机上，两个玩家同时回答这张图片是什么，如果两个人的回答是一致的，双方就可以得分，然后发给下一张图片。当大家高高兴兴玩这个游戏的时候，实际上在免费地、自愿地、高兴地帮 Google 为数百万张图片添加了精确的标签。

无独有偶，华盛顿大学的戴维·贝克利用游戏化的概念想出了一个特殊的方法解决蛋白质研究的科学问题，他设计了一款《折叠乐》（*Foldit*）游戏，发动全世界的玩家通过玩游戏探索蛋白质的结构，竟然真的解决了很多科学问题，其中一个困扰专家 10 多年的病毒蛋白酶结构问题居然被一个玩家团队在 10 多天内无意中解决了。该项目的成果和方法也多次被发表在国际重要期刊上，引起了大家的关注。

当然，现在游戏化已经被广泛应用在了各个领域中，比如几乎每一个购物 APP 都在使用"抽奖"等游戏化设计。

二、游戏化的本质和内涵

仔细对比分析以上几个案例，就可以看出，游戏化的本质实际上就是通过使用游戏元素和游戏机制的设计，让事情变得有趣，从而激发人们的参与动机。

可是怎样才能使事情变得更有趣呢？这就需要深入研究人们参与游戏的动机。之前有学者用马斯洛提出的人类的动机需要层次理论从宏观上解释人们为什么喜欢玩游戏，认为游戏能够满足且能同时满足人们不同层次的需要，所以很吸引人[①]。游戏设计师理查德（Richard）也曾结合人的"需要"和游戏特性来解释玩家为什么如此喜欢游戏[②]。也有学者采用契克森米哈伊提出的"心流"理论来解释人们的游戏动机，他们认为游戏的明确目标、即时反馈等设计容易使玩家进入心流状态。[③]

马隆等人在 20 世纪 80 年代基于人们玩游戏的大量的实证研究，提出了著名的内在动机理论。该理论将内在动机分为个人动机和集体动机两类，个人动机包括挑战、好奇、控制和幻想，集体动机包括合作、竞争和自尊（认同）。他们认为正是这些因素

[①] 陈怡安. 线上游戏的魅力 [J]. 资讯社会研究, 2002 (3): 183—214.

[②] Richard R. Game Design : Theory & Practice[M]. Plano, Tex : Wordware Pub, 2001: 1—8.

[③] Bowman R F. A Pac-Man Theory of Motivation. Tactical Implications for Classroom Instruction[J]. Educational Technology, 1982, 22(9):14-17.

激发人们的深层内在动机,而不是外在的报酬和名利使得人们对游戏乐此不疲。[①]

仔细分析一下以上的案例,它们成功的原因就是巧妙地应用了游戏中的挑战、好奇、控制、竞争、合作等元素,从而激发了人们的参与动机。比如,在微信红包中,因为金额是随机出现的,容易激发好奇动机;钢琴楼梯激发的其实也主要是好奇动机;叠叠乐激发的可能有好奇、挑战、竞争等动机。

三、游戏化设计策略和框架

(一)游戏化设计策略

通过前面的案例可以看出,要应用游戏化,不外乎两种方式:一是在活动中使用游戏;二是将活动变成游戏。不管是哪种方式,其实都是要应用一些游戏元素或机制激发人们的参与动机,而且最好激发的是深层内在动机。

具体来说,游戏化设计一般可以仿照教学设计按照如下步骤进行:①确定商业目标,②分析对象,③分析内容,④确定游戏化策略(包括框架,元素和机制),⑤应用效果评价。当然根据效果评价可以重新调整目标和策略等。[②]

关于游戏化元素,凯文·韦巴赫仔细研究了100多个游戏化案例后,提出了PBL三元素,即点数、徽章和排行榜。[③]其中,点数是用来激励玩家完成任务的积分等;徽章是玩家完成任务时获得的一种视觉化的奖励;排行榜用来显示玩家的成就。除了PBL三元素外,其实还有很多游戏化元素和机制可以使用,只要是能够激发前面谈到的动机即可。其中要特别注意挑战、好奇、竞争动机的使用,比如现在使用支付宝付账有可能随机给予折扣,其实也应用了好奇动机。另外,像随机、选择、运气、公平、互动等游戏化技巧也特别有用。

卡普(Kapp)在《教学设计与理论》(*Instructional-Design Theories and Models*)一书中介绍了游戏化教学设计(Gamification Desigh for Instruction)的内容,其中最基础的就是故事元素。故事元素能够整合游戏内在动机理论中的要素,例如挑战、好奇、幻想等,采用其进行教学设计,可以达到提升学习者动机和沉浸感的效果。[④]

[①] Malone T W, Lepper M R. Making Learning Fun: A Taxonomy of Intrinsic Motivations for Learning[C]//Snow R E, Farr M J. Aptitude, Learning, and Instruction, Ⅲ: Cognitive and Affective Process Analysis. New Jersey: Lawrence Erlbaum Associates, 1987: 223−253.

[②] 尚俊杰,肖海明,蒋宇. 游戏化创新思维 [M] // 张海霞 主编. 创新工程实践. 北京:高等教育出版社,2016: 130—163.

[③] [美]凯文·韦巴赫,丹·亨特. 游戏化思维:改变未来商业的新力量 [M]. 周逵,王晓丹,译. 杭州:浙江人民出版社, 2014: 79—86.

[④] Kapp K M. The Gamification of Learning and Instruction: Case-based Methods and Strategies for Training and Education[M]. New York: Pfeiffer, 2012.

（二）游戏化设计框架

MDA 游戏设计框架是游戏制作领域使用最为广泛的设计框架，它是著名游戏设计师马克·勒布朗（Marc LeBlanc）于 2004 年首先提出的。该框架将游戏设计分为机制（Mechanics）、动态（Dynamics）和美学（Aesthetics）三方面的设计[①]（如图 10-2 所示）：机制定义了游戏的规则、运行流程和数据，如游戏的目标、基本操作类型等；动态是玩家在游戏中的实时互动，即游戏的实时反馈给玩家带来的一种抽象的游戏体验；美学是玩家在游戏过程中产生的一种愉悦的情感体验，即游戏的乐趣。与此同时，该框架还指出了两种看待游戏的方式：游戏设计师着眼于游戏的机制，通过游戏底层机制的精密设计逐渐建构起游戏的动力系统和美学表现元素；而游戏玩家则恰恰相反，对游戏的认识往往是从游戏的美学设计开始的，通过游戏中实时的交互行为，逐渐探索并熟练掌握游戏的底层机制，从而获得游戏乐趣。在针对具体的学习内容和学习过程进行游戏化设计时，可以借鉴 MDA 框架的思路和方法，比如美国卡内基梅隆大学人机交互实验室的教育游戏研究者们，就在 MDA 框架的基础上重新制定了适合于教育游戏设计与评价的新框架，并在实际中获得很好的效果。[②]

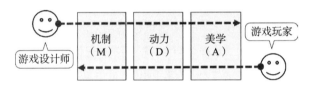

图 10-2 MDA 游戏设计框架

凯文·韦巴赫等人在《游戏化思维》一书中也构建了一种游戏化设计框架（简称 MDC），将游戏化设计划分为三个相互关联的层次：动力（Dynamics）元素是指游戏化系统中的整体概念，但并不能直接应用在游戏中；机制（Mechanics）元素是指推动游戏进程和用户参与的基本流程；组件（Components）元素是指动力和机制的具体示例。其中，动力是游戏化设计的核心，机制是对一个或多个动力元素的实现，而组件则是对一个或多个机制元素的实现。表 10-1 呈现了游戏化设计的 5 个重要动力构成元素[③]，机制和组件的设计都是基于这五大类动力元素进行的。

[①] Hunicke R, Leblanc M, Zubek R. MDA: A Formal Approach to Game Design and Game Research[C] // Challenges in Games Ai Workshop, 2004. 1-5.

[②] Aleven V, Myers E, Easterday M, et al. Toward a Framework for the Analysis and Design of Educational Games[C] // Third IEEE International Conference on Digital Game and Intelligent Toy Enhanced Learning. IEEE Computer Society, 2010:69-76.

[③] ［美］凯文·韦巴赫，丹·亨特. 游戏化思维：改变未来商业的新力量 [M]. 周逵，王晓丹，译. 杭州：浙江人民出版社，2014: 87—88.

表 10-1 游戏化设计的动力元素

游戏化设计的层次	构成元素
动力	约束：限制或强制的权衡 情感：好奇心、竞争力、挫折、幸福感 叙事：一致、持续的故事情节的讲述 进展：玩家的成长和发展 关系：社会互动产生的友情、地位、利他等感情

通过比较容易发现，这两种设计框架之间虽然在表述形式上存在一定的差异，但其本质上都将游戏化设计的过程分为相互关联的三个部分：在两者的划分体系中，动力都是最为抽象的部分，需要依赖其他两部分将其转化为具体的表现；机制都是游戏中规定好的基本流程，是将动力由抽象变为具体的关键；美学和组件都属于游戏的外在展示，是玩家感官最直接触及的部分。从某种意义上说，MDC 框架是 MDA 框架的一种具体化，它进一步解构了每个元素的构成，对于游戏化设计更具实操性。

（三）基于情境故事的游戏化设计

所谓"**情境**"，人们一般认为，约翰·杜威是最早提出这个概念的，他认为思维起于直接经验的情境。韦伯斯特词典中将情境定义为"与某一事件相关的整个情景、背景或环境"。所谓"**故事**"，诺南（Noonan）等人指出故事是运用隐喻加以成型，透过意义的分析来加以阐释，致力于以社会记忆作为重要目的的结果，并且将过去与现在的经验和未来的行动相连接。而情境故事（Scenario Approach）最初应用于商业剧本的开发和利用，而后逐渐应用于设计领域，如产品设计开发。本文认为，"**情境故事**"是指利用"故事"这一载体，在课程设计过程中，创设学习者即将应用知识时所处的情境，通过故事的方式让学习者融入情节，提升学习者的学习兴趣。

讲故事是授课和传授经验经常用到的一种形式，比起枯燥的知识，学习者更容易有效地记忆故事。让学习者走入故事情节，能够使得学习更卓有成效、内容更记忆犹新。同时，情境故事可以帮助学习者获取替代性经验，为日后的迁移应用埋下伏笔。[1] 在线课程中应用情境故事，可以通过多媒体信息技术创设虚拟情境，调动学习者视觉和听觉等的多种感官，从而激发学习动机。王宇和汪琼曾经介绍了情境故事的设计应用到 MOOC 中的案例，认为通过将抽象概念融入具体情境、故事和人物关系之中，避免了概念之间相互孤立，可以激发学习动机，增强学习的真实感，更好地记忆和组织知识，并促进知识的迁移。[2]

---

[1] ［美］卡尔·M. 卡普. 游戏，让学习成瘾 [M]. 陈阵，译. 北京：机械工业出版社，2015: 39.
[2] 王宇，汪琼. 慕课环境下的真实学习设计：基于情境认知的视角 [J]. 中国远程教育，2018 (03):5—13+79.

那么，在线课程中究竟该怎样应用情境故事呢？卡普认为，情境故事的基础元件有：角色、故事情节、压力和解决之道。[①] 后来，卡普等人又提出了构思情境故事的模板（见表 10-2）。[②]

表 10-2 叙述故事时可参考的模板

元素	描述
绩效目标	在完成学习体验后，学员应该能做什么
情境	用两三句话描述一下故事所处的情境
角色	谁需要在情境中出现？出现的人数越少越好，这样，故事的复杂度可控
行为目标	角色需要完成什么任务？把任务模块化或设置"层级"
指标	当目标实现后会发生什么变化，以区别于任务失败
障碍和冲突	在角色通往目标的过程中，什么会干扰他们的进程
障碍和冲突的可控性	角色可以控制什么？他们只能对什么被动响应
目的导向的逻辑链	建立因果关系的事件组合，比如为了实现目标 X，角色必须先实现目标 Y
合理的意外	在现实中可能出现，而又在角色意料之外的情况有哪些

四、游戏化在在线教育中的应用

目前，国内外已有学者将游戏化设计的方式应用到 MOOC 等在线教育中。比如西班牙 ESADE 商学院通过在 MOOC 中整合 *MetaVals* 和 *HotShotBusiness* 两款在线游戏，帮助学习者学习金融概念和投资；[③] 沙特阿拉伯的主流 MOOC 平台 RWAQ 整合游戏化，使课程的完成率提高了 20%～25%[④]；巴西的研究者将游戏化的竞争元素与同伴互评整合在一起，不仅大大提升了 MOOC 学习者参与同伴互评的积极性，这种游戏化的评分方式还提高了学生评分的质量[⑤]；赛勒（Sailer）等人通过实证研究发现，使用徽章、排行榜、绩效图等游戏元素后，实验组在能力水平上的心理满意度更高；使用化身、

---

① [美]卡尔·M.卡普. 游戏，让学习成瘾 [M]. 陈阵，译. 北京：机械工业出版社，2015: 39.
② [美]卡尔·M.卡尔·M.卡普，卢卡斯·布莱尔，里奇·梅施. 游戏，让学习高效 [M]. 陈阵，译. 北京：机械工业出版社，2017: 76—85.
③ Padrós A, Romero M, Usart M. Developing Serious Games: From Face-to-Face to a Computer-based Modality[J]. Elearning Papers, 2011, 25: 1–12.
④ Chauhan J, Taneja S, Goel A. Enhancing MOOC with Augmented Reality, Adaptive Learning and Gamification[C] // Third IEEE Conference on MOOCs, Innovation and Technology in Education (MITE 2015). IEEE, 2015: 348–353.
⑤ Tenrio T, Isotani S, Isotani S, et al. A Gamified Peer Assessment Model for on-line Learning Environments in a Competitive Context[J]. Computers in Human Behavior, 2016, 64(C): 247–263.

故事等游戏元素后，实验组在社交水平上的得分高于对照组。[1]

在我国，香港中文大学李浩文教授联合墨尔本大学的彼得·斯塔基（Peter Stuckey）教授，把中国传统故事开发成游戏化场景融入了离散数学教学中，在 Coursera 平台上推出了"离散优化建模"基础篇[2]、高阶篇[3]和问题解决篇[4]三门课程。其中采用了基于故事（民间传说）的教学法（Fable-Based Learning），学习者将与《三国演义》中的英雄等人物一同面对各种挑战，从兵器制造、军队排阵和搏击训练，到酒肴配搭；在与故事中的英雄融为一体的过程中，通过所学的计算机优化技术和建模来解决生产规划、路线规划和时间调度等问题。该系列 MOOC 截止到 2019 年 9 月 1 日，共有 13 万余人访问了课程，2 万余人注册了课程。此外，该系列课程还被用到了香港中文大学、墨尔本大学等高校的课堂教学中，采用 SPOC 方式或翻转课堂的方式，深受师生好评。[5]台湾大学的研究者们还通过问卷调查的形式，梳理出十个与 MOOC 整合最有效的游戏化元素，对以后两者的深度整合研究奠定了基础[6]。除了相关研究外，国内外很多主流 MOOC 平台已经开始增加了对游戏化的支持[7]，比如中国大学 MOOC、好大学在线等除了增加课程进度显示外，还增加了展示个人学习进展的排行榜等。

需要注意的是，游戏化与 MOOC 整合的研究虽然比较多，但这些案例应用的游戏化组件和机制主要是点数、徽章、排行榜，涉及的游戏化动力机制主要是情感、进展和关系，基于情境故事的实证研究则比较少。如果进一步分析就会发现，目前游戏化与 MOOC 的整合途径主要有两大特点：一是由 MOOC 平台主导，很多游戏化功能支持模块的开发都必须依赖 MOOC 开发者；二是游戏化主要体现在除课程视频之外的其他环节，而作为 MOOC 学习中最重要的学习资源，同时也是课程设计团队可以全权负责制作的课程视频，其与游戏化的整合却比较少。

---

[1] Sailer M, Hense J U, Mayr S K, et al. How Gamification Motivates: An Experimental Study of the Effects of Specific Game Design Elements on Psychological Need Satisfaction[J]. Computers in Human Behavior, 2017, 69: 371-380.

[2] 离散优化建模基础篇：https://www.coursera.org/learn/lisan-youhua-jianmo-jichupian

[3] 离散优化建模高阶篇：https://www.coursera.org/learn/lisan-youhua-jianmo-gaojiepian

[4] 离散优化解决问题篇：https://www.coursera.org/learn/solving-algorithms-discrete-optimization

[5] Chan M, Chun C, Fung H, et al. Teaching Constraint Programming Using Fable-Based Learning[J]. Proceedings of the AAAI Conference on Artificial Intelligence, 2020, 34(9):13366-13373.

[6] Chang J, Wei H. Exploring Engaging Gamification Mechanics in Massive Online Open Courses[J]. Journal of Educational Technology & Society, 2016, 19(2): 177-203.

[7] 肖枫涛，李骁，柯水洲，肖若荣. 梦课学习平台中游戏化学习初探与实践[J]. 工业和信息化教育，2015(6): 34—38.

第三节　游戏化设计模型及框架

一、基于情境故事的 MOOC 游戏化模型设计

从上一节的文献综述中可以看出，将情境故事应用于 MOOC 中，构建近似真实的情境，可以弥补 MOOC 环境下学习的情境缺失问题，提高学习者的沉浸感，从而提升学习者的参与度，降低 MOOC 辍学率，改善学习效果。

尚俊杰和裴蕾丝曾提出了游戏的三层核心价值[①]：①游戏动机。游戏具有诸多价值，但是最被看好的还是游戏动机，已有很多实证研究证明，游戏有助于激发学生的学习动机。②游戏思维。不一定拘泥于游戏的外在形式，更重要的是发挥其深层的内在动机（如挑战、好奇、幻想、竞争、合作、自尊等）。③游戏精神。强调学习者以对待游戏的精神和态度对待学习的过程和结果。这三者的内在联系就是深层内在动机，如挑战、好奇、幻想等。

下面就结合游戏的三层核心价值、上一节卡普对于情境故事的基础元件的分类、游戏化及内在动机理论[②]构建如图 10-3 所示的基于情境故事视角的 MOOC 游戏化模型。在该模型中，情境故事主要包含角色、问题、情节和任务四个元素，通过挑战、好奇、幻想、合作和自尊的内在动机激发学习动机、应用游戏思维、升华游戏精神。

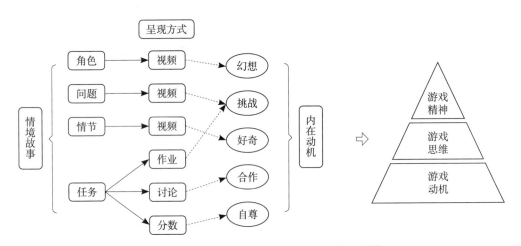

图 10-3　基于情境故事视角的 MOOC 游戏化模型

在上述模型中，情境故事主要通过四个要素打造：角色、问题、情节和任务，尽可能地还原学习者的知识应用环境和场景。其中"**角色**"设计应选取与知识应用最贴

---

① 尚俊杰,裴蕾丝.重塑学习方式：游戏的核心教育价值及应用前景[J].中国电化教育,2015(05):41—49.
② Malone T W, Lepper M R. Making Learning Fun: A Taxonomy of Intrinsic Motivations for Learning[C]//Snow R E, Farr M J. Aptitude, Learning, and Instruction, Ⅲ: Cognitive and Affective Process Analysis. New Jersey: Lawrence Erlbaum Associates, 1987: 223-253.

近的形象，"问题"负责在整个故事中制造紧张气氛和压力，推进故事的发展，将学习者在实际知识应用时会遇到的困难、困惑或问题剥离出来。通过讲故事的方式将角色安排在不同的场景、融入多样的"**情节**"中，促进学习者不断地学习知识，完成一个一个的"**任务**"，合理解决遇到的"**问题**"。在解决问题的过程中，通常会有周围人物的帮助和建议，以及角色不断努力的励志故事，引导学习者找到最佳的问题处理方式。

在这个过程中，情境故事中的"角色"主要为了满足学习者的"**幻想**"，让学习者将自己想象成所扮演的角色，在故事当中遇到了相应的"问题"时，利用学习者的好胜心去激发他应对"**挑战**"，而故事中跌宕起伏的"情节"主要是满足学习者的"**好奇**"，根据学习者当前的知识水平提供适当程度的复杂性和矛盾性内容，通过音乐、图像和视频等形式增强学习者的"感知好奇"，通过丰富的、可以引发学习者思考的一些观点增强学习者的"认知好奇"。

情境学习环境的创设强调真实的"任务"和协同知识构建，结合MOOC中的教学活动和平台功能，将虚拟世界与真实任务整合，带给学习者更好的沉浸感。首先，MOOC设计者应该将每星期的作业内容融进情境故事，将虚拟角色在情境故事中学到的、可应用的知识迁移到真实的作业任务中。通过作业提供明确的任务和目标，就像游戏的关卡一样，为学习者提供"**挑战**"。其次，将情境故事中虚拟角色所遇到的困难、困惑在讨论区中进行交流，同时通过作业的生生互评提供学习者之间更多的沟通机会，为学习者提供"**合作**"的机会。同时，每星期的作业和测试都有一定的分数，这种类似"积分"的游戏化工具可给学习者提供"**自尊**"（成就感）。很多实验证明，如果只是简单地应用游戏化，并不能确保学习者掌握相应的内容和培养相关的能力，所以恰当的反思和总结也十分有必要。[①]在讨论区的开放问答或者作业的问卷形式可引导学习者进行反思，可以帮助学习者在整个情境故事中形成抽象思维，完善知识网络。

总结来说，情境故事在MOOC中的应用，激发了学习者的挑战、好奇、幻想、自尊、合作和挑战等内在动机，应用"游戏思维"激发了学习者的"游戏（学习）动机"，促进学习者的有意义学习和知识迁移，让学习者感受到学习的乐趣，升华游戏精神。

二、游戏化与MOOC视频的整合

在MOOC游戏化模型中，视频显然是核心，需要通过游戏化的设计，基于视频构建情境故事。为了探索游戏化与MOOC视频的有效整合途径，本章从MDA框架的三个层面出发，对MOOC学习的机制进行分析，定位出MOOC视频相比于其他环节缺乏趣味性的深层原因。然后，再从这些存在的问题入手，借助MDC框架中提供的具体设计元素，确定游戏化与MOOC视频整合的实施方法。

---

① 尚俊杰,李芳乐,李浩文."轻游戏"：教育游戏的希望和未来[J]. 电化教育研究,2005(01):24—26.

(一)问题分析

从 MDA 游戏设计框架的设计师视角出发,可以将 MOOC 学习流程划分为内容、交互和体验三个层面(如图 10-4 所示),与 MDA 框架中的机制、动态和美学一一对应起来:①**内容层**对应的是机制,是 MOOC 的核心,不仅包括教学的设计逻辑(如学习目标的设定、教学序列的安排、课程内容的设计、评分标准设定等),还包含教学内容具体的媒体形式(如视频、音频、文字等)。②**交互层**对应动态,是 MOOC 学习过程中学习者与平台交互的接口,不仅为学习者提供了与内容层交互的操作方式(如播放、暂停视频),还能记录交互过程中产生的教育大数据(如视频播放量、每星期上线人数等),使精确刻画学习者个人或群体的学习变化成为可能;③**体验层**对应美学,表示学习者学习后所获得的体验,由内容层和交互层共同决定。由于学习者的个体差异,所获得的情感体验也有所差别。

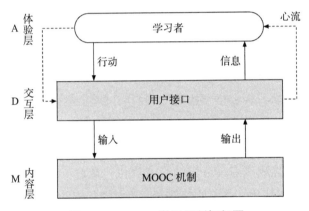

图 10-4 MOOC 学习机制框架图

由以上分析可知,MOOC 游戏化的关键在于内容层和交互层的设计。然而,对于 MOOC 建设团队而言,往往是在 MOOC 平台已有功能的基础上设计课程的,很难对 MOOC 学习中的交互层功能进行改造。因此,从内容层入手进行游戏化设计,对于 MOOC 建设团队来说是最为可行的方案。另外,从 MDA 框架的玩家视角看,游戏之所以能够产生乐趣,其奥秘在于,玩家可以在与游戏对象交互的过程中,可实时反馈以不断地探索游戏的底层机制。因此,MOOC 学习过程若要实现游戏化,也需要向学习者提供可交互的内容与实时反馈。

目前,学习者在 MOOC 学习中主要存在三种行为:做作业、逛论坛和看视频。其中,看视频是 MOOC 学习者最重要的学习方式,学习者会花最多的时间在课程视频的观看上。[①] 然而,视频对 MOOC 学习者的吸引力却不如做作业和逛论坛,很多学习者

---

① Guo P J, Kim J, Rubin R. How Video Production Affects Student Engagement: an Empirical Study of MOOC Videos [C]// Proceedings of Acm Conference on Learning. ACM, 2014:41-50.

会通过调快播放速度或拖拽进度条的方式，应付课程视频的观看任务。之所以会产生这种矛盾的现象，原因在于：在做作业中，MOOC 可以为学习者的作业完成情况提供分数反馈；在逛论坛中，则可以以相互回帖的方式进行反馈。然而，在看视频中，学习者虽然可以获得视频外在形式的即时反馈，如播放的快慢、画幅的大小等，却无法获得任何关于视频内容的即时反馈（如图 10-5 所示）。

根据以上分析，本章确定了课程视频是 MOOC 游戏化的关键着手点，而课程视频缺乏可交互的内容和实时反馈是导致其吸引力不强的主要原因。

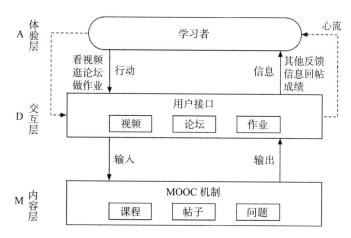

图 10-5 MOOC 三种学习行为示意图

（二）实施方法

从上面的分析可知，游戏化与 MOOC 视频有效整合的关键在于增加课程视频观看中的有效内容反馈。然而，视频又是一种十分特殊的资源，其内容构成是一个连续完整的集合，很难在其中添加显性的反馈。虽然有 MOOC 平台已经实现了在视频中间插入交互式问题来增加视频观看的交互性，但这种方式不但有违于常规的视频观看形式，而且回答问题才能继续观看课程视频的方式虽然有效地监督了学习者是否认真参与，但这种方式却缺乏趣味性。因此，本章在探索游戏化与 MOOC 视频整合时，没有采用这种显性的反馈形式，而是从 MDC 框架动力元素中的叙事出发，用情节推动的隐性反馈替代手动操作的显性反馈，来实现反馈的趣味性。

事实上，国内外一些 MOOC 已经开始尝试使用类似的方法，比如前面提到的香港中文大学李浩文教授等人推出的离散优化建模课程就是将离散优化建模知识和三国故事融到了一起，在每个课程视频的开始都会加入一段《三国演义》里的故事片段，其主要作用就是创设问题情境，帮助学习者更好地理解知识内容。[①] 而本章主要想依托

[①] Chan M, Chun C, Fung H, et al. Teaching Constraint Programming Using Fable-Based Learning[J]. Proceedings of the AAAI Conference on Artificial Intelligence, 2020, 34(9):13366-13373.

游戏化设计框架中的叙事元素实现游戏化与 MOOC 视频的整合，从而让学习者在观看 MOOC 视频时产生一种"**游戏感**"[①]，这就要求课程视频从头到尾应该具有一致、持续的故事情节，MOOC 视频中常见的授课教师和知识内容，应该充分整合为故事中的特定角色和情节。

为了实现以上设计目标，本章借鉴了同样是通过连续画面向受众传递信息的电影叙事，并通过 MOOC 视频与电影叙事的对比，最后确定从以下两个方面实现游戏化与 MOOC 视频的整合：

其一，增加情节的反馈。电影的故事情节是从一而终的，具有明显的起伏变化，这些为视频观看增加很多隐藏的反馈信息（比如，是否按照观众内心猜测的情节发展），而 MOOC 视频主要由知识点紧凑串联而成，很难给学习者带来这种连贯的戏剧性感受。因此，MOOC 视频的设计应该从学习者出发，为他们定制符合其偏好的故事，并设置适当的起伏情节，满足其对情节反馈的需求。

其二，丰富形式的反馈。电影的媒体表现方式更为精良，随着情节的高低起伏，画面的设置和音效的烘托等更能引起观众的情感共鸣，而 MOOC 视频的制作方式则较为粗糙，且因为没有类似电影情节的预设，视频的场景经常是固定不变的，比如课堂实录、教师办公室等，这些都可能增加学习者视频观看的无聊感。因此，MOOC 视频的制作应该在故事情节的基础上，配合不同的故事场景和镜头表现，丰富学习者的视频观看体验。

第四节　游戏化 MOOC 的设计与实现

根据以上确定的 MOOC 游戏化模型，以及游戏化与 MOOC 视频的整合途径，本节以"游戏化教学法"MOOC 为例，探索该整合途径的实际效果。"游戏化教学法"MOOC 是北京大学教育游戏研究团队开发的一门在线课程，隶属于"爱课程网教师教学能力提升 MOOC 项目"，旨在提升一线教师的游戏化教学能力。学习者在 5 星期的时间内，从游戏化的基本概念开始，学习如何在实际教学中应用游戏化。截至目前，该课程已在爱课程网站提供了两个版本（以下简称"游戏化教学法 v1.0"和"游戏化教学法 v2.0"），开设了 9 期。其中，"游戏化教学法 v2.0"是经过游戏化设计的，即在原有教学内容的基础上整合了叙事元素和其他游戏化元素。

下面，首先从情境故事的叙事框架说起，以大致了解整个故事的设计思路，之后再从情节反馈和形式反馈两个方面，具体说明如何通过细致的反馈设计，依托叙事元素实现游戏化与 MOOC 视频的有效整合，最后会谈一下用于激发内在动机的其他设计。

[①] 陶侃. 从游戏感到学习感：泛在游戏视域中的游戏化学习 [J]. 中国电化教育, 2013(9):94—95.

一、叙事框架

叙事是由一系列现实或幻想的事件，按照一定的逻辑顺序连接而成的艺术形式，其表现媒介可以是口语的、文字的，也可以是静态的图片或动态的画面。故事情节和人物是叙事的基本构成要素，两者相互依存，共同作用，使叙事变得生动活泼。考虑到 MOOC 视频的教育性，过于夸张的情节和人物设置，并不适合学习者将所学知识迁移到实际问题解决中。因此，本章在叙事的框架设计上遵循着两个原则：①故事情节要具有现实意义，帮助学习者将知识技能与个人经历紧密联系起来；②情节设计要有明显的层次感，让学习者在节奏性的情节变化中，保持对学习的期待。

在现实意义上，根据"游戏化教学法 v1.0"的经验，本课程的学习者主要来自教学一线的教师（尤其是小学教师），从教师的日常工作经历出发编写故事，更能实现故事的现实意义。此外，为了使故事情节更具节奏感，本章根据该 MOOC 的开课星期数，将故事划分为 5 个层层递进的情节片段，将基本情节中的"种种学习困难和考验"具化为主人公在 5 个学习场景中，与 5 类辅助人物的对话故事。因此，故事情节进一步扩充为，"一位小学教师因不满课堂效果，希望使用游戏化教学法，改变尴尬的教学现状。经过 5 类高人的指点后，该教师终于如愿以偿地掌握了游戏化教学法"。

二、情节反馈

至此，本章形成了以问题解决为故事主线，以场景和辅助角色变化为反馈信息，以星期为单位推进情节的结构。随着故事情节的层层推进，学习者将跟随主人公（小 Z 老师）一起克服重重困难，逐渐接触故事中更加核心的任务和更为重要的场景（如表 10-3 所示）。

表 10-3 故事情节

结构	星期数	场景	辅助角色	问题	主要情节
开始	1	小学校园	教导主任 教研员	沉闷的课堂和教学热情之间的矛盾	小 Z 老师在一线教学中遇到学生学习动机不足的问题。因此，她向教导主任，以及来学校指导工作的教研员请教游戏化教学的基本概念
发展	2	教育游戏公司	产品经理 教研员 公司总裁	对游戏还缺乏了解	小 Z 老师想进一步了解游戏化教学的奥秘，因此趁周末来到一家教育游戏公司深入学习游戏化在教育中应用的具体方法
发展	3	科研所	青年讲师 研究员	对游戏化教学法在课堂中的具体用法仍然心存疑惑	小 Z 老师在实际教学的具体环节中，仍然对游戏化教学法的应用心存疑惑。于是，就来到科研所参加了游戏化教学法的实操培训

（续表）

结构	星期数	场景	辅助角色	问题	主要情节
	4	教育游戏专委会	研究员秘书长	小Z老师对游戏化教学法和其他的主流教学法的结合十分感兴趣	如何将游戏化教学法与流行的教学模式相结合，再次成为主人公关注的问题，于是小Z老师报名参与了教育游戏专委会举办的年会活动，在会场聆听其他教师的精彩课堂案例
结尾	5	北京大学	在读博士大学教授	小Z老师希望能见到领域内的权威专家，当面请教游戏化教学法及前景	小Z老师已经掌握了游戏化教学法的使用，但游戏化教学未来的发展又在何方。为了进一步开阔视野，主人公来到了北京大学，聆听游戏化教学专家的点拨，最终豁然开朗

在故事层次的设计上，本章主要通过两种方式来实现。一是为学习者设定了逐步升级的场景和辅助人物，让他们在完成每星期学习任务的同时，可以明显地感受到逐渐上升的过程；二是主人公自身的能力也会随着情节推进而提升，在每星期情节的结尾，主人公都会明确地对自己本星期的新收获加以肯定，可使得学习者通过观看的代入感也感受到这一积极的情绪反馈。综合以上两个方面，便可得到如图10-6所示的完整故事情节。

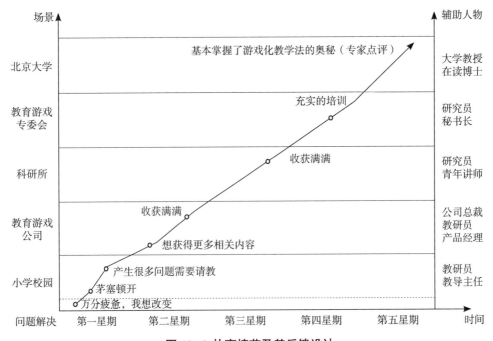

图10-6 故事情节及其反馈设计

此外，为了克服每星期一次课可能给MOOC学习者带来的情节遗忘和动机无法持续等问题，在设计中还增加交代情节发展的过渡视频。"游戏化教学法v2.0"中，过渡视频主要体现在两个地方：一是，在原来每星期课程视频基础上，增加了开头的"回顾引入"和结束的"下期预告";二是,在每星期多个课程视频之间,添加了对故事情节发生时间和地点的信息呈现。过渡视频的连接功能,让原本松散的课程教学视频,能够以最小的改动实现故事情节的衔接,并使故事的发展更具连贯性和统一性。

三、形式反馈

除了情节反馈外,故事的表现形式也需要反馈的设计。为了配合故事情节的发展,让学习者能够更加直观地感受到情节的起伏变化,本章在MOOC视频制作上,主要采取了以下两种提升手段。

一是采用第一人称视角的叙事手法。视频中,作为贯穿故事情节的主人公并没有以具体形象出现,而是以娓娓道来的画外音,向学习者诉说着自己在故事中经历的种种。相比于有具体化身的主人公视频,第一人称视角的拍摄手法更能从呈现形式上增加学习者的自我代入感,更有助于激发学习者内在动机。

二是形成"真人+手绘背景"的视频风格。加入故事元素的MOOC视频,不仅考虑了视频内容中知识讲授的部分,还考虑了故事情节对视频中人物和场景的搭配要求。因此,"游戏化教学法v2.0"并不拘泥于单一的教学视频形式,针对知识内容的不同,选择最合适的呈现形式(如在知识点讲解上,发挥PPT展示类视频的优势;在案例讲解上,则使用课堂实录的形式),以尽可能多的视频形式,满足学习者的学习需求。同时,为了达到故事情节对场景的要求,课程视频采用"真人绿幕拍摄+手绘场景+后期合成"的制作方式,希望让学习者可以身临其境地沉浸在故事情节之中,同时享受到美感(如图10-7和图10-8所示)。

图10-7 传统MOOC视频(左)和游戏化MOOC视频(右)

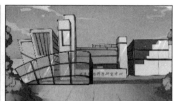

第一星期 小学校园　　　　第二星期 教育游戏公司　　　　第三星期 科研所

第四星期 教育游戏专委会　　　　第五星期 北京大学

图 10-8 每周"回顾引入"过渡视频中的手绘场景

四、其他设计

课程将五星期的作业统一设计，学习者需要完成一个"真实的任务"，即完成一份游戏化教学设计。通过五星期时间虚拟角色不断地"打怪升级"，学习者也不断迭代自己的教学设计，最终能够形成一篇完整的、运用游戏化教学法的教学设计。

基于课程教学内容，本课程充分利用中国大学 MOOC 平台功能，学习者可以在讨论版中发帖、咨询课程难点，也可以结合课程教授内容谈一下自己的感受；更多情况下，本课程通过设计与情境故事相匹配的情境式问题引发学员的思考与分享，在这个过程中学习者会得到老师和其他学习者的点赞和肯定，从而激发**"自尊"**的内在动机。此外，课程还要求学习者在讨论区中浏览他人帖子，为他人帖子点赞、评论，以促进学习者的参与和知识建构，体现了**"合作"**的内在动机。

最后，在帮助学习者达到最终知识建构的过程中，本课程十分注重**反思**，在所有 MOOC 教学活动（作业、讨论、测试）中均设计了反思活动。例如在作业中，学习者在作业互评时和收到作业反馈时，能够对自己的作业进行充分的反思，发现自己的不足，形成和完善知识结构。

第五节　游戏化 MOOC 的应用与评估

一、研究设计

（一）研究目的

本章的研究主要目的是验证提出的游戏化与 MOOC 视频整合途径是否有效，依据爱课程平台公开的课程数据，对比了未经游戏化设计的"游戏化教学法 v1.0"（第一期课程使用）和经过游戏化设计的"游戏化教学法 v2.0"（第三期课程使用）在学习行为、学习效果和课程评价等方面的差异。[①]

（二）研究方法

本章的研究采用量化研究方法，主要通过发放问卷和中国大学 MOOC 平台获取后台数据。

（三）样本选取

本章的研究主要数据来源为 MOOC "游戏化教学法"，该课程自 2016 年 6 月 1 日开课已经迭代 9 期。根据问卷数据，初步分析学习者职业、前期对于游戏化教学法的掌握程度等，第一期和第三期学习者在统计上具有同质性，所以本章的研究就这两期的学习者为研究样本，这两期选课人数分别为 10293 和 9439 人，剔除未填写调查问卷、缺失值过多和学习成绩为 0 的学习者数据，得到第一期样本 744 个，第三期样本 1419 个。对比两期课程学习者对同一学习内容采用不同教学方式，研究其学习行为、学习效果和课程评价存在的差异。

（四）数据收集

本章的研究搜集了课程平台中记录的成绩数据、学习者行为数据和参与调查的学习者问卷数据。其中从中国大学 MOOC 平台的后台数据，可以了解学习者的学习行为（如视频观看完成度及测验完成度）、学习者成绩。其中的学习者问卷一共 17 道题目，分为四个部分：课程评价反馈部分、基本信息部分、学习情况部分以及课程建议部分。

二、结果分析

（一）两种方式的选课人数的增长情况

在对两轮"游戏化教学法"的选课人数进行比较时，为了更清楚地比较两轮课程不同阶段的选课情况，本章将两轮正式开课的第一天对齐，再向前向后进行时间延展，最终形成如图 10-9 所示的 3 个选课阶段：课程宣传期（图中左侧部分）、正式上课期（图中中间部分）和课程结束期（图中右侧部分）。从选课的增长率看，虽然第一期总体选课人数多，但是"游戏化教学法 v2.0"在三个选课阶段的人数增长情况均快于首轮，尤其是在正式上课期和课程结束期表现尤为突出。从这一点看来，经过游戏化设计的"游戏化教学法 v2.0"在课程进行过程中，实现了选课人数的快速增长，说明 MOOC 游戏化对潜在学习者确实具有一定程度的吸引力。

[①] 需要说明的是，除课程视频外，两轮课程在其他教学材料（文档、测验、作业、讨论区话题等）的设置上完全相同，即便是课程视频，在讲授的知识内容以及教学序列上也完全相同。

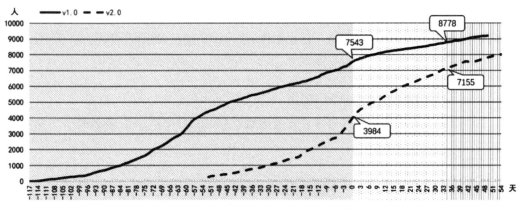

图 10-9 两轮选课人数变化趋势[1]

（二）两种方式的课程视频的观看情况

相比于首轮课程视频，第二轮课程视频在首轮已有内容的基础上，为实现游戏化效果又增加了 10 个故事性的过渡视频。因此，本章的研究通过比较"游戏化教学法 v2.0"中教学视频和过渡视频分别的学习总次数，探究游戏化改进后的视频是否对学习者具有吸引力。将 10 个过渡视频与原本 55 个教学视频的学习总次数[2]进行独立样本 T 检验，结果如表 10-4 和表 10-5 所示。从表中可知，两类视频的学习总次数上不存在显著差异（$t = 0.314$，$df = 63$，$p > 0.05$），教学视频和过渡视频的平均学习总次数分别为 253.69 和 273.30 次。从绝对数量上讲，过渡视频的学习总次数还略微高于教学视频，这从一定程度上表明，过渡视频虽然并不像教学视频一样包含知识内容，但学习者仍然愿意进行观看学习，可见具有故事性特征的过渡视频对学习者是具有一定吸引力的。

表 10-4 教学视频和过渡视频的统计资料

检验变量	分组	总数	平均数	标准偏差	标准错误平均值
学习总次数	教学视频	55	253.69	167.799	22.626
	过渡视频	10	273.30	248.060	78.443

---

[1] 纵坐标表示选课人数的累计总和，横坐标表示选课的天数。其中，横坐标为 0 的点表示两轮课程正式开课的时间（分别为 2016 年 7 月 30 日和 2016 年 11 月 19 日），从此往左表示未开课前的选课情况（开课前 1 天、前 2 天……），往右表示开课中和开课后的选课情况（开课后 1 天、2 天……），由于两轮课程正式上课的时间均为 5 星期（共计 35 天），因此从横坐标 34 开始，便进入课程的考试和成绩认定期。
[2] 视频的学习总次数指的是，某个视频被学习者完整观看的总次数。

表 10-5 独立样本 T 检验结果

	方差齐性检验		均数 T 检验						
	F	显著水平	t	自由度(df)	显著水平双侧	均数差值	标准误差	95% 差异的置信区间	
								下限	上限
假设方差齐性	.657	.421	.314	63	.754	19.609	62.379	−105.045	144.263
假设方差不齐			.240	10.548	.815	19.609	81.641	−161.027	200.245

（三）两种方式的学习行为比较

学习行为数据能够在某种程度上体现学习者的 MOOC 参与度，主要包括学习者在 MOOC 学习过程中的视频观看完成度、讨论完成度、作业完成度、测试完成度等，第一期和第三期课程学习者行为数据呈正态分布，运用 SPSS 20.0 软件对两期数据进行独立样本 T 检验，结果如表 10-6 所示。经 T 检验显示，两组的讨论、作业和作业互评完成度显著性分别为 0.000、0.032、0.003，均小于 0.05，存在显著差异，说明与第一期课程相比，第三期课程学习者在三项上的完成度都有一定增长。

表 10-6 学习行为独立样本 T 检验

学习行为	学期	M	SD	t	p
视频完成度	1	4.85	.432	.394	.694
	3	4.83	.456		
讨论完成度	1	4.17	.989	−5.036	.000
	3	4.60	.780		
文档完成度	1	4.64	.675	−1.403	.162
	3	4.72	.619		
测验完成度	1	4.80	.574	−1.049	.296
	3	4.85	.459		
作业完成度	1	4.71	.688	−2.158	.032
	3	4.84	.477		
作业互评完成度	1	4.50	.901	−2.965	.003
	3	4.73	.629		

（四）两种方式的学习效果比较

MOOC 教学质量最直接的反馈便是学习效果，经验证，第一期和第三期课程学习者成绩数据呈正态分布，运用 SPSS 20.0 软件对第一期和第三期课程学习者成绩数据进行独立样本 T 检验，结果如表 10-7 所示。经方差齐性检验得显著性小于 0.05，即认为两组方差不齐性；再通过 T 检验可知，显著性小于 0.05，说明第一期和第三期课程成绩存在显著差异。

表 10-7 学习效果独立样本 T 检验

学习效果	学期	M	SD	t	p
成绩	1	36.4135	35.68606	−10.947	.000
	3	54.3778	37.31718		

分析第一期和第三期课程学习者成绩可知，第一期学习者成绩平均值为 36.4135，第三期学习者成绩平均值为 54.3778，两组差值接近 18 分，说明采用的游戏化设计有助于提升学习者的学习效果。[①]

（五）两种方式的课程评价比较

本章的研究在第一期和第三期课程结课时，均发放了结课问卷，以搜集学习者对课程的评价。对两期课程反馈数据进行独立样本 T 检验，结果如表 10-8 所示。T 检验显示课程质量评价、课程掌握程度、课程难度、公告邮件帮助程度、综合讨论区交流程度、作业帮助程度、作业互评帮助程度和课程领域理解的 p 值均小于 0.05，存在显著差异。

问卷结果还显示，在对课程的主观感受方面，第三期课程学习者对课程质量的评价显著升高，课程掌握程度和课程领域理解都得到了显著提升，并且第三期学习者感受到的课程难度有所降低。可以看出，学习者对采用游戏化设计的第三期课程有更积极的评价反馈。

在学习者的学习态度方面，第三期学习者相比于第一期学习者普遍认为公告邮件、讨论区、作业和作业互评有更大的帮助程度。采用情境故事教学方式的第三期课程为学习者营造了解决真实问题的情境，主角小 Z 老师遇到的矛盾和各种问题与学习者的实际教学情况相互呼应，学习者有更强的代入感，更好地帮助学习者利用学习资源进行问题解决，促进了有意义学习，使得知识迁移更容易实现。因此，学习者对课程资源的利用感也得到了提升，感受到了课程对自己更多的帮助。

表 10-8 课程评价独立样本 T 检验

课程评价	学期	M	SD	t	p
课程质量评价	1	4.51	.626	−2.094	.036
	3	4.64	.701		
课程掌握程度	1	3.88	.762	−3.959	.000
	3	4.18	.833		

[①] 本 MOOC 主要从测验、讨论、作业三个维度进行评价，测验部分由学习者参与测验的成绩决定，所有的测验题都是客观题，由平台自动评分；作业部分为学习者互评；讨论部分主要指论坛发帖和被赞数量，平台会自动评分。由于部分学习者偶尔发帖或只进行部分测试，未提交课程作业，获得的成绩不高，但也会被记录下来，并极大地影响成绩的均值，因此第一期和第三期课程成绩的平均值都不高。

（续表）

课程评价	学期	M	SD	t	p
课程难度	1	3.21	.578	3.147	.002
	3	3.03	.646		
公告邮件帮助程度	1	4.08	1.014	−2.670	.008
	3	4.31	.952		
综合讨论区交流程度	1	4.06	.918	−3.216	.001
	3	4.33	.939		
作业帮助程度	1	4.33	.835	−2.512	.012
	3	4.51	.831		
作业互评帮助程度	1	4.03	1.006	−4.837	.000
	3	4.44	.913		
文档资料帮助程度	1	4.40	.759	−1.694	.091
	3	4.52	.828		
课程领域理解	1	3.78	.806	−11.270	.000
	3	4.57	.640		
课程理解程度	1	4.25	.674	−1.515	.131
	3	4.34	.802		
视频帮助程度	1	4.68	.611	1.705	.090
	3	4.58	.792		
课程交流区帮助程度	1	4.10	.922	−.576	.565
	3	4.15	1.072		
测验帮助程度	1	4.22	.823	−1.033	.303
	3	4.30	.939		
推荐课程意愿	1	4.45	.765	−1.821	.070
	3	4.58	.721		

（六）两种方式的辍学率比较

之前探讨过，高辍学率是MOOC存在的一个大问题，[1] 所以很多人在研究如何能留住学生。课程数据显示，未采用游戏化设计的第一期课程辍学率为97.8%，采用情境故事教学的第三期课程辍学率为93.6%，学习者辍学现象得到了显著改善。因为两期课程的教学内容基本上是一致的，授课人员基本上也是一致的，所以可以谨慎推断应该是游戏化设计起了作用。当然，这还有待于进一步做研究。

---

[1] 汪基德，冯莹莹，汪滢. MOOC热背后的冷思考[J]. 教育研究，2014, 35(09): 104—111.

第六节 结论与讨论

一、研究结论

本章的研究首先基于情境故事理论、内在动机理论及游戏的三层价值等理论构建了基于情境故事的 MOOC 游戏化应用模型,解释了如何从故事的四个元素——角色、情节、问题、任务与 MOOC 的视频、作业、讨论、分数等元件进行融合,并从游戏的教育价值的角度解释了该模型的游戏化路径以及如何激发了学习者的深层内在动机(如幻想、好奇、合作、挑战和自尊)、应用游戏思维、升华游戏精神。在此基础上,基于游戏化设计框架,提出了一种实现游戏化与 MOOC 视频整合的可行途径。

基于以上模型和设计框架,本章的研究以"游戏化教学法"MOOC 为例,对其进行了游戏化设计,并通过实验研究验证了以上游戏化设计的成效。研究结果表明:在学员具有同质性的前提下,采用游戏化设计的 MOOC,学习者在学习行为、学习效果、课程评价以及辍学率都有显著提升和改善。这可能是由于,在 MOOC 中,情境故事为学习者创设了一个近似真实的情境,学习者在学习的过程中实际上也是一种自我角色定位的过程,他们把自己当成故事的主角,把周围的情境以及产品都当成故事的一部分,从而不仅达到了一种需求上的满足,更达到了心理和情感上的满足。总之,多种角色、丰富的情节、引发矛盾的问题、沉浸其中的任务和步步紧扣的解决之道,帮助学员提高了好奇心、兴趣和沉浸感,有效提升其参与度和主动性,提升各项任务的完成度。

二、研究启示:游戏化与 MOOC 视频整合原则

在设计和研究该游戏化与 MOOC 视频整合途径的过程中,本章也对当前游戏化与 MOOC 整合中存在的问题进行了思考:

第一,"轻"是游戏化与 MOOC 整合的关键。就当前主流 MOOC 平台的功能而言,想类比网络游戏对 MOOC 进行"大刀阔斧"的游戏化设计是非常困难的。一方面,过度的游戏化设计对课程建设团队本身就是巨大的时间和金钱的投入,另一方面,过度游戏化元素的设计可能会增加学生完成课程学习的时间成本,导致学习效率降低。因此,仅在局部范围内添加游戏元素的"轻度游戏化",在目前阶段可能更适合 MOOC 这类以学习为根本出发点的平台。

第二,课程视频是游戏化与 MOOC 整合的重点。学习者在 MOOC 学习的三类行为里,看视频是占据时间最长的行为,但却也是反馈最不及时、最不丰富的。因此,在以后的课程建设中,我们应该投入更多的精力,通过各种游戏化元素,丰富视频观看体验。整体使用叙事元素对游戏化和 MOOC 视频进行整合,可以有效避免显性反馈

和"硬拼接"的缺陷。当然，未来还可以通过改进视频播放功能（比如，实时弹幕），解决当前显性反馈设计中存在的一些问题。

第三，嵌入角色扮演类游戏系统是游戏化与MOOC整合的未来发展方向。目前的MOOC平台虽然实现了多种在线交互功能，但本质上并没有脱离内容管理系统的窠臼。前面提到，当前游戏化与MOOC整合的关键和重点是"轻"和课程视频，然而，这并不是MOOC游戏化的终点，而是妥协于MOOC内容管理系统本质的结果。但若MOOC平台本质可以发生改变，比如嵌入网络游戏中都存在的角色扮演类系统，那么学习者便可以真的如打游戏一般分组对抗，通过学习并正确运用知识来获取游戏的胜利。这一想法其实并不遥远，我国台湾大学叶丙成教授牵头搭建起了一个将MOOC与游戏结合起来的游戏化学习平台PaGamO，受到了师生的欢迎。我们相信，这种集成了角色扮演类游戏系统的MOOC平台可能会引领新一轮在线学习热潮。

二、研究不足

本章的研究虽然取得了一定成果，但是还有一些不足：①平台技术的限制。因为我们使用的是公共MOOC平台，所以无法任意修改系统，因此有一些游戏化设计未能实现。②研究数据的限制。因为我们获取的数据有限，不包括详细的学习者观看视频行为的数据，如每个学习者对每个视频的观看次数、持续时间、操作行为（快进、快退）等，这样就无法做更深入的分析。③研究对象的限制。因为受限于MOOC特性等多种因素，本章的研究无法将游戏化前后的两期课程同时上线，作为对照组和实验组，也无法将学员随机分组，这或许会影响实验结果的精确性。

本章结语

纵使在线教育面临很多的挑战与困难，但可以肯定的是，在线教育会在基础教育、高等教育、继续教育中得到越来越广泛的应用。对于研究者而言，如何有效提升在线教育课程的质量，让在线教育更科学、更快乐、更有效，是十分值得思考的问题。基于此，本章的研究提出了一种效果比较好的"轻度游戏化"的设计思路和方法，不需要对MOOC进行"大刀阔斧"的开发和改动，只需将教学内容融入情境故事中，即可获得较好的教学效果。从这个角度上看，这是一种"性价比"比较高的手段，对MOOC的设计开发者有很高的参考价值。当然，该游戏化的方式只是提升MOOC教学效果的方式之一，在技术快速发展的时代，研究者还可以通过开展模拟或者仿真实验等各种方式，来提供更加具有沉浸感的游戏化学习体验。

第十一章　教育游戏面临的困难及未来发展趋势

本章导言

　　从本书先前章节的论述中可以看出，近年来教育游戏已经成为教育技术领域中新的研究热点，吸引了学校、企业乃至政府管理部门等各界人士的广泛关注。人们希望借助游戏高沉浸性、多通道信息呈现、适时有效的反馈等特点，创建更加富有吸引力的学习环境，从而有效提升学习者的积极性，以取得更好的学习效果。在实践中，也有越来越多的企业在开发推出算术、识字等各类教育游戏，目前也被应用到了数学、语言、科学、安全、环保等教育领域。社会各界对游戏也寄予了厚望，希望借助游戏重塑学习方式，[1]让每一个青少年乃至成人都能高高兴兴、快快乐乐地学习。不过，随着研究的不断深入，教育游戏的内在矛盾与外在障碍逐渐凸显，[2][3][4]限制了其在教育领域的应用，所以现在还比较少看到在课堂教学中实现大规模、常态化应用的教育游戏。

　　那么，阻碍教育游戏大规模应用的原因究竟是什么呢？本章首先系统全面探讨了教育游戏面临的三层困难和障碍，包括表层、深层和本质困难和障碍，[5]然后从学习科学、发展"轻游戏"和应用游戏化三个角度提出了具体解决措施。在此基础上，本章系统论述了教育游戏的发展趋势和未来方向，指出了教育游戏的技术演进路线、应用创新形式和理念升级未来。最后提出了"新快乐教育"的概念，[6]探讨了学习科学和游戏化学习视野下的未来教育方向，期望借此为教育游戏的发展提供新的思路和创见，打造未来美好教育。

---

[1] 尚俊杰，裴蕾丝.重塑学习方式：游戏的核心教育价值及应用前景[J].中国电化教育，2015(05):41—49.

[2] Kirriemuir J, McFarlane A. Literature Review in Games and Learning[EB/OL]. (2004-07-10) [2022-05-12]. http://www.nestafuturelab.org/research/reviews/ 08_01.htm.

[3] 尚俊杰，庄绍勇，李芳乐，李浩文.教育游戏的动机，成效及若干问题之探讨[J].电化教育研究，2008(06):64—68, 75.

[4] 周玉霞，李芳乐，李浩文，尚俊杰.玩还是学：学习村庄中学生的知、情、意、行[J].中国远程教育，2008(01):57—61.

[5] 尚俊杰，庄绍勇，蒋宇.教育游戏面临的三层困难和障碍——再论发展轻游戏的必要性[J].电化教育研究，2011(05):65—71.

[6] 尚俊杰.新快乐教育：学习科学与游戏化学习视野下的未来教育[EB/OL].(2021-03-01)[2022-05-12]. https://mp.weixin.qq.com/s/-Ilr_I5xlF4ODVqvWF5WpA.

第一节 教育游戏面临的三层困难和障碍

尽管当前已经有很多游戏被认为具有教育功能，而且也有越来越多的教育者和研究者开发并在教学中使用教育游戏，但一个不争的事实是：教育游戏，尤其是大型网络教育游戏，并没有被很广泛地应用到课堂教学中。很多开发出来的教育游戏在教育性和趣味性中依旧很难取得平衡，要么是具有教育性，但是不太好玩的学习软件；要么是具备趣味性，而缺乏教育意义的游戏，这种现象背后的原因主要是什么呢？

在英国教育通信和技术署（British Educational Communications and Technology Agency，BECTA）开展的 CGE（Computer Games in Education）项目中，研究者选择了《模拟城市》《帝国时代》等 11 个游戏推荐给教师在中小学课堂中使用，旨在探索电脑游戏在教育中的应用潜力。结果发现尽管电脑游戏具有增强学习动机、激发自信心、促进协作学习等优点，但是仍然存在种种问题，例如，时间不够用，游戏太复杂、太有趣，以致忽略了学习内容，需要较高的计算机技术，游戏中涉及的词汇和阅读技巧不太适合等。[1] 基里穆尔和麦克法兰（McFarlane）等人也进行了类似的研究，通过对教师和家长发放调查问卷，他们发现，尽管游戏能够提高学生在逻辑思考、数学、协作等方面的能力，但是将游戏用在教育中最大的障碍是游戏内容不一定和课程内容一致，并且在游戏中培养的能力不一定能得到教育主管部门的认可。[2] 基里穆尔和麦克法兰也系统总结了将游戏用到课堂中存在的障碍：①教师很难快速评定哪些游戏适合教学使用；②要想让教育管理者认识到游戏具有的教育潜力是比较困难的；③教师缺少时间去熟悉游戏，因此不能更好地发挥它的用处；④由于游戏中存在大量与学习不相关的内容，因此会浪费课堂时间。[3]

2018 年，中国教育技术协会教育游戏专业委员会针对全国 7 万余名教育游戏开发者和使用者进行了调查，结果显示：所有使用群体都肯定了教育游戏在促进学习动机、提升积极性和参与度方面的优势，但不同人群各自存在使用和推广上的阻碍，这些阻碍包括：开发者认为当前教育游戏的盈利模式不明确，政策风险大，公益性投入不足，昂贵的游戏研发成本让业余开发者望而生畏，也限制了商业开发者的积极性和产品质

---

[1] Becta. Computer Games in Education Project Report [EB/OL]. (2004-01-15) [2022-05-12]. http://www.becta.org.uk/research/research.cfm?section = 1&id = 2835.

[2] McFarlane A, Sparrowhawk A, Heald Y. Report on the Educational Use of Games: An Exploration by TEEM of the Contribution Which Games can Make to the Education Process [EB/OL].(2005-05-20) [2022-05-12]. http://www.teem.org.uk/publications/teem_gamesined_full.pdf.

[3] Kirriemuir J, McFarlane A. Literature Review in Games and Learning [DB/OL]. (2004-01-10) [2022-05-12]. http://www.nestafuturelab.org/research/reviews/ 08_01.html.

量；[1] 教育工作者对使用教育游戏可能面临的舆论压力存在疑虑，在实际使用过教育游戏的教师中，只有不到一半（46.9%，411/879 人）愿意公开向他人推荐，[2] 只有 28.3% 的教师使用频率达到每星期一次及以上。大部分教师（75.3%）认为教育游戏在课堂中使用效率不足，更适用于课后总结（85.7%）；学生对于教育游戏的质量不满意，约 25% 的学生认为教育游戏内容很枯燥且效率低下，相关产品低幼化导致小学阶段以上的学生对教育游戏的评价急剧下降，到高中阶段，学生对教育游戏的负面评价比小学生提高了约 0.5 个标准分；[3] 家长对电子游戏可能存在的负面影响十分警惕，即便认同教育游戏的价值也不愿让孩子冒视力受损、游戏成瘾等风险（57.5% 家长担心孩子沉溺于游戏）。家长群体总体处于犹豫观望的态度，只有少数家长（8.7%）愿意主动向孩子提供有教育价值的游戏，也有极少有家长（12.5%）严格禁止孩子接触游戏。[4]

乐高基金会、陈一丹基金会和北京大学学习科学实验室联合开展的一项中国玩中学调查项目中，研究者面向教师、家长、儿童和教育游戏相关从业人员开展调研，旨在探究当前国内教育游戏应用现状和相关利益群体对教育游戏的认知及态度倾向。结果显示：教育游戏的形式功能和应用场景丰富多样，能有效提升儿童学习兴趣和动机，促进基于真实场景和人际互动的有意义学习，同时完善人格特征和身心发展；但也面临着诸多困难和障碍，主要来自四个方面，分别是内容、技术、效果和政策。在内容方面，部分游戏中的娱乐内容较多，学科知识和技能内容较少，影响课堂效率。部分教育游戏还存在暴力、血腥和不当价值引导等内容。在技术方面，家长十分担忧因电子屏幕的过度使用引起的视力损伤。在效果方面，有家长和教师认为部分过于强调胜负和奖惩的教育游戏会让学生过分依赖外部奖励刺激，损害内在原生的学习兴趣，还可能引起游戏上瘾沉迷等问题。强调人际互动的教育游戏使用过程中也存在"霸凌""人际疏离""行为攻击"和"言语嘲笑"等人际问题。总体而言，制约教育游戏使用效果的主要因素包括："学生传统课程学习和任务多、压力大"（62.8%）、"内容的科学性和趣味性"（57.8%）、"教师教学设计和引导欠缺"（50.6%）、"家长的认识观念不足"（36.4%），而有关"设备和资源的投入花费制约"仅占 19.8%。在政策方面，缺乏对教育游戏开发和使用的指导意见和管理规定，没有区别教育游戏和网络游戏的

---

[1] 尚俊杰，蒋宇，赵永乐等.中国教育游戏发展报告[R].中国教育技术协会教育游戏专委会，北京大学教育学院学习科学实验室，2018.

[2] 赵永乐，蒋宇，何莹.我国教师对教育游戏的接受与使用状况调查[J].开放教育研究，2022, 28(01):51—61.

[3] Jiang Y, Zhao Y, He Y, et al. A Study on Acceptance of Educational Games for the Students in the Stage of Compulsory Education[C]// ICBL 2019：Blended Learning: Educational Innovation for Personalized Learning. 2019: 316-326.

[4] 赵永乐，何莹，蒋宇，马颖峰，贺宝勋.家长对教育电子游戏的接受倾向和使用偏好[J].开放教育研究，2019, 25(03):72—80.

相关说明和规定。①

根据以上研究结论，以及我们之前进行的教育游戏实证研究结果，我们认为教育游戏之所以不能大规模普及主要是存在如图 11-1 所示的三层主要困难和障碍。

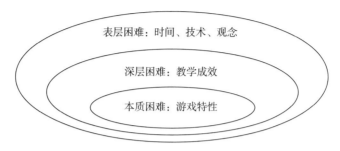

图 11-1 教育游戏面临的三层困难和障碍

一、表层困难和障碍

表层困难和障碍主要是人的因素，主要体现在教师、学生和教育管理者方面：

（一）教师方面

从教师方面来说，首先是时间问题。现在中小学教师普遍比较忙，在完成日常教学的同时，还要花时间做科研，而且教学进度有硬性要求，课堂时间也比较紧张。因此，想让教师拿出大量时间熟悉游戏、花费课堂时间组织游戏，再引导学生进行反思和总结都是比较困难的。例如在《农场狂想曲》这款游戏中具有"Replay"（重播）功能，②利用这个功能就可以了解到每个学生在每个回合的实际操作，据此可以对学生做出有效点评，也可以更好地、有针对性地安排教学内容。很多教师和学生都认为这个功能确实有帮助，但是由于时间限制，教师很难细致地跟踪到每个学生的具体学习情况。

其次是技术问题。首先，虽然现在的计算机操作起来都比较容易，但是对于不熟悉计算机的老师，使用时会感觉生涩和不习惯。此外，技术因素还表现在不熟悉游戏本身，现在的学生都是数字原住民，很多学生都有丰富的游戏经验，玩起游戏来驾轻就熟，比如在游戏中常用于控制前进的"WASD"操作，而老师们却不一定很熟练，这样在指导学生时就不是很有底气。使用游戏作为技术工具也被研究者们质疑，其技术是否名不符实，游戏和模拟仿真常常被混为一谈，且对于视频游戏是否有助于学习

---

① 尚俊杰，张露，李秀晗等. 中国玩中学研究报告[R]. 乐高基金会，陈一丹基金会，北京大学学习科学实验室，2022.

② Shang J J, Lee F L, Lee J H M, Wong M K H, Luk E T H, Cheung K K F. Using the "Record-Replay" Function for Elaboration of Knowledge in Educational Games[C] // Mizoguchi R, Dillenbourg P, Zhu Z. Learning by Effective Utilization of Technologies: Facilitating Intercultural. Netherlands: IOS Press, 2006. 503-506.

的问题,教育者们还没能取得共识。

最后是教学观念和教学策略的问题。尽管现在非常提倡以学生为中心的教学模式,但是真正实行起来还是有一定困难的。比如在王陆等人进行的实验中就有老师提出:"作为教师,他不明白自己在游戏中到底担任什么角色,也不知道该怎么去帮助学生。"① 在我们的 VISOLE 研究②中也存在这样的问题,教师在教学、反思、总结和评估环节都有"束手无策"的感觉,不知道该怎么样去帮助学生。③

(二)学生方面

从学生方面来说,最重要的问题不是时间、技术,而是学习策略。多年来,学生实际上已经熟悉了传统的学习方法,而对于在游戏中究竟应该如何学习却十分陌生。例如,在笔者开展的《唐伯虎点秋香》游戏化学习实验中,④确实有部分学生只是靠"试误"来学习,显然效果并不是很好。而在第三章提到的 VISOLE 研究中,也有学生只是为了赢得游戏,并没有仔细想过如何学习。此外,还有学生也努力钻研了,但是总是在犯同样的错误,在学习过程中也很少去看别人的经验,也比较少和其他人讨论,这显然是没有掌握正确的学习策略和方法。还有一些学生认为使用教育游戏学习,效率很低。总之,在游戏中的学习策略也是一个亟待研究的问题。⑤

(三)教育管理者

由于当前的课程一般都是由教育主管部门来审定的,要想在教育中大面积推广和普及游戏自然要征得教育主管部门的认可,这一点通常是比较困难的。⑥但是随着教育观念的发展,教育主管部门也逐渐认识到游戏在教育中的价值。在 2000 年左右,上海市和重庆市的教育主管部门也曾面向社会公开招标教育游戏。2013 年,教育部面向社会征集优质数字教育资源,其中的《2013 年度基础教育优质数字资源建设指南》中也

---

① 王陆,孙洪涛,刘敬光. 教育游戏中的教师角色设计与教师创作工具 [J]. 电化教育研究,2007(01):38—40,49.

② Jong M S Y, Shang J J, Lee F L, Lee J H M. An Exploratory Study on VISOLE–A New Game-based Constructivist Online Learning Paradigm[C]//Proceedings of 2007 America Educational Research Association Annual Meeting (AERA2007). Chicago, 2007.

③ Jong M SY, Shang J. Impeding Phenomena Emerging from Students' Constructivist Online Game-Based Learning Process: Implications for the Importance of Teacher Facilitation[J]. Educational Technology & Society, 2015, 18 (2):262-283.

④ Jong M, Shang J, Lee F L, et al. Learning Online: A Comparative Study of a Situated Game-Based Approach and a Traditional Web-Based Approach[C]//Technologies for E-Learning and Digital Entertainment, First International Conference, Edutainment 2006, Hangzhou, China, April 16-19, 2006.

⑤ 尚俊杰,庄绍勇,李芳乐,李浩文. 游戏化学习行为特征之个案研究及其对教育游戏设计的启示 [J]. 中国电化教育,2008(02): 65—71.

⑥ Kirriemuir J, McFarlane A. Literature Review in Games and Learning[EB/OL]. (2004-07-10) [2022-05-12]. http://www.nestafuturelab.org/research/reviews/ 08_01.htm.

将教育游戏列为 6 种资源类型之一。[①] 2017 年，国务院发布的《新一代人工智能发展规划》要求实施全民智能教育项目，在中小学阶段设置人工智能相关课程，逐步推广编程教育，鼓励社会力量参与寓教于乐的编程教学软件、游戏的开发和推广。[②] 2021 年，在国务院颁发的《全民科学素质行动规划纲要（2021—2035 年）》也要求大力开发动漫、短视频、游戏等多种形式科普作品。[③]

由此可见，只要教育游戏确实被证明具有一定的教育价值，取得教育主管部门的认可也不是不可能的，这方面也呈现越来越乐观的趋势。

二、深层困难和障碍

人们谈到困难和障碍时更多地会关注人的因素，尤其是教师方面，似乎给人一个感觉，只要教师转变观念、只要给教师足够的时间和技术支持，教育游戏就能够取得成功。其实这一点并不困难，目前的教师或许对游戏不够熟悉，但是在游戏中长大的一代将来如果做了教师自然不存在这个问题，而且，如果教育游戏真的被纳入课程之中，那么教师可能就会像熟悉其他教学法一样熟悉这种游戏化教学方式了。再举一个例子，如果一位教师认真地连续 3~4 年在课堂中使用某一个游戏进行教学，他对该游戏的熟悉程度一定会超过学生。可是这样使用教育游戏就一定会成功吗？情况未必会如此简单，根据我们的研究，教育游戏能否成功将更多地取决于教育游戏本身的因素，也就是它是否确实能够激发学习动机，确保学习行为发生，并取得一定的教学成效，这是教育游戏所面临的深层困难和障碍。

（一）学习动机

就学习动机而言，教育游戏存在如下四个问题：①许多学者[④]都相信游戏可以使得学习更有趣，从而可以激发学生的学习动机。这也是教育游戏最令人心动的价值。而从我们的研究中也可以看到游戏确实激发了大部分学生的学习动机，可是我们也注意到它也并没有激发所有学生的学习动机，每次也有部分学生明确表示不喜欢该教育游戏。②游戏激发的动机更多地体现在游戏中而不是在听课和写游戏日记和总结报告中，或者说它激发的只是对某一活动的动机，而不是对某一学科稳定一致的学习

---

① 中华人民共和国教育部.教育部办公厅关于开展 2013 年度优质数字教育资源征集活动的通知[EB/OL].(2013-09-23) [2022-05-12]. http://www.moe.gov.cn/srcsite/A16/s3342/201309/t20130923_157910.html.

② 国务院.新一代人工智能发展规划[EB/OL].(2017-07-20) [2022-05-12]. http://www.gov.cn/xinwen/2017-07/20/content_5212064.htm.

③ 国务院.全民科学素质行动规划纲要（2021—2035 年）[EB/OL].(2021-06-25) [2022-05-12]. http://www.gov.cn/xinwen/2021-06/25/content_5620863.htm.

④ Malone T W. What Makes Things Fun to Learn? A Study of Intrinsically Motivating Computer Games[R]. Palo Alto: Xerox, 1980.

动机。换句话说，即使他喜欢这次游戏化学习活动，也并不意味着他能够喜欢该学科的其他学习活动。③如果某个教育游戏真的激发了学习者很强的学习动机，使他们废寝忘食、乐此不疲，也不一定是好事，比如某学习者整天痴迷于某一款教育游戏，就可能耽误其他课程的学习。众所周知，最好玩的商业游戏通常是多人在线角色扮演游戏，而该类型游戏也是最容易使人上瘾的游戏，教育游戏追求"好玩但不能上瘾"，这一点显然更加困难。④最为重要的可能是游戏动机和学习动机的差异问题。根据契克森米哈伊提出的"心流理论"，参与者被从事的活动深深吸引进去，意识被集中在一个非常狭窄的范围内，所有不相关的知觉和思想都被过滤掉，并且丧失了自觉，只对具体的目标和明确的反馈有感觉，几乎被环境所控制的情况下，参与者就会进入心流状态，[①]非常快乐，从而乐此不疲。而游戏因为充满了日益增多的挑战和技巧，它具有具体的目标，即时和明确的反馈信息，并消除了一切不相关的信息，这一切有助于产生"心流"。[②] 简单地说，游戏追求的就是尽量减少对游戏者的干扰，让他们能够全身心地沉浸入游戏中，从而才能最大限度地激发他们的游戏动机。而利用游戏来学习则不同，如果仅仅在教学中简单地使用游戏，并不一定能够达到预定的学习目标，[③]比如在商业竞赛类模拟游戏中，学习者的动机并不一定是为了学到知识，而是为了"赢"。如何才能让学习者不仅仅赢得游戏，还要通过玩游戏学习到知识呢？许多学者都认为，在游戏进行过程中和游戏结束后进行反思和总结是非常有效的方法。[④] 所以，很多教育游戏研究项目都会要求学习者在学习过程中和结束后不断地进行反思和总结，而这实际上都是对学习者的干扰，使他们很难流畅地体验游戏，也就较难真正达到"心流"状态，这就好比每打完一局扑克牌就要求玩家撰写反思日志，显然不会有太多人喜欢打牌了。另外，教育游戏一般不可能让学习者长时间玩，通常限制在一个课时或固定时间内（还包括了反思等活动），这样也不利于学习者沉浸于游戏。概而言之，游戏追求的是沉浸，教育游戏追求的是"理智的沉浸"，理智和沉浸有时候会产生冲突，很难做到并行不悖。

（二）学习行为

就学习行为来说，教育游戏也存在两个问题：①动机决定行为，有研究表明，游戏动机包括了休闲娱乐、社会交往、成就、权力、逃避与刺激、角色扮演、深层、认

[①] Csikszentmihalyi M. Beyond Boredom and Anxiety[M]. San Francisco: Jossey-Bass Publishers, 1975.

[②] Bowman R F. A Pac-Man Theory of Motivation. Tactical Implications for Classroom Instruction[J]. Educational Technology, 1982, 22(9): 14−17.

[③] Thiagarajan S. The Myths and Realities of Simulations in Performance Technology[J]. Educational Technology, 1998, 38(5): 35−41.

[④] Crookall D. Editorial: Debriefing[J]. Simulation & Gaming, 1992, 23(6): 141−142.

知和赢利等其他动机，①不同的玩家在不同的动机激励下会倾向于不同的行为，比如有的玩家致力于打怪升级，而有的玩家则只喜欢在游戏中找人散步聊天。而教育游戏与一般游戏不同，我们显然希望学习者在游戏中主要是进行问题解决、逻辑分析等与学习有关的活动，比如我们在 VISOLE 研究中希望让学生在一个近似真实的情境中发现问题、分析问题和解决问题，虽然有许多学生像我们预期的那样，在游戏中想方设法提高管理技巧，但是我们也注意到有一些学生确实过多地采用试误、随意操作等无益于知识建构的问题解决策略，还有的学生纯粹把游戏当作娱乐活动。②②游戏追求的是"不同于日常生活"③的体验，游戏者不需要遵守日常生活中的规则，只要不违反游戏中的规则，基本上就可以"为所欲为"，想干什么就干什么。而教育游戏显然不能这样，很多男孩子喜欢的 PK、攻击等活动在教育游戏中显然不被鼓励甚至是被禁止的，这显然也会影响教育游戏的趣味性。

（三）学习成效

至于学习成效，也存在这样几个问题：①虽然研究证实，将知识融入游戏中会使学习产生非常显著的提升，但是要将大量的知识融进游戏中是非常困难的。②游戏是"假"的，并没有人去严格审查游戏中的知识的科学性，但是教育游戏中的知识必须是科学的和正确的，这也加大了游戏的设计难度。③好玩的游戏通常会尽量减少玩家的认知负担，因此，如《俄罗斯方块》和《连连看》这样"规则简单、变化无穷"之类的游戏常常很受欢迎，虽然这样的游戏也能锻炼手眼互动能力，但是对于教育游戏而言，规则太简单显然无法传授太多的知识。④即使某教育游戏能够让学习者掌握知识、提高能力，实际上还存在"学习效率"的问题，之前的研究中也有学生表示，相同的知识他用传统方法学习起来会更快。④⑤以往研究基本证实了游戏确实能够为培养和提高问题解决能力和创造力等高阶能力提供大量的机会，可是由于缺乏简便有效的测量工具，研究者又很难测量和证明学生确实在游戏中提升了自己的高阶能力。⑤或者说，教育游戏在能力、情感态度与价值观方面具有重要价值，但是这些价值使用传统的测评手段无法准确测量，而如果无法准确测量，想要在主要依赖于传统测评方法评估教

---

① 尚俊杰,庄绍勇,李芳乐,李浩文.网路游戏玩家参与动机之实证研究[J].全球华人计算机教育应用学报，2006, 4(1-2): 65—84.

② 尚俊杰,庄绍勇,李芳乐,李浩文.虚拟互动学生为本学习环境中的问题解决过程与策略[C]//第十三届全球华人计算机教育应用大会论文集,台北师范大学, 2009: 150—158.

③ [荷]胡伊青加.人：游戏者——对文化中游戏因素的研究[M].成穷,译.贵阳：贵州人民出版社, 1998: 34—35.

④ 尚俊杰,庄绍勇,李芳乐,李浩文.游戏化学习行为特征之个案研究及其对教育游戏设计的启示[J].中国电化教育, 2008(02): 65—71.

⑤ 尚俊杰,庄绍勇,李芳乐,李浩文.教育游戏的动机,成效及若干问题之探讨[J].电化教育研究, 2008(06): 64—68, 75.

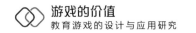

学成效的课堂教学中广泛应用,就会存在相当的困难。

总而言之,由于缺少有关游戏机制和目标学习结果之间关系的明确细节,想要总结游戏在教育中的有效性的证据就变得十分困难。此外,在基于游戏(尤其视频游戏)的学习中,学生要在具体情境中与游戏进行交互,由于学习者往往具有独特的目标、价值观念和行为模式,因此学生在游戏中获得的经验也各不相同,这种动态的、个体化的经验需要在特定情境中具体地考察,也需要更具有解释力的方法来进行分析。①

三、本质困难和障碍

从研究者开始接触教育游戏以来就一直有这样一个疑问:许多学者都认为游戏可以用来帮助学习,但为什么却很少有能在教育中大面积推广和普及的教育游戏,尤其是被普林斯基②称为复杂游戏的大型教育游戏,更是很少有成功普及的案例。当然,原因可以列出很多,比如前面提到的表层与深层的困难和障碍,但是研究者总觉得在游戏与教育之间还存在着一些更为本质的困难和障碍。

通过对游戏和教育概念的仔细辨析,研究者逐渐意识到,或许教育与游戏在本质特征上的差异就是它本质的困难和障碍。第二章讲过,根据胡伊青加等人对游戏的定义,③游戏必须具备自愿性和自由性、非实利性、佯信性、规则性等几个基本特性,只有具备了这几个基本特性的活动才能称之为游戏。

以上特性是对广义上的游戏定义的,教育游戏也属于游戏,所以也应该具备这几个基本特性,可是教育游戏至少在以上两个特性上存在如下疑问:①首先是"自由性和自愿性"。按照游戏理论,游戏者通常是自愿的,他们在一定的规则之下可以自由地做自己想做的、不做自己不想做的。而教育游戏必然要求学生做必要的事情,比如玩过游戏后,可能要写总结报告。再进一步,假如某个教育游戏最终真的被应用进课堂中,成为正式课程的一部分,学生就更不能自由选择,不管自愿不自愿,都必须参加。②其次是"非实利性"。按照游戏理论,游戏者主要由内在动机驱动的,而并不是由其他现实生活中的实际利益驱动的。但是教育有所不同,尽管有许多学生对学习也很有兴趣,也是在内在动机的激励下进行学习的,但是不可否认的是学习很多时候确实是由现实生活中的利益所驱动的,比如升学和找工作等。因此,游戏一旦真正用到教育中,并且在学生的成绩中还能体现出来,此时它的"非实利性"自然很难得到保障。

---

① Young M F, Slota S, Cutter A B, et al. Our Princess Is in Another Castle A Review of Trends in Serious Gaming for Education[J]. Review of Educational Research, 2012, 82(1):61–89.

② Prensky M. Digital Game-Based Learning[M]. New York: McGraw Hill, 2000.

③ [荷]胡伊青加. 人:游戏者——对文化中游戏因素的研究[M]. 成穷 译. 贵阳:贵州人民出版社,1998: 34—35.

由此看来，教育游戏如果真的用到课堂中，从严格意义上说就不再是游戏了，至少不再是"纯粹"的游戏了。

第二节 克服困难和障碍的应对措施

教育游戏面临的上述困难和障碍：有的是暂时的，比如表层困难中提及的时间、技术和观念等问题，随着技术的继续发展和普及，这些问题迟早会解决；有的是比较长期的，比如深层困难中的学习动机、行为和成效问题，还需要长期探索解决方法；而有的困难是教育游戏固有的，如本质困难中提到的游戏特性问题，这基本上是无法解决的。

当然，有这么多困难和障碍并不意味着教育游戏的发展没有意义，只是我们不能以一种理想的状态来要求教育游戏。比如不能期望每一个学生都能高高兴兴地来玩，也不能期望只依靠内在动机来保证学习成效，更不能期望游戏化学习方式全面取代传统教学方式。事实上，我们认为教育游戏就如其他信息技术软硬件工具一样，在可预见的将来，它们都不能完全改变传统教学，只不过将会应用地越来越广泛而已。简单来说，在游戏化学习中，学习应该是主线，而游戏只能是辅助和支持手段。

要想把教育游戏用好，我们可以从学习科学的视角出发，从学习的本质入手展开分析，也可以基于轻游戏的理念，摆脱游戏形式和外表的桎梏，将游戏中挑战、好奇、控制、幻想、合作、竞争等核心动机[1]融入学习环境中，还可以使用游戏化方法组织活动，将游戏或者游戏元素、游戏机制和游戏理念应用到学习活动中。

一、注重应用学习科学

在第六章我们已经探讨了学习科学对于教育游戏的价值，本节就再来探讨一下需要关注的具体内容。

（一）内在动机与情感

学习科学对教育游戏的第一个启示是：要注重学习者的内在动机和情感。游戏在教育中最显著的优势之一是能够为学习者提供高度的参与感和动机，而且大量学习科学研究表明，参与感和动机是支持学习的底层动力，对于学习至关重要。[2] 根据马隆

---

[1] Lepper M R, Malone T W. Intrinsic Motivation and Instructional Effectiveness in Computer-based Education[C]// Snow R E, Farr M D. Aptitude, Learning, and Instruction, Ⅲ: Cognitive and Affective Process Analysis. Hillsdale, NJ: Lawrence Erlbaum Associates, 1987:223−253.

[2] [美] R. 基思・索耶. 剑桥学习科学手册 [M]. 徐晓东，杨刚，阮高峰，刘海华，译. 北京：教育科学出版社，2021: 540.

对于内在动机教学理论的研究，游戏作为学习环境具备挑战、幻想和好奇这三类特征，因而能够有效激发学习者的内在动机。[①] 而要想将学习者的内在动机有效地转化为在教育游戏中学习的驱动力，就需要对教育游戏内容和所要实现的教育目标精心设计，使之能够有机融合、相互协调。例如，设计者可以在游戏中通过难度级别、层次化的目标、隐藏的信息和随机性等方面的相关设计为学习者创设具有挑战性的任务，从而吸引学习者的心智参与其中。

此外，教育游戏要能对学习者充分赋能，在教育游戏中，学习者不应被动地接受任务，而是要被游戏所构建的学习情境吸引，主动地参与到解决问题之中，并在此过程中不断丰富知识、提升技能和能力水平。现在很多游戏都允许学习者在其中自主决定如何探索环境、和哪些人或组件互动、以什么样的节奏和步调完成任务，这些选择和决策过程能够有效提升学习者的参与感与意义感，根据自我决定理论，学习者在此过程中感受到自主性，胜任感和与他人的关联，而这使得游戏不仅能提升学习者的内在动机，也能改善其生理健康状态。[②]

游戏发挥其教育价值的另一个关键要素是情感。情感是驱动和调节学习者行为的重要因素，同时也是重要的教育目标。游戏的优势在于能够创设特定的问题情境，激发学习者复杂的情感反应。在那些旨在激发情感而设计的游戏中，学习者通过角色扮演将自己置身于情境之中，"设身处地"做出基于自身逻辑和价值观念的选择，在很多情况下学习者要面临"两难困境"，在此过程中就会涉及情感的卷入。因此，教育游戏取得成功的关键在于能够使用动画、图像和声音营造与学习内容相关的情感氛围，通过特定的环境和机制激发适切的情感体验，从而影响学习者的行为表现。例如，游戏设计师陈星汉在设计《风之旅人》时发现，玩家在游戏中为了最大化自己行为的反馈而互相攻击，于是设计者取消了玩家间的碰撞机制，就能够让"玩家开始寻找其他获得反馈的方式，从而彼此帮助，以获取更大的反馈"。

游戏之所以让人乐此不疲，其关键原因是能够将积极的心理体验与游戏内容完美结合。教育游戏发挥作用的关键因素就是要能够通过提升内在动机、自主性和情感体验来促进学习的发生。契克森米哈伊的心流理论能够将以上三点很好地统一。可以说，心流状态是内在动机、自主性和情感体验完美整合的高阶状态。但是，心流对学习活动和游戏内容的要求比较高，在普通课堂教学中难以实现，更可能发生于非正式学习环境下的学习和自主学习之中。

综上所述，把学习者的内在动机和情感纳入教育游戏设计中，将有助于避免因为

[①] Malone T W. Toward a Theory of Intrinsically Motivating Instruction[J]. Cognitive Science, 1981, 5(4):333-369.
[②] Ryan R M, Rigby C S, Przybylski A. The Motivational Pull of Video Games: A Self-Determination Theory Approach[J]. Motivation & Emotion, 2006, 30(4):344-360.

游戏内容和学习目标脱节而导致的动机错配问题，也有助于通过游戏环境创设的情感氛围引导学习者向所期待的方向前进。在使用教育游戏作为学习工具和学习环境时，也要充分考虑学习目标和教学活动特点，因地制宜地选用教育游戏，调节学生需要投入的精力水平和情感状态。

（二）认知、记忆与社会化学习

学习科学对教育游戏的第二个启示是：要充分利用游戏在信息呈现和构建学习情境的优势来促进学习者认知、记忆和社会化学习。游戏被设计出来时，天然就具备学习的属性，但是要想让玩家获得教育者所期待的特定学习效果，就要进行精心的设计和组织。

第一，教育游戏要能够将学习内容有机地整合在学习情境之中，使用丰富且具有内在逻辑的形式呈现给学习者。这里的内容呈现要以学习者的学习为中心，引导学习者根据自身需求自主地运用游戏内的信息，只在必要的时候给予主动提示，避免产生过高的认知负荷。学习者在贴近真实问题解决的学习情境中，使用认知学徒策略进行学习。更进一步地，设计者可以基于分布式认知的理念，将学习内容分解为不同难度和层次的任务，并将其分布预置于游戏化学习环境之中，学习者在解决任务时，将根据其已有的知识和能力水平，逐步搜集信息，循序渐进地掌握所需的知识内容。这种学习方式与支架式教学不谋而合，学习者在学习环境的支持下，逐步获得"适当的、小步调的线索或提示（支架）"，始终保持在自己的最近发展区之内，在学习过程中通过试错和归纳"生成"式地学习，逐渐发现和解决学习中的问题，掌握所要学习的知识，提高问题解决能力，最终成长为一个独立的学习者。教育游戏可以通过不断加深的关卡设计和内嵌的提示有效地实现支架式教学，学习者不断地将知识在不同情境中迁移，将技能自动化，这样在面对复杂情况时就具有更丰富的问题解决空间，因而可以做出更多、更复杂的推理和判断。

第二，教育游戏要能够帮助学习者将抽象的思维概念可视化，促进认知图式的改变，从而帮助其构建复杂、稳健且可以动态更新的知识概念网络。教育游戏的第二大优势在于能够整合视觉、听觉、动觉等多模态信息，呈现动态复杂的学习内容，嵌入游戏环境的模拟仿真能够根据学习者的输入，实现复杂现象的可视化和动态反馈。例如，使用《宇宙沙盒》讲解天体物理课程（见图11-2），或者用《合作的进化》模拟博弈互动的过程。这种复杂的内容呈现在传统教学媒体中是难以实现的，教育游戏作为内容呈现的重要媒体，其技术可供性拓展了传统教学内容的边界。与此同时，教育游戏虚拟环境能够为学习者表征自身思维提供新的工具，在思维导图、快速建模工具等的支持下，学习者能够将抽象的思考过程具象化、可视化，一方面能够促进学习者自身认知图式的改变，另一方面能够与他人实现更高效的信息交流。这都为学习者构建复杂的知识概念网络提供了支持。此外，学习科学研究显示，学习者在游戏中能够形成大量情景记忆。情景记忆是指以时间和空间为坐标对个人亲身经历的、发生在一定时间和地点的事件（情景）的记忆。教育游戏中的事件具有视觉和时空关联，能够与长期记忆（情景记忆）产生深刻而丰富的联系。① 可以说，教育游戏为学习者概念建构和记忆提供了重要的支持，教育者要想实现教育游戏的最大价值，就要利用好教育游戏多模态、情景化的特点，让学习者有机会在贴近真实任务中运用所学的知识，实现在不同情境中广泛的迁移，逐步建构起复杂、稳固而灵活的知识概念网络。

图 11-2 使用《宇宙沙盒》模拟天文现象

第三，教育游戏要能够支持学习者之间的社会化学习，使学习者置身于社群支持之中，在与同伴和智能体的互动中获得发展。根据社会化学习理论，个体可以通过观察和模仿他人的行为而学习。近年来，随着互联网技术的发展，基于社交网络和新一代社交平台的社会化学习逐渐改变了学习共同体的学习方式和组织模式。从这个角度来看，教育游戏具有支持更深层次社会化学习的条件，在典型的大规模多人在线角色扮演游戏中，学习者在游戏系统构建的虚拟空间中，通过虚拟化身（Avatar）与其他学习者和智能体互动，并习得新的知识和技能。研究显示，自动的拟人代理（虚拟化身）也能够对人类施加社会化的影响，其作用如同人类的社会榜样，也能通过示范效应表达正确的行为模式，实现学习迁移。② 并且，拟人的虚拟化身能够为学习者提供丰富且

---

① Kapp K M, O'Driscoll T. Learning in 3D: Adding a New Dimension to Enterprise Learning and Collaboration[M]. Pfeiffer & Company, 2010.
② ［美］卡尔·M.卡普.游戏，让学习成瘾[M].陈阵，译.北京：机械工业出版社，2015:64.

自然的社会线索,并对学习者提供有效的情感支持。因此,可以在教育游戏中设置虚拟化身(或非玩家角色,NPC),通过虚拟化身的言语和行为引导学习者的学习行为,并潜移默化地改变学习者的情感态度。

(三)基于游戏的教育评价

学习科学对教育游戏的第三个启示是:使用教育游戏作为评价工具,对学习者的表现适时反馈,将有助于学习者监控和调节自身学习行为。当前教育游戏所面临的学习成效问题,其最主要根源在于当前的教育系统主要是通过考察专业知识的结构化测试评价学习者的表现水平并做出教育决策。而学习者从教育游戏中所获得的知识和技能大多是基于情境的隐性知识,难以在结构化测试中得到表现,这种学习内容与测试方式的脱节是阻碍教育游戏广泛应用的重要因素。但随着学习科学的不断发展,越来越多教育者也发现传统结构化测试具有重知识轻能力、重记忆轻实践的弊端,开始探索使用教育游戏作为测量学习者表现水平的评价工具。

使用教育游戏评价学习者主要有三种方式:一是将游戏作为训练工具,在游戏活动之外设置独立的评价工具,这是当前多数研究采用的评价形式。二是在游戏中设置评价关卡,测量学习者在评价关卡中的表现。三是采用内嵌于游戏系统背后的隐形评价,通过分析学习者的行为表现数据对其能力水平进行评价。[1] 游戏本身就是在游戏过程中评价玩家的理解,这种评价是基于情境的,是与学习者解决问题的过程相一致的。教育研究者可以通过教育游戏搜集到在线环境中学习者的各种行为数据,并根据相关的理论假设,对学生表现进行跟踪和建模,从而更精准全面地评价其表现水平。[2] 这种数据驱动评价方式的另一个优点是可以对学习者的表现给予及时反馈,并且呈现问题解决的相关数据,这远远优于传统的数据搜集方式(例如,事后测试)。[3] 教育游戏的及时反馈也有助于学习者监控自身学习状态,并及时做出调整,这种及时反馈也起到了外在脚本的作用,这有助于学习者提升自我调节能力。

二、发展轻游戏

为了跨越这些困难障碍,基里穆尔和麦克法兰提出可以提供一个主流游戏的"清淡(Lite)"版本给课堂教学使用,这样的清淡版本具有如下特征:①删除所有不相关的内容;②让游戏的内容和规则通过教育主管部门的检查和认可;③给师生提供背景

---

[1] Shute V J, Rahimi S. Stealth Assessment of Creativity in a Physics Video Game[J]. Computers in Human Behavior, 2020, 116(1):1-13.

[2] Shute V J, Becker B J. Innovative Assessment for the 21st Century[M]. Berlin: Springer US, 2010.

[3] Levy R, Mislevy R. Specifying and Refining a Measurement Model for a Computer-Based Interactive Assessment[J]. International Journal of Testing, 2004, 4(4):333-369.

材料、帮助和学习资料等；④提供和课程相关的学习任务和学习内容；⑤允许用户按正常的进度保存信息；⑥和游戏的完整版本保持一致，这样学生放学后回家后也可以继续玩；⑦为学校提供优惠的使用许可证。他们认为，因为游戏厂商已经有完整版本的源代码，在此基础上开发出一个清淡的版本应该很容易。① 尚俊杰等人认为，该"清淡"游戏的提法虽然有一定意义，但是实际操作起来仍然比较困难，因此目前市场上很少见到从主流游戏"脱胎"而来的教育游戏。他们另外指出应该开发"轻游戏"。② 基于近年来的实证研究，我们对轻游戏有一些新的认识，在此再次系统梳理轻游戏的定义、特征及设计策略。

（一）轻游戏的定义

所谓轻游戏，指的是能够充分发挥主流游戏具有的挑战、好奇、幻想、控制、目标、竞争、合作等内在动机优势，并深入整合课程内容和学习任务，且符合学校教育的课程模式和一般规则的游戏，主要应用于课堂教学的游戏化学习软件或平台。过去我们曾经使用"**轻游戏 = 教育软件 + 主流游戏的内在动机**"这一简单的定义，③目前看来，仍然是基本适用的。

（二）轻游戏的特征

基于以上定义，轻游戏具有如下几个主要特征：第一，**游戏色彩"轻"，好玩但不上瘾**。在设计教育游戏的过程中，如何平衡它的教育特性和游戏特性是一个非常困难的问题。④而对于轻游戏而言，虽然也非常看重游戏特性，但是首先要保证教育特性，因此，在设计过程中，并不会特别去追求背景图画、背景音乐、故事情节等游戏形式。因此，当人们看到这样的"轻游戏"时，也许会认为这是一个教育软件，并没有把它当作游戏。不过，游戏色彩"轻"并不意味着不好玩，我们需要努力将主流游戏具有的挑战、好奇、幻想、控制、目标、竞争、合作等内在动机⑤有机融进游戏中去。但是，鉴于轻游戏的目标是"好玩但不上瘾，且有教育意义"，所以在游戏设计方面要尽量激发适当的动机，尽量避免逃避与刺激、发泄之类的动机。

---

① Kirriemuir J, McFarlane A. Literature Review in Games and Learning[EB/OL]. (2004-07-10) [2022-05-12]. http://www.nestafuturelab.org/research/reviews/ 08_01.htm.
② 尚俊杰, 李芳乐, 李浩文. "轻游戏"：教育游戏的希望和未来 [J]. 电化教育研究, 2005 (1):24—26.
③ 同上。
④ 尚俊杰, 庄绍勇, 李芳乐, 李浩文. 教育游戏的动机、成效及若干问题之探讨 [J]. 电化教育研究, 2008(06): 64—68, 75.
⑤ Lepper M R, Malone T W. Intrinsic Motivation and Instructional Effectiveness in Computer-based Education[C]// Snow R E, Farr M D. Aptitude, Learning, and Instruction, Ⅲ: Cognitive and Affective Process Analysis. Hillsdale, NJ: Lawrence Erlbaum Associates, 1987: 223-253.

第二，**游戏应用"轻"，以学习为主导**。这一点体现在两方面：一是应用时间，二是应用模式。因为轻游戏致力于被整合到课堂教学中，自然要遵守课堂的一般规则，比如，每一个比较独立的学习任务应该尽可能控制在 1～2 课时内（每课时一般 50 分钟左右）。另外，在应用模式方面，早期我们也一直希望将所有学生要学的东西和要完成的作业等要求都整合到游戏中，这样学生不需要与外界打交道，就可以完成学习、作业、讨论等所有环节。后来发现这只是一个理想，第一在设计游戏时非常困难；第二这样也并不能保证学习成效。所以现在我们认为游戏还是要作为学习的辅助工具，就和挂图、模型等教学仪器一样，还是要以学习为主线，在需要的时候可以到游戏中去玩一下，然后再回到现实中（或利用网络系统）反思讨论完成作业。简而言之，应用过程中可以打碎游戏的整体性，将"碎片化的游戏"融入课程中适当的环节中。

（三）轻游戏的设计策略

下面结合几个示例来谈一下如何设计轻游戏。根据上述定义和特征，像一些操练式小游戏、模拟类游戏等都算是轻游戏。

对于如图 11-3 所示的操练式小游戏，就是将选择题以游戏的方式来展现，通过射箭选择答案，比较简单。这类型的游戏很容易被整合到课堂中，基本没有副作用。设计这一类型的游戏时需要注意紧密围绕学习主题即可，不必添加过多游戏因素，只要将传统学习中的讲课和测评使用游戏化的方式呈现即可，在应用时一般可以用在课堂练习或者课后练习使用。

图 11-3 操练式小游戏（引自《洪恩识字》）

对于模拟类游戏，我们第二章讲到过《农场狂想曲》游戏。在《农场狂想曲》中，当时为了符合课堂教学要求：第一，采用了基本真实的物理引擎，农场中的气候、温度、动植物生长等基本上都是参照自然界的真实数据设计的。第二，在游戏中基本上是农场中可能碰到的真实的任务。游戏是"假"的，人们也喜欢在游戏中扮演另外的角色，但是人们追求的是扮演真实的生活，简单地说，扮演企鹅就希望真的过企鹅的生活，而不是扮着企鹅过着蚂蚁的生活。之前有一些教育游戏失败了，原因就在于此，比如在和妖怪战斗中突然弹出数学题，这就不是真实的问题。简而言之，前两条可以归纳为"真实的情境，真实的任务"。第三，游戏设计为回合制，每个回合大约1小时，大约每两天可以玩一个回合，这一方面是希望能够将游戏应用到课堂内，另一方面是不希望大家沉迷于该游戏，确保一个合理的游戏时间。第四，游戏设计了教师监控模块，教师可以在后台监控学生的游戏操作情况，这对于教师引导学生进行反思和总结非常重要。

在《农场狂想曲Ⅱ》中，游戏设计者在秉承原有特点的情况下，对游戏的引擎技术、显示、玩法等都进行了全面的革新，相对而言，游戏也更加好玩了。我们在2010年利用该游戏进行了两次实验研究，[①]其中提出了游戏化探究学习模式，并据此开发了"农场狂想曲科学探究课程"，这一次着重在"游戏应用'轻'"上下了功夫，我们没有让学习者从头到尾体验整个游戏，而是以科学探究学习为主导，将游戏作为虚拟体验支持工具。比如，当学生想探究"到底氮和磷哪个对植物生长最重要"这个问题时，就可以设计实验，然后打开游戏，对同一种作物分别施加氮肥或磷肥，比较它们的效果。实验结束即回到现实中来讨论、反思。如果有疑问，还可以继续设计实验，继续打开游戏验证。

三、应用游戏化

第十章探讨了在MOOC中应用游戏化，事实上，当前越来越多的教育机构和企业都在尝试游戏应用，游戏化也引起了越来越广泛的关注。企业采用游戏化的理念激励员工，应用奖励、排行榜和徽章的方式调动员工的工作积极性。在教育领域，游戏化正得到教育研究人员的逐渐认同，而且前文在介绍教育游戏面临的困难时提到，对于特定的教学内容，有时很难找到合适的教育游戏，此时，将教学活动进行游戏化就是一个解决思路。因此，我们越来越觉得，游戏化可能是游戏化学习的新趋势。

（一）游戏化的实现方式

在上一章已经全面探讨了游戏化的概念、内涵和设计策略，我们已经知道了游戏化元素不仅仅是经常提到的积分、徽章和排行榜，还包含了叙事、反馈、竞争、合作

---

① 蒋宇, 尚俊杰, 庄绍勇. 游戏化探究学习模式的设计与应用研究 [J]. 中国电化教育, 2011(05):84—91.

等内容,而且在谈到游戏化时,人们也会经常提到马隆的内在动机理论,[①]即挑战、好奇、控制、幻想、合作、竞争和自尊。

游戏化促进学习通常可以采取的方式为,将学习任务分成多个子任务,然后根据每个子任务的特点,利用分组、积分、徽章、排行榜、竞争等游戏元素将子任务设计成游戏任务,学生以小组或者个人为单位完成游戏任务的过程中,不断获得累计奖励。当完成全部任务时,根据小组或者个体的全程表现,做出评价,并引导反思。

在这个过程中,可以通过信息化平台帮助记录学生的积分、徽章和排行榜,对于增加学生心中的"游戏性"大有帮助。例如,可以在课堂中使用观众应答系统(Audience Response System,ARS),使用该系统可以即时获得学生对课堂内容理解程度的反馈和图形化反馈结果。通过对比试验,实验组的学生认为观众应答系统可以使得课堂更加有趣、互动性更强;而且研究表明,实验组的学生在针对课堂内容的测验结果也更加有优势。[②]在观众应答系统当中,倒计时可增加学生回答问题的急迫性,排行榜的建立提高了学生的积极性;想法和答案的可视化提高了反馈程度,增加了学生的沉浸感。这些都是游戏化的力量。无独有偶,北京大学学习科学实验室和北京顺义西辛小学、博雅瑞特教育曾经开发了《幸福田园》游戏化学生发展评价系统(见图11-4)。系统将传统课堂中常用的"奖票""印花"等游戏化激励手段进行了数字化设计,将学生在校外内的表现以积分、徽章的形式记录下来,并引入虚拟形象、兑换系统、蜂巢图谱等游戏元素,激励学生伴随虚拟"小蜜蜂宠物"一起成长,以自己的努力酿造甘甜的"蜂蜜"铺满象征核心素养发展的"蜂巢图谱",并通过积分兑换系统换得更丰富的实践活动机会、达到快乐学习,幸福成长的目标。

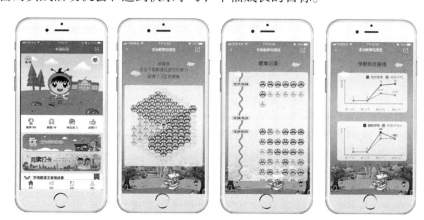

图11-4 《幸福田园》功能特色示意图

---

① Malone T W, Lepper M R. Making Learning Fun: A Taxonomy of Intrinsic Motivations for Learning[C]//Snow R E, Farr M J. Aptitude, Learning, and Instruction, Ⅲ: Cognitive and Affective Process Analysis. New Jersey: Lawrence Erlbaum Associates, 1987: 223-253.

② Shaffer D M, Collura M J. Evaluating the Effectiveness of a Personal Response System in the Classroom[J]. Teaching of Psychology, 2009, 36(4): 273-277.

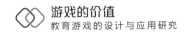

（二）游戏化的重要工具

在第十章也探讨过凯文·韦巴赫提出的游戏化设计模型，其中包括了成就、头像、徽章等元素和挑战、合作、竞争等机制，这里不再赘述，只是强调三个比较重要的游戏化工具——三大工具——点数（Point）、徽章（Badge）、排行榜（Leaderboard），简称 PBL。

1. 点数

点数，通常以积分形式呈现，可以用来激励学生完成某些任务。点数应用的方法有四种：①有效记分。这是点数在游戏化中最典型的功能，点数能够告诉学生他们在学习活动中完成得有多好，赢得 100 分的学生显然比仅得到 90 分的学生做得好。同时，点数也能够帮助确定获胜状态，比如在课堂上几组学生竞争，得分最高者就是竞争的胜利者。②在游戏进程和奖励之间构建联系。不少班级实行的小红花奖励制度，是一种外在奖励制度。将课堂游戏化，同样可以以点数为纽带，将学生在学习活动中的表现和实际的奖励之间联系起来。比如，根据学生在游戏中获得的点数把学生分成不同的级别，针对不同的等级给予不同的学习奖励，同时也给予不同的学习指导。③提供反馈。明确而频繁的反馈是游戏化的一个关键要素，点数能够快速、简单地实现这一点。比如在抢答式的游戏中，学生答对一道题目就获得一定的点数。点数给学生最明确的反馈，告诉学生他们做得很好，正在进步。④成为学生显示自己成就的方式。在课堂中引入积分，不同的学生个体之间，特别是小组之间，获得不同的积分就明确彰显了自己在学习活动中的成就。这种简单明确的成就显示方式，能够极大激发学生的学习积极性。

点数是鼓励竞争的有效方式，是持续反馈的有效方式，是给学生掌控感和成就感的有效方式。

2. 徽章

徽章是点数的集合，是对学生阶段性成就的一种视觉化的显示和鼓励方式。徽章的主要作用有：①可以为学生提供努力的目标方向，这将对激发学生的学习积极性产生积极影响；②可以为学生提供一种指示，让学生产生一种归属感，不同小组通过努力获得徽章，能够提升小组成员之间的认同感；③让学生产生沉浸感，徽章为学生提供了想象空间，一个徽章可能就是一个游戏化背景中的重要元素。

徽章对于设计课堂的游戏机制来说，是一个十分灵活的工具，老师可以为每一个核心的教学目标设计一个徽章，明确地引导学生向这个教学目标努力。

3. 排行榜

在游戏化系统的三大工具中，最难运用的就是排行榜了。一方面，处在游戏中的学生通常想知道相比较其他学生，自己达到了何种水平；另一方面，排行榜也会削弱学生的学习积极性，如果看到自己距离其他学生还有很大的差距，不少学生可能会选择放弃努力。所以，为了在游戏化中发挥排行榜的重要作用，同时避免排行榜的消极影响，在课堂的整体游戏化设计中，可以有以下几个使用方法：①不同维度上对学生的学习成果进行追踪，建立不同维度的排行榜。②排行榜仅显示前面的学生，后面的学生统一排在一个位置。比如，在个体的学习活动中，根据学生的积分仅排出前10名，其他的学生不再进行排名。③设置不同周期的排行榜，可以有一节课的排行榜，也可以设置长达一星期的排行榜，让学生坚信只要自己努力，一定能够在排行榜中名列前茅。

第三节 教育游戏的未来发展趋势

尽管我们认为游戏化学习确实具有重要的教育价值，尽管现在游戏化学习已经蓬勃发展起来了，但是可能还是有人会担忧：游戏化学习发展前景到底会怎样呢？其实，我们想想现在流行的探究学习、合作学习、MOOC、微课、翻转课堂，背后其实都有一个前提条件，那就是学生是有学习动机的，他愿意去积极主动地学习，如果没有学习动机，一切就没有可能了。由此可见，游戏化学习一定有其用武之地。事实上，在美国新媒体联盟历年发布的比较有影响力的《地平线报告》、上海市在2014年颁布的《上海基础教育信息化趋势蓝皮书》等诸多相关报告中，都预测游戏化学习（教育游戏）未来几年将会得到普及性应用。在高校，目前越来越多的研究者开始以游戏化学习为主题开展研究，越来越多的一线老师也投入进来。市场上，我们也可以看到越来越多的企业开始开发教育游戏，或者将游戏化思维应用到了教育产品设计中。综合以上因素，我们可以看到教育游戏一定会有广阔的发展前景。具体体现在以下几方面：

一、教育游戏的技术演进

教育游戏是一种基于信息技术的教学工具和学习环境。教育信息技术的快速发展，也在推动着教育游戏内容和形态的迭代更新。移动学习、VR/AR、智能体、人工智能、脑科学、元宇宙，这些新技术或新概念逐渐与教育游戏相结合，产生了大量各具特色的教育游戏软件与游戏化学习课程，为教育者提供了更丰富多元的选择。

（一）与移动学习相结合

最近几年，移动互联网对社会各领域造成了翻天覆地的影响，网上购物、移动支付等已经塑造了我们新的生活方式，很多行业都产生了巨大的变革，而在教育领域，移动技术也得到了广泛应用，笔记本、手机、平板电脑纷纷进入课堂。

移动学习指的是在移动设备的帮助下，在任何时间和任何地方都可以发生的学习,这里的移动设备必须能够有效呈现学习内容并且提供学习者和教师之间的互动。移动学习和游戏化学习关系非常密切,加拿大学者乔恩·巴格利曾经分析了美国新媒体联盟 2004—2012 年期间发布的《地平线报告》。他指出这些报告中先后提出了 37 项新技术,但是只有 7 项被后续的 4 份地平线报告证实,其中基于游戏的学习和移动学习就依次排在前两位。[①]打开手机和平板电脑,可以看出在各种各样的 APP 中,游戏的数量也是最多的,而且在苹果 App Store 中,给儿童开发的教育游戏也是非常受欢迎的。

游戏化学习和移动学习可以非常自然地结合在一起,有学者也提出了游戏化移动学习的概念。所谓游戏化移动学习,是利用移动互联时代人人拥有的移动设备,进行游戏体验式学习、情境化探究的一种过程。游戏化移动学习既可以体现出游戏场景的虚拟性、体验性、探索性和激励性,又可以利用移动设备实现移动学习的便捷性、学习方式的个性化以及随时随地进行学习的多样性和共享性等优势。[②]

游戏化学习和移动学习结合有多种模式:第一种可以称为碎片式学习,利用手机"随时随地和你在一起"的特点,就可以把零碎时间利用起来,背背单词,玩玩游戏,由于游戏可以给玩家带来迅速的反馈,玩家可以很快沉浸其中,达到学习的目的。第二种可以称为基于电子书包的课堂互动式学习,指的就是在课堂上应用平板电脑,此时教师可以将一些 APP 游戏融入课堂教学中。第三种称为情境感知学习,这是利用手机的第二个重要特点——"知道你在哪里",博物馆、科技馆经常使用这种学习模式,让参观者基于所在的地理位置学习相应的知识。比如麻省理工学院之前的增强现实游戏化学习项目中,就曾经让学生拿着掌上电脑,到城市里去穿行,去解决问题,其实就类似于户外游戏。香港中文大学学习科学与技术研究中心也推出了类似的户外移动式游戏化学习项目"教育探险(EduVenture)"[③](见图 11-5)。[④]最近流行的《口袋妖怪》(*Pokémon Go*)游戏吸引了大量玩家沉浸其中,如果将 Pokémon 精灵换成学习内容呢?会不会有意想不到的学习效果?由此可见,将游戏化学习与移动学习相结合,能打破传统教室的时空边界,让学习者"人人皆学、处处能学、时时可学"。

[①] [加] 乔恩·巴格利. 全球教育地平线:离我们到底有多远 [J]. 北京广播电视大学学报,2012(06):29—34.
[②] 苏仰娜. 创客学习视域下的移动学习游戏探索——基于 STEM 理念的教育游戏积件 [J]. 远程教育杂志,2017, 35(5):105—112.
[③] EduVenture 网址:http://ev-cuhk.net。
[④] Jong M S Y, Chan T, Hue M T, Tam V. Gamifying and Mobilising Social Enquiry-based Learning in Authentic Outdoor Environments[J]. Educational Technology & Society, 2018, 21(4), 277-292.

图 11-5 学生利用 EduVenture 在城市里进行移动学习

（二）与 VR/AR 相结合

VR（虚拟现实）与 AR（增强现实）技术是近年来非常热的新兴技术。VR/AR 能为学习者建构虚拟学习情境，支持学习者多方位地理解学习内容，而教育元素则可以丰富虚拟现实和增强现实的应用设计，将教育游戏元素与智能技术相结合，能够增强应用的趣味性，使其不仅仅作为展示、观察和体验的工具，而是能够帮助学习者对学习内容有更深入理解和建构的学习应用。使用 VR/AR 技术能够促进学生在学习过程中将身体与环境交互，再结合游戏化的设计能够引发学生的心流体验。

虚拟现实（Virtual Reality, VR）即采用三维图形、音频及特殊的外部设备，利用计算机生成的交互式虚拟环境。虚拟现实环境中使用的显示设备是沉浸式、体验式的，其技术的沉浸式特点可以增强用户的参与感。[1] 虚拟现实技术主要有三种类型：第一种是基于桌面的虚拟现实，这种形式的虚拟环境在显示器中设置而成，通过传统的输入设备（如鼠标、键盘）进行交互；第二种是基于头戴式设备的立体虚拟现实，该类型为用户提供一个对象、两个角度的不同图像，从而实现一种沉浸式 3D 体验效果；第三种是激光控制的虚拟现实，学习者可以通过外部工具产生的激光束进行操作，从而达到交互的效果。[2] 比如网龙华渔和中央电教馆推出了虚拟实验室，目前已覆盖 K12 物理、化学、生物、科学等学科的实验学习，图 11-6 就是其中的化学实验画面。

---

[1] Ruddle R A, Volkova E, Bülthoff H H. Learning to Walk in Virtual Reality[J]. Acm Transactions on Applied Perception, 2013, 10(2):293−350.

[2] Bhagat K K, Liou W K, Chang C Y. A Cost-effective Interactive 3D Virtual Reality System Applied to Military Live Firing Training[J]. Virtual Reality, 2016, 20(2):127−140.

图 11-6 在虚拟实验室中做化学实验

虚拟现实技术类型的多样性为不同类型的教学内容提供了多种选择，同时也丰富了教育游戏的设计形式。例如，有学者基于头戴式设备的 VR 教育游戏，帮助学习者练习舞蹈技能，这是支持学习者学习动作技能的典型案例。学习者通过模仿虚拟教师的动作完成舞蹈动作的练习，虚拟导师通过动作捕捉技术为学习者提供及时的动作反馈与修正。这个系统的游戏化设计主要通过一定的时间限制、虚拟导师的即时反馈以及身体各部位得分的排行榜来实现。研究发现，相比于观看普通舞蹈教学视频，该系统的游戏化设计使学习者更关注于自身的动作，并且保持较高的学习动机，从而取得了更好的学习效果。[1]

增强现实（Augmented Reality，AR）是由虚拟现实技术发展而来的新型技术，通过摄像设备和角度位置判别，呈现相应的文字、图像、3D 对象等多媒体信息。增强现实技术主要依托于摄像设备和位置识别技术，在技术类型上有穿透式增强现实和视频式增强现实。[2] 增强现实将虚拟空间图像与真实世界共同呈现在同一屏幕上，实现虚拟世界和真实世界的无缝连接。[3] 蔡苏等系统地梳理了国外增强现实在教学中的应用案例以及其团队设计的教育应用，并发现，增强现实教具的使用与多数学生的学习态度呈现正相关。[4] 此外，基于增强现实的教育游戏，能够将现实世界和虚拟世界整合为具有趣味性和高度交互的泛在学习环境。

---

[1] Chan J C P, Leung H, Tang J K T, et al. A Virtual Reality Dance Training System Using Motion Capture Technology[J]. IEEE Transactions on Learning Technologies, 2011, 4(2):187-195.

[2] 王德宇, 宋述强, 陈震. 增强现实技术在高校创客教育中的应用[J]. 中国电化教育, 2016(10):112—115.

[3] Krevelen R V, Poelman R. A Survey of Augmented Reality Technologies, Applications and Limitations[J]. The International Journal of Virtual Reality, 2010, 9(1):10-23.

[4] 蔡苏, 张晗, 薛晓茹, 等. 增强现实(AR)在教学中的应用案例评述[J]. 中国电化教育, 2017(03):1—9.

基于增强现实的教育游戏可以分为三种：强调角色的增强现实教育游戏、强调位置的增强现实教育游戏和强调任务的增强现实教育游戏。[1] 例如，陈向东等人设计并开发了一款增强现实教育游戏《泡泡星球》，游戏背景建立在一个虚拟的未来星球——泡泡星球上，该星球面临着前所未有的毁灭性灾难，学习者通过正确的单词的学习，可以拯救星球。如果任务失败，城市、公园、住房等都会在泡泡爆破的动画中沦为废墟。这款游戏是针对小学低段学习者，通过设计丰富的画面和有趣的情境，强化虚实结合、人机交互、实时反馈和感官体验，辅助学习者完成英语单词的认知和记忆，在用户体验上取得了良好反馈。[2]

总而言之，教育游戏不仅是为了提升教学的趣味性，而是旨在更好地提升教学效果。相比其他技术，将 VR、AR 与教育游戏相结合主要有以下几个优势：第一，构建沉浸式情境可以提高学习者的学习动机和参与积极性；第二，可以更好地通过多维度立体展示，促进学习者对知识的深层次理解，从而提升学习效果；第三，与 MOOC 课堂相似，VR 和 AR 能够支持多次重复观看，可以在不增加成本的基础上，支持学习者反复体验虚拟情境，多次进行实验探究，从而解决实地培训和实验学习成本较高的问题。

（三）与人工智能和智能体相结合

在游戏中应用人工智能的理念由来已久，游戏与人工智能相互促进，共同迭代，人工智能丰富了游戏的内容，带来更多变化和随机性，游戏也成为检验人工智能的重要应用场景。郑新和张靖将人工智能分为游戏人工智能和教育人工智能，并指出游戏人工智能具有以下三种功能：①促进人机互动，提升游戏体验；②辅助制作游戏，降低开发门槛；③分析游戏数据，感知玩家体验。教育人工智能主要发挥以下功能：①学习者学习过程的指导者；②学习者学习活动的感知者；③学习者学习效果的评价者。[3] 教育人工智能在教育游戏中的应用，能够在教育游戏中建构个性化的自适应学习环境，实现高效、灵活及个性化的学习支持。[4]

教育游戏与人工智能技术结合的典型案例是智能代理，也称智能体。智能体可以根据用户定义的规则，主动检索推送用户最感兴趣信息，并能推测用户的意图，自主

---

[1] Wu H K, Lee W Y, Chang H Y, et al. Current Status, Opportunities and Challenges of Augmented Reality in Education[J]. Computers & Education, 2013, 62(2):41-49.

[2] 陈向东，万悦.增强现实教育游戏的开发与应用——以"泡泡星球"为例[J].中国电化教育，2017(03):24—30.

[3] 郑新，张靖.人工智能时代的教育游戏：发展机遇与趋势[J].数字教育，2020, 6(1):5.

[4] 马秀麟，梁静，李小文，苏幼园.智能化学习环境下资源推荐的影响因素及权重的探索[J].中国电化教育，2019(03):110—119.

制订、调整和执行工作计划。① 智能体有多种类型，在教育游戏中最常见的是基于智能体控制的非玩家角色（Non-Player Character，NPC），这些 NPC 依照算法脚本运行，对学习者的行为产生反应，从而表现出一定程度的智能水平，随着人工智能技术的不断发展，NPC 在特定场景下的行为几乎可以"以假乱真"。研究表明，当学习者无法从"设计立场"（Design Stance）通过解析智能体的程序逻辑理解的时候，会自然而然地转向"意向立场"（Intentional Stance）将其当作"有智力的玩家"对待。② 因此，将基于人工智能技术的智能体的形式整合进游戏化虚拟学习环境中，便可以通过虚拟智能代理实现学习者的社会化学习和情感支持。

教育游戏中的智能体可以仅以程序形式存在，也可以有物理实体。各种智能教育硬件和教育机器人有时候也被归入智能体之中。因此，教育游戏与智能体的另一种结合形式是在游戏化活动中使用智能体硬件，实现信息呈现和教学过程管理。例如图 11-7 就是一款可以用来玩游戏的电子积木 *Sifteo Cubes*；再如，使用树莓派编程套件或电子积木开展编程教学和电子知识教学。可以预见，随着信息技术的不断发展，在未来教育元宇宙的数字交互环境下，智能体将分布在学习环境中的各个角落，以更多、更有效、更密切的形式被整合到教育游戏中。

图 11-7 使用 *Sifteo Cubes* 玩分数游戏

（四）与大数据技术相结合

教育游戏与大数据技术是密不可分的。教育游戏为教育研究者提供了重要的数据收集平台和应用场景，学习者在教育游戏中将产生大规模、多模态、细粒度的行为数据。数据是人工智能运行的根本，也是开展数据驱动的教育评价的基础。一方面，教育游戏大数据可以进一步优化教育人工智能的算法，提升其应对复杂学习者行为的诊断能力和应对水平；另一方面，通过对游戏后台数据的分析，可以对学习者特征和行

---

① 李伟超，牛改芳. 智能代理技术分析及应用 [J]. 情报杂志，2003(06):29—30, 33.
② ［英］赛斯·吉丁斯. 游戏世界：虚拟媒介与儿童日常玩耍 [M]. 徐偲骕，译. 上海：上海文艺出版社，2019: 149—150.

为进行聚类建模、关联性分析和数值评估，从而对学习者展开情感识别、画像跟踪、话题检测和能力评价。教育游戏在数据采集方面具有动态可持续的优点，所获取的数据相比于其他教学媒体更加细致、准确、结构复杂，更能够反映学习者的真实学习情况。教育者使用大数据技术，开展基于教育游戏的大数据分析，一方面能够帮助教育者和学习者不断优化教学和学习方式，提升学习成效；另一方面，可以支持教育管理者有效决策，为教育政策制定和教育治理提供数据证据支持。

二、教育游戏的应用创新

随着游戏开发技术和游戏化学习理论的快速发展，教育游戏将作为一种富有潜力的教学工具和学习环境融入教育领域的方方面面。教育游戏的应用创新不仅体现在教育游戏能与 STEM 教育和在线教育紧密结合，而且还表现在它可以被应用于脑科学研究之中，以后也将在非正式学习环境中大放异彩。从更广阔的视角来看，游戏化的理念融入课堂教学和教育管理之中，将从根本上改变教育组织的底层逻辑，引发教育领域的范式升级，从而塑造着未来教育的形态。

（一）基于脑科学的教育游戏

脑科学研究是当前科学界关注的重点。或许人们希望在新的世纪能对自己的大脑了解得更加多一些，脑科学研究在 2000 年以后呈现加速发展趋势。自 2013 年美国启动"创新性神经技术推动的脑计划"（BRAIN）以来，欧盟、日本、韩国等几乎所有发达国家纷纷投入巨资开展脑科学研究，我国也在 2016 年将脑科学与类脑研究作为重大科技项目列入国家"十三五"规划之中。[①] 脑科学研究成果为教育和学习实践带来了新的启示，同时也为游戏化学习提供了新的视角。《自然》（Nature）、《科学》（Science）等著名期刊接连刊载了多篇探讨游戏化学习与脑认知能力关系的研究文章，尤其是达夫妮·巴韦利埃等人对游戏影响大脑可塑性的研究，为游戏的教育价值提供了坚实的理论依据。[②] 事实上，很早以前就有人开始尝试使用游戏提升脑的认知能力，例如，第二章提过的 Lumosity 网站上的很多游戏都被开发者宣称对提高大脑的注意力、判断能力、记忆力很有帮助。比如在图 11-8 所示的游戏中，屏幕上有几辆小火车，不同颜色的小火车需要停到不同颜色的车站里去。但是中间有些岔道，需要玩家及时搬动岔道才行。随着游戏的进行，小火车会越来越多，玩家处理起来会手忙脚乱，这样的游戏被认为有助于培养注意力和多任务处理能力。

[①] 尧德中. 脑科学领域的科技发展 [EB/OL]. (2021-03-15) [2022-05-07]. https://www.thepaper.cn/newsDetail_forward_11709367.

[②] Bavelier D, Green C S, Pouget A, et al. Brain Plasticity Through the Life Span: Learning to Learn and Action Video Games.[J]. Annual Review of Neuroscience, 2012, 35(1):391-416.

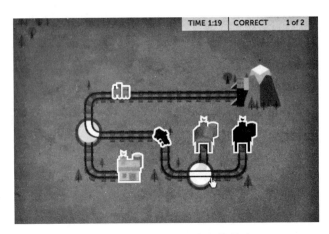

图 11-8 Lumosity 网站上的游戏

还有一些学者从认知科学的层次上研究游戏与教育的关系。比如前面提到的斯坦福大学的凯斯勒等人采用脑科学的方法评估了游戏化学习对提升特纳综合征患者的数学能力的作用。[①] 随着脑科学研究的不断推进，未来基于脑科学的游戏化应用的前景一定会越来越广阔。

（二）非正式学习环境中的教育游戏

教育游戏的优势在于不仅可以应用于正式课堂教学中，也能在课外非正式学习环境中发挥作用。游戏是自愿参与的，好的教育游戏要能吸引学习者自发主动地使用，从而开展游戏化学习。而非正式学习是指在非正式学习时间和场所发生的、通过非教学性质的社会交往传递和渗透知识，其特点是由学习者自我发起、自我调控和自我负责，而不是由教育者主导。[②] 学习者在课外时间"玩中学"是典型的非正式学习。非正式学习在实践中会遇到以下问题：一是由于缺少正式学习的框架和教师指导，需要学习者自己发起、监控和调节，对于学习者的元认知能力提出了更高的要求；二是非正式学习无处不在，融入并分布于学习者所接触的每一件事物之中，因而他们所获得的知识、信息和技能通常是混杂在学习情境中的，并且还融合了个人化的情感体验，而这种学习和体验通常是内隐的，难以通过言语与他人交流；三是非正式学习是零散的，难以通过传统手段测量和记录，也难以判断学习者的变化。以上三个制约非正式学习的问题在教育游戏中都能得到很好地解决。首先，教育游戏可以起到外部脚本的作用，引导学习者完成任务；其次，教育游戏通过虚拟环境和智能代理能够为学习者提供丰富的社会线索，从而"通过行动来交流"，将非正式学习中许多隐性知识编辑在游戏角

[①] Kesler S R, Sheau K, Koovakkattu D, Reiss A L. Changes in Frontal-parietal Activation and Math Skills Performance Following Adaptive Number Sense Training: Preliminary Results from a Pilot Study[J]. Neuropsychological rehabilitation, 2011, 21(4): 433-454.

[②] 余胜泉, 毛芳. 非正式学习——e-Learning 研究与实践的新领域 [J]. 电化教育研究, 2005(10):19—24.

色的行动中，引导学习者在游戏中对这些内容产生更深层次的理解；第三，教育游戏系统能够记录学习者在非正式学习环境中的学习表现。通过学习数据分析，能够对学习者表现进行更细致的考察和评价。

可以发现，教育游戏和非正式学习在理念和实践上有很多相通之处。教育游戏为非正式学习提供了新的场域，而非正式学习也丰富了教育游戏的应用方式，未来将会有更多研究揭示在非正式学习环境中如何开展游戏化学习。

（三）教育管理的游戏化创新

游戏化的理念不仅可以应用于教学中，同时也能够为教育管理工作提供新的视角和解决方案。游戏化的优势在于激发动机，把游戏精神融入教学设计，能为学生充分赋能，提升他们的自我效能感，激发学生主动参与各种活动的热情和动力。

当前，已经有学校开始将这种游戏化理念，融入学校教学和管理的各个方面，并取得了令人瞩目的成果。位于纽约的"探索学习"（Quest to Learn）学校率先将游戏机制融入整体教学设计。该校自2009年创立以来，面向培养21世纪人才，采用游戏化学习的方式创新性地打破了传统教学标准和教学内容的框架。[1]这所学校的教学体系由教育专家和游戏开发者共同开发设计而成，采用跨学科的课程结构。其课程主要分为六个"整合领域"（Integrated Domains），即"事物的运作原理"（The Way Things Work）、"存在、空间与地点"（Being, Space, and Place）、"编码世界"（Codeworlds）、"观点"（Point of View）、"身心健康"（Wellness），以及关于游戏设计和视觉媒体艺术的"思维运动"（Sports for Mind）。这些领域超越了传统的特定学科的课程，跨学科地整合了数学、科学、历史和文学等传统领域。[2]与此同时，每学期还有为期一星期的"首领关卡"（Boss Level），这一星期里学生要完成高强度的设计挑战，通过应用所学的知识和技能，提出解决复杂问题的方案，从而培养学生问题解决能力、系统化思维、创造力、设计思维等高阶能力。

同时，也有学校在尝试将游戏化纳入教育管理流程中来，从而构建游戏化的校园教育生态。北京十一学校龙樾实验中学结合游戏化学习理念，推出游戏化校园虚拟货币体系——"龙币"体系，该体系包括"龙币""龙市""龙商行""龙创客"四大主题模块，分别针对学生的自主需要、能力需要和归属需要。[3]学生通过课程活动、班级活动和学校活动赚取"龙币"。而学校为学生提供丰富的虚拟货币应用场景，这些"龙币"可以按照一定的比例兑换为与学习密切相关的实物或服务奖励，或者在每学期末

---

[1] 张露，朱秋庭. 游戏化学习——美国Quest to Learn学校以游戏化学习培养真正的系统思考者与设计者[J]. 上海教育, 2016(35):38—41.

[2] Quest to Learn. Q2L Glossary. [EB/OL]. [2022-05-08]. https://www.q2l.org/about/glossary/.

[3] 王海霞，马积良. 用游戏化评价体系提升学校的育人能力——以"龙币"体系为例[J]. 北京教育(普教版), 2021(05):58—60.

学校组织的集市活动上参与拍卖和消费。学校也会基于"龙币"构建奖罚机制，对学生在校的不合规表现，适当扣罚"龙币"，从而体现虚拟货币在学校德育工作中的评价属性。学校也针对学生的某些活动和行为（如交易、租赁）收取税利，培养学生的经济思维和纳税意识。这样十一龙樾学校通过"龙币"引导学生积极参加课堂学习活动，并有针对性地设定学习目标，协调自己在各科课程中的表现，并鼓励学生通过与他人合作赚取"龙币"。这样在满足学生个性化学习需求的同时，培养了学生学业规划和团队协作能力。这种游戏化的教育管理方式，有效地提升了学生的学习积极性和自我效能感，形成一个覆盖校园的游戏化氛围。与此同时，学校通过大数据分析学生的虚拟货币行为，还能够有针对性地给予学生个性化的教育方案。①

图 11-9 学生在龙市上售卖自己制作的产品

（四）游戏化与 STEM 教育相结合

2006 年开始，STEM 教学备受重视。所谓 STEM，指的是将科学（Science）、技术（Technology）、工程（Engineering）、数学（Mathematics）四个学科融合在一起，培养学生在现实生活中解决问题的综合能力。2007 年，在加强 STEM 教育的同时，有学者认为需要加入艺术（Arts），就成了 STEAM。后来学者们认为如果没有读写能力，STEAM 和 STEM 也很难发展，因此现在为了也同时强调读写能力（Reading 和 Writing），把阅读（Reading）也加入其中，形成了 STREAM。②

国际上推进 STEM 的途径，除了改善传统学校教育和推进博物馆 STEM 教育外，还会通过社会公益组织的 STEM 项目的方式推进，而游戏化学习在其中可以扮演重要

---

① 马积良，田巧英，杨悦，郄静波，崔燕飞. 游戏化评价模式下的校园虚拟货币体系 [J]. 教学与管理，2019(16):3.

② Rob F. STEM Needs to Be Updated to STREAM[DB/OL]. (2017-12-06) [2022-05-12]. https://www.huffingtonpost.com/rob-furman/stem-needs-updated-to-str_b_5461814.html.

角色。例如美国全国 STEM 游戏设计大赛，就是通过设计独特的游戏竞赛机制，引导青少年以游戏设计和开发的形式实践 STEM 教育，促进了美国 STEM 教育的"增加美国学生在 STEM 教育中的参与性，提升 STEM 对其生活的价值"的目标的实现。[①] 该竞赛提供了丰富的在线学习资源作为支持，包括游戏设计教程以及来自游戏开发厂商的一线学习资料；还基于学术水平推荐游戏开发平台，如 Unity、GameMaker、Scratch 以及 Gamestar Mechanic，参赛者可以根据自己的学习经验、开发难度以及对游戏认知程度选择适合自己的平台。

除了上述提到的比赛，由麻省理工学院推出的 Scratch 平台也被应用到了很多 STEM 课程中。Scratch 其实就是一个游戏化的、可视化的编程工具。用户可以在里面通过拖拉模块开发动画和游戏等。它不仅可以编程，还可以选购外设，如果购买了相关硬件，就可以控制外部硬件设备进行更复杂的编程学习。此外，现在还涌现出了很多很好玩的可穿戴设备或智能体，利用这些智能体也可以设计非常有趣的又富有教育意义的游戏活动。

（五）游戏化与在线教育相结合

自 2012 年以来，MOOC 发展如火如荼，但是其高辍学率等问题也屡遭质疑，使得如何提升 MOOC 中学习者的学习动机成了重要问题。谈到动机，人们自然会想到游戏，人们希望将游戏的理念、元素和设计等精髓应用到教育、培训等领域中，借以激发人们的参与兴趣，提升参与动机。

当前国内外也已经有这方面的尝试，在第十章讲过我们开展的"游戏化教学法"MOOC 项目，其中基于 MDA 游戏设计框架，以增加故事元素的方式，对 MOOC 视频进行游戏化设计。[②] 另外，前面也讲述过，香港中文大学的李浩文教授和墨尔本大学的彼得斯塔基教授在 Coursera 上推出的"离散优化建模"基础篇、高阶篇和问题解决篇课程，每一个视频课的开始都会勾画中国经典名著《三国演义》里面的故事（如图 11-10），学习者可以跟随故事学习各种复杂的概念，在故事中穿插了所有的问题、习题以及作业，帮助学习者更有兴趣学习这门课的所有材料。[③]

[①] 乔爱玲. 推进 STEM 教育的游戏开发竞赛机制研究——基于美国 STEM 电子游戏设计竞赛的分析 [J]. 中国电化教育, 2017(10):70—75.

[②] 朱云, 裴蕾丝, 尚俊杰. 游戏化与 MOOC 课程视频的整合途径研究——以《游戏化教学法》MOOC 为例 [J]. 远程教育杂志, 2017, 35(06):95—103.

[③] Chan M, Chun C, Fung H, et al. Teaching Constraint Programming Using Fable-Based Learning[J]. Proceedings of the AAAI Conference on Artificial Intelligence, 2020, 34(9):13366−13373.

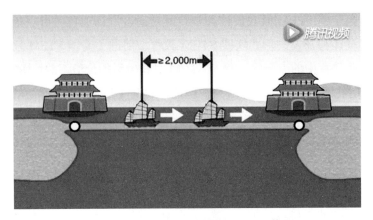

图 11-10 "离散优化建模"MOOC 截图

三、教育游戏的理念升级

游戏作为人类社会的重要元素，其历史由来已久，传统游戏甚至在人们掌握语言之前就已经出现。相比之下，电子游戏的历史就短得多，但是其发展速度远超传统游戏。自 1958 年第一款电子游戏《双人网球》(Tennis for Tow)诞生以来，艺术家和工程师们创造出数以万计的各类电子游戏作品，吸引了全球数十亿玩家参与其中。① 可以说，玩游戏已经成为我们当下和未来社会重要的文化现象，而游戏也从单纯的娱乐工具发展成为未来数字生活的重要载体。随着元宇宙、数字世界等概念的兴起，教育游戏逐渐从原本的教学工具发展成为沉浸式教学环境和泛在的教育生态系统。围绕教育游戏的理念升级已经蓄势待发，未来教育需要我们重新定义和构建教育游戏的概念体系，认识到游戏引领教育领域颠覆式创新的重要价值，并最终实现在数字世界中的终身学习。

（一）教育游戏的概念重构

很长时间以来，人们对"游戏（Game）"一词的定义混杂了多个领域的见解，路德维希·维特根斯坦（Ludwig Wittgenstein）在他的《哲学研究》一书中证明，游戏的元素（成分），如玩乐、规则和竞争，都无法正确定义游戏是什么。他认为人们将"游戏"一词应用于一系列不同的人类活动，这些活动是有联系的，但并非密切相关。② 胡伊青加（也译为赫伊津哈）认为游戏是产生文化的条件："作为通例，游戏成分逐渐退至幕后，大部分被宗教范畴吸收，剩余的则结晶为知识、民间故事、诗歌、哲学或各种司法形式及社会生活。"③ 心理学家则将游戏视作是"一种基于物质需求满足之上的，在特定时间、空间范围内遵循某种特定规则的，追求精神世界需求满足的社会行为方

---

① Newzoo. 2021 全球游戏市场报告 [R/OL]. (2021-12-24) [2022-05-12]. http://www.yitb.com/article-8110.
② ［英］路德维希·维特根斯坦. 哲学研究 [M]. 北京：商务印书馆，2000.
③ ［荷］约翰·赫伊津哈. 游戏的人 [M]. 多人，译. 北京：北京大学出版社，2014: 50.

式"①。

时至今日，随着电子游戏成为"房间中的大象"，"游戏"这个概念已经"不堪重负"，既无法精准区分这些相似但又明显不同的意涵，也难以承载人们更广泛和深入的探索。因此，重构"游戏"的概念意涵网络，找到更能够精确形容其成分的定义和表达方式，并拓展相关概念和下位概念，是当前游戏研究者面对的重要任务。想要直接给出一个更精准的游戏的概念是十分困难的，也超出了本书的写作范围，但是我们相信，在不久的未来，随着游戏逐渐和电影一样发展出复杂而庞大的文化生态，随着更多超越传统概念范畴的游戏作品不断面世，这样的概念重塑和拓展一定会发生，并将完全改变我们对待游戏的态度和看法。

（二）游戏推动教育的颠覆式创新

教育是一门基于经验的学科，相比于医疗、军事等领域，技术装备在教育领域中带来的变革显得更加缓慢和难以察觉。斯坦福大学的拉里·库班（Larry Cuban）教授在其2001年出版著作《卖得太多，用得太差：教室中的计算机》（*OverSold & UnderUsed: Computers in the Classroom*）中指出：在小学低年级的课堂上，计算机只是被用来维持传统的儿童早期教育模式，尽管计算机上的教育游戏受到学生的欢迎，但是它们并未取代传统的教学，反而被教师们用来补充和强化传统的教育模式。② 时至今日，教育游戏技术和游戏化学习理论的快速发展让这种现象得到了初步改观，但不得不承认我们离完全以学生为中心的学习还差得比较远，计算机的教育应用潜力还远未被充分释放。

那么究竟该如何解决传统教育模式和教学法对计算机教学的制约问题呢？克莱顿·克里斯坦森（Clayton Christensen）的颠覆式创新（也称破坏式创新）理论给出了一个可能的答案。颠覆式创新"不是在原有的竞争市场上沿传统的发展路径持续创新，而是通过带来不足以与之前匹敌的产品或服务打破原本的发展轨迹"。③ 该理论对教育的启示是：真正引起教育组织体系重构的颠覆式创新，往往不是来源于教育系统内部对现有教学和学习方式的不断精进，而是可能来源于传统意义上并不被认为是教育领域的技术应用和实践。游戏无疑就具有这样的潜力，2021年全球游戏玩家总数接近30亿人，④ 数以亿计的青少年在课外消耗大量时间沉浸在游戏中。在过去，游戏常常被视为学习的竞争者，但不可忽视的是，学生在游戏中探索、竞争、社交、获得成就的过程中也掌握了关于游戏世界的大量知识，并且自发组织形成了规模巨大的游戏社区和

---

① 百度百科. 游戏 [EB/OL].[2022-05-09].https://baike.baidu.com/item/%E6%B8%B8%E6%88%8F/33581.

② Cuban L. Oversold and Underused: Computers in the Classroom[M]. Cambridge, MA: Harvard University Press, 2001.

③ [美] 克莱顿·M. 克里斯坦森, 迈克尔·B. 霍恩, 柯蒂斯·W. 约翰逊. 创新者的课堂：颠覆式创新如何改变教育 [M]. 周爽, 译. 北京：中国人民大学出版社, 2015: 23.

④ Newzoo. 2021 全球游戏市场报告 [EB/OL].(2021-12-24)[2022-05-12]. http://www.yitb.com/article-8110.

学习共同体，用以交流各种游戏知识和攻略技巧。这种教育系统之外的共同体蕴含着巨大价值，而且随着游戏的概念不断发展，人们除了"玩游戏"之外还会出现各种与游戏互动的方式，例如与好友在游戏世界里会面、闲逛，参加游戏中的演唱会、讲座、直播和身份探索。这些活动都在潜移默化地改变着人们的生活模式和行为习惯，并有可能在将来改变甚至重塑教育的组织形态。

根据颠覆式创新理论，教育游戏带来的改变将经历两个阶段：第一个阶段是在线学习阶段，这个时候学生使用的是专用教育游戏软件和课程，开发成本较高，往往是由教育者和游戏开发者等专业人士创作（Professional Generated Content，PGC）。第二个阶段是以学生为中心的技术阶段，在这个阶段学生可以根据自己所需学习各科知识，并可以使用游戏编辑工具创作游戏，从而实现用户生成内容（User Generated Content，UGC）。随着游戏化在线学习规模的持续增长，教育游戏设计研究的不断深入，教育游戏的边际成本会因规模效益和技术进步不断下降，教育评价方式也会更倾向于数据驱动的基于游戏的评价。当游戏产生的学习成效逐步接近传统教学，并满足传统学校课堂无法顾及的学习需求时，这种改变就会从教育的边缘走向中心，由量变引发质变，颠覆式地改变教育的内容逻辑、组织形态和评价规则，实现教育系统的范式转换。

（三）在数字世界中终身学习

1972年，国际教育发展委员会主席埃德加·富尔（Edgar Full）在他提交给联合国教科文组织总干事的报告《学会生存——教育世界的今天和明天》（又称《富尔报告》）中指出：唯有全面的终身教育才能培养完善的人，在当前的世界里谁也不能再一劳永逸地获取知识了，人们需要终身学习如何去建立一个不断演进的知识体系，即"学会生存"（Learning to Be）。《富尔报告》也指出计算机的教育价值"并不限于简单显示信息，使学生获得和了解一堆知识，它还能帮助学生运用概念和技术，发展他们智力才能"。该报告预言了计算机带来的智力革命不仅会加快学习进度，还能促进和加深学习能力。① 半个世纪后，当我们再次回望《富尔报告》，其中很多判断都早已成为现实，"终身学习"和"学习型社会"的理念已经深入人心，计算机也在教育领域中发挥着不可或缺的作用。近年来，随着教育信息化建设的不断深入，以虚拟现实、增强现实、数字孪生、虚拟空间等为代表的沉浸式信息技术，正在从学习资源、组织形式和系统平台等方面推动教育教学变革。比如图11-11就是2015年1月27日星期二晚上7点，AI规划MOOC小组会议在《第二人生》中举行。

---

① 联合国教科文组织国际教育发展委员会.学会生存：教育世界的今天和明天[M].华东师范大学比较教育研究所，译.北京：教育科学出版社，1996.

图 11-11 AI 规划 MOOC 小组在《第二人生》平台中开会[1]

在技术演进驱动教育应用创新的时代背景下，是时候对未来教育做出更进一步的预测了。50 年后的学习者会如何学习？有哪些技术会像 50 年前的计算机一样颠覆式地改变教育系统？首先，可以明确的一点是终身学习的理念不会过时，随着未来通信、交通和计算技术的加速迭代，人们仍然要不断学习以适应快速变化的世界，否则就会在眼花缭乱的未来中无所适从。其次，教育中涉及的计算和显示设备会不断创新，人们与设备的人机交互方式也会发生显著变化：硬件终端会逐渐走向小型化、智能化和个性化，甚至随着人机接口技术的突破，植入人体的微型终端也许会成为现实；软件上，随着虚拟现实、人工智能、大数据、云计算、数字孪生等技术的飞速发展，**元宇宙**（Metaverse）将从概念走进现实，人们会生活在一个虚实融合、泛在互联、智能开放、去中心化的三维数字模拟世界，[2] 在虚拟世界中的生存能力会是每个人的最基础的数字素养。甚至更进一步，如同科幻小说所描绘的那样，如果未来数字孪生、脑机接口等技术的发展让人与机器的边界变得不断模糊，使得人脑逐渐与计算机软件、硬件系统紧密耦合，共同构成"湿件"（Wetware），从而实现了人与机器合而为一的"控制论有机体"（也称赛博格，Cybernetic Organism）。[3] 到那时，人类意识的底层物理架构已然改变，必然导致人类学习的范式变革。

总而言之，未来教育要求学习者能在数字世界中终身学习，并持续适应不断演变的知识体系和价值标准，应对未来世界瞬息万变的复杂挑战。"在数字世界中学会生存"将在下一个 50 年间变得更为迫切而具有现实意义。从这个角度来看，教育游戏也许正发

---

[1] Austin Tate. Coursera AI Planning MOOC 2015 – Virtual World Meeting [EB/OL]. (2015-01-27) [2022-11-10]. https://blog.inf.ed.ac.uk/atate/2015/01/27/coursera-ai-planning-mooc-2015-virtual-world-meeting-27-jan-2015/.

[2] 刘革平，王星，高楠，胡翰林. 从虚拟现实到元宇宙：在线教育的新方向 [J]. 现代远程教育研究，2021，33(06):12—22.

[3] 阮云星，高英策. 赛博格人类学：信息时代的"控制论有机体"隐喻与知识生产 [J]. 开放时代，2020(01): 162—175+9.

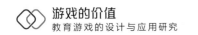

挥着培养下一代数字原住民核心素养和基本生存能力的重要作用，对教育发展也具有重要的价值和意义，因此我们有必要从更广阔的视野来探索未来教育的发展趋势。

第四节　新快乐教育：未来教育的发展方向

综合我们开展的研究及相关文献，我们认为学习科学和游戏化学习视野下的未来教育可以用"新快乐教育"这个概念来概括，其含义、核心目标、核心理念及实施途径如表11-1所示。①

表11-1　新快乐教育的含义、核心目标、核心理念及实施途径

含义	新快乐教育是以学习科学为基础，以游戏化学习为特色，融合现代教育技术和创新学习方式，让学习更科学、更快乐、更有效，让每一个孩子都能健康成长为面向未来、适应未来、德智体美劳全面发展的拔尖创新人才和合格人才的未来教育
核心目标	打造让学习更科学、更快乐、更有效，让每一个孩子都能健康成长的美好的未来教育
核心理念	1. 价值观：每一个孩子都需要被认可； 2. 发展观：每一个孩子都能学会如何学习； 3. 学生观：每一个孩子都是爱学习的； 4. 教学观：教和学可以是也应该是科学和快乐的； 5. 技术观：教育与技术不可分离
实施途径	1. 研究：加强学习科学研究，夯实未来教育发展基础； 2. 环境：建设舒适、温馨、智慧的学习环境，让学校成为真正的学习乐园； 3. 课程：重塑课程体系，注重人工智能教育、STEAM课程和跨学科课程； 4. 教学：在教学中深入融合应用游戏化学习和其他学习方式及新技术； 5. 教师：提升教师学习科学素养，促进学习科学和课堂教学深度融合； 6. 家长：提升家长学习科学素养，促进家校协同育人； 7. 学生：提升学生学习科学素养，培养学生的快乐学习力

一、快乐教育的历史渊源

快乐教育可以追溯到孔子，他早就提出了快乐教育的思想，他赞扬颜回"发愤忘食，乐以忘忧"，他强调"知之者不如好之者，好之者不如乐之者。"古希腊的柏拉图也提出了**幸福快乐论，即教育是实现人生幸福快乐的根本途径**。他意识到快乐在学习中的重要作用，把快乐问题提升到教育的原理和原则的高度来看待，在此基础上提出了"快乐训练"教育原理（"快乐与痛苦的正确训练是教育的一个原理"）和"欢乐交往"教育原则（"依适当的欢乐交往的规则而定正确教育的原则"）。夸美纽斯其

---

① 尚俊杰. 新快乐教育：学习科学与游戏化学习视野下的未来教育 [EB/OL]. (2021-03-01) [2022-05-12]. https://mp.weixin.qq.com/s/-Ilr_I5xlF4ODVqvWF5WpA.

实也曾提出了以人文主义教育为指导思想、以自然主义教育理论和快乐主义教育理论为理论基础的"**愉快教育**"思想,他认为"教师要以快乐的教育理念善待儿童,教育儿童"。①

当然,大家公认的"快乐教育"理论的提出者应该是英国著名哲学家、社会学家和教育理论家斯宾塞,他在19世纪根据多年的教育实践和大量的心理学研究证明:**孩子在快乐状态下的学习最有效**。所以他指出:教育的目的就是让孩子成为一个快乐的人,应该让孩子在快乐的状态下学习。②

20世纪八九十年代快乐教育的概念在我国教学实践中开始流行,但是在普及的过程中似乎出现了一些偏差,好像快乐教育就等于"减负",就要让孩子多玩一会儿,少做一些作业,少考一些试,让孩子们更轻松。因此后来招致了一些批评意见,比如有人认为学习就是应该是比较苦的,有人认为在宽松的环境中长大的孩子在未来社会中的竞争力更弱等。③

但是,我们认为:①之前似乎有一种倾向认为快乐教育就意味着减负,学习好意味着学得苦,学习差意味着放松和快乐。事实上,这可能是不对的,现实中学习好的孩子可能更快乐,学习差的孩子可能更不快乐。②之前我们似乎认为只有考上传统名校,从事"数理化"才会更有竞争力,但是事实上,随着时代的发展,各行各业确实都有更成功的人,比如在电商直播、艺术设计等领域,已经出现了很多优秀甚至可以说是非常成功的人才。随着人工智能、机器人的发展,未来对人才的需求会逐渐发生深刻的变化,一个人未来是否幸福和快乐,要综合考虑"社会需求""个人兴趣""个人能力"三个因素。③如果只是减负,快乐教育实际上很容易做到,但是真正的快乐教育意味着要做到因材施教,要能够激发孩子的深层内在学习动机,让孩子们开心快乐地学习,其实这是很困难的。

二、新快乐教育的含义与目标

(一)新快乐教育的含义

基于以上讨论,为了区别于之前常说的快乐教育,我们这里用了"新快乐教育"的概念,这个"新"就体现在:①新快乐教育追求的不是玩得很快乐,而是学得很快乐;②不是表面上很快乐,而是要从学习中获得深层的快乐;③新快乐教育不是笼统地通过少做作业多休息让学生很快乐,而是要以学习科学为基础,游戏化学习为特色,整合项目式学习、探究学习等学习方式,应用人工智能、大数据、VR/AR等技术,通过科学的教和学让学生更快乐。

---

① 郭戈. 西方快乐教育思想之传统 [J]. 课程.教材.教法,2015,35(03):17—25+47.
② [英]赫伯特·斯宾塞. 斯宾塞的快乐教育 [M]. 甘慧娟,译. 北京:北京理工大学出版社,2018: 21.
③ 邓茗文. 人生规划在幼年深刻质疑"快乐教育论"——星孩儿妈妈的育女经 [J]. 留学,2014(05):85—88.

概而言之，新快乐教育就是以学习科学为基础，以游戏化学习为特色，融合现代教育技术和创新学习方式，让学习更科学、更快乐、更有效，让每一个孩子都能健康成长为面向未来、适应未来、德智体美劳全面发展的拔尖创新人才和合格人才的未来教育。

（二）新快乐教育的核心目标

新快乐教育的核心目标就是打造让学习更科学、更快乐、更有效，让每一个孩子都能健康成长的美好的未来教育。

我们在《在线教育讲义》一书中，曾经探讨过心目中美好的未来教育，在此基础上，进一步梳理，可得到如图 11-12 所示的未来教育五环图：[1]

图 11-12 未来教育五环图

未来的教育一定是"面向每个人""适合每个人"的个性化美好教育，具体包括五个要素：①未来的学习一定是无所不在的终身学习。未来的学习内容（课程）不是一成不变的，是开放的，是个性化的。在脑科学、认知科学、人工智能、大数据、VR/AR、移动学习、游戏化学习等新技术新方式支持下，未来的学习将**更科学、更快乐、更有效**。②未来的学校将会成为更漂亮、更温馨、更舒适的学习乐园。在技术的支持下，未来的教室将会成为灵活、融合、智能的智慧学习空间。[2] 未来，学校仍然会是主要学习场所，但是将会突破封闭的办学体系，突破校园的界限，和博物馆、科技馆等一起打造无处不在的学习场所（学习中心），[3] 促进创建"人人皆学、处处能学、时时可学"的学习型社会。③未来的教师在技术支持下，人机协同，全面升级为"一天 24 小时"辛勤工作的、无所不知、无所不能的"超级教师"。[4] 同时，教师的工作

---

[1] 尚俊杰. 在线教育讲义 [M]. 上海：华东师范大学出版社，2020.
[2] 曹培杰. 未来学校变革：国际经验与案例研究 [J]. 电化教育研究，2018, 39(11):114—119.
[3] 朱永新. 未来学校重新定义教育 [M]. 北京：中信出版集团，2019.
[4] 尚俊杰. "互联网+"时代 教师将变成"超级教师"[J]. 中小学信息技术教育，2015(06):1.

将更加高效、更加轻松，教师有更多的时间专心学习、教学、研究和个性化指导学生，教师也将成为未来最幸福的职业之一。[1]④未来的学生可以更加自由地选择学习内容、学习地点、学习时间和学习方式。学习者可以在好奇心的推动下，尽情地沉浸在知识的海洋，开心快乐地探索世界的奥秘。⑤未来的评价主要是基于人工智能、大数据技术的过程性评价，将更加客观、更加公正。评价的内容将更加细致，可以科学地反映学习者的个性特点、学习特长和学习成效，尊重学生差异，激发学生潜能，从而有效促进学生的发展，协助学生选择未来的学校和专业，创造美好人生。

三、新快乐教育的核心理念

新快乐教育的核心理念将从价值观、发展观、学生观、教学观、技术观五方面论述。

（一）价值观：每一个孩子都需要被认可

我们现在经常强调，一个不能少，每个孩子都要成功。但是成功这个词可能会让我们联想起都要考上某某名校，这并不是我们推崇的目标。所以，我们这里用"**认可**"代替成功，不一定非要考上名校，只要能够成长为遵纪守法，对社会有用的人才就够了。事实上，当今社会中，我们已经看到了，很多孩子虽然没有考入传统名校，但是在社会其他领域取得了非凡的成功。

人本主义学习理论特别强调这一点，他们认为：每一个正常的人犹如一粒种子，只要能给予适当的环境，就会生根发芽、长大并开花结果。每个人在其内部都有一种自我实现的潜能。如果我们仔细去观察每一个孩子的话，其实都有他自己的特点，只要顺应他的天性，精心培养，都会成为对社会有用的人才。所以我们这里特别强调"每一个孩子都需要被认可"。

（二）发展观：每一个孩子都能学会如何学习

当前终身学习已经成为各界的共识，斯坦福大学提出的"开环大学计划"只是一个研究计划，但是为什么如此受人重视，也是因为迎合了时代对终身学习的需要。1972年，联合国教科文组织《学会生存》报告中提出了终身学习的理念，并指出学会求知（Learning to Know）、学会做事（Learning to Do）、学会共处（Learning to Live Together）和学会生存（learning to Be）是教育的四大支柱。2004年，北京大学闵维方教授也曾撰文指出：我们正在进入知识经济时代，知识信息已经成为当今世界最为重要的资本。知识的不断创新要求人们不断地学习和终身学习，那些不善于学习的个人和民族，那些教育体系和学习体系跟不上时代潮流的国家，将会被远远地抛在历史进程的后面。[2]现实中我们也可以看到，随着技术的发展，职业变化也越来越快，所以对

---

[1] 张优良, 尚俊杰. 人工智能时代的教师角色再造[J]. 清华大学教育研究, 2019, 40(04):39—45.
[2] 闵维方. 高等院校与终身教育[J]. 中国大学教学, 2004(02):9—10.

于当今的学生而言,一定要学会学习,以便能够恰当应对未来不断变化的世界。

当然,学会学习的内涵其实挺丰富的:我们需要根据学习科学"人是如何学习"的相关研究,培养和发展学生的"学习思维",让孩子们知道自己应该如何学习,找到适合自己的学习方式,从而能够积极主动地自主学习。

(三)学生观:每一个孩子都是爱学习的

每一个孩子来到世界上,都充满了好奇心,可以说是如饥似渴地去学习新的东西。当他们去上小学一年级的时候,基本上都是高高兴兴跑着去的。只不过,因为部分孩子不能适应这种班级授课式教学,逐渐丢失了对课程的学习动机。即便是这样,我们可以看到这样的孩子在其他领域似乎仍然有强烈的学习动机。比如,有的孩子尽管语文、数学成绩差一些,但是音乐可以学得很好。我们之前在《中国学习计划》报告中利用澳大利亚学者马丁(Martin)提出的动机投入模型调研过部分小学生的学习动机,可以看出,从小学 4 年级到 6 年级,学习动机在统计学的意义上确实在显著降低,但是总体上都还是不错的,也就是大家常说的:**小学生都想成为好学生**。[①]

所以,我们首先要相信,每一个孩子都是爱学习的。我们需要去好好思考一下,究竟是什么因素让他们逐渐失去了学习动机,是否可以改变一下?

(四)教学观:教和学可以是也应该是科学和快乐的

自从冯特创立心理学实验室以来,教育研究就开始从猜测走向科学,100 多年来,人们特别希望研究清楚学习的实质、过程和条件,也提出了各种各样的学习理论。但是,我们不得不承认,在教育中还有很多东西是依靠经验的,还需要继续用科学研究来夯实。另外,100 多年来人们其实也已经提出了很多很好的学习和教学建议,但是因为效率等原因并没有被很好地应用到教学中。这些或许也是部分孩子不爱学习的原因。所以,要想让孩子们喜欢上学习,学习首先可以是也必须是科学的。

当然,学习也应该是快乐的。刚才已经讲过孔子、柏拉图、夸美纽斯、斯宾塞等人对"快乐"的重视。事实上,在传统学习中那些优秀的孩子基本上都是学得很快乐的,就算是成绩比较差的孩子,尽管他们可能对学习产生了恐惧,但是他们如果在学习中有所收获,也是非常开心的。当然,这里对快乐不能理解得太狭隘,在学习过程中需要消耗脑力去思考问题,这个过程可能是很累甚至痛苦的,但是在完成学习任务后会很开心很快乐。这就是契克森米哈伊提出的"心流"理论。[②]

我们相信,只要根据孩子的个性和特点,精心进行教学设计,学习是可以既科学

[①] 北京大学教育学院学习科学实验室,北京大学基础教育研究中心. 中国学习计划报告(2018)[EB/OL]. (2019-07-08)[2022 = 05-12]. https://pkuls.pku.edu.cn/docs/20190708175416347863.pdf.

[②] Csikszentmihalyi M. Flow: The Psychology of Optical Experience[M]. New York: Harper Perennial, 1990.

又快乐的。需要说明的是，以上主要谈了学习应该是科学和快乐的，其实学习和教学是分不开的，要想学习得科学和快乐，教学必须首先是科学和快乐的。

（五）技术观：教育和技术不可分离

自20世纪90年代以来，以互联网为代表的信息技术就对教育产生了巨大的影响；2020年以来的新冠疫情，更使人意识到了以在线教育为代表的教育信息化的重要价值，但是，在这个过程中依然有人质疑技术。尚俊杰在《未来教育重塑研究》一书中曾经系统论述过技术面临的深层困难和障碍：技术的非显著性、创新的艰难性、观念的牢固性、教育的复杂性，相信这些困难和障碍会一直伴随着教育的发展。[1]

虽然新技术可能还存在一些问题，但是我们必须意识到我们已经离不开新技术，只能寄希望于新技术了。就如社会各界都重视的个性化学习来说，依靠传统教学很难实现，只能借助人工智能、大数据等技术对学习行为进行分析，并适当结合小班教学才有可能；要想真正促进区域教育均衡发展，依靠集团办学、支教等，会有效果，但很难全面解决根本性问题，只能利用信息技术共享优质教育资源，或许可以更容易更快速实现均衡。就像普林斯顿大学原校长威廉·鲍恩（William Bowen）在《数字时代的大学》中讲的，在互联网时代，不差钱的学校让差钱的学校日子更难过，但是很难让各个高校快速均衡发展，几乎唯一的方法就是利用信息技术让差钱的学校的学生也尽可能享受优质教育资源。[2]

所以，我们在教学中综合使用人工智能、大数据等新技术，让学生的学习更有效。当然，在应用的过程中首先要注意技术带来的问题，要清醒地认识到技术的非显著性和创新的艰难性。要加大研究，谨慎推广，小心呵护技术创新；其次也要特别注意波兹曼的"技术垄断文化"[3]和阿瑟的"技术的本质"[4]等理论，确保技术不会奴役我们，人类要成为技术的主人；要让技术有机地融入教育中，不要让技术割裂了人类与自然的联系。

总而言之，就如大家常说的"改革开放比不改革开放碰到的问题可能还要多，但是不应该停止改革开放，而应该进一步深化改革，解决改革中碰到的问题。"照着这句话，我们也可以说："应用信息技术比不应用碰到的问题可能还要多，但是不应该停止应用，而是应该进一步深化应用，解决应用中碰到的问题。"我们要在深入应用技术的前提下，思考解决碰到的问题，比如过度使用、视力问题、成瘾问题等。

---

[1] 尚俊杰. 未来教育重塑研究 [M]. 上海：华东师范大学出版社，2020：221—233.
[2] [美] 威廉·鲍恩. 数字时代的大学 [M]. 欧阳淑铭，石雨晴，译. 北京：中信出版社，2014：94.
[3] [美] 尼尔·波斯曼. 技术垄断：文明向技术投降 [M]. 何道宽，译. 北京：中信出版集团，2019.
[4] [美] 布莱恩·阿瑟. 技术的本质 [M]. 曹东溟，王健，译. 杭州：浙江人民出版社，2018.

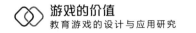

四、新快乐教育的实施途径

（一）研究：加强学习科学研究，夯实未来教育发展基础

对于企业来说，研发工作是非常重要的，比如，华为就在研发上投入了大笔费用。对于教育来说亦如此，要想搞清楚人是如何学习的，如何促进有效学习，必须加大研究力度，开展更多更前沿、更基础、更长期的研究。现在教育部、国家自然科学基金会非常重视这一点，2017年9月，在浙江大学举行的国家自然科学基金委员会第186期双清论坛提出要注重自然科学与人文科学相结合，自2018年开始，国家自然科学基金委也专门设立支持教育基础研究的项目（代码F0701），鼓励各领域的学者共同开展教育基础研究。

我们的观点仍然是：**教育发展亟须加强基础研究，基础研究可从学习科学开始**！① 这里说的学习科学研究包括了学习基础机制研究、学习环境设计研究和学习分析技术研究。②

（二）环境：建设舒适、温馨、智慧的学习环境，让学校成为真正的学习乐园

未来的学校不一定要建成科幻的未来世界，但是如果有条件，可以适当超前，建设得漂亮温馨一些、功能齐全一些，让学生更愿意来学校。

对于未来的教室，要特别关注学习空间（Learning Spaces）③这个概念，注重打造线上线下相融合的舒适的、灵活的、智能的混合式学习空间，教室布局方便调整，空间灵活可重组，以便支持STEM教育、创客学习、小组学习等学习活动开展。同时，教室里安装必要的投影、移动终端、VR/AR、3D打印等相关设备，结合人工智能、大数据等技术，及时采集、记录、分析学生的学习行为，并给予师生更加精准的智能支持。④

另外，未来学校将和博物馆、科技馆等社会机构的联系越来越密切，共同构建成一个无所不在的学习场所。

（三）课程：重塑课程体系，注重人工智能教育、STEAM课程和跨学科课程

进入新世纪以来，世界各国各地区的课程改革更加激烈，原因很简单：第一，技术发展带来的社会变革，使得人们无法判定未来社会中什么知识和技能最有价值，学校必须帮助学生为尚未出现的工作、尚未发明的技术以及不知何时就会出现的问题做

---

① 尚俊杰,庄绍勇,陈高伟.学习科学：推动教育的深层变革[J].中国电化教育,2015(01):6—13.
② 尚俊杰,裴蕾丝,吴善超.学习科学的历史溯源、研究热点及未来发展[J].教育研究,2018,39(03):136—145+159.
③ 许亚锋,尹晗,张际平.学习空间：概念内涵、研究现状与实践进展[J].现代远程教育研究,2015(03):82—94+112.
④ 曹培杰.未来学校变革：国际经验与案例研究[J].电化教育研究,2018,39(11):114—119.

好准备。第二,我们需要重新审视一下到底什么是有价值的知识和技能。现在社会中出现了很多新职业,往往依赖于传统上被低估的人才和技能。第三,人工智能、机器人等新技术的发展,使得一些课程的存在可能没有了太大意义。

为了应对时代挑战,美国自 2008 年便开展了面向 2030 的课程改革的讨论,2010 年就形成了研究报告《教学 2030:我们必须为学生和公立学校做些什么——现在与未来》(*Teaching 2030: What We Must Do for Our Students and Our Public Schools—Now and in the Future*)。2015 年,美国 CCR 发布白皮书《为了 21 世纪的教育重构课程》(*Redesigning the Curriculum for a 21st Century Education*),并发布聚焦课程重构的报告《四个维度的教育:学习者迈向成功的必备能力》(*Four-Dimensional Education: The Competencies Learners Need to Succeed*)。这四个维度包括知识、技能、品格和元学习。[①]
芬兰自 2014 年开始新一轮基础教育课程改革,并于 2016 年 8 月开始在全国实施新的《国家核心课程大纲》,新课程聚焦七大领域:一是拓展课堂外的学习,并使用技术进行学习;二是变更课程时数和学科内容;三是在所有学科中培养横向能力;四是学习编程,在所有学科中发展信息与通信技术(ICT)技能;五是每学年至少学习一个跨学科学习模块;六是评价方法多样化;七是学生的监护人要熟悉学校课程,参与学校活动的规划和发展,以有效支持学生的学习,加强家校合作。[②]

在我国,很多学校也在积极探索,开设了人工智能、STEAM、创客教育等课程,注重高阶能力的培养。比如重庆市谢家湾小学就将课程进行了整合,每天上午学习学科课程,下午全部是专题实践活动。

(四)教学:在教学中深入融合应用游戏化学习和其他学习方式及新技术

在新快乐教育中,游戏化学习(或者说"玩中学")非常重要,希望借此让学习更有趣,激发学习动机。但是,要注意的是,这里说的游戏化学习并不是意味着一定要使用电子游戏,其实也可以使用传统游戏,或者仅仅使用游戏的元素、机制、理念和设计。总之,要根据学习的需要适当使用,尽可能激发学生的深层学习动机。[③]

另外需要注意的,游戏化学习并不是全部,事实上,我们要把游戏化学习和翻转课堂、项目式学习、移动学习、VR/AR 等整合在一起,更好地发挥各种学习技术和学习方式的价值。比如对于单纯的 VR/AR,学生体验几次后可能会失去新鲜感,但是如果能和游戏结合起来,可能会更持久地激发他们的学习动机,同时也让学习更加

[①] 邓莉,彭正梅. 迈向 2030 年的课程变革:以美国和芬兰为例 [J]. 湖南师范大学教育科学学报,2018, 17(01):99—108.
[②] 韩宝江. 芬兰新一轮基础教育课程改革进程 [J]. 基础教育参考,2019(03):7—9.
[③] 尚俊杰,裴蕾丝. 重塑学习方式:游戏的核心教育价值及应用前景 [J]. 中国电化教育,2015(05):41—49.

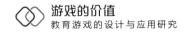

有效。①

（五）教师：提升教师学习科学素养，促进学习科学和课堂教学深度融合

客观地说，学习科学应该算是一个基础学科，大部分研究都是由高校、科研机构的人员开展的。对于一线教师，当然可以独立或者和科研人员合作，开展学习科学基础研究，但是最主要的是要考虑如何将学习科学的研究成果应用到课堂教学中，以实现学习科学的目标"在脑、心智和课堂教学之间架起桥梁"，用基础科学的研究成果理解和促进课堂教学。

要实现这一点，就需要提升**教师的学习科学素养**。② 通过专业的项目式参与学习，构建起以学习科学素养为核心的教学知识能力体系，从能力和态度两个层面应对已经来临的新时代教育变革。具体而言，就需要教师从教学中的基础问题出发，结合学科教学的需求，以学习科学为理论基础，掌握基于学习科学视角的教学设计、课堂教学、教学评价和教学管理能力。这样可以让自己的教学更科学。

（六）家长：提升家长学习科学素养，促进家校协同育人

家庭在孩子成长的过程中起着非常重要的作用，家庭教育内容也很丰富，从新快乐教育的角度看，则需要对家长进行学习科学教育，提升家长的学习科学素养，以便更好地指导孩子的学习、生活和发展。就比如要学会客观分析孩子的特长，而不是盲目地去报特长班。

（七）学生：提升学生学习科学素养，培养学生的快乐学习力

过去，我们也特别强调让学生掌握科学的学习方法，其实这也是学习科学的应用。在今天，我们可以根据学习科学的最新成果，进一步提升学生的学习科学素养，让他们能够更加有效地学习。比如，让学生掌握一定的认知策略、元认知策略、脑科学的认知规律、数字化学习技术，可能能够更好地促进他们的学习。

现在国内外都很重视学习力，③④⑤ 所谓**学习力**（Learning Capacity，也译为 Learning Power），一般是指一个人的学习动力、学习毅力、学习能力和学习创新力的总和，是人们获取知识、分享知识、运用知识和创造知识的能力。北京师范大学裴娣娜教授等人也曾基于经过五年的艰苦探索构建了以区域性决策力、校长领导力和学生学习力组

---

① 王辞晓，李贺，尚俊杰. 基于虚拟现实和增强现实的教育游戏应用及发展前景 [J]. 中国电化教育，2017(08)：99—107.

② 尚俊杰，李军，吴颖惠. 提升教师学习科学素养促进课堂教学深层变革 [J]. 中小学信息技术教育，2021(01)：5—8.

③ Crick D R. Learning Power in Practice: A Guide for Teachers[M]. London: Paul Chapman, 2006:4-5.

④ 陈维维，杨欢. 教育领域学习力研究的现状和发展趋势 [J]. 开放教育研究，2010, 16(02):40—46.

⑤ 沈书生，杨欢. 构建学习力：教育技术实践新视角 [J]. 电化教育研究，2009(06):13—16

成的基础教育未来发展的基本模型——"三力模型"。其中的学习力指的是学生的生长力（活力、能量），学习力是人的生成、生长和发展，是人具有的饱满生命能量与活力。裴娣娜教授认为，学习力与学生发展研究，是推进中国基础教育走向深层次改革的重要战略举措。[1]

对于学习力，我们认为应该加上"快乐"两字，也就是"**快乐学习力**（Joyful Learning Capacity）"，一般是指一个人的学习动力、学习毅力、学习能力和学习创新力的总和，是人们能够开心快乐地获取知识、分享知识、运用知识和创造知识的能力。未来应该综合学习科学、自主学习、游戏化学习等理论，尽力提升学生的快乐学习力。

本章结语

坦诚地讲，在大约20年前开始教育游戏研究的时候，那时候我们更多地关注教育游戏本身，总是希望游戏能够让所有的孩子高高兴兴地学习。但是，在一些困难和挫折面前，自己都有些怀疑游戏的教育价值。不过，随着对游戏核心价值的认识，随着对"学习"主旋律的体会，确实越来越认识到游戏具有无比广阔的应用前景，我们相信：在学习科学的基础支持下，或许真的可以结合人工智能、大数据、移动学习、游戏化学习、VR/AR、学习分析、MOOC、微课、翻转课堂等，重塑学习方式，回归教育本质，让每个儿童、青少年乃至成人、老人都能像鱼一样自由自在地遨游在知识的海洋之中，高高兴兴地沐浴在学习的快乐之中，尽情享受终身学习的幸福生活。[2]

---

[1] 裴娣娜.学习力：诠释学生学习与发展的新视野[J].课程.教材.教法, 2016, 36(07):3—9.
[2] 尚俊杰.未来教育重塑研究[M].上海：华东师范大学出版社, 2020: 90.

后记：我的教育游戏研究之路（2004—2022）

在本书的最后，我希望和读者，尤其是那些准备开展教育游戏相关研究的博士、硕士研究生，青年教师谈谈心里话，聊聊我在教育游戏研究领域的酸甜苦辣，希望能对大家以后的研究工作有一点儿启示和帮助作用。

一、博士学习阶段（2004—2007）[①]

1991—1999年，我在北京大学力学系读本科和硕士，1999年硕士毕业后留学校电教中心计算机教研室工作，2000年调整到新成立的教育学院教育技术系。2001年4—8月曾受邀到香港中文大学教育学院访学。2004年1月，在时任香港中文大学研究院教育学部主任和香港教育研究所所长卢乃桂教授、北京大学党委书记闵维方教授、北京大学教育学院常务副院长陈学飞教授、北京大学教育学院教育技术系主任汪琼教授等领导的鼓励和支持下，我来到了位于"东方明珠"的香港中文大学教育学院，师从李芳乐教授、李浩文教授、林智中教授攻读博士学位，从此就开始了我的教育游戏研究之路，并于2007年底毕业（图1）。

图1 博士毕业纪念照（香港中文大学未圆湖）

[①] 关于博士学习阶段的研究，我曾经在《游戏的力量——教育游戏与研究性学习》一书的后记中详细描述过，有兴趣的读者可以展开阅读。

说实话，最初我对教育游戏是没有太多感觉的，甚至有点儿发蒙。因为本科、硕士都是学力学的，接触教育学科时间还比较短，对教育理解得还不够深刻。另外，我应该一直算是一名所谓的"好学生"，虽然在本科、硕士阶段也接触过一些电子游戏，但是玩得并不多，所以也没有丰富的游戏经验。

不过，作为一名"好学生"，当然要具备两个优点：第一是"听话，让做啥就做啥"。所以我虽然心里对游戏有一些怀疑，但还是毫不犹豫地去买了一批游戏，比如《模拟城市》《铁路大亨》等，开始体验。第二是"做啥都要努力做好"。我一边认真体验游戏，一边开始阅大量的相关参考文献，并对国内外的教育游戏研究现状进行了调研，从胡伊青加（Huizinga）、皮亚杰（Piaget）、维果茨基（Vygotsky）、杜威（Dewey）、布鲁纳（Bruner）、马斯洛（Maslow）、契克森米哈依（Csikszentmihalyi）等人的著作中，从哈佛大学、麻省理工学院、威斯康星大学等开展的研究中，逐渐认识到游戏（包括传统游戏和电子游戏）蕴含的丰富的教育价值，[①] 游戏确实有助于开发更富吸引力的学习环境，使学习变得更有趣，并能够让学生在"做"中"学"，从而培养问题解决能力、协作学习能力和创造能力等高阶能力。

尽管认识到了游戏的教育价值，但是真的要做教育游戏的设计与应用研究还是很困难的，好在导师李芳乐教授、李浩文教授、林智中教授，包括当时在香港中文大学访问的纽约州立大学奥斯威戈分校杨浩教授、香港城市大学郭琳科教授等老师们给予了我细心的指导和帮助，他们的中肯而富有成效的意见给我的博士论文起到了画龙点睛的作用。而且导师还积极创造机会，多次带我出席 AERA、SITE、ICCE、GCCCE、ICALT 等各种国际会议（图2和图3），以更好地培养我的国际视野。生活中，几位导师对我也关心备至，让我度过了几年幸福的、难以忘怀的博士学习生涯。另外，在跟随几位导师学习的过程中，我从未感觉到焦虑和紧张，这深深地影响着我后来带学生的风格，所以我后来对学生也很宽容，总是努力站在学生的角度上尽量支持、帮助他们。我想这个很重要，实验室就像一个家，如果孩子回到家里仍然不能放松，感觉到的都是焦虑、紧张甚至恐惧，那这个家恐怕不能再称之为"家"了。当然，唯一的遗憾就是导师们的一些要求我还没有做到，惭愧！

[①] 尚俊杰，庄绍勇. 游戏的教育应用价值研究 [J]. 远程教育杂志, 2009, 17(01):63—68.

图 2　2005 年我（右二）和导师李芳乐（左四）和李浩文（右四）及团队成员到杨百翰大学夏威夷分校参加 GCCCE 会议

图 3　2005 年我（左）和导师李芳乐教授（右）到南洋理工大学参加 ICCE 会议

在博士学习过程中，我跟随导师先后认识了北京师范大学何克抗教授、华南师范大学李克东教授、台湾大学陈德怀教授、南洋理工大学吕赐杰教授、美国圣地亚哥大学 WebQuest 的创始人伯尼·道奇（Bernie Dodge）等知名学者，得以近距离请教教育游戏的研究事宜，这对我的学术研究事业有很大的帮助。正是考虑到这一点，所以我后来也刻意给学生创造参加会议、访学等各种学术交流机会（图4），鼓励他们向更多学者学习，希望这样有助于实现"兼容并包、兼收并蓄"。

图 4 我（右六）和部分团队成员及专家在香港中文大学参加 ICGBL 会议

我博士学习期间参与的虚拟互动学生为本学习环境（Virtual Interactive Student-Oriented Learning Environment，VISOLE）研究是导师[①]主持的一个团队项目，这种学习模式就是利用教育游戏创设一个游戏化虚拟世界，让学生通过扮演故事中的角色加入这个虚拟世界中，在其中自己去发现问题、分析问题、查找资源、制定决策、最终解决问题，并通过协作和交流，学习相关的跨学科知识，培养问题解决能力等高阶能力。VISOLE 和哈佛大学的 *River City*、印第安纳大学的 *Quest Atlantis* 项目都是在 2000 年左右开展的，思想也比较相似，就是考虑到网络游戏的快速发展，所以世界各地的学者自然想到将网络游戏应用到教育中，创设游戏化的虚拟世界。

VISOLE 涉及理论、设计、开发和应用研究，研究工作比较复杂，不过，好在我的师弟庄绍勇（Morris，见图 5）、科研助理陆晋轩（Eric）、Marti、Carl、Jasper、Christy 等人对我的研究部分给予了非常多的帮助。学生都说 Morris 是教育技术领域最帅的教授，我没有认真做过比较分析，不能下结论，但是我知道 Morris 是对我帮助最多，也是教育技术领域最聪明、最敬业、最勤奋的青年学者之一，他现任香港中文大学教育学院副教授，学习科学与科技中心主任，把我们导师开创的事业更上了一层楼。

[①] Jong M S Y, Shang J, Lee F I, et al. An Evaluative Study on VISOLE-Virtual Interactive Student-Oriented Learning Environment[J]. IEEE Transactions on Learning Technologies, 2010, 3(4): 307-318.

图 5 2018 年我（左）和 Morris（右）在香港中文大学主持 ICGBL 会议

总体来说，博士阶段的学习对我的学术研究事业非常重要，不仅为我找到了一个非常有前途的研究方向，而且，最重要的是让我从一个"力学脑"（"技术脑""理科脑"）转换成了"教育脑"。在此期间，我系统地阅读了一些教育理论的著作，比如建构主义学习理论等，并由此试着从教育的角度思考一些问题。尽管这个转换过程还是比较艰难的，但是为我后来的研究打下了坚实的基础。

不过，跨专业学习也有好处，我后来发现，自己虽然本科、硕士不是学教育的，因此思考问题时不一定完全符合教育规范，但是自己的理科背景或许也能给教育游戏研究乃至教育研究带来一些新的思路。比如那时我和博士同学——现任香港大学教育学院副教授的陈高伟（图6）经常在去上课、吃饭和散步的过程中交流研究心得，2006年我们去荷兰马斯特里赫特参加 ICALT 会议，旅途中交流时讨论到本书第三章提到的"Replay"（重播）[①]功能，就想到这是一种不需要打扰被试就可以获取更客观数据的研究方法，甚至我们当时还想到了一个名称"网络隐藏研究方法"（Web-behind Research Method），这和近年来流行的"隐形评估"有异曲同工之处。另外，我当时也想到，自己从理科过来，数学、计算机处理能力还算可以，应该采用一种不一样的方法开展研究，所以我当时特别期望对"Replay"（重播）功能记录的海量数据进行分析，从中发现一些规律。但是因为一些技术原因，未能实现，只能靠手工分析后台记录的游戏操作。现在想一想，如果能实现了，这其实就是一种"大数据（Big Data）分析技术"。只是非常遗憾的是，还是因为自己的学术造诣不够深，学术敏感度不够强，尽管也曾于2008年在《现代教育技术》上发表过一篇关于该方法的文章，[②]但是并没有正式提出这

[①] Shang J, Jong M S Y, Lee F L, et al. Using the "Record-Replay" Function for Elaboration of Knowledge in Educational Games[J]. Frontiers in Artificial Intelligence and Applications, 2006, 151: 503.

[②] 尚俊杰, 庄绍勇, 李芳乐, 李浩文. 个案研究方法在教育游戏研究中的应用[J], 现代教育技术, 2008, 18(6): 20—23.

些概念，后来也没有继续深入研究下去，不能不说是一个遗憾。

图 6 我和陈高伟（左）在参加会议的旅途中交流

二、多元探索阶段（2008—2013）

带着对教育游戏的憧憬和希望，我于 2008 年 1 月正式回到了北京大学教育学院教育技术系工作，开启了继续探索的阶段。

（一）教育游戏与研究性学习

刚回来的时候，其实大家对教育游戏研究还是有一些怀疑的，但是当时自己确实也没有多想，只是想着要把博士期间的研究继续下去，这样或许能够更容易开展研究。于是我当年就申请了国家社科基金 2008 年度教育学青年课题"利用教育游戏丰富与深化综合实践活动课程教与学的理论与实践研究"，该课题主要目的就是希望在 VISOLE 的研究基础上，结合我国开展的综合实践活动课程，开发一个完整的综合实践活动课程单元，让学生在一个游戏化的学习环境中学习知识、提高能力。承蒙全国教育规划办的领导和专家看重，当年即申请成功了，内心深深感激他们。由此也可以看出，领导、专家们对这种比较创新的学习方式还是非常重视的。而且，该研究方向也得到了教育学院的领导和老师们的支持，时任院长文东茅教授、书记陈晓宇教授、学术委员会主席丁小浩教授、副院长阎凤桥教授（现任院长）、副院长李文利教授等领导和同事们对我的研究和工作非常支持，积极帮我寻找研究资源，开展游戏相关研究。

这个研究主要是由我的第一名硕士研究生蒋宇[①]（现任中央电教馆副研究员，图 7）

---

① 蒋宇. 游戏化探究学习模式的设计与应用研究——以农场狂想曲科学探究学习单元为例 [D]. 北京：北京大学，2011.

协助开展的。蒋宇同学确实非常优秀,人品好、能力强、勤奋踏实、能写会讲,还擅长组织协调,总之,事情交给他让人非常放心。说实话,我非常感谢蒋宇,不仅仅是他帮助我完成了从课题研究到待人接物等各种学术和日常事务工作,得到了许多领导和专家的好评,而且给后来的师弟师妹做出了很好的榜样,因此后来的学生表现也都非常优秀。第一次招研究生就遇到这样优秀的学生,我很幸运。

图 7 我和蒋宇(左)2018 年在日本参加 ICBL 会议

其实蒋宇当时也提出了很多很优秀的建议,他甚至也想好了要设计一款游戏,只是我当时对技术实现能力和资源信心不够,没有支持蒋宇去亲自设计一款游戏(这也成为我后来深深的遗憾),而是继续沿用香港中文大学资讯科技促进中心开发的《农场狂想曲Ⅱ》游戏开展研究,蒋宇和我与庄绍勇仔细反思了 VISOLE 的研究过程,重新对游戏化学习过程进行了设计,提出了"游戏化探究学习模式[①]",并完成了旨在培养科学探究能力的游戏化探究学习课程。在这个课程中,虽然依然采用游戏作为重要的学习工具,但是考虑到将游戏应用到课堂教学中的诸多困难,对应用进行了全新的设计。简单地说,在 VISOLE 中相对重视游戏特性,但是在这里更加重视教学特性,并不是非常追求完整的游戏过程,而是将游戏"打散"融入课程中,游戏在这里只是起到了一个"虚拟实验室"的作用,这也使我再次坚定了我们提出的"轻游戏"[②③] 的理念。这个研究做得很扎实,后来我们也出版了国内比较早的教育游戏研究专著《游戏

---

① 蒋宇, 尚俊杰, 庄绍勇. 游戏化探究学习模式的设计与应用研究 [J]. 中国电化教育, 2011(05):84—91.
② 尚俊杰, 李芳乐, 李浩文. "轻游戏":教育游戏的希望和未来 [J]. 电化教育研究, 2005(01):24—26.
③ 尚俊杰, 庄绍勇, 蒋宇. 教育游戏面临的三层困难和障碍 —— 再论发展轻游戏的必要性 [J]. 电化教育研究, 2011(05):65—71.

的力量——教育游戏与研究性学习》（图 8）[①]。

图 8 《游戏的力量——教育游戏与研究性学习》

在开展研究的过程中，我们逐渐意识到，在中小学开展游戏化学习，教师需要付出许多时间和精力处理各种教学和事务工作，这可能成为重要困难和障碍。此时，我们突然想到，是否可以开设面向中小学生的基于游戏化学习的网络课程，这样将教师所要做的所有工作尽可能放到网上课程中，教师在本地只要担任学习的辅助者就可以了，工作量就会轻许多。经过讨论，我们逐步明晰了**游戏化网络课程**的设计理念和特点：一是基于游戏化学习的课程；二是面向中小学生的网络课程；三是大学和中小学共同开设课程。[②]于是，就由硕士研究生张喆[③]（现在中科院工作）具体实施，张喆是聪慧、活泼、好动的学生，我没想到她的技术能力也很强，她采用 Moodle 搭建了整个课程，搞定了所有相关的设计工作，完成了"农场狂想曲科学探究课程"，后来还在北京、河南开展了实验研究。硕士研究生孙也程及当时在我这里访问的河南大学教育学院硕士研究生（以下简称访问学生）苏丹丹也协助开展了实验。2020 年新型冠状病毒疫情以来，在线教育（网络课程）受到了整个社会的重视，我们在 10 年前就进行了这样比较超前的探索，我觉得还是挺有意义的。其实我当时特别希望将这种游戏化网络课程模式进行拓展，制作更多的相关课程，如安全教育、生命环境、环境教育等课程。很遗憾，因为人力等因素限制，目前完成的课程不多，不过很高兴看到全国的很多研究者和一线教师做出了许多优秀的课程。

---

① 尚俊杰, 蒋宇, 庄绍勇. 游戏的力量——教育游戏与研究性学习 [M]. 北京：北京大学出版社, 2012.
② 尚俊杰, 张喆, 庄绍勇, 蒋宇. 游戏化网络课程的设计与应用研究 [J]. 远程教育杂志, 2012, 30(04):66—72.
③ 张喆. 游戏化学习网络课程的设计与应用研究——以农场狂想曲科学探究网络课程为例 [D]. 北京大学, 2012.

（二）教育游戏与创造力

正是在这种开发课程的理念推动下，我后来成功申请了 2013 年教育部人文社科研究一般项目"利用教育游戏培养学生创造力的理论与实践研究"和 2013 年度北京市社会科学基金项目"基于游戏化学习的创造性思维的培育策略研究"课题，这两个课题旨在深入研究创造力理论和教育游戏理论，全面考虑游戏的游戏特性和教育特性，结合创造力培养的特点和需求，设计与开发有助于创造力培养的教育游戏，并依托这些游戏开发创造力培养课程，提供配套学习材料和学习支持工具，然后面向青少年（主要是初中生）进行实验研究，以探究游戏在创造力培养中的价值、潜力、模式和存在的问题，最终提出利用教育游戏培养创造力的教学模式及策略。[①]

该研究是由硕士研究生周萌宣[②]和肖海明[③]（现任中国教育技术协会教育游戏专委会秘书长）协助开展的。萌宣原来在北大中文系，是一位颇有才气、思想活跃的优秀学生，她说为了成为我讲的"人物"，考虑到自己本科时参与过戏剧社，所以后来去了纽约学习表演，目前在当导演，也在努力把教育游戏的理念融入戏剧中。我个人认为，作为导师，也要支持学生的多元化发展，我也相信她一定能成为对戏剧界做出重要贡献的"人物"。海明也是一位人品好、能力强、踏实、靠谱的优秀学生，本来我期望他能够继续攻读博士学位，但是后来他特别希望去从事实践产业，去真正推动教育游戏在学校中的应用，所以后来先去阿里工作了两年，又在我的鼓励之下毅然决定辞职创业，现在也在协助我继续设计、开发、推广教育游戏。我个人认为，教育信息化要想真的发展好，就需要有一批这样富有创新精神、具有教育情怀的学生去推动产学研合作才可以，所以我也特别支持和鼓励学生创业，比如后来的学生聂欢放弃北京户口、放弃央企正式编制，毅然决然去创业。目前我们系还有很多学生也在努力推动教育信息化产业发展，比如汪琼教授的硕士生刘雨昕放弃国家开放大学处级工作领导岗位，从事继续教育信息化支持和服务工作，令人感动。同时雨昕还协助我主办了 6 届北大教育信息化创新论坛，并提出了很多创新的会议组织模式，在当时产生了比较大的影响力。

肖海明和周萌宣在几年时间内，针对创造力涉及的发散思维、收敛思维、注意力、观察力等因素认真筛选了《蜡笔物理学》等一批优秀的适合的游戏，并精心设计了配套教学手册、学习手册，形成了完整的教学资源包，并在孙文文、裴蕾丝、余萧桓、聂欢等同学的协助下开展了实验研究，受到了师生的认可。不过，该研究也有一些遗憾，我本来是期望后期能够对游戏进行重新设计，并构建一个完整的游戏化学习环境

---

① 肖海明, 尚俊杰. 游戏进课堂: 融入学科教学的游戏化创造力培养研究 [J]. 创新人才教育, 2015(01):32—36.
② 周萌宣. 游戏化创造力培养课程设计研究 [D]. 北京: 北京大学, 2014.
③ 肖海明. 利用教育游戏培养学生创造力的设计与应用研究 [D]. 北京: 北京大学, 2015.

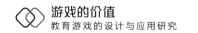

（就如之前说的游戏化网络课程），让学习者登录后就可以方便地体验各个游戏，学习各种知识。但是人力、物力和财力等原因，迄今还没有实现，甚是遗憾。

（三）其他方向的探索研究

在这个阶段，除了以上关于教育游戏与高阶能力的研究外，其实我们还开展了多项研究，主要是游戏和学生发展相关的研究：

第一，2008 年，我们基于 Flash 技术，应用教育游戏的理念，开发过一套让学生掌握学习方法的课件，这个研究由当时河南大学来访问的曹培杰同学协助开展，培杰是一位很优秀的学生，当时我们做的课件共 5 小时，每一秒有 10 多帧，图像、声音、口型需要一帧一帧去对准，相当枯燥。但是培杰就如苏联教育家索洛维契克所讲："人不要只做有兴趣的事情，而要有兴趣地去做一切必须做的事情"，他很有兴趣地保质保量地圆满完成了任务。从这件事情上，就能看出他工作踏实、负责、可靠。所以后来发展特别好，跟随教育技术前辈何克抗教授攻读了博士学位，现任中国教科院未来教育研究所副所长、副研究员，在未来学校①、教育政策等研究领域有广泛的影响力。

第二，2009 年开始，我们参与了时任中央电教馆馆长王珠珠牵头的国家社科基金教育学重点课题"学生网络生活研究"，并在其中负责"学生网络娱乐方式研究"子课题，旨在调研以游戏为主的网络娱乐方式对青少年的影响。从这个研究中我们可以看到游戏已经成为青少年的日常生活方式，我们必须认真对待，才能让青少年更多地从游戏中受益。②该研究由硕士研究生樊青丽③（现任北工大出版社副社长）协助开展，青丽学术能力、组织能力都非常强，头脑非常清楚，我唯一的遗憾就是没有"逼迫"她继续开展学术研究。另外，我们系赵国栋教授的一位特别优秀的毕业生李秀晗（现任华中师大讲师）后来协助了成果梳理工作，非常辛苦。

第三，2010 年开始，我们协助丁小浩教授开展了福特基金会项目"网络与大学生健康成长研究"，其中重点探讨了游戏与大学生成瘾的问题。我们设计了一门课程，希望能够让大学生通过修课对游戏有正确的理解，从而从游戏中受益而不是受害。这项研究主要是由科研助理董安美等人协助开展的，这个项目是一个行动研究项目，事务工作特别烦琐，好在聪明、能干的安美把各种科研和事务工作安排得井井有条。

第四，基于后来对学生发展的重视，以及后来看到《哈佛商业评论》上发表的文章《网络游戏：领导力的实验室》，我后来就对游戏支持下的领导力很感兴趣，于是在

---

① 曹培杰. 未来学校的变革路径——"互联网＋教育"的定位与持续发展 [J]. 教育研究, 2016, 37(10):46—51.
② 樊青丽, 尚俊杰. 大学生娱乐行为调查研究 [M] // 王珠珠, 等. 中国学生网络生活调研报告. 人民教育出版社, 2017:205—238.
③ 樊青丽. 北京市大学生网络娱乐行为调查与研究 [D]. 北京：北京大学, 2014.

2010年左右由硕士研究生孙也程[①]（现任北航宣传部副部长）协助开展了这项研究。也程是来自北大新闻与传媒学院的优秀本科生，对新事物充满了好奇心，处事稳重，并善于组织协调工作。她以多人在线角色扮演游戏中的游戏组织为例，通过观察、访谈等方法进行了深入分析，提出了"看不见"的领导力、组织发展有赖于个人领导力和组织领导力的共同作用、虚拟领导力与现实领导力之间存在转化条件等结论，并且提出了一个游戏化虚拟组织中领导力水平的影响因素模型。[②] 后来我们在这个方向上还进行拓展，由几位硕士研究生潘红涛[③]（现任教育部社科司四级调研员）、汪旸[④]（现任苏州市吴中区临湖镇党委副书记）、张辉[⑤]（现任北大人事部人才工作办公室主任）、聂欢[⑥]继续开展了关于虚拟组织、虚拟领导力、互联网思维方面的研究，并形成了专著《看不见的领导：信息时代的领导力》（图9）。[⑦] 潘红涛、汪旸和张辉是高校管理专业的硕士，曾经参与过学生管理工作，处事稳重，比较擅长组织和管理工作，我就特别注意让他们将虚拟组织和管理结合起来，探索未来的组织管理。希望这些研究对他们的管理工作有帮助。

图9 《看不见的领导：信息时代的领导力》

---

① 孙也程.游戏虚拟组织中的领导力研究——以商业大型多人在线角色扮演游戏为例[D].北京：北京大学，2013.
② 孙也程，尚俊杰.虚拟游戏组织领导力研究[J].中小学信息技术教育，2013(03):34—36.
③ 潘红涛.大学生网络虚拟组织的理论与案例研究[D].北京：北京大学，2012.
④ 汪旸.首都大学生网络虚拟组织涉入现状及影响因素研究[D].北京：北京大学，2013.
⑤ 张辉.大学生网络虚拟组织的形成机制及组织形态特征研究[D].北京：北京大学，2013.
⑥ 聂欢.互联网思维的教育应用案例分析[D].北京：北京大学，2013.
⑦ 尚俊杰，汪旸，樊青丽，聂欢.看不见的领导——信息时代的领导力[J].北京：北京交通大学出版社，2017.

第五，在日本住友基金支持下开展了"日本电子游戏对中国青少年认识日本文化的影响"研究，[①] 由蒋宇和河南大学两位优秀的访问学生张弦、李素丽等协助实施。从这个研究中可以看到游戏对于促进青少年了解其他文化有一定作用，同时我们也可以看出游戏或许是一个能够传播优秀传统文化的重要媒介，只不过需要精心设计才行。

第六，另外一个比较重要的研究是和中央电教馆、联合国儿基会的合作项目。在时任中央电化教育馆王珠珠馆长、陈庆贵主任、郑大伟处长、轩兴平处长、费龙处长、李贺副主任、陈伟玲副主任、张小敏和联合国儿基会驻京办事处教育项目负责人孟宇女士（LATA）、项目官员李涛等人的支持下，我们参加了"教师教学方式变革，促进农村地区小学生能力发展（Skills, Motivation and Imagination for Learning Excellence, SMILE）"项目。我们为 SMILE 项目设计了教师培训课程资源包、学生夏令营体验课程，并在重庆（图10）、广西、新疆等地的联合国儿基会的实验区开展了夏令营等研究活动。2016 年我还和李涛老师赴西班牙瓦伦西亚参加 INTED2016 会议，向与会的各国学者介绍了这个项目的成果，讲述了我们这个项目中的"中国故事"。

图10　2012 年重庆夏令营中孩子们在玩《蜡笔物理学》游戏

这个项目参与的人多，我们系的研究生及几位访问学生曲茜美、蒋宇、肖海明、雍文静、曹培杰、裴蕾丝、孙文文、黄超、马潇、周萌宣、汪旸、樊青丽、贾楠等都协助了活动，那一段时间其实我们自己就在践行游戏的理念，大家都很快乐，可以说是"一路行来一路歌，一路开心一路乐"。这一点其实也很重要，也是我现在持之以恒

[①] 尚俊杰，蒋宇，李素丽，张弦. 电子游戏对青少年认识他国文化的作用和影响[J]. 现代远程教育研究，2011(06):31—36+60.

地推广"新快乐教育"①的原因，我衷心期望未来能够让每个孩子每天都能"在快乐的状态下"学习和生活，永远能够以微笑面对世界。

以上就是我们在这个阶段进行的多元探索，现在回头看看，虽然研究力量有一点儿分散，但是在一个新开创的领域进行研究，这样的探索也许也是很有必要的，而且，多元探索让我们对整个领域有了更多的认识，并积累了许多研究成果和心得体会，这给后面的研究打下了宽厚的基础。

三、聚焦发展阶段（2013—2021）

2009年年底，我开始担任教育学院副院长，并兼任教育技术系主任，于是花费大量的时间考虑教育技术系的未来发展，经过几年思考，到2013年左右，逐渐对学习科学（Learning Sciences）有了更深刻的认识，并将其确定为我系的一个重要发展方向。②2014年，北大知名校友、世纪佳缘创始人龚海燕支持我们成立了北京大学学习科学发展基金。2016年，在国家自然科学基金委政策局郑永和局长、吴善超处长等领导的支持下，我们承担了自然科学基金应急课题"学习科学发展态势、需求与科学基金支持机制研究"，对学习科学进行了全面和系统的调研。③2017年，在时任学校及学院领导阎凤桥书记、陈晓宇院长、岳昌君副院长、刘云杉副院长、侯华伟副书记等领导支持下，我们正式成立了北京大学教育学院学习科学实验室，由北京大学原党委书记、教育学院名誉院长闵维方教授亲自兼任主任，我担任执行主任。同一年我们启动了"人是如何学习的——中国学生学习研究及卓越人才培养计划"（简称：中国学习计划 CLP：China Learning Project）项目。希望能够团结海内外的优秀研究机构和研究人员，共同围绕学习，展开长期全面和深入的研究工作，得到了基金委郑永和局长、教育部原学习科学教学指导分委员会主任郭广生教授、中国教育学会秘书长杨银付、北京大学心理与认知学院院长方方教授等人的支持（见图11）。2018年，在北京大学社会科学学部副主任文东茅教授的力荐和各级领导的支持下，我们承担了北京大学加强基础研究专项资助项目"学习科学研究"。2021年，在北大知名校友、好未来集团董事长张邦鑫等人支持下成立了"北大—好未来学习科学联合实验室"。2021年，在中国高等教育学会学习科学研究分会常务副理事长刘嘉教授等领导支持下，我们还承担了该分会的秘书处工作。在这样的背景下，我们团队也努力将学习科学和教育游戏整合起来，主要开展了以下两大类研究。

---

① 尚俊杰.新快乐教育：学习科学与游戏化学习视野下的未来教育 [EB/OL].(2021-03-01)[2022-05-12]. https://mp.weixin.qq.com/s/-Ilr_I5xlF4ODVqvWF5WpA.
② 尚俊杰.北京大学教育技术学科：整合与探索 [J].北京大学教育评论, 2013, 11(03):65—77+190—191.
③ 尚俊杰，裴蕾丝，吴善超.学习科学的历史溯源、研究热点及未来发展 [J].教育研究, 2018, 39(03): 136—145+159.

图 11 中国学习计划启动大会合影

（一）基于学习科学视角的教育游戏设计研究

自 2013 年起，我们的研究方向稍微调整了一下，逐渐开始从学习科学的视角设计教育游戏，简单地说，就是结合脑科学、心理学、教育学和游戏设计的知识设计开发游戏，并结合人工智能和大数据等学习分析技术开展应用和评估研究。2017 年也正式成功申请了国家社科基金 2017 年度教育学一般课题"基于学习科学的游戏化学习①研究"。在研究方向转变过程中，硕士研究生裴蕾丝②起到了非常重要的作用。蕾丝很聪明、很努力、善于钻研新事物、理论和实践能力都很强，她不仅对脑科学、学习科学的相关知识进行了系统学习，还全面掌握了开发游戏需要的技术能力，在她整合三重编码理论和内在动机理论开发的《怪兽消消消》数学游戏 中，除了配音以外，从技术到美工都是她一个人全部完成的，后来她也到香港大学攻读教育神经科学方面的博士，在文字书写和数学的脑神经机制方面做出了很突出的成果。

最初其实我受《愤怒的小鸟》等游戏启发，再加上自己本科、硕士阶段都是学力学的，因此原计划开发物理游戏的，但是蕾丝建议开发数学游戏，后来发现数学领域

---

① 教育游戏指的是游戏本身，游戏化学习指的是使用游戏来学习的方式。两者实际上是相辅相成的关系。很多时候，我们首先设计教育游戏，然后基于该游戏开展学习研究。
② 裴蕾丝. 学习科学视角下的小学数学游戏的设计、开发与测评——以一年级"20 以内数的认识和加减法"为例 [D]. 北京：北京大学，2016.

确实更容易和脑与认知的研究成果结合起来，[①]也更容易整合进小学的课堂中。所以之后有多名学生都继续进行了基于学习科学视角的数学游戏研发（见图12）。其中硕博连读生张露[②]（现任北京邮电大学讲师）在整合情境学习、具身认知等多种学习理论的基础上，提出了游戏化学习体验理论框架，并设计开发了分数游戏《分数跑跑跑》（曾用名《跑酷》）。[③]张露是一名聪明、善良的学生，她一边整合游戏理论，一边努力学习各种新技术，因此我也特别推荐她到宾夕法尼亚大学跟随我的硕士同学、脑发育专家黄浩教授访学，其间她也努力学习脑科学、表情分析等技术分析方法，并将其用到了论文写作中[④]；硕士研究生曾嘉灵[⑤]则基于认知、动机和调节三个维度建构了教育游戏设计理论框架，并据此研发了一款立方体展开折叠游戏《方块消消乐》（曾用名《方块消消消》）。[⑥]嘉灵是一位情商和智商双高、理论和技术能力兼备的学生，她不仅自己研究做得好，而且集体观念特别强，总是能够站在实验室的角度更全面地考虑问题，目前她一边在哥伦比亚大学读博士，一边协助我指导新生，谢谢嘉灵；今年要毕业的硕士学生王钰茹[⑦]基于认知负荷理论开发了数学游戏《寻星》。[⑧]钰茹也是一位可遇而不可求的人才，理论基础扎实，技术能力全面，做事稳重踏实，而且效率非常快。我本来希望她能继续读博士，或者成为中国的"简·麦戈尼格尔"[⑨]，振兴中国的教育游戏产业，但是她最后选择了去成都七中工作，说希望把游戏化学习真正落地到中小学教育中，我觉得也挺好。

---

① 裴蕾丝，尚俊杰，周新林．基于教育神经科学的数学游戏设计研究[J]．中国电化教育，2017(10)：60—69．
② 张露．数学教育游戏的设计与应用研究——以分数学习为例[D]．北京大学教育学院，2019．
③ 张露，胡若楠，曾嘉灵，孙金钢，尚俊杰．学习科学视角的分数游戏设计与应用研究[J]．中国远程教育，2022(03)：68—75．
④ Zhang L, Wu H, Xu J, Shang J J. Abnormal Global Functional Connectivity Patterns in Medication-Free Major Depressive Disorder[J]. Frontiers in Neuroscience, 2018, (12):1-7.
⑤ 曾嘉灵．基于学习科学视角的数学空间能力教育游戏设计与应用研究——以小学五年级"立体图形的折叠与展开"为例[D]．北京大学，2020．
⑥ 尚俊杰，曾嘉灵，周均奕．学习科学视角的数学空间游戏设计与应用研究[J]．电化教育研究，2022 (7)：63—72．
⑦ 王钰茹．基于认知负荷理论的小学数学游戏设计与应用研究[D]．北京大学，2022．
⑧ 王钰茹，尚俊杰．基于认知负荷理论的小学数学游戏设计研究——以《寻星》数字认知游戏为例[C]//尚俊杰，吴颖惠，周加仙，等．2021学术年会论文集．中国高等教育学会学习科学研究分会，2021：301—308．
⑨ 简·麦戈尼格尔博士是一位游戏策划师，在2012年出版了《游戏改变世界：游戏化如何让现实变得更美好》一书，产生了比较大的影响。

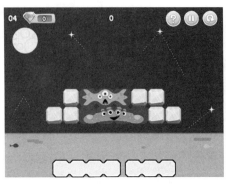
《怪兽消消消》游戏界面

《分数跑跑跑》游戏界面

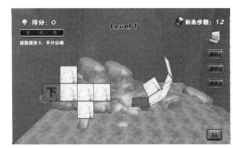
《方块消消乐》游戏界面

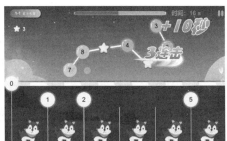
《寻星》游戏界面

图 12 我们团队设计推出的 4 款数学游戏

在设计研究的基础上，我们团队也在努力开展学习分析研究，希望将人工智能、大数据技术应用到游戏化学习研究中。这方面硕士研究生张媛媛[①]就利用曾嘉灵开发的《方块消消乐》游戏，采用滞后序列分析方法分析了学习者在游戏中的操作行为，发现了一些很有意义的学习特征。媛媛也是一位很聪明、很踏实、擅长组织协调的学生，虽然我认为她很有学术前途，希望她继续读博士，但是她希望回去为家乡发展做出贡献，选择去了江西省教育厅工作（选调生），我认为我应该支持学生献身家乡、回报老区的选择。

这一期间，我们还在特殊教育、STEM 教育、在线教育、高等教育等方面做了很多游戏设计或课程设计研究。其中硕士生余萧桓[②]（现在广州中医药大学工作）是北大新闻与传媒学院保送过来的优秀、聪敏的学生，她的论文针对自闭症儿童进行了详细调研，并采用基于设计的研究方法，开发了教育游戏，且在特教学校开展了实验研究。应该说这个研究放在现在也是很前沿的。只是很遗憾，我没有督促她继续攻读博士、开展学术研究。

---

① 张媛媛. "玩"还是"学"——游戏化学习中学生的行为特征及其影响因素探究 [D]. 北京：北京大学，2022.

② 余萧桓. 自闭症儿童教育游戏设计与开发 [D]. 北京：北京大学，2015.

马斯婕[①]同学（现在字节跳动公司工作）开展了培养计算思维的小学游戏化编程课程设计与应用研究，她结合索尼的 KOOV 机器人套件开发了完整的游戏化编程课程，把游戏化学习和编程教育很好地结合到了一起。斯婕是一位聪明、文静的女孩子，办起事来特别有责任心。对于斯婕，和萧桓一样，我也是感到一丝丝遗憾。后来龚志辉[②]（现在中国儿童中心）同学继续开展计算思维、编程教育的研究，他主要是结合设计学习，让学生通过设计游戏或软件学习知识，比如通过设计分数游戏学习分数知识。志辉是一位长得高高大大、阳光帅气的男孩子，特别喜欢给孩子们讲课，我想他在中国儿童中心一定大有前途。关于编程教育、人工智能和计算思维方面，我其实在 2002 年就推出过一本比较成功的教材《网络程序设计——ASP》，目前已经出了 4 版[③]，销售 30 余万册，获得了多个奖项，所以我一直也想将游戏化学习和编程再结合起来研究。后来我们曾和索尼合作推出了机器人编程教材，并和博雅瑞特合作，提出了基于游戏化学习的人工智能教学模式，推出了在线学习平台"智能火花"[④]和《走进人工智能》[⑤]的教材，目前也受华东师范大学顾小清教授的邀请，参与撰写河南版信息科技教材《数据与编码》。我们一直认为，像人工智能、机器人、编程教育等课程，孩子们天生都是很喜欢的，所以一定要把游戏化学习应用到这类课程中，别让孩子们上了一门课反而丢失了学习兴趣。

关于在线教育，硕士研究生原铭泽[⑥]开展了学习科学和游戏化学习支持下的在线教育研究，[⑦]主要分析了在线教育视频的教师头像、声音等因素，比如教师在讲课时到底要不要"露脸"，教师的头像和声音是否可以"美化"等，很有意思。铭泽是一位善于思考、为人谦和、处事稳重、善于组织协调的学生，他在疫情的困难期能够高效率地以网络实验的方式，针对 200 多位被试做完研究，同时发表了 SSCI 论文，[⑧]很不容易。而且他应聘的知名单位几乎都向他发出了录用通知，后来他选择了上海选调生，从事经济和信息化工作，相信他一定能为国家做出更多的贡献。关于在线教育，博士研究

[①] 马斯婕. 培养计算思维的游戏化编程课程设计与应用研究——基于可编程教育机器人套件[D]. 北京：北京大学, 2019.

[②] 龚志辉. 基于设计学习理论的"编程+数学"学科融合课程设计与应用[D]. 北京：北京大学, 2021.

[③] 尚俊杰. 网络程序设计[M]. 第 4 版. 北京：清华大学出版社, 北京交通大学出版社, 2022.

[④] 网址：https://www.gamepku.com

[⑤] 尚俊杰. 走进人工智能[M]. 北京：清华大学出版社, 北京交通大学出版社, 2019.

[⑥] 原铭泽. 以貌取人"与"先声夺人"：视频课程中教师呈现对学习过程与效果的影响[D]. 北京：北京大学, 2020.

[⑦] 原铭泽, 王爱华, 尚俊杰. 在线教学中教师该不该出镜？——教师呈现对学习者的影响研究综述[J]. 教学研究, 2020, 43(06):1—8.

[⑧] Yuan M, Zeng J, Wang A, Shang J. Would it be Better if Instructors Technically Adjust Their Image or Voice in Online Courses? Impact of the Way of Instructor Presence on Online Learning[J]. Frontiers in psychology, 2021, 9(12)

生肖睿[①]也基于课工场的在线课程开展了大量研究，希望将学习科学、教育游戏、人工智能和大数据应用到在线培训课程中，他后来结合教育经济学和学习分析也做出了很好的研究。肖睿是课工场的总裁，在职读博士，而且做人工智能和大数据这样比较"硬"的基础研究，十分不容易。关于游戏在在线教育中的应用，我2020年疫情期间为了帮助老师们开展在线教育而写了一本书《在线教育讲义》[②]，其中有一章也专门探讨了如何将游戏化学习应用到在线课程中，在网上还颇受欢迎。

图 13《在线教育讲义》封面

关于高等教育，博士生姚媛[③]（现在北京戏曲艺术职业学院工作）和访问学者何玲老师（现任江西科技师范大学副教授）开展了高等教育领域的学习投入的游戏化干预模型、设计与应用研究，就是将游戏化应用到高校课程中。[④]姚媛是在职读博士，其间一边工作，一边养了两个孩子，一边写文章，确实不容易；何玲当年是我们学院很优秀的访问学者，这些年一直在做基于VR/AR技术的游戏化学习研究，取得了许多优秀成果。

此期间我们还有一个比较特殊的游戏化研学研究，索尼中国原副总裁迟泽准先生虽然资历深厚、工作很忙，但是却一直在全力支持我们的教学研究，经常从世界各地专门赶回北京来给我们学生上课。迟老师结合游戏化设计了一个为期两星期的日本游学课程，疫情前两年他每年暑假都亲自带着我们学生和中国传媒大学的学生在日本东

[①] 肖睿. 学习投入要素对学习成绩的影响研究——以成人在线学习为例[D]. 北京：北京大学，2022.

[②] 尚俊杰. 在线教育讲义[M]. 上海：华东师范大学出版社，2020.

[③] 姚媛. 学习投入的游戏化干预模型、设计与应用[D]. 北京：北京大学，2021.

[④] Yao Y, He L, Shang J. Design and Application Research of Gamification in University Curriculum —— Taking the Course of TV Camera for Example[C] // HCI in Games: Serious and Immersive Games, Proceedings of the Third International Conference, HCI-Games2021. Springer, Lecture Notes in Computer Science 12790, 2021: 276−293.

京、京都等地游学两星期,所有访问、参观、交流、旅行等事务都是迟老师一手张罗。曾嘉灵等学生协助做了调研分析,结果发现效果特别好,学生收获特别大(图14)。①

图14 2019年7月迟泽准老师(右三)带学生抵达酒店

以上就是我们开展的主要的游戏设计研究。为什么我对设计研究如此在意呢?我在《未来教育重塑研究》②一书讲过未来教育研究的发力点,其中提到要大力开展基础研究、开发研究、行动研究。其中的开发研究实际上就是这里说的设计研究。为什么要重视它呢?因为我们现在很多研究都是论文著作式成果,真正设计开发出来教育技术软件类产品的则相对比较少。那么为什么研究者比较少做设计研究呢?这一点可能是因为研究资助、考评机制造成的,但是背后的根本原因可能还是因为人们对应用研究的偏见——在领域内学术地位不高,③教育研究者往往会去追求"地位更高"的理论研究。但是实际上教育学归根结底是为了帮助教师的教和学生的学,虽然其中有大量的基础研究问题和成果,但是社会各界对它的期望主要还是一门应用科学,就是要解决实践问题的。教育技术界老前辈南国农先生曾提出一个被称为中国教育技术学的"南国农之问",简单地说就是:"为什么中国教育信息化事业越来越发达,而教育技术学却越来越衰弱?"④大家想一想,这个是否也与我们不注重开发研究有一些关系呢?

---

① 曾嘉灵,胡启慧,纪九梅,欧阳嘉煜. 如何在研学旅行中开展研究性学习——以中国传媒大学日本暑期学校为例[J]. 高等教育研究学报, 2019, 42(02):50—58.

② 尚俊杰. 未来教育重塑研究[M]. 上海:华东师范大学出版社, 2020:264—268.

③ [美]埃伦·康德利夫·拉格曼. 一门捉摸不定的科学:困扰不断的教育研究的历史[M]. 花海燕, 等译. 北京:教育科学出版社, 2006:6.

④ 任友群,程佳铭,吴量. 一流的学科建设何以可能?——从南国农之问看美国七所大学教育技术学科建设[J]. 电化教育研究, 2012, (6):16—28.

20世纪80年代教育技术（电化教育）红红火火，因为我们能拍教学片；90年代仍然红红火火，因为我们能做课件，能做平台。现在呢，我们应该给教育提供什么呢？因为考虑到这些，所以我对设计研究一直情有独钟，我常常想，如果每一位教育技术专业师生一生中围绕一个知识点，设计开发一个小软件，并进行严谨的实证研究。这样用不了几年，所有的知识点估计就能完全覆盖了。或许这就是曾国藩的"结硬寨，打呆仗"吧。

（二）学习科学和游戏化学习与课堂融合研究

在这个阶段我们开展了另外一个与教育游戏相关的非常重要的研究方向，就是学习科学和游戏化学习与课堂教学融合研究。简单地说，就是我们和一线老师一起设计课例，开展教学研究，探索将学习科学和游戏化学习融合到课堂教学中的原则和策略。这方面我们也申请了北京教育科学规划2016年度重点课题"基于游戏化学习的教育教学实践研究"及2021年的延续课题。

其实早在2012年我们开展联合国儿基会项目的时候，就和当时的北京顺义杨镇中心小学朱秋庭校长（现任西辛小学集团校长）、赵艳辉老师等人合作，为儿基会录制了游戏化教学课例。朱校长可以说是我们实验室的重要合作伙伴，这10年来，我们一直在密切合作，并在西辛小学建设了"研究型实验学校基地"，学校还给我们的研究生准备了实验室、办公室和宿舍，我们也曾在学校开设了"数学游戏"选修课，孩子们"玩中学"得特别开心（见图15）。所谓研究型实验学校，是我们提出的一种理念，大学和中小学长期、深度合作，中小学不仅仅帮我们做实验，而是要一起去做研究，目的是同时促进教师发展、学生发展和研究发展。

图15 孩子们在上数学游戏课程

2016年，在汪琼教授和高教社高瑜珊的支持下，我们承担了教师能力提升类MOOC"游戏化教学法"项目，正式在中国大学 MOOC 平台上线了"游戏化教学法"MOOC[①]，迄今已经开设了9期，有8万余人选修了课程，还荣获了首届国家精品在线开放课程证书（见图16左）和国家一流本科课程（线上课程），同时还编写了"游戏化教学法"[②]配套教材（见图16右）。这个项目参与的人比较多，当时的学生基本参与了，其中曲茜美是我们系缪蓉教授的学生，现在浙江开放大学工作，我看她讲课特别富有感染力，特别擅长和老师们沟通，所以我特别邀请她来牵头协助我们开展这个项目。另外，上海戏剧学院的朱云老师正好来北大访学，他之前曾在游戏公司工作，在游戏策划、设计和开发方面具有丰富的经验，所以就请他牵头来进行本课程的游戏化改造，主要采用了基于情境故事的游戏化与MOOC视频整合的方法，手绘了类似游戏的背景，真人拍摄、合成，并用一些过渡视频将其串成了一个故事。我们认为这是一种比较低成本的容易实施的"**轻度游戏化**"的方式。[③④]另外，时任山东师范大学新闻与传播学院院长的马池珠教授的研究生孙文文、魏乾宁、张阳、孙金钢等人也协助了视频的摄录编工作，山东大学几位学生的敬业、勤奋、好学、踏实、负责的精神给我留下了深刻的印象。

图 16 "游戏化教学法"的首届国家精品在线开放课程证书和配套教材

2017年起，我们就逐渐和北京朝阳教师发展学院、北京海淀区教育科学研究院、北京顺义教育研究和教师研修中心合作了"提升教师学习科学素养项目"。[⑤]该项目旨

[①] 游戏化教学法．［2021-7-11］［2022-10-20］．https://www.icourse163.org/course/icourse-1001554013

[②] 尚俊杰，曲茜美，等．游戏化教学法[M]．北京：高等教育出版社，2019．

[③] 曲茜美，曾嘉灵，尚俊杰．情境故事视角下的MOOC游戏化设计模型研究[J]．中国远程教育，2019，40(12):24—33+92—93．

[④] 朱云，裴蕾丝，尚俊杰．游戏化与MOOC课程视频的整合途径研究——以《游戏化教学法》MOOC为例[J]．远程教育杂志，2017，35(06):95—103．

[⑤] 尚俊杰，李军，吴颖惠．提升教师学习科学素养 促进课堂教学深层变革[J]．中小学信息技术教育，2021(01):5—8．

在探索学习科学、游戏化学习和课堂教学融合的方法和策略，希望帮助教师全面掌握学习科学的基础知识；同时让各位教师掌握多种学习方式的实施策略。在此基础上，通过提升教师的研究能力，促进教师的专业发展，打造一批具有高水平学习科学素养的研究型教师。整个项目大致分三阶段：第一阶段，教师了解学习科学相关知识，撰写教学设计，形成课例；第二阶段，设计开展基于学习科学的行动研究，撰写论文；第三阶段，进一步学习反思，完善研究成果。我一直认为中小学名师也有三层境界：依次是**教学型名师、研究型名师和思想型名师**。过去的老师们可能没有条件开展学术研究，但是现在很多中小学的教师都是硕士、博士研究生毕业，具有一定的研究能力，同时学校也具备一定的研究条件，完全可以开展严谨的教学研究。所以我们项目里也特别注重研究能力的培养，希望以研究促进教学。

这5年多来，在李军院长、吴颖惠院长、徐秋生主任、谢娟院长、胡秋萍主任、侯兰副所长、杨琼老师、肖明老师、杨红科长等人的支持下，我们和几百位一线老师合作，开展了大量的行动研究，设计了难以计数的课例，形成了一批成果。以此为基础，我们自2017年开始每年在北大举办"学习科学与未来教育前沿论坛"，其中会请一些著名专家来做报告，教育部原副部长韦钰院士、香港大学罗陆慧英教授、加州大学伯克利分校多尔·亚伯拉罕森（Dor Abrahamson）教授、南洋理工大学陈文莉教授、北京大学周新林教授、清华大学李曼丽教授、西北师大郭绍青教授、陕西师大胡卫平教授、南密西西比大学教育技术与设计专业的王淑艳教授、美国雪城大学雷静教授、华中师大吴砥教授等知名学者以及我们学院的丁小浩、陈红捷、刘云杉等教授都先后来做过学术报告，数百位一线教师也分享了自己的研究成果（见图17）。

图17 海淀项目老师在2019学习科学与未来教育前沿论坛上的合影

当然，这些工作是与几位科研助理的卓越贡献分不开的。其中霍玉龙担任我们实验室办公室主任，负责协调所有项目，她亲和力强、擅长组织协调，谈笑间就把很多棘手的问题都解决了，正因为有她的帮忙，我才能有更多的时间专注于思考研究事务；胡若楠（现华东师大博士生）是一位设计与动手能力特别强、特别踏实、特别有责任心、心思缜密的学生，在4年的助理生涯中，她进行了多次调研，设计了多个数学教具、桌游、课程，完成了多篇教育游戏研究论文[①]，负责撰写了每年的《中国学习计划报告》，[②③]协助多个教育游戏设计研究，无数次披星戴月地往返50公里外的顺义学校开展教学研究；夏琪（现香港中文大学博士生）也是一位智商情商都很高、特别有大局观、协调能力特别强的学生，在她工作的两年内，同时负责多个项目的科研和事务工作，对接上百位领导、专家、教师，从无差错，圆满完成，实属不易。高理想（现为慕尼黑大学博士生）虽然是去年才任职，但是我对她的评价，就是我们这次招聘"很理想"。短短一年内，她在理论梳理、研究设计、论文写作等方面都展示了卓越的能力，很多问题考虑得比我都全面。几位助理理论上算我们团队的员工，但是我真的把他们当成了自己的"亲学生"，唯一的遗憾就是因为名额问题，我未能把他们招收为自己的博士研究生。

在这个方向上的研究也算是取得了不错的成果。2020年，在教育部教师司任友群司长、宋磊副司长等领导的信任和支持下，我们承担了教师司委托课题"提升教师学习科学素养"；2020年，还在教育部科信司舒华副司长、任昌山处长，中央电教馆研究部沈芸副主任，以及北京市教委信息化处张宪国处长、田鹏副处长等领导及专家们的信任和支持下，还作为首席专家单位和海淀教科院联合成功申请了教育部2020年度教育信息化教学应用实践共同体项目"学习科学和游戏化学习实践共同体"（简称新快乐教育共同体）项目[④]，目前正在团结遍布全国的50多家单位、几十位专家、数百位老师一起努力开展相关研究。今年内我们也会出版"提升教师学习科学素养丛书"，希望从理论基础、实践策略、学习方式、开展研究等方面给老师们提供有益的帮助。今年要毕业的硕士生何奕霖[⑤]也基于该项目做了一个研究，探究教师究竟如何开展游戏化教学，她借鉴空间理论，采用主题分析和案例研究方法，分析了33位教师的教学经验，

[①] Hu R. Shang J J. Application of Gamification to Blended Learning in Elementary Math Instructional Design[C]// Blended Learning: Enhancing Learning Success. The Proceeds of International Conference on Blended Learning. Springer, Cham, 2018:93-104.

[②] 尚俊杰，缪蓉，吴筱萌，王爱华，胡若楠 等. 中国学习计划报告（2018）[R]. 北京大学教育学院学习科学实验室，北京大学基础教育研究中心，2019.

[③] 尚俊杰，胡若楠，缪蓉等. 中国学习计划报告（2019）[R], 北京大学 教育学院 学习科学实验室，北京大学基础教育研究中心，2020.

[④] 微信公众号：新快乐教育，xinkuailejiaoyu.

[⑤] 何奕霖. 教师如何开展游戏化教学：基于游戏化教学名师经验自述的文本分析[D]. 北京：北京大学，2022.

从微观和宏观方面探讨了教师需要具备的游戏化教学素养。奕霖是来自澳门的一位文静的女生,但是思想非常活跃,有很多创新想法,学术素养也不错,相信她未来能够在理论联系实践方面做出成就。

以上是我们开展的课堂融合研究,说句实话,我也知道在学术圈中有所谓的"鄙视链"的存在,就如前面说的对应用研究的偏见。一般来说,理论研究比应用研究显得高大上一些,所以也有人好心建议我不要在这方面投入过多的精力,应该专注于做基础研究。但是我自己就是无法说服自己,因为自从参与联合国儿基会的 SMILE 项目开始,我深刻地感觉到,基础研究固然很重要,但是提升教师的学习科学与游戏化教学素养,促进千百个课堂能够更生动、更活泼,真正实现"课堂的革命",也很重要,这也是实现了习近平总书记要求的"要把论文写在祖国大地上"。所以我们团队要做到"两手都要硬",一手抓基础研究,一手抓应用研究,所以不仅投入了大量时间开展教学研究、推广游戏化教学法,还在时任中国教育协会会长杨志坚、副会长王珠珠和张少刚、秘书长刘雍潜、中央电教馆郑大伟处长等领导的支持下,牵头成立了中国教育技术协会教育游戏专业委员会,努力在全国推广游戏化学习。这也得到了时任北京大学教育学院院长陈晓宇教授、我导师李芳乐教授、南京师范大学李艺教授、清华大学程建钢教授、北京大学汪琼教授、联合国儿基会李涛等人的支持(见图18)。我至今还记得刘雍潜秘书长在成立大会上说的"**中国教育游戏从此将有所不同**",感谢领导们的信任!

图 18 中国教育技术协会教育游戏专委会 2015 年 8 月 29 日在北大成立

我们成立教育游戏专委会以后,在各位理事长、理事们以及两届秘书长蒋宇和肖海明、副秘书长霍玉龙和黄璐等人的努力下,举行了数十次会议论坛活动,开展了教育游戏研究重大课题,征集了许多教育游戏和游戏化教学课例,并和腾讯、网易、罗布乐思联合举办了多期大中学生、教师暑期夏令营，其中和罗布乐思的活动还送师生们到美国参与了夏令营（见图19）。专委会还在腾讯研究院曹爽、赵燕等人支持下，由蒋宇、赵永乐、黄璐、曲茜美等人调研了中国教育游戏研究现状，并分析了游戏的正向教育价值，先后发布了《中国教育游戏发展报告（2018）》①《电子游戏的功能评价研究》②（后来为中国音数协出的国家标准提供了依据），并出版了《游戏与教育：用游戏思维重塑学习》③一书。最近，专委会还支持北大学习科学实验室和乐高基金会、陈一丹基金会，在张露、黄璐、赵永乐、曲茜美、黄璐等人努力下，和美方专家合作，撰写了《中国玩中学研究》报告，深入分析了"玩中学"的现状、影响因素和未来发展。④总之，我们一方面认真研究基础理论，一方面努力推进课堂应用。我们希望深入研究游戏的正向价值，促进教育游戏行业发展，同时促进游戏产业健康发展。

图19 专委会和罗布乐思支持中国师生到美国参加夏令营

四、未来研究展望（2022— ）

写到这里，虽然窗外还有新型冠状病毒肺炎的寒意，但是我的内心确实激情澎湃，经过这十多年的研究，虽然我还只是北大一名普通得不能再普通的教师，但是我觉得自己似乎真的有了使命感，衷心觉得我们的团队需要为祖国乃至全世界的教育游戏、学习科学、教育技术做出自己独特而重要的贡献。

---

① 尚俊杰，蒋宇，赵永乐，等.中国教育游戏发展报告[R].中国教育技术协会教育游戏专委会，北京大学教育学院学习科学实验室，2019.
② 蒋宇，赵永乐，曲茜美，黄璐，等.电子游戏的功能评价研究[R].中国教育技术协会教育游戏专业委员会，2019.
③ 中国教育技术协会教育游戏专业委员会.游戏与教育：用游戏思维重塑学习[M].北京：电子工业出版社，2018.
④ 尚俊杰，张露，李秀晗等.中国玩中学研究报告[R].乐高基金会，陈一丹基金会，&北京大学学习科学实验室，2022.

那么未来我们应该做一些什么研究呢？其实几年之前，我们就用一个"大树理论"概括我们团队想做的研究，如图 20 所示。

图 20 我们团队计划开展的研究

在图 20 中，"树根"是基础，为树干和树冠提供营养和支撑，这方面主要是开展基于学习科学视角的游戏化学习研究，其实包括两方面：一方面是教育游戏设计研究，就如之前开发的几款数学游戏一样，继续结合脑科学、教育学、心理学等学科的研究成果，依托我们在第六章讲到的"LG 五角模型"，为不同年龄段、不同学科的学习者设计开发教育游戏，并开展应用研究；一方面是游戏化学习基础机制研究，比如到底游戏中的什么设计要素更能让游戏更有趣，到底什么让玩家在游戏中更快乐，背后的心理机制和神经机制究竟是什么。这方面的研究需要脑科学、人工智能、大数据方法来进行。

"树干"按说是要起栋梁的作用的。指的是我们开展的学习科学和游戏化学习与课堂融合研究，我们将继续和不同学科、不同学段的老师们合作，一起探索如何提升教师的学习科学素养、游戏化教学素养，促进学习科学和游戏化学习与课堂教学深度融合，争取在全国能够建立上千所实验学校，几十所研究型实验学校，真正促进"课堂革命"的发生。

"树冠"指的是我们要依托树根和树干提供的营养和支撑，在不同领域开展研究，比如青少年学习、幼儿学习、老年学习、在线学习、科学学习、编程学习。最近我们对老年学习也特别感兴趣，主要考虑到祖国正进入老龄社会，我们需要为老年人定制特殊的游戏、特殊的课程，让老年人通过玩教育游戏开阔视野、防止老年痴呆症。我们认为：对于孩子，主要是"玩出智慧"；对于成人，主要"玩出价值"；对于老人，主要"玩出意义"。

2021年春节当天，我在阳台上沉思了三个小时，将学习科学和游戏化学习视野下的未来教育概括为了**"新快乐教育"**[①]五个字，具体内容在第十一章已经探讨过，主要就是希望以学习科学为基础，以游戏化学习为特色，融合现代教育技术和创新学习方式，让学习更科学、更快乐、更有效，让每一个孩子都能健康成长为面向未来、适应未来、德智体美劳全面发展的拔尖创新人才和合格人才的未来教育。新快乐教育将是我未来十年内追求的目标，将通过前面讲的"树根、树干、树冠"研究来推动。

虽然我知道未来很难，但是我很有信心，因为我们有一批优秀的新生加入了团队。几位博士生都是从全国各个学校优中选优挑出来的：其中博士生石祝专注于空间能力研究，他本科学的是机械专业的，我很希望他未来能够将软硬件结合起来，我认为这是教育游戏乃至教育信息化未来的发展方向。另外石祝还协助我完成了许多急活、硬活和事务工作；博士生黄文丹同学专注于游戏化学习与项目学习的结合，希望能够促进学生核心素养、高阶能力的培养。文丹是一位特别勤奋、特别踏实的学生，我相信她能做出漂亮的研究成果；博士生谭淑方之前在清华大学从事技术与健康研究，她对前沿研究充满了兴趣，学术基础好，而且也非常勤奋，我非常希望她能把游戏化学习用到老年教育或特殊教育中；赵玥颖是硕转博学生，生性活泼，不怕困难，我希望她能开展一些基于脑科学方法的游戏化学习基础机制研究；此外，新加入的两名硕士生周均奕和张鹏不到一年，就展示了突出的理论研究、技术开发和写作能力，帮我完成了实验室很多工作，在本书的写作中也做出了重要贡献。我相信她们一定有灿烂的未来。

导师们都有经验，指导优秀的学生就是轻松，即使是聊天都很轻松，因为你还没有说完，他们可能就知道你想说什么，已经给你准备好了比较完整的答案。因此能招到以上这些优秀学生，真是我的福气，也要感谢她们本科、硕士导师的推荐。不过，正是因为以上学生很优秀，同时考虑到过去的一些遗憾，所以我明确地告诉他们，我会创造条件，让大家专心地全心全意学习做研究，不管大家未来从事什么工作，现在都要努力学习，做好研究，多出优秀成果。否则不是我对不起学生的问题，而是对不起中国乃至世界的教育游戏、学习科学、教育技术事业，因为我浪费了21世纪最最宝贵的资源——杰出人才。

当然，只有团队还不行，还需要社会各界的支持，过去的10多年中，我们的教育游戏相关研究得到了教育部等有关部门和国家有关基金的支持，也得到了北大——好未来学习科学发展基金、北京大学于越教育发展基金、陈一丹基金会等基金，以及好未

[①] 尚俊杰.新快乐教育：学习科学与游戏化学习视野下的未来教育[EB/OL].(2021-03-01)[2022-05-12]. https://mp.weixin.qq.com/s/-Ilr_I5xlF4ODVqvWF5WpA.

来、腾讯、天仕博、课工场、天业仁和、博雅瑞特等企业长期以来的支持，谢谢大家！

未来我希望一方面加强基础研究，能给青少年和老人提供更多基于学习科学视角的科学、有效的教育游戏，一方面推进应用研究，将游戏化教学推广到千万个大中小学、老年大学的课堂中，让大家学习得更科学、更快乐、更有效，为此，还希望得到社会各界的更多的支持。"**给我们一份支持，还大家美好未来！**"，谢谢！

五、结语

以上就是我这十多年的教育游戏研究历程、心得体会，也包括经验教训，如果大家仔细去看，我想应该能得到一些特别的启示。不过，这里我也再简要总结一下：

对于博士、硕士研究生，我想：①如同习近平总书记一再强调的"立德树人"，大家首先要把"做人"放在第一位，任何时候，人品是第一位，要正直、善良、谦虚、严以律己，宽以待人。②在学术上要对新事物、新理论、新技术永远保持好奇心，要锐意钻研，在具体研究写作时要进行刻意训练。我想对于博士、硕士论文也有三层境界，第一层次就是完成了一篇勉强符合要求的论文，自己心里都觉得不是太满意，只能算合格吧。第二层次就是从形式到内容都中规中矩，研究问题明确，研究设计严谨，也有一定研究成果，但是创新性不是很明显，只能算良好。第三层次就是在第二层次的基础上，确实有比较重要的创新，在科学发现、关键技术、重要机制或广泛应用等方面有一定突破，这就可以算优秀或卓越了。③在事务工作上，我想就是如前面所讲，"人要有兴趣地去做一切必须做的事情"，相信大家也会从中受益的。

对于青年教师，确实没有特别好的经验分享给大家，不过，简单而言：①**聚焦研究方向**。这就需要根据自己的特长，自己所在学校，以及外部支持条件决定。不管基础研究还是应用研究，能够解决教育实践问题的就是好研究。②**注重学习科学**。即使大家不做学习科学基础研究，也要把学习科学的成果应用到自己的游戏设计、课程设计和课堂教学中。③**紧密联系实际**。大家在研究中一定要注重紧密结合实际课堂教学，避免"闭门造车"。④**掌握多种方法**。对于教育游戏研究者乃至教育研究者，在这个时代，既要掌握传统数理统计分析方法，也要掌握基于脑科学、人工智能和大数据的分析方法。大家不要觉得很难，很多时候是隔行如隔山，真要翻过山发现也没有那么难，另外，现在有越来越多的开源硬件、开源软件，使用起来也越来越简单。⑤**制订研究规划**。我后来反思到，像国家、高校一般都会制订五年规划，但是我们个人层面似乎没有制订过，或许每位老师尤其是青年教师应该制订一下，好好规划一下自己未来5～10年的研究计划。这样或许能更容易做出有影响力的成果。⑥**注重教学相长**。国家现在特别重视教学，其实从最开始当老师，我就一直有教学的情怀，和学生在一起，会觉得自己永远年轻。从我的研究历程中也可以看出，教学相长真的很重要。在具体指导学生方面，我以前一直在努力探索融合中华优秀传统文化和西方先进经验、打造具有中国特色的导师之路，后来从北大张海霞教授那里学来两句话——"**把学生当孩子养，把孩子当学生带**"。[①] 我发现只要做到这两点，一切问题似乎就都迎刃而解了。

以上建议，实际上是班门弄斧、关公门前耍大刀，大家一笑了之即可，不过衷心希望在各位研究者、管理者、实践者的一起努力下，共同推动教育游戏和游戏化学习研究，重塑学习方式[②]，回归教育本质[③]，让更多的孩子从游戏中受益而不是受害，让每一位学习者都能学习得更科学、更快乐、更有效[④]。

2022 年 9 月 9 日于燕园

[①] 尚俊杰. 导师的酸甜苦辣 | 尚俊杰在北大教育学院毕业典礼上的致辞 [EB/OL].(2020-07-07)[2022-05-04] 搜狐, https://www.sohu.com/a/406226914_507588.
[②] 尚俊杰, 裴蕾丝. 重塑学习方式: 游戏的核心教育价值及应用前景 [J]. 中国电化教育, 2015(05):41—49.
[③] 裴蕾丝, 尚俊杰. 回归教育本质: 教育游戏思想的萌芽与发展脉络 [J]. 全球教育展望, 2019, 48(08):37—52.
[④] 尚俊杰, 蒋宇. 游戏化学习: 让学习更科学、更快乐、更有效 [J]. 人民教育, 2018(Z2):102—104.

致　谢

在本书的前言、正文和后记中，我们已经提到了我们团队开展的许多研究，但是还有一些研究因为不属于教育游戏方向，所以没有仔细讲，不过对本书其实也起到了支持作用。比如张优良、张魁元、焦丽珍、孙富国、贾楠、张亮、陈晨、李晓杰、王辞晓、董倩、李树玲、李少鹏、孙金钢、陈鑫、陈鸿樑等学生以及访问学者何玲、张宏丽、陈明、郑金芳、石长征、马晓玲、李琦、哈依那尔别克（海纳尔）等老师的研究和建议也起到了支持和帮助作用。作为一名教师，最大的幸福就是得天下英才而育之，很高兴有机会和这些非常优秀的学生及访问学者们在一起，真正实现了教学相长，很开心。

在前面也已经感谢了很多领导和专家，但是实际上还有很多专家都给予过指导和帮助，其中管培俊、宋乃庆、任友群、杨宗凯、胡钦太、陈丽、巨强、张熙、黄天元、程介明、吕赐杰、黄荣怀、罗陆慧英、Hannele Niemi、蔡今中、黄国桢、陈明溥、王淑艳、雷静、张建伟、赵健、尹弘飚、周玉霞等领导和专家也曾给予过指导和支持；缪蓉、吴筱萌、王爱华、陈高伟、梁林梅、刘哲雨、周新林、崔佳歆、黄文彬、李戈、姚铁龙、金晓芳等专家经常参与我们的研究活动；王海霞、孙海霞、王占秋、高杨杰、李万峰、贾红凯、谭春兰、刘占红等校长以及佟华峰、孙超、吴迪、孙志杰、田晓力、马积良、钱义虎、于戈、马丽、方晓红、杜英民、李杨昕、刘姝君等老师提供了调研和实验方面的支持和帮助，非常感谢他们。

同时，感谢教育部科信司、基教司、社科司、教师司和联合国儿基会、中央电化教育馆、国家自然科学基金委员会政策局、全国教育科学教育规划办公室、北京市教育科学规划办公室、中国教育学会、中国教育技术协会、北京朝阳教师发展学院、北京海淀教育科学研究院、北京顺义教育研究与教师研修中心的领导对我们研究的关心、鼓励和支持。以及北大—好未来学习科学发展基金、北京大学于越教育发展基金、乐高基金会、陈一丹基金会等基金和好未来、腾讯、网易、索尼、天仕博、课工场、睿易、卓帆科技、天业仁和、博雅瑞特、晨星创投等企业长期以来对我们研究的支持，没有这些支持，就不会有这些成果。

感谢《光明日报》《中国教育报》《中国教师报》《教育研究》《北大教育评论》《高等教育研究》《课程·教材·教法》《清华大学教育研究》《中国电化教育》《电化教育研究》《开放教育研究》《远程教育杂志》《全球教育展望》《中国远程教育》《现代教育技术》《现代远程教育研究》《现代远距离教育》《人民教育》《中小学信息技术教育》

《中国信息技术教育》等国内外报刊的编辑们，因为有你们的支持，我的成果才得以发表，这次也有机会将这些成果重新整理完善出版。

最后，我想再次感谢我的导师李芳乐教授、李浩文教授、林智中教授把我带进教育游戏研究的大门；感谢北大教育学院闵维方教授、陈学飞教授等历届领导、各位同事多年来对我的支持和帮助；感谢我在上初二的女儿对教育游戏和游戏化学习提出的宝贵建议；感谢我的家人及朋友长期以来的支持；也要感谢微信公众号"俊杰在线"的粉丝们几年如一日的阅读、点赞和转发支持。

2022 年 9 月 9 日于燕园

北京大学出版社
教育出版中心 精品图书

21世纪高校广播电视专业系列教材

电视节目策划教程（第二版）	项仲平
电视导播教程（第二版）	程 晋
电视文艺创作教程	王建辉
广播剧创作教程	王国臣
电视导论	李 欣
电视纪录片教程	卢 炜
电视导演教程	袁立本
电视摄像教程	刘 荃
电视节目制作教程	张晓锋
视听语言	宋 杰
影视剪辑实务教程	李 琳
影视摄制导论	朱 怡
新媒体短视频创作教程	姜荣文
电影视听语言——视听元素与场面调度案例分析	李 骏
影视照明技术	张 兴
影视音乐	陈 斌
影视剪辑创作与技巧	张 拓
纪录片创作教程	潘志琪
影视拍摄实务	翟 臣

21世纪信息传播实验系列教材（徐福荫 黄慕雄 主编）

网络新闻实务	罗 昕
多媒体软件设计与开发	张新华
播音与主持艺术（第三版）	黄碧云 睢 凌
摄影基础（第二版）	张 红 钟日辉 王首农

21世纪数字媒体专业系列教材

视听语言	赵慧英
数字影视剪辑艺术	曾祥民
数字摄像与表现	王以宁
数字摄影基础	王朋娇
数字媒体设计与创意	陈卫东
数字视频创意设计与实现（第二版）	王 靖
大学摄影实用教程（第二版）	朱小阳
大学摄影实用教程	朱小阳

21世纪教育技术学精品教材（张景中 主编）

教育技术学导论（第二版）	李芒 金林
远程教育原理与技术	王继新 张 屹
教学系统设计理论与实践	杨九民 梁林梅
信息技术教学论	雷体南 叶良明
信息技术与课程整合（第二版）	赵呈领 杨琳 刘清堂
教育技术学研究方法（第三版）	张 屹 黄 磊

21世纪高校网络与新媒体专业系列教材

文化产业概论	尹章池
网络文化教程	李文明
网络与新媒体评论	杨 娟
新媒体概论	尹章池
新媒体视听节目制作（第二版）	周建青
融合新闻学导论（第二版）	石长顺
新媒体网页设计与制作（第二版）	惠悲荷
网络新媒体实务	张合斌
突发新闻教程	李 军
视听新媒体节目制作	邓秀军
视听评论	何志武
出镜记者案例分析	刘 静 邓秀军
视听新媒体导论	郭小平
网络与新媒体广告（第二版）	尚恒志 张合斌
网络与新媒体文学	唐东堰 雷 奕
全媒体新闻采访写作教程	李 军
网络直播基础	周建青
大数据新闻传媒概论	尹章池

21世纪特殊教育创新教材·理论与基础系列

特殊教育的哲学基础	方俊明
特殊教育的医学基础	张 婷
融合教育导论（第二版）	雷江华
特殊教育学（第二版）	雷江华 方俊明
特殊儿童心理学（第二版）	方俊明 雷江华
特殊教育史	朱宗顺
特殊教育研究方法（第二版）	杜晓新 宋永宁等
特殊教育发展模式	任颂羔

21世纪特殊教育创新教材·发展与教育系列

视觉障碍儿童的发展与教育	邓 猛
听觉障碍儿童的发展与教育（第二版）	贺荟中
智力障碍儿童的发展与教育（第二版）	刘春玲 马红英
学习困难儿童的发展与教育（第二版）	赵 微
自闭症谱系障碍儿童的发展与教育	周念丽
情绪与行为障碍儿童的发展与教育	李闻戈
超常儿童的发展与教育（第二版）	苏雪云 张 旭

21世纪特殊教育创新教材·康复与训练系列

特殊儿童应用行为分析（第二版）	李芳 李丹
特殊儿童的游戏治疗	周念丽
特殊儿童的美术治疗	孙霞
特殊儿童的音乐治疗	胡世红
特殊儿童的心理治疗（第三版）	杨广学
特殊教育的辅具与康复	蒋建荣
特殊儿童的感觉统合训练（第二版）	王和平
孤独症儿童课程与教学设计	王梅

21世纪特殊教育创新教材·融合教育系列

融合教育本土化实践与发展	邓猛 等
融合教育理论反思与本土化探索	邓猛
融合教育实践指南	邓猛
融合教育理论指南	邓猛
融合教育导论（第二版）	雷江华
学前融合教育（第二版）	雷江华 刘慧丽

21世纪特殊教育创新教材（第二辑）

特殊儿童心理与教育（第二版）	杨广学 张巧明 王芳
教育康复学导论	杜晓新 黄昭明
特殊儿童病理学	王和平 杨长江
特殊学校教师教育技能	昝飞 马红英

自闭谱系障碍儿童早期干预丛书

如何发展自闭谱系障碍儿童的沟通能力	朱晓晨 苏雪云
如何理解自闭谱系障碍和早期干预	苏雪云
如何发展自闭谱系障碍儿童的社会交往能力	吕梦 杨广学
如何发展自闭谱系障碍儿童的自我照料能力	倪萍萍 周波
如何在游戏中干预自闭谱系障碍儿童	朱瑞 周念丽
如何发展自闭谱系障碍儿童的感知和运动能力	韩文娟 徐芳 王和平
如何发展自闭谱系障碍儿童的认知能力	潘前前 杨福义
自闭症谱系障碍儿童的发展与教育	周念丽
如何通过音乐干预自闭谱系障碍儿童	张正琴
如何通过画画干预自闭谱系障碍儿童	张正琴
如何运用ACC促进自闭谱系障碍儿童的发展	苏雪云
孤独症儿童的关键性技能训练法	李丹
自闭症儿童家长辅导手册	雷江华
孤独症儿童课程与教学设计	王梅
融合教育理论反思与本土化探索	邓猛
自闭谱系障碍儿童家庭支持系统	孙玉梅
自闭症谱系障碍儿童团体社交游戏干预	李芳
孤独症儿童的教育与发展	王梅 梁松梅

特殊学校教育·康复·职业训练丛书（黄建行 雷江华 主编）

信息技术在特殊教育中的应用	
智障学生职业教育模式	
特殊教育学校学生康复与训练	
特殊教育学校校本课程开发	
特殊教育学校特奥运动项目建设	

21世纪学前教育专业规划教材

学前教育概论	李生兰
学前教育管理学（第二版）	王雯
幼儿园课程新论	李生兰
幼儿园歌曲钢琴伴奏教程	果旭伟
幼儿园舞蹈教学活动设计与指导（第二版）	董丽
实用乐理与视唱（第二版）	代苗
学前儿童美术教育	冯婉贞
学前儿童科学教育	洪秀敏
学前儿童游戏	范明丽
学前教育研究方法	郑福明
学前教育史	郭法奇
学前教育政策与法规	魏真
学前心理学	涂艳国 蔡艳
学前教育理论与实践教程	王维 王维娅 孙岩
学前儿童数学教育与活动设计	赵振国
学前融合教育（第二版）	雷江华 刘慧丽
幼儿园教育质量评价导论	吴钢
幼儿学习与教育心理学	张莉
学前教育管理	虞永平

大学之道丛书精装版

美国高等教育通史	[美]亚瑟·科恩
知识社会中的大学	[英]杰勒德·德兰迪
大学之用（第五版）	[美]克拉克·克尔
营利性大学的崛起	[美]理查德·鲁克
学术部落与学术领地：知识探索与学科文化	[英]托尼·比彻 保罗·特罗勒尔
美国现代大学的崛起	[美]劳伦斯·维赛
教育的终结——大学何以放弃了对人生意义的追求	[美]安东尼·T.克龙曼
世界一流大学的管理之道——大学管理研究导论	程星
后现代大学来临？	[英]安东尼·史密斯 弗兰克·韦伯斯特

大学之道丛书

市场化的底限	[美]大卫·科伯
大学的理念	[英]亨利·纽曼
哈佛：谁说了算	[美]理查德·布瑞德利

麻省理工学院如何追求卓越	[美]查尔斯·维斯特
大学与市场的悖论	[美]罗杰·盖格
高等教育公司：营利性大学的崛起	[美]理查德·鲁克
公司文化中的大学：大学如何应对市场化压力	[美]埃里克·古尔德
美国高等教育质量认证与评估	[美]美国中部州高等教育委员会
现代大学及其图新	[美]谢尔顿·罗斯布莱特
美国文理学院的兴衰——凯尼恩学院纪实	[美]P.F.克鲁格
教育的终结：大学何以放弃了对人生意义的追求	[美]安东尼·T.克龙曼
大学的逻辑（第三版）	张维迎
我的科大十年（续集）	孔宪铎
高等教育理念	[英]罗纳德·巴尼特
美国现代大学的崛起	[美]劳伦斯·维赛
美国大学时代的学术自由	[美]沃特·梅兹格
美国高等教育通史	[美]亚瑟·科恩
美国高等教育史	[美]约翰·塞林
哈佛通识教育红皮书	哈佛委员会
高等教育何以为"高"——牛津导师制教学反思	[英]大卫·帕尔菲曼
印度理工学院的精英们	[印度]桑迪潘·德布
知识社会中的大学	[英]杰勒德·德兰迪
高等教育的未来：浮言、现实与市场风险	[美]弗兰克·纽曼等
后现代大学来临？	[英]安东尼·史密斯等
美国大学之魂	[美]乔治·M.马斯登
大学理念重审：与纽曼对话	[美]雅罗斯拉夫·帕利坎
学术部落及其领地——当代学术界生态揭秘（第二版）	[英]托尼·比彻 保罗·特罗勒尔
德国古典大学观及其对中国大学的影响（第二版）	陈洪捷
转变中的大学：传统、议题与前景	郭为藩
学术资本主义：政治、政策和创业型大学	[美]希拉·斯劳特 拉里·莱斯利
21世纪的大学	[美]詹姆斯·杜德斯达
美国公立大学的未来	[美]詹姆斯·杜德斯达 弗瑞斯·沃马克
东西象牙塔	孔宪铎
理性捍卫大学	眭依凡

学术规范与研究方法系列

如何为学术刊物撰稿（第三版）	[英]罗薇娜·莫瑞
如何查找文献（第二版）	[英]萨莉·拉姆齐
给研究生的学术建议（第二版）	[英]玛丽安·彼得等
社会科学研究的基本规则（第四版）	[英]朱迪斯·贝尔
做好社会研究的10个关键	[英]马丁·丹斯考姆
如何写好科研项目申请书	[美]安德鲁·弗里德兰德等
教育研究方法（第六版）	[美]梅瑞迪斯·高尔等
高等教育研究：进展与方法	[英]马尔科姆·泰特
如何成为学术论文写作高手	[美]华乐丝
参加国际学术会议必须要做的那些事	[美]华乐丝
如何成为优秀的研究生	[美]布卢姆
结构方程模型及其应用	易丹辉 李静萍
学位论文写作与学术规范（第二版）	李武 毛远逸 肖东发
生命科学论文写作指南	[加]白青云
法律实证研究方法（第二版）	白建军
传播学定性研究方法（第二版）	李琨

21世纪高校教师职业发展读本

如何成为卓越的大学教师	[美]肯·贝恩
给大学新教员的建议	[美]罗伯特·博伊斯
如何提高学生学习质量	[英]迈克尔·普洛瑟等
学术界的生存智慧	[美]约翰·达利等
给研究生导师的建议（第2版）	[英]萨拉·德拉蒙特等

21世纪教师教育系列教材·物理教育系列

中学物理教学设计	王霞
中学物理微格教学教程（第三版）	张军朋 詹伟琴 王恬
中学物理科学探究学习评价与案例	张军朋 许桂清
物理教学论	邢红军
中学物理教学法	邢红军
中学物理教学评价与案例分析	王建中 孟红娟
中学物理课程与教学论	张军朋 许桂清
物理学习心理学	张军朋
中学物理课程与教学设计	王霞

21世纪教育科学系列教材·学科学习心理学系列

数学学习心理学（第三版）	孔凡哲
语文学习心理学	董蓓菲

21世纪教师教育系列教材

教育心理学（第二版）	李晓东
教育学基础	庞守兴
教育学	余文森 王晞
教育研究方法	刘淑杰
教育心理学	王晓明
心理学导论	杨凤云
教育心理学概论	连榕 罗丽芳
课程与教学论	李允
教师专业发展导论	于胜刚
学校教育概论	李清雁
现代教育评价教程（第二版）	吴钢
教师礼仪实务	刘霄

家庭教育新论	闫旭蕾 杨萍
中学班级管理	张宝书
教育职业道德	刘亭亭
教师心理健康	张怀春
现代教育技术	冯玲玉
青少年发展与教育心理学	张清
课程与教学论	李允
课堂与教学艺术（第二版）	孙菊如 陈春荣
教育学原理	靳淑梅 许红花
教育心理学	徐凯

21世纪教师教育系列教材·初等教育系列

小学教育学	田友谊
小学教育学基础	张永明 曾碧
小学班级管理	张永明 宋彩琴
初等教育课程与教学论	罗祖兵
小学教育研究方法	王红艳
新理念小学数学教学论	刘京莉
新理念小学音乐教学论（第二版）	吴跃跃

教师资格认定及师范类毕业生上岗考试辅导教材

教育学	余文森 王晞
教育心理学概论	连榕 罗丽芳

21世纪教师教育系列教材·学科教育心理学系列

语文教育心理学	董蓓菲
生物教育心理学	胡继飞

21世纪教师教育系列教材·学科教学论系列

新理念化学教学论（第二版）	王后雄
新理念科学教学论（第二版）	崔鸿 张海珠
新理念生物教学论（第二版）	崔鸿 郑晓慧
新理念地理教学论（第三版）	李家清
新理念历史教学论（第二版）	杜芳
新理念思想政治（品德）教学论（第三版）	胡田庚
新理念信息技术教学论（第二版）	吴军其
新理念数学教学论	冯虹
新理念小学音乐教学论（第二版）	吴跃跃

21世纪教师教育系列教材·语文教育系列

语文文本解读实用教程	荣维东
语文课程教师专业技能训练	张学凯 刘丽丽
语文课程与教学发展简史	武玉鹏 王从华 黄修志
语文课程学与教的心理学基础	韩雪屏 王朝霞
语文课程名师名课案例分析	武玉鹏 郭治锋 等
语用性质的语文课程与教学论	王元华
语文课堂教学技能训练教程（第二版）	周小蓬
中外母语教学策略	周小蓬
中学各类作文评价指引	周小蓬
中学语文名篇新讲	杨朴 杨旸
语文教师职业技能训练教程	韩世姣

21世纪教师教育系列教材·学科教学技能训练系列

新理念生物教学技能训练（第二版）	崔鸿
新理念思想政治（品德）教学技能训练（第三版）	胡田庚 赵海山
新理念地理教学技能训练（第二版）	李家清
新理念化学教学技能训练（第二版）	王后雄
新理念数学教学技能训练	王光明

王后雄教师教育系列教材

教育考试的理论与方法	王后雄
化学教育测量与评价	王后雄
中学化学实验教学研究	王后雄
新理念化学教学诊断学	王后雄

西方心理学名著译丛

儿童的人格形成及其培养	[奥地利] 阿德勒
活出生命的意义	[奥地利] 阿德勒
生活的科学	[奥地利] 阿德勒
理解人生	[奥地利] 阿德勒
荣格心理学七讲	[美] 卡尔文·霍尔
系统心理学：绪论	[美] 爱德华·铁钦纳
社会心理学导论	[美] 威廉·麦独孤
思维与语言	[俄] 列夫·维果茨基
人类的学习	[美] 爱德华·桑代克
基础与应用心理学	[德] 雨果·闵斯特伯格
记忆	[德] 赫尔曼·艾宾浩斯
实验心理学（上下册）	[美] 伍德沃斯 施洛斯贝格
格式塔心理学原理	[美] 库尔特·考夫卡

21世纪教师教育系列教材·专业养成系列（赵国栋 主编）

微课与慕课设计初级教程	
微课与慕课设计高级教程	
微课、翻转课堂和慕课设计实操教程	
网络调查研究方法概论（第二版）	
PPT云课堂教学法	
快课教学法	

其他

三笔字楷书书法教程（第二版）	刘慧龙
植物科学绘画——从入门到精通	孙英宝
艺术批评原理与写作（第二版）	王洪义
学习科学导论	尚俊杰